会计科目、会计分录与会计报表实务操作指南

方文彬◎编著

人民邮电出版社
北京

图书在版编目（CIP）数据

会计科目、会计分录与会计报表实务操作指南 / 方文彬编著. -- 北京 : 人民邮电出版社, 2023.4
ISBN 978-7-115-60480-4

Ⅰ. ①会… Ⅱ. ①方… Ⅲ. ①企业－会计准则－中国 Ⅳ. ①F279.23

中国版本图书馆CIP数据核字(2022)第227569号

内 容 提 要

为帮助广大会计工作者更好地掌握会计科目的使用、会计分录的编写、会计报表的编制方法，特编写本书。本书依据现行《企业会计准则》，从介绍会计行业、会计人员的职业道德等内容开始，依次展开对会计基础理论、会计凭证、会计账簿、五大类会计科目、财务报告等知识模块的细致讲解，并介绍了具体的应用。本书在每一个部分都详细解答了“是什么、为什么、怎么做”这三个问题，由定义入手到应用收尾，在加深读者对会计知识的理解的同时，具有实务操作价值。本书详细讲解了90余个会计科目的核算规范，并有诸多详细案例辅助理解，内容全面细致。

本书条理清晰、图文并茂、理论与案例结合，竭力为使用者提供一本框架清晰、通俗易懂、好用便捷的兼具知识性与工具性的图书。

◆ 编　　著　方文彬
　责任编辑　李士振
　责任印制　周昇亮

◆ 人民邮电出版社出版发行　　北京市丰台区成寿寺路 11 号
　邮编　100164　　电子邮件　315@ptpress.com.cn
　网址　https://www.ptpress.com.cn
　天津千鹤文化传播有限公司印刷

◆ 开本：700×1000　1/16
　印张：33.25　　　　2023 年 4 月第 1 版
　字数：598 千字　　　2023 年 4 月天津第 1 次印刷

定价：148.00 元

读者服务热线：(010)81055296　印装质量热线：(010)81055316
反盗版热线：(010)81055315
广告经营许可证：京东市监广登字 20170147 号

前言/PREFACE

会计科目与其金额构成会计分录，根据会计分录填制会计凭证，根据会计凭证登记会计账簿，根据会计账簿及其他重要会计信息编制会计报表。会计工作离不开这一流程中的每一个环节。因此，要想全面细致地理解并掌握会计工作内容，势必要从以上几个方面入手。

本书的主要内容

本书对会计工作中基础而重要的各个环节进行介绍，并辅之以案例，以提高本书的实务应用性，同时使本书内容更加通俗易懂。本书共 12 章，第 1 ~ 6 章介绍会计基础理论。第 7 ~ 11 章分别介绍资产类、负债类、所有者权益类、成本类、损益类会计科目的设置与账务处理，共 95 个科目，按照科目内容、如何使用、如何设置明细科目、会计处理分录与案例解析的逻辑框架进行清晰而细致的讲解。第 12 章详细介绍了财务报告的形成与资产负债表、利润表、现金流量表、所有者权益变动表四张主要报表的概念、内容、作用、结构、填列方法，以及编制举例。本书框架结构清晰，逻辑性非常强，并使用恰当贴切的案例分析帮助使用者理解。

本书能为使用者提供的价值

价值 1，严格遵循现行会计法律法规。本书严格遵循现行会计法律法规的规定，保证内容的专业性与有效性。

价值 2，阅读轻松。本书紧扣会计准则与规范编写书，但是不同于生硬的规章制度，本书通俗易懂，用图文并茂的形式将会计准则与必备的会计知识展示给使用者，让使用者能够轻松理解会计专业知识。

价值 3，知识框架完整，帮助使用者快速记忆与查找。本书知识框架完整，逻辑清晰，有益于使用者对会计知识的理解与记忆。本书内容全面，前三章讲述了会计的定义、会计科目和账户以及复式记账法等理论知识，帮助使用者构建完整的知识框架。

价值 4，提供大量案例详解，实操性强。本书在大多数章的小节内容中展示了大量案例，通过实实在在的案例分析，帮助使用者理解知识，贴合实务，实用性强。

价值 5，提高使用者会计素养。本书运用理论与实践相结合的方式，使使用者深入理解会计科目的使用与设置、会计分录的编制、会计报表的形成等知识与流程，让使用者的专业素养得到提升。

本书适合的使用者

本书体系完整，讲解透彻，与现行《企业会计准则》保持一致。通过阅读本书，不同的使用者会有不同的收获。

会计初学者。通过阅读本书，其可以快速了解会计工作的基础框架，并因通俗的语言与生动的案例而快速理解会计职业及其工作内容，对会计知识产生学习兴趣。

有会计基础但尚未接触实务工作的使用者。本书对会计科目、会计分录、会计报表的解读详细，通过阅读本书，其能够巩固已学的会计知识，查遗补缺，加深理解。另外，本书生动贴切的案例与全面详细的专业知识的结合，能够帮助使用者增加对实务工作的理解，为参加实务工作做准备。

职场新人。通过阅读本书，使用者能熟悉会计科目的使用方法，掌握各种经济业务的会计分录的编写方法，掌握会计报表的编制方法，还可以借助本书快速查找相关内容。

从事会计记账工作的人员。通过阅读本书，其可查阅会计科目的定义、设置方法和使用规则，查找会计报表的填列说明等。

本书的编写得到了多位企业财务人员、专家学者的热情支持，在此一并表示感谢。由于编者水平有限，书中不足在所难免，恳请广大读者不吝指正，编者将与大家共同努力，争取将会计理论与实践推向更高的境界。

目录
CONTENTS

第 8 章 负债类科目的设置与账务处理

第 10 章 成本类科目的设置与账务处理

第 11 章 损益类科目的设置与账务处理

第12章 财务报告的编制与分析

第1章 会计基础知识图解——帮你快速入门会计领域

本章导读

会计是当今较为热门的一个行业。会计部门是每一个单位都不可或缺的一部分。会计工作的知识体系是庞大而复杂的，并且需要从业人员拥有多年的实践经验。然而大部分不了解会计这个职业的人，以为会计就是一项简单而机械的工作，甚至有人认为会计就是“算账的”，这是对会计工作的极大误解。

因此，在本章的学习中，我们将解决读者的以下问题。

（1）会计是什么。

（2）会计包含哪些职能。

（3）会计初学者应该掌握哪些基础知识。

1.1　会计是什么

1.1.1　会计的定义

在我国，会计的本质可概括为：会计是以货币为主要计量单位，核算和监督企业、政府和非营利组织等单位经济活动的一项经济管理工作。同时，它又是一个以提供财务信息为主的经济信息系统。

会计的定义如图 1–1 所示。

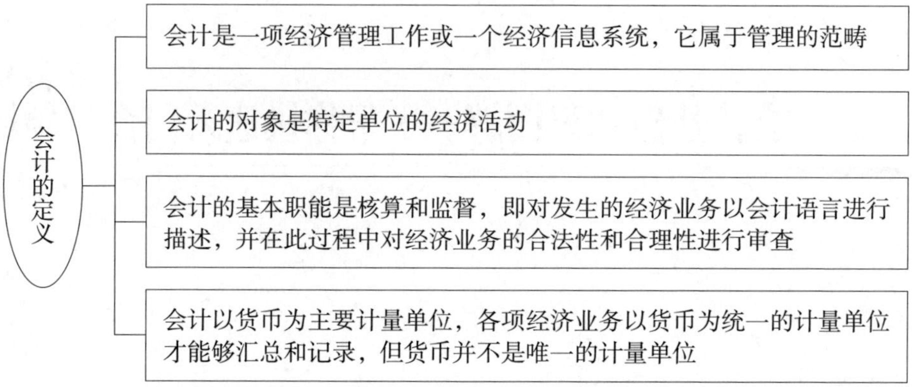

图 1-1　会计的定义

1.1.2　会计的基本职能

会计的职能是指会计所具有的功能，会计的基本职能如图 1-2 所示。

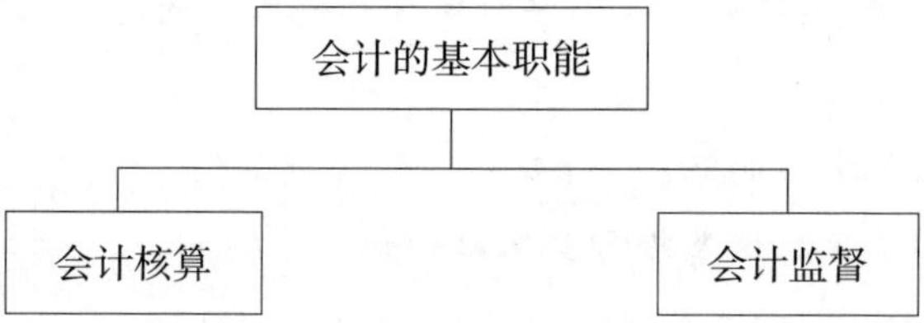

图 1-2　会计的基本职能

（一）会计核算

会计核算指会计以货币为主要计量单位，通过确认、计量、记录和报告等环节，反映特定会计主体的经济活动，向有关各方提供决策所需的会计信息。会计核算是会计的首要职能。会计核算有两大特点，如图 1-3 所示。

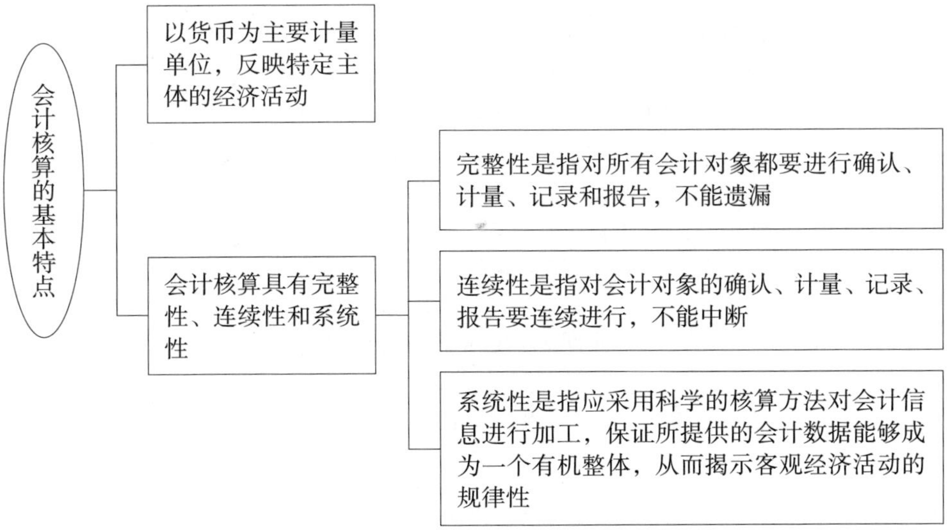

图 1–3　会计核算的基本特点

会计核算包括四个环节，如图 1–4 所示。

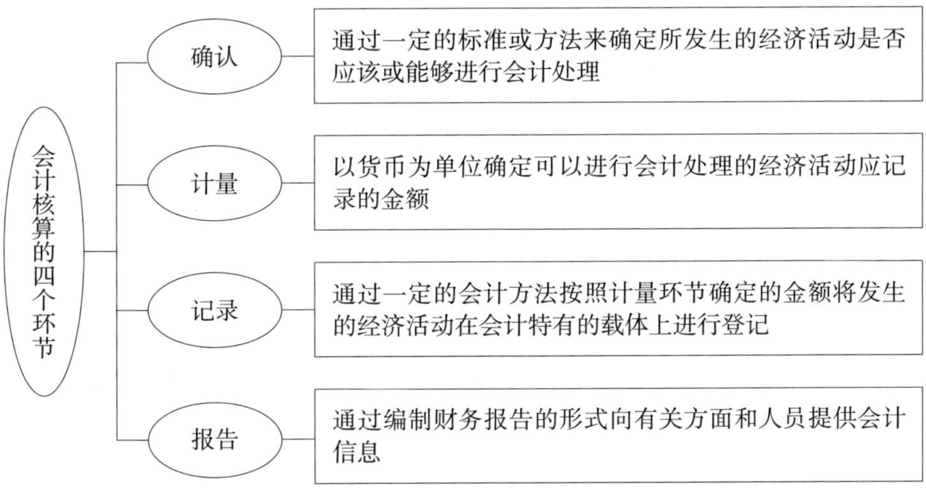

图 1–4　会计核算的四个环节

会计核算的具体方法包括：设置会计科目和账户；填制和审核会计凭证；登记账簿；成本计算；财产清查；编制会计报表。图 1–5 是上述七种会计核算方法的基本运作程序。

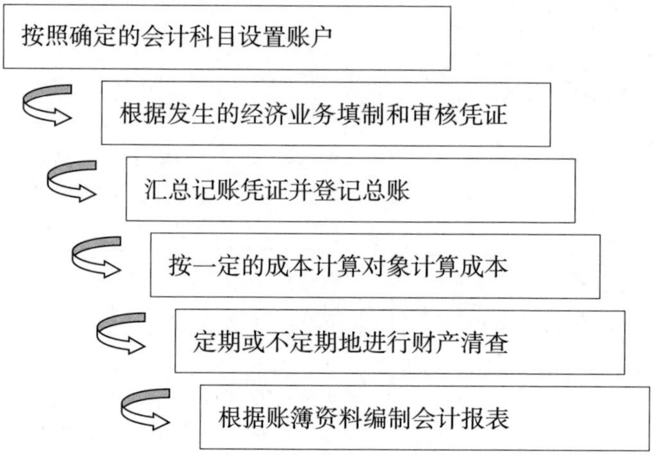

图 1-5　会计核算方法的基本运作程序

（二）会计监督

会计监督职能是指会计人员在进行会计核算的同时，对特定主体经济活动的合法性、合理性进行审查。会计监督的特点如图 1-6 所示。

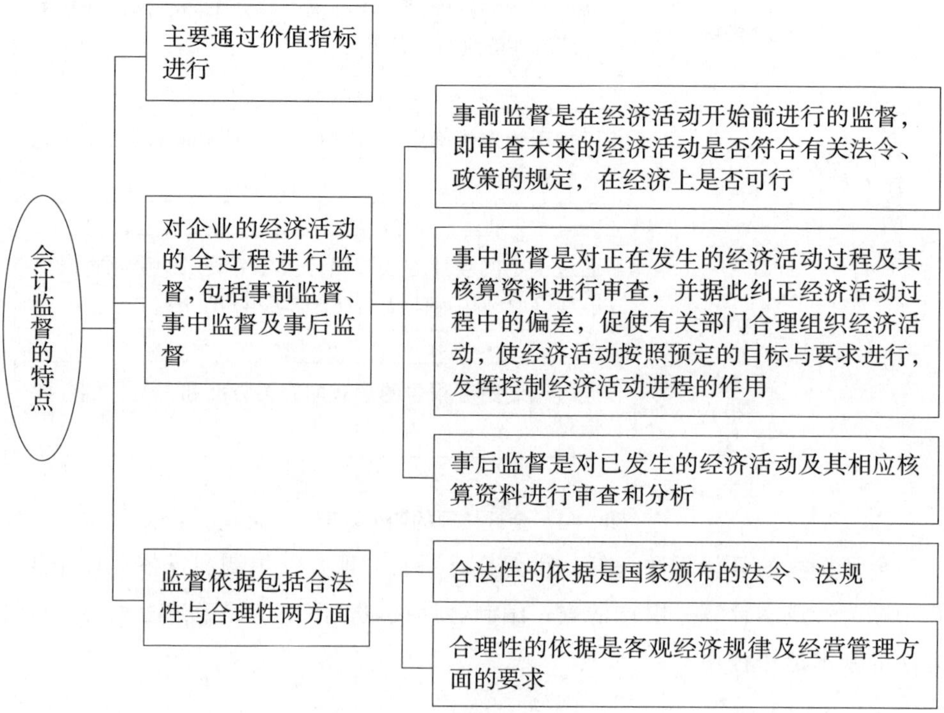

图 1-6　会计监督的特点

1.1.3 财务报告目标

财务报告目标也称会计目标，是指在一定的社会经济环境下，会计工作所要达到的境地或标准。企业、单位的会计活动要符合财务报告目标。财务报告目标可以分为总目标、基本目标等不同层次。

财务报告的目标是向财务报告使用者（包括投资者、债权人、政府及其有关部门和社会公众等）提供与企业财务状况、经营成果和现金流量等有关的会计信息，反映企业管理层受托责任履行情况，有助于财务报告使用者做出经济决策。财务报告的目标如图 1-7 所示。

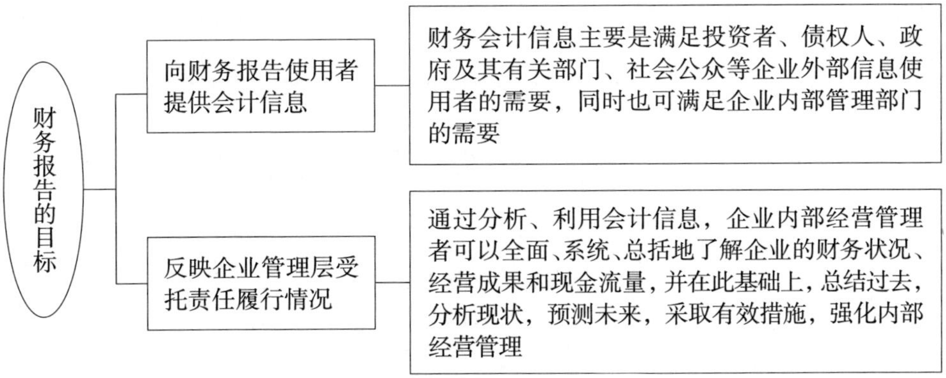

图 1-7　财务报告的目标

1.2 会计基本假设和会计记账基础

1.2.1 会计基本假设

会计基本假设是会计确认、计量和报告的前提，是对会计核算所处时间、空间环境等做出的合理设定。会计基本假设包括会计主体、持续经营、会计分期和货币计量，如图 1-8 所示。

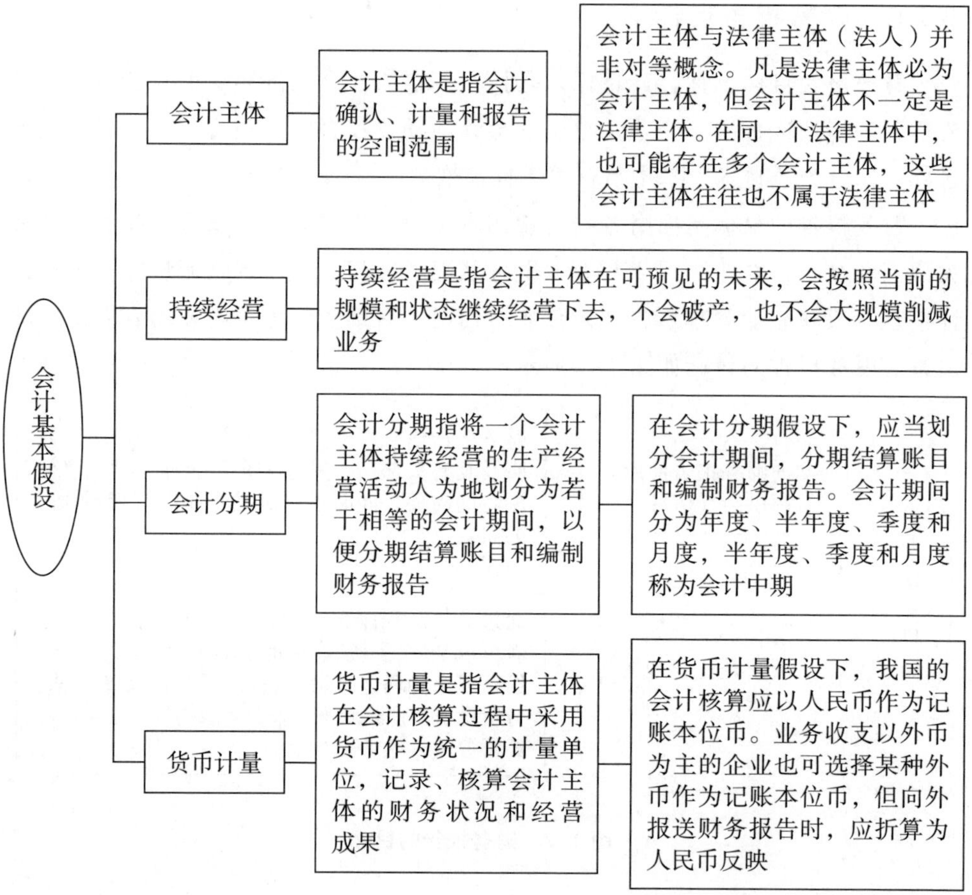

图 1–8　会计基本假设

1.2.2　会计记账基础

企业会计的确认、计量和报告应当以权责发生制为基础。与权责发生制相对应的是收付实现制，两者关系如图 1–9 所示。

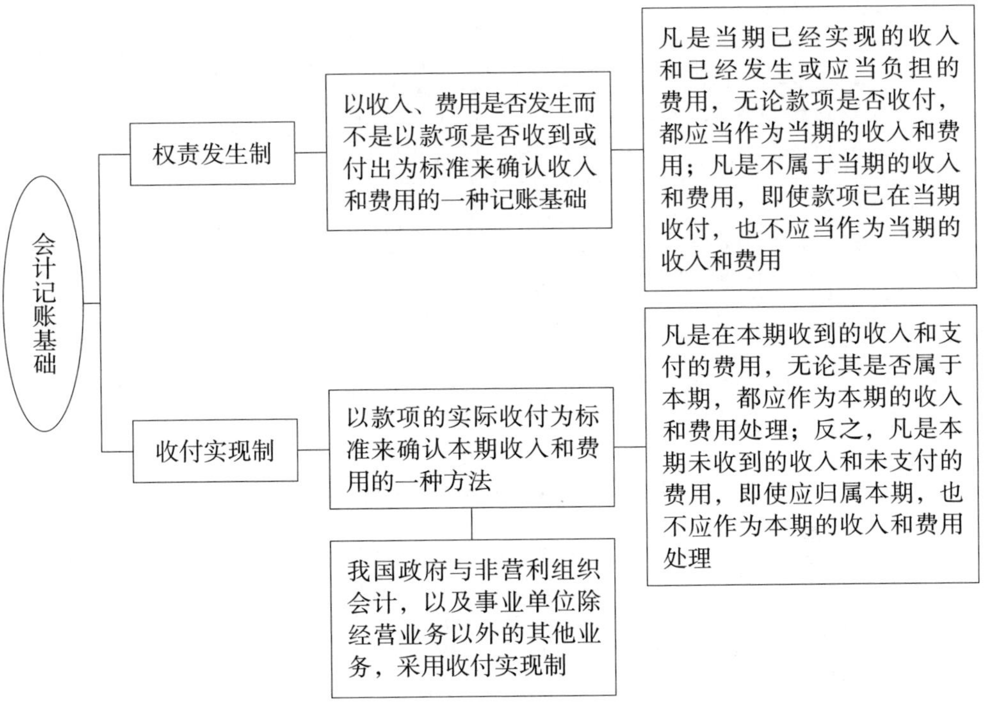

图 1-9　权责发生制和收付实现制的关系

1.3　会计信息的质量要求

根据《企业会计准则——基本准则》，会计信息的质量要求包括八个，如图 1-10 所示。

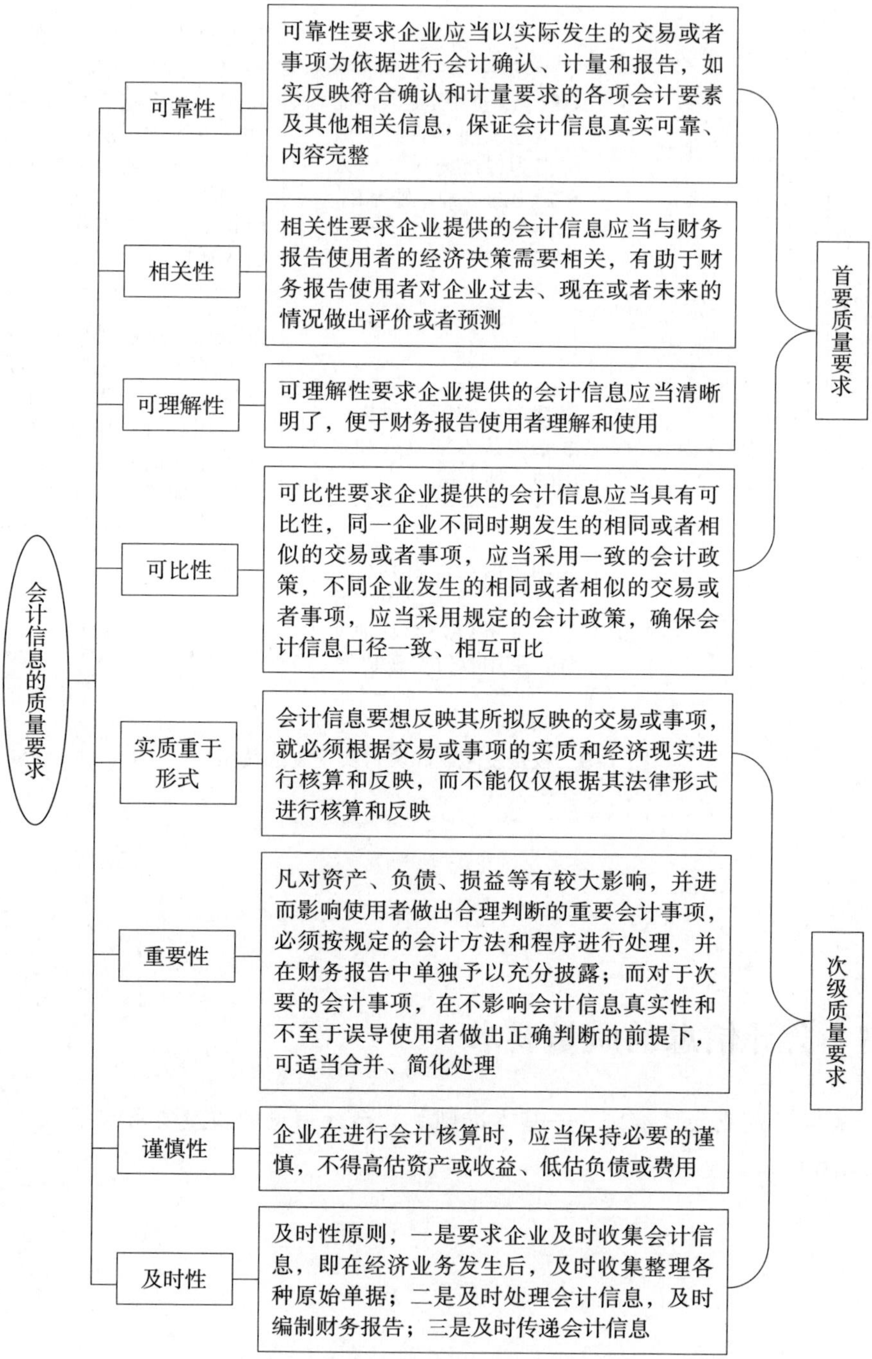

图 1–10　会计信息的质量要求

1.4　会计要素和会计等式

1.4.1　会计要素

会计要素是根据交易或事项的经济特征所确定的会计核算内容的基本分类，是会计核算内容的具体化，是从会计的角度描述经济活动的基本要素。会计要素包括资产、负债、所有者权益、收入、费用和利润，如图 1–11 所示。由于会计的最终目的是编制财务报告，财务报告的核心内容是财务报表，财务报表就是以会计要素为内容构架的，因此，会计要素又称财务报表要素。

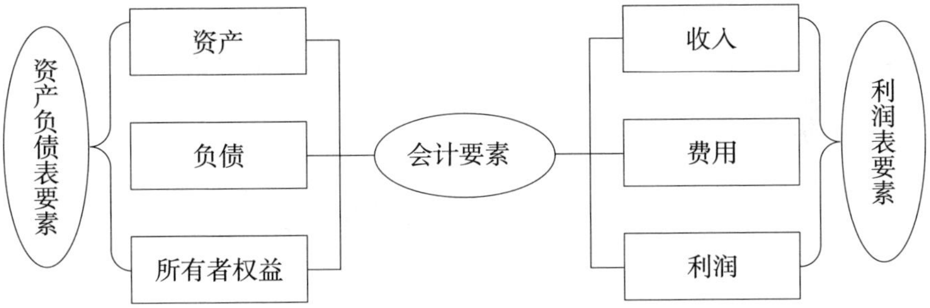

图 1–11　会计要素构成

（一）资产

资产，是指企业过去的交易或者事项形成的、并由企业拥有或者控制的、预期会给企业带来经济利益的资源。资产是企业从事生产经营活动的物质基础，任何一个企业要进行正常的生产经营活动，都必须拥有一定数量和结构的资产。一般将资产按流动性进行划分，如图 1–12 所示。

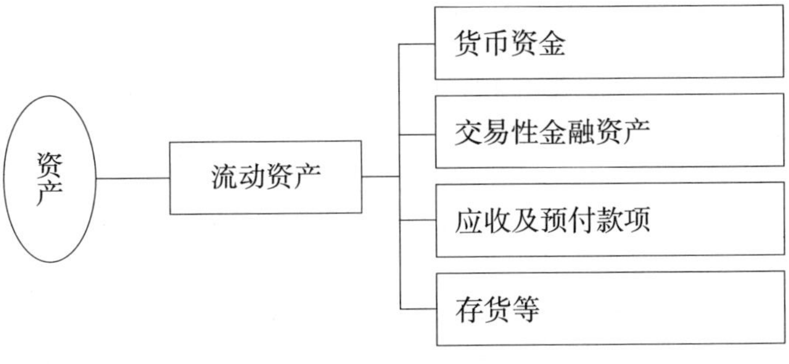

图 1–12　资产的构成

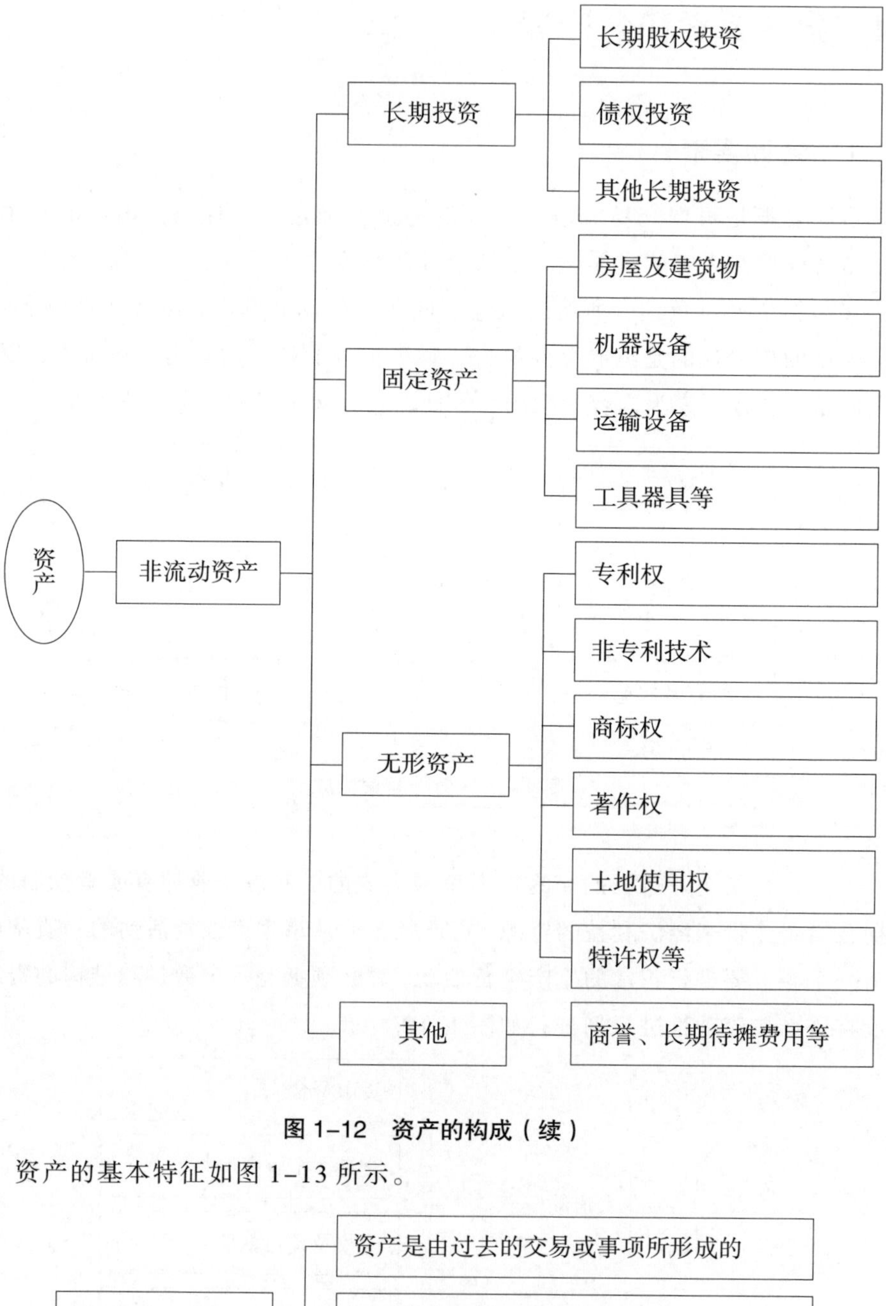

图 1–12　资产的构成（续）

资产的基本特征如图 1–13 所示。

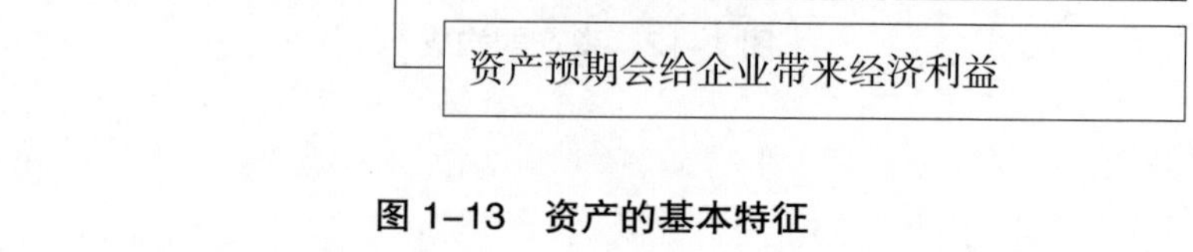

图 1–13　资产的基本特征

（二）负债

负债，是指企业过去的交易或者事项所形成的、预期会导致经济利益流出企业的现时义务。负债实质上反映了企业与债权人之间的一种债权债务关系，它所代表的是企业对债权人所承担的全部经济责任或义务。负债的确认，意味着权利、义务关系的形成；负债的偿还，则表明权利、义务关系的解除。负债通常按照流动性进行划分，如图 1–14 所示。

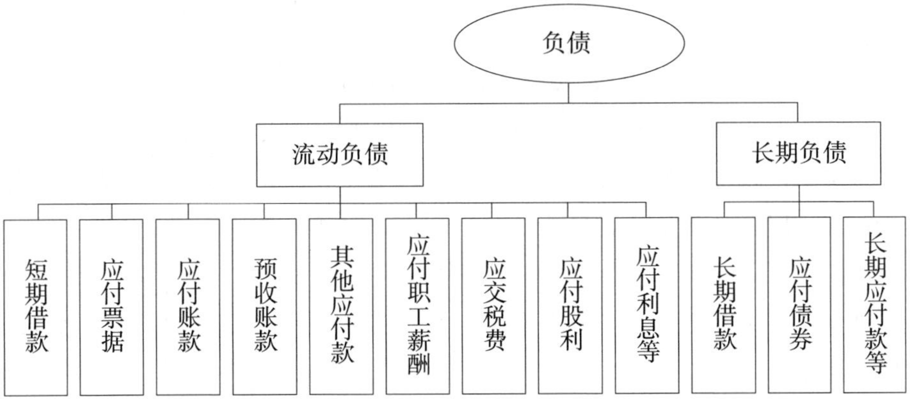

图 1–14　负债的构成

负债的基本特征如图 1–15 所示。

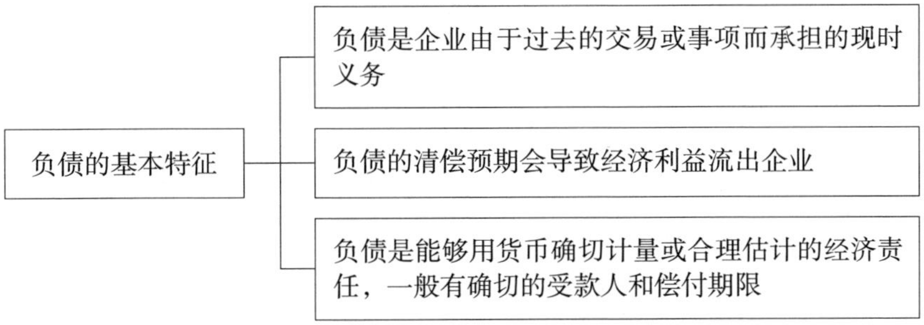

图 1–15　负债的基本特征

（三）所有者权益

所有者权益，是指所有者在企业资产中所享有的剩余权益，其金额为资产减去负债后的余额。资产减去负债后的余额也称净资产，因此，所有者权益实际上表示为投资者（即所有者）对企业净资产的所有权。所有者权益的来源包括所有者投入的资本、直接计入所有者权益的利得和损失、留存收益等，如图 1–16 所示。

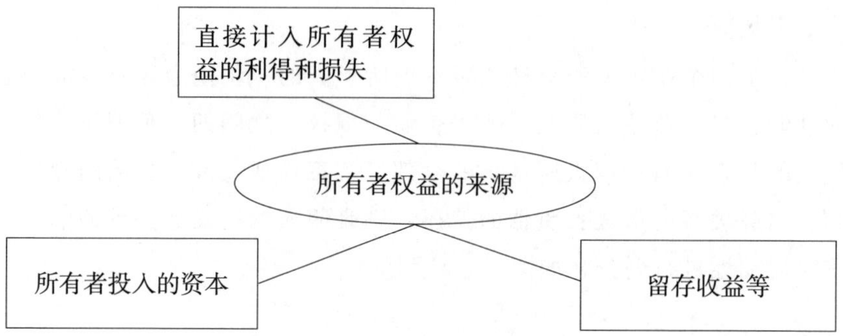

图 1–16　所有者权益的来源

直接计入所有者权益的利得和损失，是指不应计入当期损益、会导致所有者权益发生增减变动的、与所有者投入资本或者向所有者分配利润无关的利得或者损失。留存收益是所有者（股东）权益的重要组成部分，它是指企业在历年生产经营活动中取得的净利润的留存额。

所有者权益通常由实收资本（股本）、资本公积、盈余公积和未分配利润构成，如图 1–17 所示。

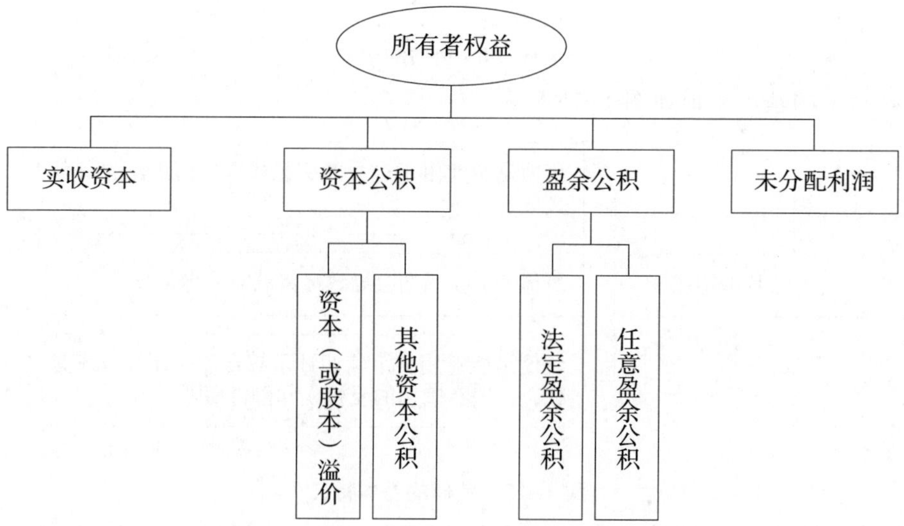

图 1–17　所有者权益的构成

所有者权益与负债共同构成企业的全部资产，但二者却有着本质的不同。所有者权益表明了企业的产权关系，即企业是由谁投资的，归谁所有。

（四）收入

收入指企业在日常活动中所形成的、会导致所有者权益增加的、与所有者投入资本无关的经济利益的总流入。

收入的分类如图 1–18 所示。

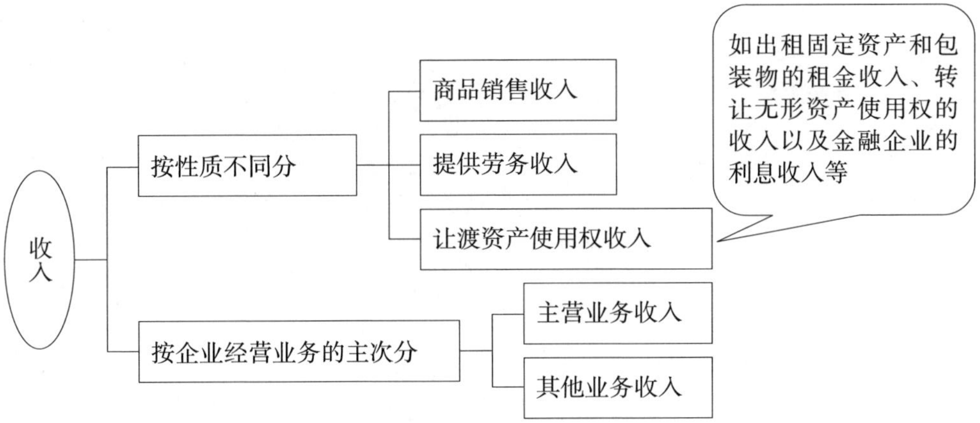

图 1–18　收入的分类

工业企业的主营业务收入主要包括销售产成品、自制半成品和提供工业性劳务等取得的收入；商品流通企业的主营业务收入主要包括销售商品所取得的收入；旅游企业的主营业务收入主要包括客房收入、餐饮收入等；金融企业的主营业务收入主要包括贷款利息收入和办理结算所取得的手续费收入等。主营业务收入一般比较稳定，占企业收入的比重较大，对企业的经济效益具有较大的影响；其他业务收入是指基本业务以外的日常活动所产生的收入，工业企业的其他业务收入主要包括材料销售收入、包装物出租收入、固定资产出租收入、无形资产使用权转让收入和提供非工业性劳务等取得的收入，其他业务收入没有主营业务收入稳定，一般占企业收入的比重较小。

收入是在企业的日常活动中形成的，而不是偶发的交易或事项产生的，它表现为企业资产的增加或负债的减少，或两者兼而有之，最终会导致企业所有者权益增加。但是，并非所有资产增加或负债减少而引起的所有者权益增加都表现为企业的收入。

（五）费用

费用，是指企业日常活动所发生的、会导致所有者权益减少的、与向所有者分配利润无关的经济利益的总流出。费用是与收入相对应而存在的，它代表企业为取得一定收入而付出的代价，或者企业为进行生产经营活动所发生的资源的耗用。费用的构成如图 1–19 所示。

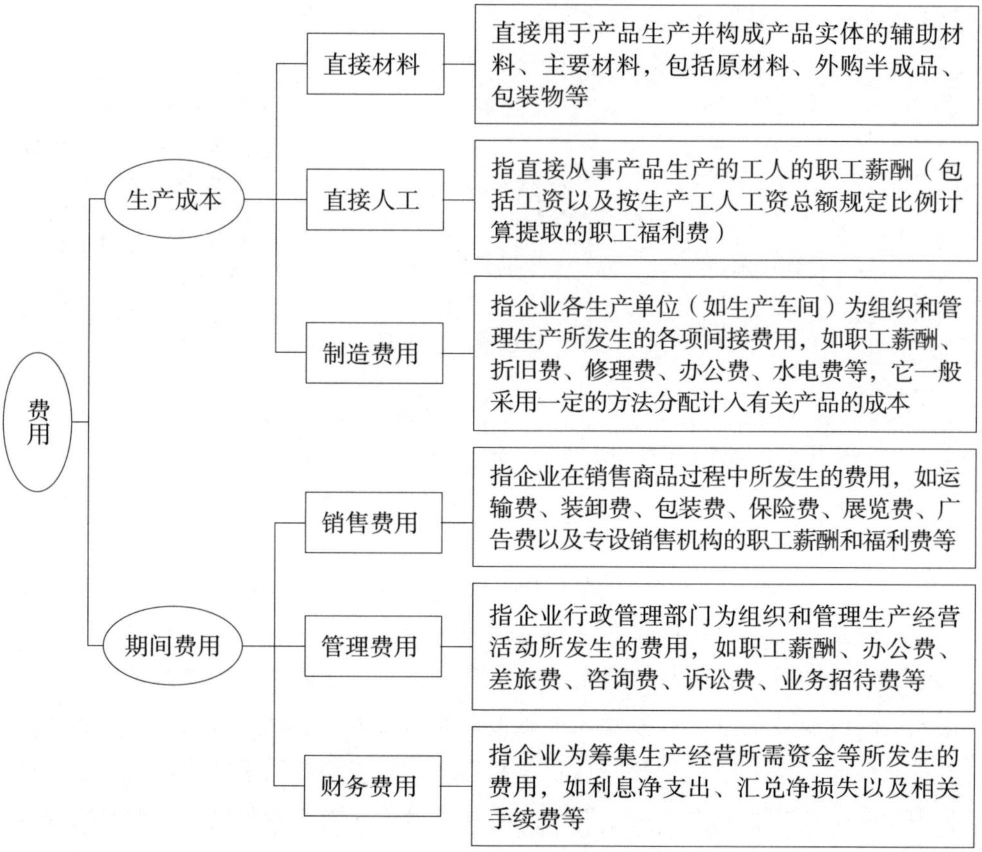

图 1–19　费用的构成

（六）利润

利润，是指企业在一定会计期间的经营成果。企业实现了利润，表明企业所有者权益增加、业绩得到了提升；反之，若企业发生了亏损，表明企业所有者权益减少、业绩下滑。图 1–20 所示为不同利润的计算公式。

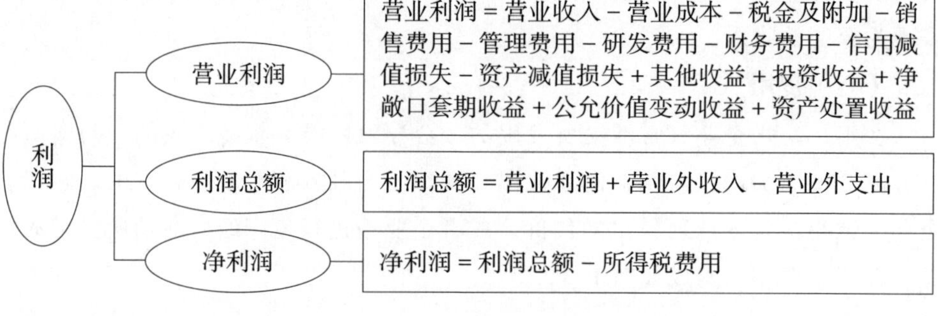

图 1–20　利润的计算公式

1.4.2　会计等式

会计等式是指反映各项会计要素之间基本关系的表达式，也称会计恒等式、会计方程式或会计平衡公式。从形式上看，会计等式反映了会计对象的具体内容，即各项会计要素之间的内在联系；从实质上看，会计等式揭示了会计主体的产权关系和基本财务状况。会计等式如图 1–21 所示。

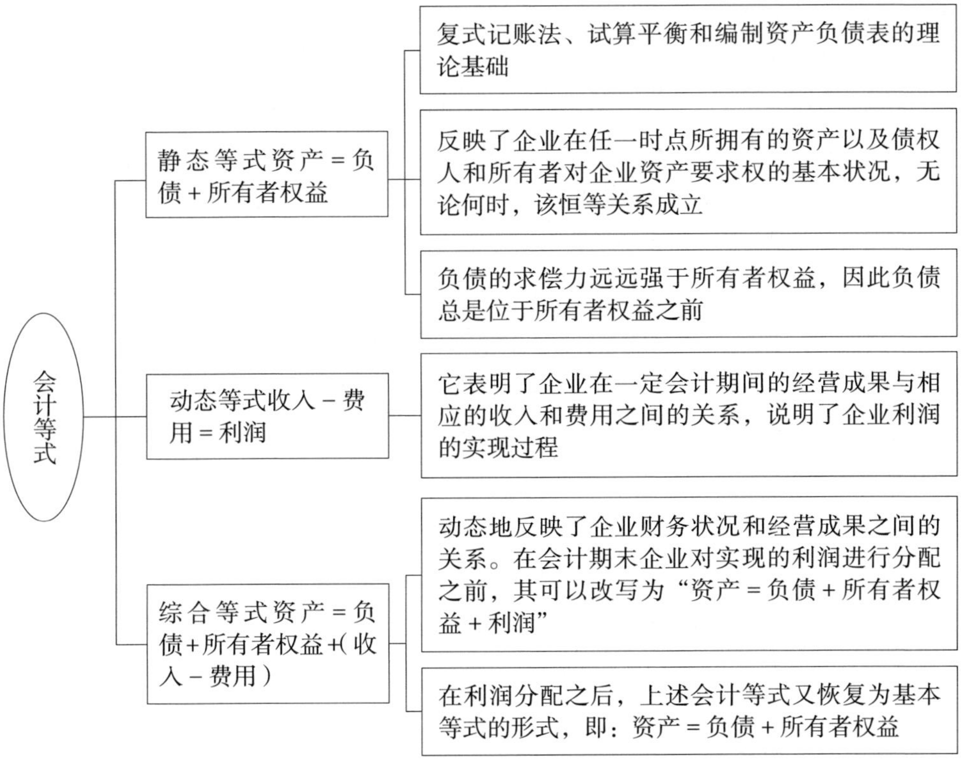

图 1–21　会计等式

为便于理解会计等式的恒等关系，现分两种情况举例说明。

（1）第一种情况为不考虑收入和费用时会计等式的恒等关系。无论经济业务多么复杂，它所引起的会计要素的变化，归纳起来有以下几类事项。

①某个会计要素内部两个项目一增一减相同金额，会计等式保持恒等关系。

②会计等式左右两边的两个要素同时增加相同金额，会计等式保持恒等关系。

③会计等式左右两边的两个要素同时减少相同金额，会计等式保持恒等关系。

④会计等式右边的两个要素一增一减相同金额，会计等式保持恒等关系。

【例 1–1】现以华明公司为例来说明会计等式的恒等性。假设 2018 年 12 月 31 日华明公司的会计要素和余额如表 1–1 所示，会计等式的平衡关系成立。

表 1–1　科目余额表（一）　　单位：元

资产类科目	金额	负债和所有者权益类科目	金额
库存现金	1 000	短期借款	30 000
银行存款	199 000	应付账款	50 000
		盈余公积	20 000
		实收资本	100 000
合计	200 000	合计	200 000

华明公司 2019 年 1 月发生的经济业务如下。

（1）华明公司从银行提取现金 20 000 元备用。这一项业务表现为一项资产减少 20 000 元，另一项资产增加 20 000 元，资产的总金额不变，会计等式左右相等。

（2）华明公司向银行借款 40 000 元归还到期的应付货款 40 000 元。这一项业务表现为一项负债增加 40 000 元，另一项负债减少 40 000 元，负债的总金额不变，会计等式左右相等。

（3）华明公司召开董事会，决定从盈余公积中拿出 12 000 元转增资本，并已办理转账手续。此项业务表现为一项所有者权益减少 12 000 元，另一项所有者权益增加 12 000 元，所有者权益的总金额不变，会计等式左右相等。

上述三种情况属于前述第一类事项，某个会计要素内部两个项目一增一减相同金额，会计等式保持恒等关系。

（4）一位新的投资者向华明公司增加货币投资 100 000 元，资金已存入银行。此项业务表现为资产增加 100 000 元，所有者权益增加 100 000 元。会计等式的左右两边同时增加 100 000 元，会计等式左右相等。

（5）华明公司向银行借款 100 000 元存入银行。这一项业务表现为资产增加 100 000 元，负债增加 100 000 元。会计等式的左右两边同时增加 100 000 元，会计等式左右相等。

上述两种情况属于前述第二类事项，即会计等式左右两边的两个要素同时增加相同金额，会计等式保持恒等关系。

（6）华明公司的原有投资者之一减少对华明公司的投资 50 000 元，华明公司用银行存款支付。这一项业务表现为资产减少 50 000 元，所有者权益减少 50 000 元。会计等式的左右两边同时减少 50 000 元，会计等式左右相等。

（7）华明公司归还短期借款 30 000 元，用银行存款支付。这一项业务表现为资产减少 30 000 元，负债减少 30 000 元。会计等式的左右两边同时减少 30 000 元，会计等式左右相等。

上述两种情况属于前述第三类事项，即会计等式左右两边的两个要素同时减少相同金额，会计等式保持恒等关系。

（8）华明公司投资者代华明公司偿还到期的银行短期借款 100 000 元，并同意将该笔款项作为对华明公司的追加投资，已办理有关手续。此项业务表现为负债减少 100 000 元，所有者权益增加 100 000 元。会计等式右边的两个会计要素一增一减相同金额，会计等式左右相等。

上述情况属于前述引起会计要素变化的第四类事项，即会计等式右边的两个要素一增一减相同金额，会计等式保持恒等关系。

华明公司在上述业务结束后，计算会计要素的金额，华明公司的会计要素和余额如表 1–2 所示，会计等式的平衡关系依然成立。

表 1–2　科目余额表（二）　　单位：元

资产类科目	金额	负债和所有者权益类科目	金额
库存现金	21 000	短期借款	40 000
银行存款	299 000	应付账款	10 000
		盈余公积	8 000
		实收资本	262 000
合计	320 000	合计	320 000

（2）第二种情况为考虑收入和费用时会计等式的恒等关系。为了说明收入和费用的发生也不影响会计等式的恒等性，使用公式：资产 = 负债 + 所有者权益 + 收入 – 费用。

收入可能带来资产的增加，也可能使负债减少。

（9）华明公司销售产品，价款共计 30 000 元，货款已存入银行。此项业务表现为资产增加 30 000 元，收入增加 30 000 元。等式两边的会计要素同时增加相同金额，等式左右两边相等。

（10）华明公司销售产品，用价款 10 000 元抵付应付账款，此项业务表现为负债减少 10 000 元，收入增加 10 000 元。等式右边的会计要素一增一减相同金额，等式左右两边相等。

费用可能带来资产的减少，也可能使负债增加。

（11）华明公司用银行存款支付水电费 1 000 元。此项业务表现为资产减少 1 000 元，费用增加 1 000 元。由于费用项目是等式右边的减项，因此，等式两边的金额同时减少相同金额，等式左右两边相等。

（12）华明公司计算本月应付职工薪酬 2 000 元，款项尚未支付。此项业务表现为负债增加 2 000 元，费用增加 2 000 元。由于费用项目是等式右边的减项，因此，等式右边的金额不变，等式左右两边相等。

华明公司在上述业务结束后，计算会计要素的金额，收入和费用计入未分配利润，华明公司的会计要素和余额如表 1–3 所示，会计等式的平衡关系依然成立。

表 1–3　科目余额表（三）　　单位：元

资产类科目	金额	负债和所有者权益类科目	金额
库存现金	21 000	短期借款	40 000
银行存款	328 000	应付账款	0
		应付职工薪酬	2 000
		盈余公积	8 000
		实收资本	262 000
		未分配利润	37 000
合计	349 000	合计	349 000

1.4.3　会计要素、会计等式与基本会计报表的关系

会计要素、会计等式与基本财务报表三者之间的关系如图 1–22 所示。

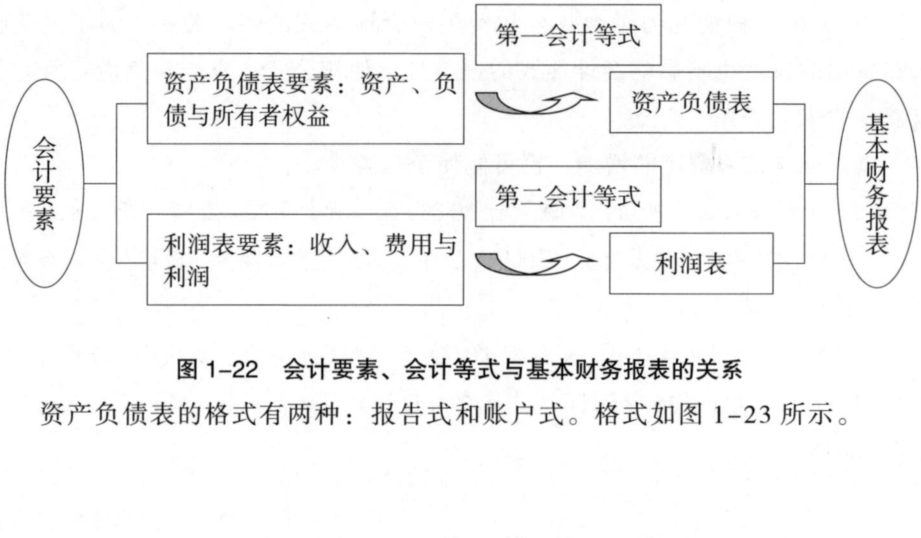

图 1–22　会计要素、会计等式与基本财务报表的关系

资产负债表的格式有两种：报告式和账户式。格式如图 1–23 所示。

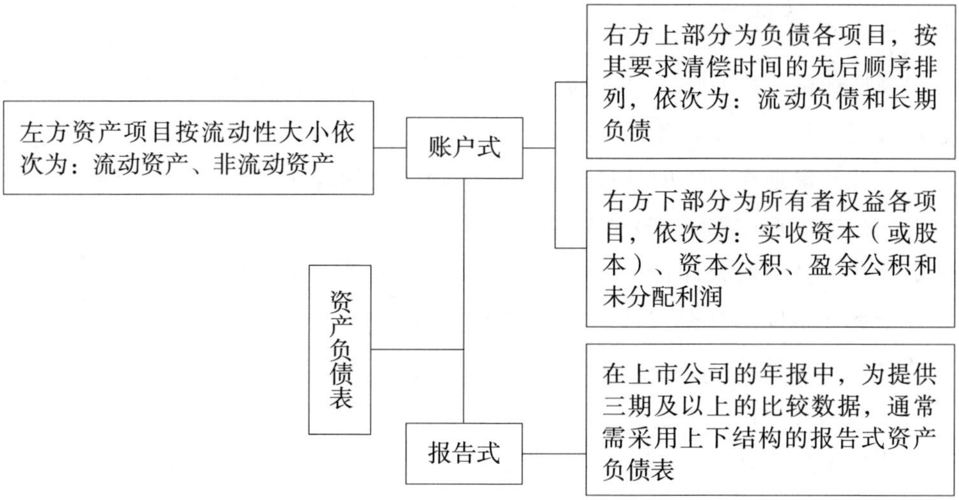

图 1-23　资产负债表的格式

1.5　会计确认与会计计量

1.5.1　会计确认

会计确认指确定某一项目、交易或事项应否、应在何时以及如何列作一项会计要素（如资产、负债、所有者权益、收入、费用或利润）正式地记入账内、列入财务报表的过程。其解决的问题和确认的标准如图 1-24 所示。

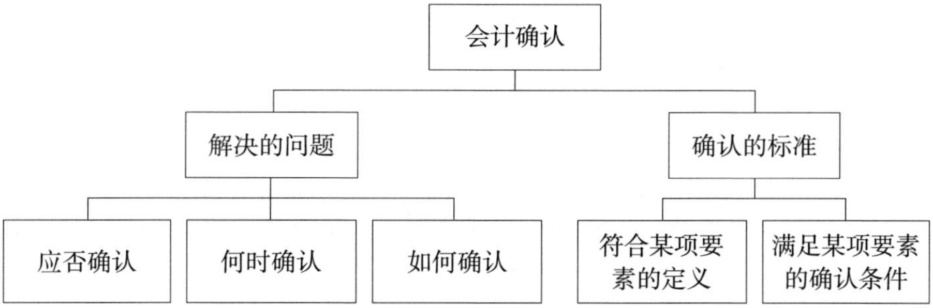

图 1-24　会计确认

1.5.2 会计计量

会计计量，也叫会计要素的计量。会计计量是为了将符合确认条件的要素登记入账，并列报于财务报表而确定其金额的过程。

会计计量是在一定的计量尺度下，运用特定的计量单位，选择合理的计量属性，确定应予记录的经济事项金额的会计记录过程。会计计量包括计量尺度、计量单位、计量对象和计量属性。其中，计量属性是指计量客体的特征或外在表现形式。不同的计量属性，会使相同的会计要素表现为不同的货币数量，从而使会计信息反映的财务成果和经营状况建立在不同的计量基础上，即建立在选用不同的会计目标上。

计量属性是指予以计量的某一要素的特性的方面，计量属性反映的是会计要素金额确定的基础，主要包括历史成本、重置成本、可变现净值、现值和公允价值。

会计计量属性的内容如图 1–25 所示。

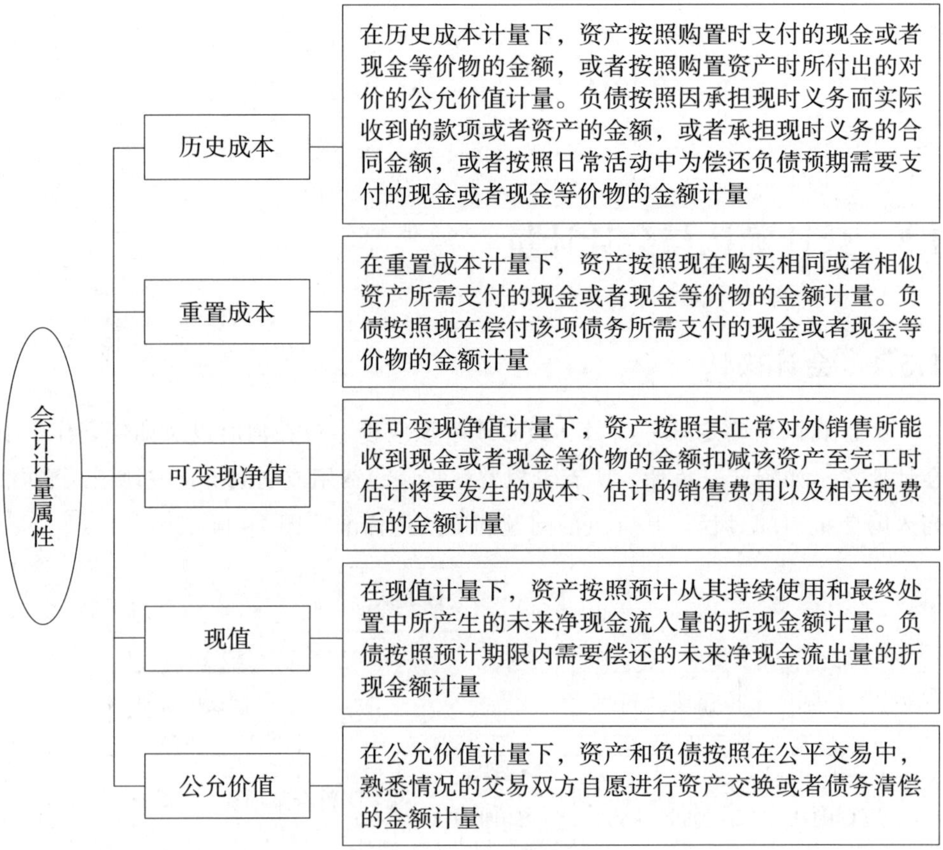

图 1–25 会计计量属性

第 2 章 熟悉会计科目和账户——帮你打好学习会计的坚实基础

本章导读

在学习会计核算的内容和方法之前，熟悉会计科目和账户是十分必要的，因为掌握这些知识是学习会计核算的基础和前提。

因此，在本章的学习中，我们将解决读者的以下问题。

（1）会计科目是什么，如何分类。

（2）账户是什么，如何分类，账户的基本结构是什么样的。

（3）账户和会计科目有哪些区别和联系。

2.1　会计科目：会计核算的前提

2.1.1　会计科目是什么

会计科目就是按照经济内容对各会计要素的具体内容做进一步分类核算的项目，它是以客观存在的会计要素的具体内容为基础，根据核算和管理的需要设置的。也就是说，根据会计核算的需要，对资产、负债、所有者权益、收入、费用、利润六个会计要素的具体内容进行科学的分类，每一类确定一个合适的名称，所形成的就是会计科目。合理设置会计科目是正确组织会计核算的前提。

2.1.2 会计科目的分类

（一）会计科目按提供核算指标的详细程度分类

会计科目按提供核算指标详细程度不同，分为总分类科目和明细分类科目。会计科目按提供核算指标详细程度进行的分类举例如表 2-1 所示。

表 2-1 会计科目按提供核算指标详细程度进行的分类举例

总分类科目（一级科目或总目）	明细分类科目	
	二级科目（子目）	三级科目（细目）
原材料	主要材料	圆钢 角钢
	辅助材料	油漆 铁钉
应交税费	应交增值税	销项税额

（二）会计科目按反映的经济内容的性质分类

会计科目按反映经济内容的性质即按其反映的会计要素不同可以分为资产类科目、负债类科目、所有者权益类科目、成本类科目和损益类科目等。我国财政部 2006 年制定并颁布的《企业会计准则——应用指南》规定的会计科目如表 2-2 所示。

表 2-2 《企业会计准则——应用指南》规定的会计科目

编号	会计科目名称	编号	会计科目名称
	资产类		
1001	库存现金	1431	周转材料
1002	银行存款	1441	贵金属
1003	存放中央银行款项	1442	抵债资产
1011	存放同业	1451	损余物资
1015	其它货币基金	1461	存货跌价准备
1021	结算备付金	1501	待摊费用
1031	存出保证金	1511	独立账户资产
1051	拆出资金	1521	持有至到期投资
1101	交易性金融资产	1522	持有至到期投资减值准备

续表

编号	会计科目名称	编号	会计科目名称
1111	买入返售金融资产	1523	可供出售金融资产
1121	应收票据	1524	长期股权投资
1122	应收账款	1525	长期股权投资减值准备
1123	预付账款	1526	投资性房地产
1131	应收股利	1531	长期应收款
1132	应收利息	1541	未实现融资收益
1211	应收保护储金	1551	存出资本保证金
1221	应收代位追偿款	1601	固定资产
1222	应收分保账款	1602	累计折旧
1223	应收分保未到期责任准备金	1603	固定资产减值准备
1224	应收分保保险责任准备金	1604	在建工程
1231	其他应收款	1605	工程物资
1241	坏账准备	1606	固定资产清理
1251	贴现资产	1611	融资租赁资产
1301	贷款	1612	未担保余值
1302	贷款损失准备	1621	生产性生物资产
1311	代理兑付证券	1622	生产性生物资产累计折旧
1321	代理业务资产	1623	公益性生物资产
1401	材料采购	1631	油气资产
1402	在途物资	1632	累计折耗
1403	原材料	1701	无形资产
1404	材料成本差异	1702	累计摊销
1406	库存商品	1703	无形资产减值准备
1407	发出商品	1711	商誉
1410	商品进销差价	1801	长期待摊费用
1411	委托加工物资	1811	递延所得资产
1412	包装物及低值易耗品	1901	待处理财产损益

续表

编号	会计科目名称	编号	会计科目名称
1421	消耗性生物资产		
负债类			
2001	短期借款	2261	应付分保账款
2002	存入保证金	2311	代理买卖证券款
2003	拆入资金	2312	代理承销证券款
2004	向中央银行借款	2313	代理兑付证券款
2011	同业存放	2314	代理业务负债
2012	吸收存款	2401	预提费用
2021	贴现负债	2411	预计负债
2101	交易性金融负债	2501	递延收益
2111	专出回购金融资产款	2601	长期借款
2201	应付票据	2602	长期债券
2202	应付账款	2701	未到期责任准备金
2205	预收账款	2702	保险责任准备金
2211	应付职工薪酬	2711	保户储金
2221	应交税费	2721	独立账户负债
2231	应付股利	2801	长期应付款
2232	应付利息	2802	未确认融资费用
2241	其他应付款	2811	专项应付款
2251	应付保户红利	2901	递延所得税负债
共同类			
3001	清算资金往来	3201	套期工具
3002	外汇买卖	3202	被套期项目
3101	衍生工具		
所有者权益类			
4001	实收资本	4103	本年利润
4002	资本公积	4104	利润分配

续表

编号	会计科目名称	编号	会计科目名称
4101	盈余公积	4201	库存股
4102	一般风险准备		
		成本类	
5001	生产成本	5401	工程施工
5101	制造费用	5402	工程结算
5201	劳务成本	5403	机械作业
5301	研发支出		
		损益类	
6001	主营业务收入	6411	利息支出
6011	利息收入	6421	手续费支出
6021	手续费收入	6501	提取未到期责任准备金
6031	保费收入	6502	撮保险责任准备金
6032	分保费收入	6511	赔付支出
6041	租赁收入	6521	保户红利支出
6051	其他业务收入	6531	退保金
6061	汇兑损益	6541	分出保费
6101	公允价值变动损益	6542	分保费用
6111	投资收益	6601	销售费用
6201	摊回保险责任准备金	6602	管理费用
6202	摊回赔付支出	6603	财务费用
6203	摊回分保费用	6604	勘探费用
6301	营业外收入	6701	资产减值损失
6401	主营业务成本	6711	营业外支出
6402	其它业务成本	6801	所得税
6405	营业税金及附加	6901	以前年度损益调整

在会计科目表中，每个会计科目都有确定的号码，作为顺序号，其作用在于显示使用会计科目的总数，其也是会计科目的代号，便于用于登记账册和查

阅账目，为实现会计数据处理手段现代化、实行会计电算化提供了条件。会计科目编号的第一位数代表会计要素的类别，“1”代表资产类；“2”代表负债类；“3”代表共同类；“4”代表所有者权益类；“5”代表成本类；“6”代表损益类。

2.1.3 会计科目的设置原则

设置会计科目是会计核算的一种专门方法，为了更好地发挥会计科目在核算中的作用、正确使用会计科目，在设置会计科目时应遵守的原则如图 2-1 所示。

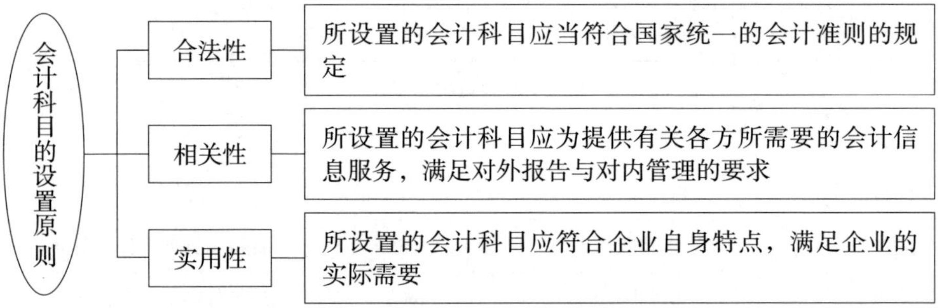

图 2-1 会计科目的设置原则

2.2 账户：会计核算的方法

2.2.1 账户是什么

账户是根据会计科目设置的，具有一定格式和结构，用以分类反映会计要素增减变动情况及其结果的载体。设置账户是会计核算的重要方法之一。

2.2.2 账户的分类

账户的分类如图 2-2 所示。

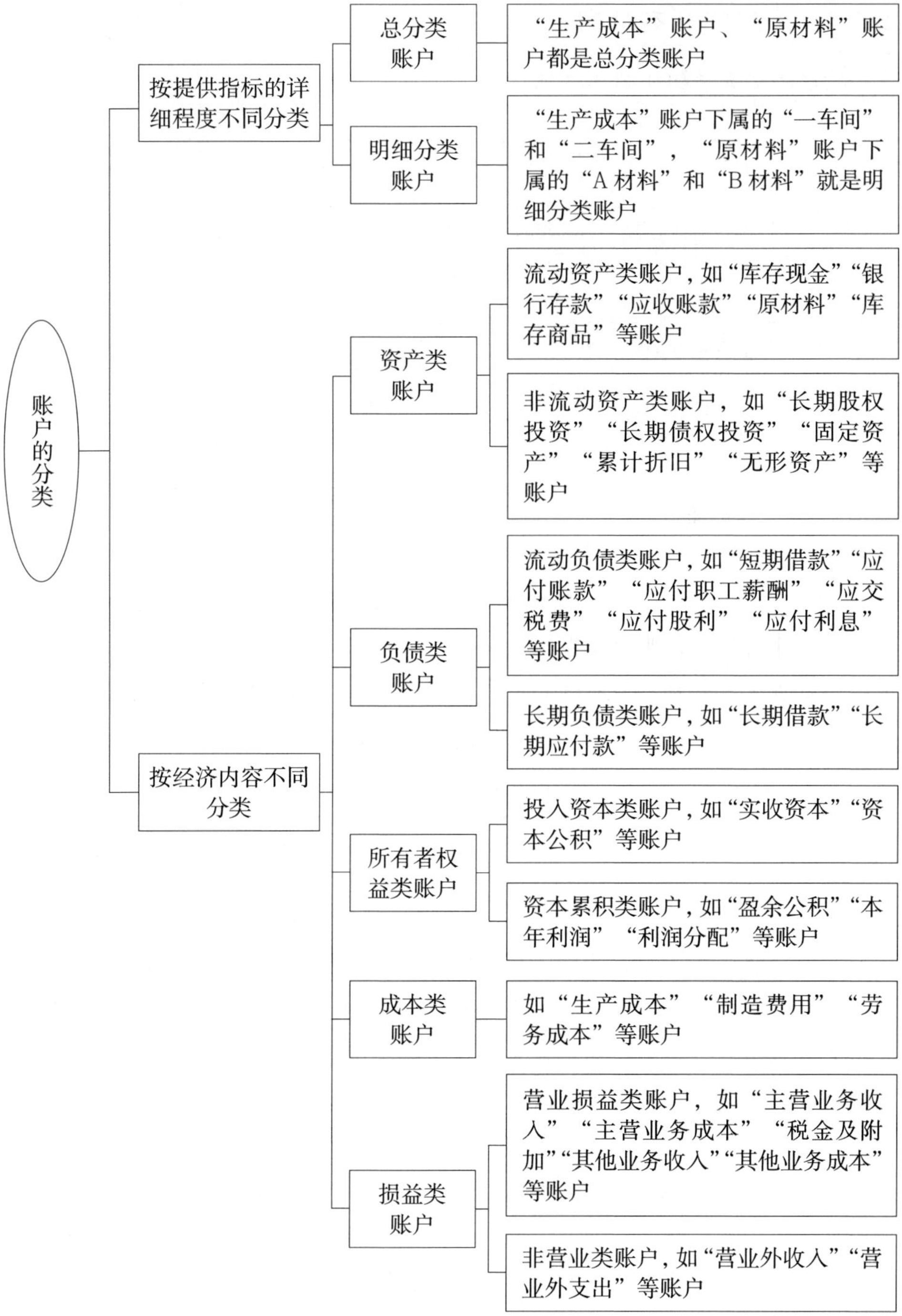
账户的分类
按提供指标的详细程度不同分类
总分类账户
“生产成本”账户、“原材料”账户都是总分类账户
明细分类账户
“生产成本”账户下属的“一车间”和“二车间”，“原材料”账户下属的“A 材料”和“B 材料”就是明细分类账户
按经济内容不同分类
资产类账户
流动资产类账户，如“库存现金”“银行存款”“应收账款”“原材料”“库存商品”等账户
非流动资产类账户，如“长期股权投资”“长期债权投资”“固定资产”“累计折旧”“无形资产”等账户
负债类账户
流动负债类账户，如“短期借款”“应付账款”“应付职工薪酬”“应交税费”“应付股利”“应付利息”等账户
长期负债类账户，如“长期借款”“长期应付款”等账户
所有者权益类账户
投入资本类账户，如“实收资本”“资本公积”等账户
资本累积类账户，如“盈余公积”“本年利润”“利润分配”等账户
成本类账户
如“生产成本”“制造费用”“劳务成本”等账户
损益类账户
营业损益类账户，如“主营业务收入”“主营业务成本”“税金及附加”“其他业务收入”“其他业务成本”等账户
非营业类账户，如“营业外收入”“营业外支出”等账户

图 2-2　账户的分类

2.2.3 账户的基本结构

账户的基本结构如图 2–3 所示。

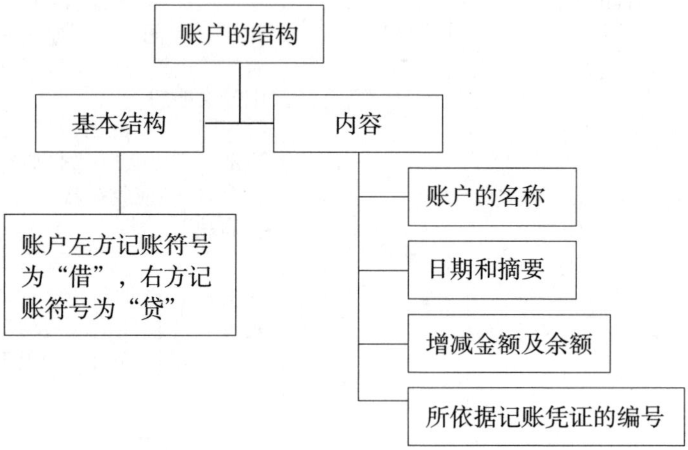

图 2–3 账户的基本结构

在会计实务中，账户是根据以上基本内容来设计账簿格式的。账户因其基本结构，通常被称为丁字账户（或 T 型账户），丁字账户的基本结构见表 2–3。

表 2–3 丁字账户的基本结构

借方	账户名称（会计科目）	贷方

上列丁字账户分左右两方，分别用来记录经济业务发生所引起的会计要素的增加额或减少额。增加额和减少额相抵的差额，形成账户的余额，余额按其表示的时点不同，分为期初余额和期末余额。因此，账户记录的金额可以提供期初余额、本期增加额、本期减少额和期末余额四个核算指标。本期增加额是指在一定时期内（月、季、年）记入账户增加金额的合计数，也叫本期增加发生额。本期减少额是指在一定时期内（月、季、年）记入账户减少金额的合计数，也叫本期减少发生额。本期发生额是一个期间指标，它说明某类经济内容的增减变动情况。本期增加发生额与本期减少发生额相抵以后的差额，再加上期初余额，形成期末余额。余额是一个时点指标，它说明某类经济内容在某一时日增减变动的结果。通常，账户的本期期末余额就是下期期初余额。上述四项金

额的关系是：

本期期初余额 + 本期增加发生额 - 本期减少发生额 = 本期期末余额

上式中的本期期初余额、本期增加发生额、本期减少发生额和本期期末余额，称为账户的四个金额要素。应当指出的是，本期增加发生额和本期减少发生额是记在账户的左方还是右方，账户的余额反映在左方还是右方取决于账户的性质。

2.2.4 账户与会计科目的联系和区别

账户与会计科目的联系和区别如图 2-4 所示。

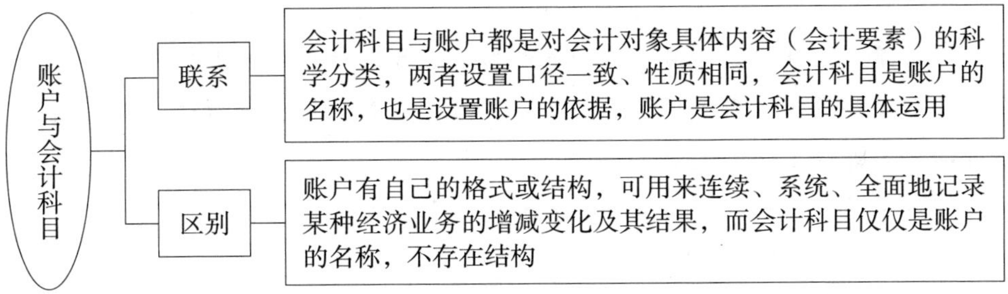

图 2-4　账户与会计科目的联系和区别

第3章 学会复式记账法——帮你学懂会计学科中的灵魂

本章导读

会计是一门非常科学且严谨的学科，这在复式记账法上体现得尤为突出。复式记账法经过300余年的演变才取得了重大突破，形成一套科学的理论体系，甚至被誉为会计中的“灵魂”。

在本章的学习中，我们将解决读者的以下问题。

（1）什么是复式记账法。

（2）借贷记账法下的账户结构、记账规则和试算平衡有哪些内容。

（3）会计分录是什么，如何分类，编制步骤是怎样的。

（4）总分类账和明细分类账的平行登记要求分别是什么。

3.1 单式记账法与复式记账法

记账方法按记账的方式不同，一般分为单式记账法和复式记账法，如图3-1所示。

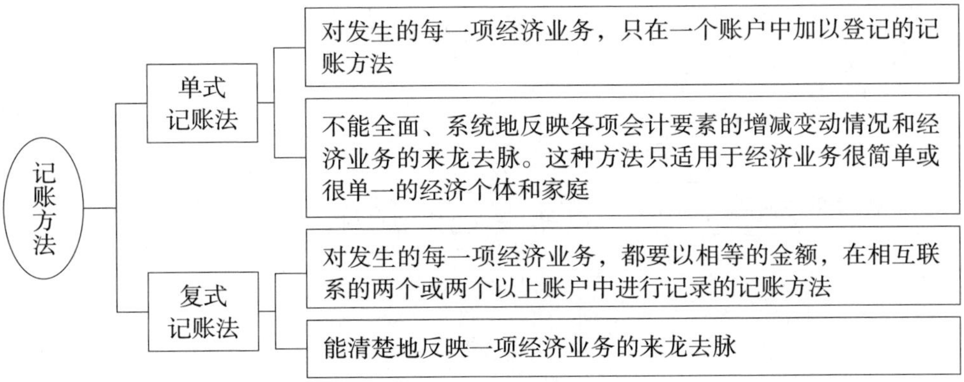

图 3–1　单式记账法与复式记账法

复式记账法有两个明显的特点，如图 3–2 所示。

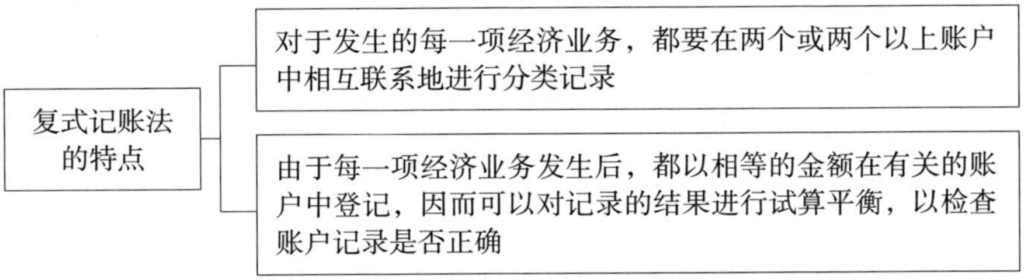

图 3–2　复式记账法的特点

3.2　借贷记账法

3.2.1　借贷记账法的内容

借贷记账法的内容如图 3–3 所示。

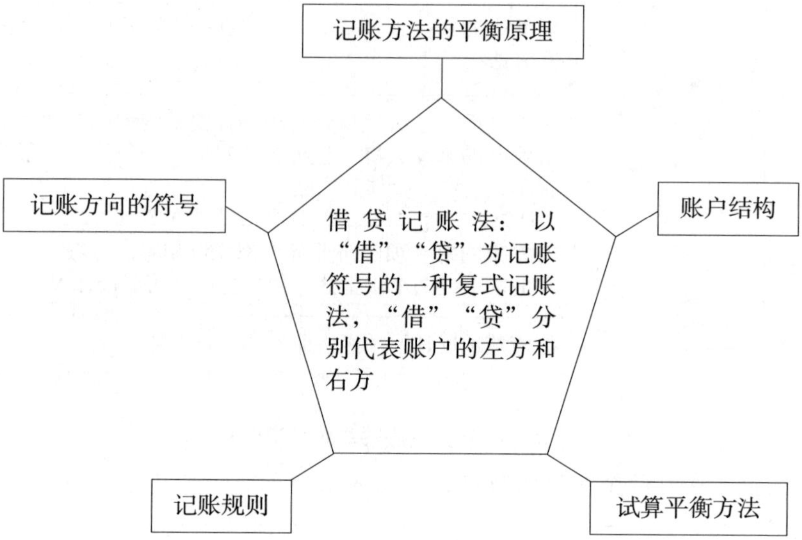

图 3-3　借贷记账法的内容

3.2.2　借贷记账法下的账户结构

表 3-1 表示各类账户的结构和期末余额的计算公式。丁字账户的结构见表 3-2。

表 3-1　账户结构

项目	账户的结构	期末余额的计算公式
资产类	资产的增加记录在账户的借方，资产的减少记录在账户的贷方，账户的余额在借方（见表 3-3）	借方期末余额 = 借方期初余额 + 借方本期发生额 - 贷方本期发生额
负债类	负债的增加记录在账户的贷方，负债的减少记录在账户的借方，账户的余额在贷方（见表 3-4）	贷方期末余额 = 贷方期初余额 + 贷方本期发生额 - 借方本期发生额
所有者权益类	所有者权益的增加记录在账户的贷方，所有者权益的减少记录在账户的借方，账户的余额在贷方（见表 3-5）	贷方期末余额 = 贷方期初余额 + 贷方本期发生额 - 借方本期发生额
收入类	收入的增加记录在账户的贷方，收入的减少记录在账户的借方（见表 3-6）	期末本期发生的收入增加额减去本期发生的收入减少额的差额转入所有者权益类有关账户，期末无余额

续表

项目	账户的结构	期末余额的计算公式
费用类	费用（支出、成本）的增加记录在账户的借方，费用（支出、成本）的减少记录在账户的贷方（见表 3–7）	期末本期发生的费用增加额减去本期发生的费用减少额的差额转入所有者权益类有关账户，期末一般无余额，如有余额，必为借方余额

表 3–2　丁字账户结构

借方	账户名称（会计科目）	贷方

表 3–3　资产类账户的结构

借方	账户名称（会计科目） 贷方
资产的期初余额 资产增加额 资产期末余额	资产减少额

表 3–4　负债类账户的结构

借方	账户名称（会计科目） 贷方
负债减少额	负债的期初余额 负债增加额 负债的期末余额

表 3–5　所有者权益类账户的结构

借方	账户名称（会计科目） 贷方
所有者权益减少额	所有者权益的期初余额 所有者权益增加额 所有者权益的期末余额

表 3–6　收入类账户的结构

借方	账户名称（会计科目） 贷方
收入减少额或结转额 本期发生额（收入减少额合计）	收入增加额 本期发生额（收入增加额合计）

表 3-7　费用类账户的结构

借方	账户名称（会计科目）	贷方
费用增加额		费用减少额或结转额
本期发生额（费用增加额合计）		本期发生额（费用减少额合计）

上述各类账户的结构在借贷记账法下借、贷方所登记的内容以及账户余额的方向，可以归纳成表 3-8。

表 3-8　各类账户的结构在借贷记账法下借方、贷方所登记的内容以及账户余额的方向

借方	账户名称（会计科目）	贷方
资产的增加		资产的减少
负债的减少		负债的增加
所有者权益的减少		所有者权益的增加
费用的增加		费用的减少
收入的减少		收入的增加
资产的期末余额		负债的期末余额
		所有者权益的期末余额

3.2.3　借贷记账法的记账规则：有借必有贷，借贷必相等

每一种复式记账法都有一定的记账规则，都建立在会计等式“资产 = 负债 + 所有者权益”的平衡原理基础上。借贷记账法的记账规则可以概括为：“有借必有贷，借贷必相等”。即对于每一笔经济业务都要在两个或两个以上相互联系的账户中，以相等的金额在借方和贷方进行登记。

3.2.4　借贷记账法的试算平衡

借贷记账法的试算平衡如图 3-4 所示。

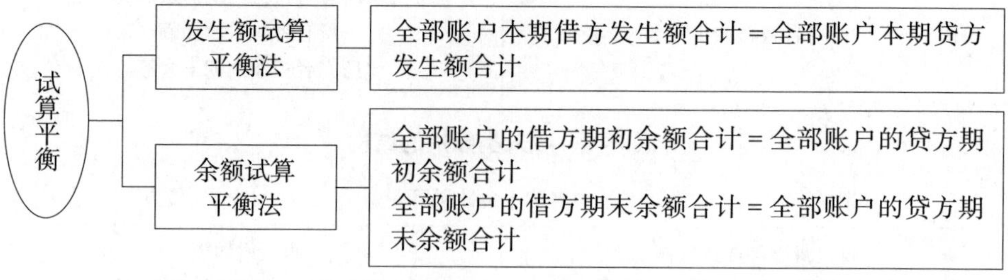

图 3-4　借贷记账法的试算平衡

实际工作中，发生额和余额试算平衡通过编制试算平衡表进行检验。发生额和余额试算平衡表分别见表 3-9、表 3-10。

表 3-9　各账户本期发生额试算平衡表

年　月　　　　　　　　单位：

科目名称	本期借方发生额	本期贷方发生额	试算结果
合计			

表 3-10　各账户余额试算平衡表

年　月　　　　　　　　单位：

科目名称	借方余额	贷方余额	试算结果
合计			

上述试算平衡方法主要是从账户的发生额和余额的角度验证记账是否正确。在日常会计核算中，通常是在月末进行一次试算平衡，既可以分别编制发生额试算平衡表和账户余额试算平衡表，也可以将二者合并编制成一张发生额和余额试算平衡表，格式如表 3-11 所示。

表 3-11　各账户本期发生额和余额试算平衡表

年　月　　　　　　　　单位：

科目名称	期初余额		本期发生额		期末余额		试算结果
	借方	贷方	借方	贷方	借方	贷方	
合计							

3.3 会计分录

3.3.1 会计分录的含义及其内容

图 3-5 所示为会计分录的含义及其内容。

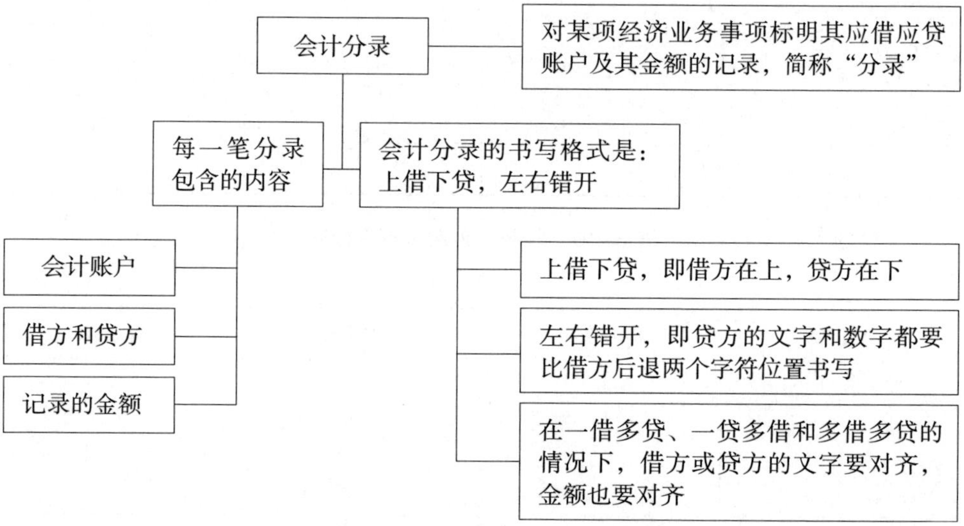

图 3-5　会计分录的含义及其内容

3.3.2 会计分录的分类

会计分录的分类如图 3-6 所示。

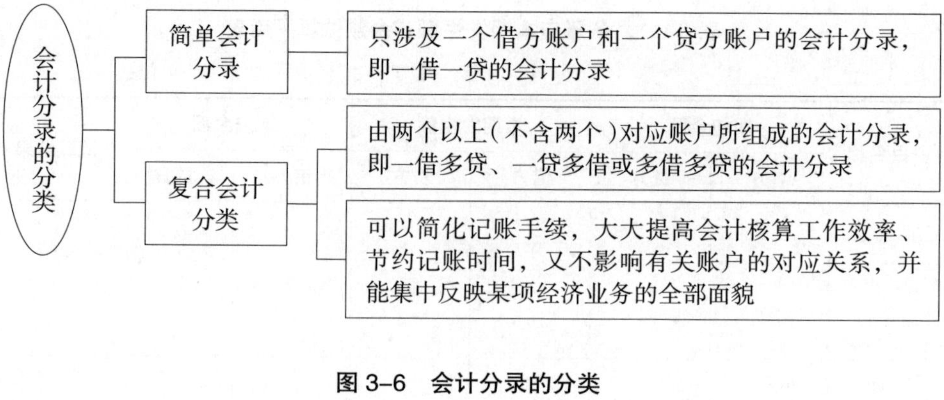

图 3-6　会计分录的分类

3.3.3　会计分录的编制步骤

当一笔经济业务发生后，需要从四个方面编制会计分录，步骤如图 3-7 所示。

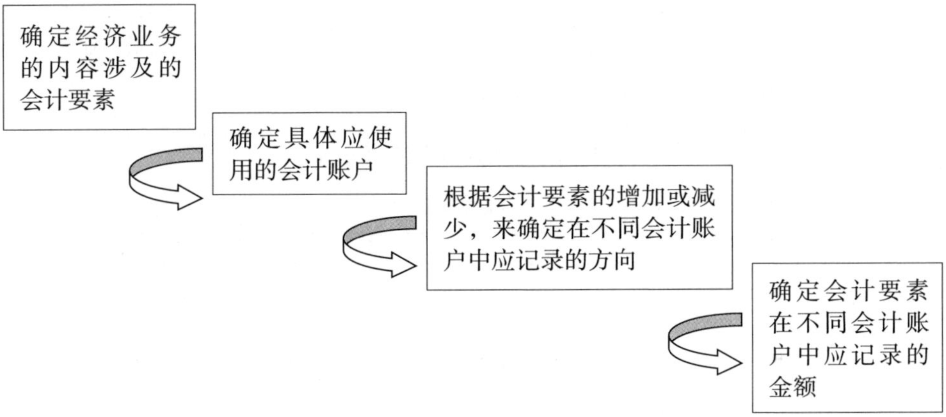

图 3-7　会计分录的编制步骤

3.3.4　借贷记账法下会计分录和登记账户的举例

【例 3-1】现以华明发展股份有限公司（以下简称“华明公司”）为例来说明借贷记账法下会计分录和登记账户的具体做法（增值税的核算省略）。假设 2018 年 12 月 31 日华明公司的会计账户和余额如表 3-12 所示。

表 3-12　华明公司的会计账户和余额　　单位：元

资产类账户	金额	负债和所有者权益类账户	金额
库存现金	1 000	短期借款	300 000
银行存款	1 999 000	应付账款	500 000
		盈余公积	200 000
		实收资本	1 000 000
合计	2 000 000	合计	2 000 000

华明公司 2019 年 1 月发生的经济业务如下。

（1）一位新的投资者向华明公司增加货币投资 1 000 000 元，资金已存入银行。这项业务表现为资产增加 1 000 000 元，所有者权益增加 1 000 000 元。它涉及“银行存款”这个资产类账户和“实收资本”这个所有者权益类账户，两者都增加了

1 000 000 元。由于资产类账户增加记在借方，所有者权益类账户增加记在贷方，因此，这项业务记入“银行存款”账户的借方和“实收资本”账户的贷方。会计分录是：

借：银行存款　　1 000 000

　贷：实收资本　　1 000 000

根据上述会计分录，登记有关账户，见表 3-13。

表 3-13　登记有关账户（一）

借方	实收资本 贷方
	期初余额 1 000 000 ① 1 000 000

借方	银行存款 贷方
期初余额 1 999 000 ① 1 000 000	

（2）华明公司向银行借款 100 000 元存入银行。这一项业务表现为资产增加 100 000 元，负债增加 100 000 元。它涉及“银行存款”这个资产类账户和“短期借款”这个负债类账户，两者都增加了 100 000 元，由于资产类账户增加记在借方，负债类账户增加记在贷方，因此，这一项业务记入“银行存款”账户的借方和“短期借款”账户的贷方，会计分录是：

借：银行存款　　100 000

　贷：短期借款　　100 000

根据上述会计分录，登记有关账户，见表 3-14。

表 3-14　登记有关账户（二）

借方	短期借款 贷方
	期初余额 300 000 ② 100 000

借方	银行存款 贷方
期初余额 1 999 000 ① 1 000 000 ② 100 000	

（3）华明公司的原有投资者之一撤资 500 000 元，华明公司用银行存款支付。这一项业务表现为资产减少 500 000 元，所有者权益减少 500 000 元。它涉及“银行存款”

这个资产类账户和“实收资本”这个所有者权益类账户，两者都减少了500 000元，由于资产类账户减少记在贷方，所有者权益类账户减少记在借方，因此，这项业务应记入“银行存款”账户的贷方和“实收资本”账户的借方，会计分录是：

借：实收资本　　500 000

　　贷：银行存款　　500 000

根据上述会计分录，登记有关账户，见表3-15。

表3-15　登记有关账户（三）

借方	银行存款	贷方
期初余额 1 999 000 ① 1 000 000 ② 100 000		③ 500 000

借方	实收资本	贷方
③ 500 000		期初余额 1 000 000 ① 1 000 000

（4）华明公司归还银行贷款100 000元，用银行存款支付。这一项业务表现为资产减少100 000元，负债减少100 000元，它涉及“银行存款”这个资产类账户和“短期借款”这个负债类账户，两者都减少100 000元，由于资产类账户减少记在贷方，负债类账户减少记在借方，因此，这项业务应记入“短期借款”账户的借方和“银行存款”账户的贷方，会计分录是：

借：短期借款　　100 000

　　贷：银行存款　　100 000

根据上述会计分录，登记有关账户，见表3-16。

表3-16　登记有关账户（四）

借方	短期借款	贷方
④ 100 000		期初余额 300 000 ② 100 000

借方	银行存款	贷方
期初余额 1 999 000 ① 1 000 000 ② 100 000		③ 500 000 ④ 100 000

（5）华明公司从银行提取现金 20 000 元备用。这一项业务表现为一项资产减少 20 000 元，另一项资产增加 20 000 元。它涉及“银行存款”和“库存现金”这两个资产类账户，“银行存款”账户减少，“库存现金”账户增加。由于资产类账户增加记在借方，减少记在贷方，因此，这项业务应记入“库存现金”账户的借方和“银行存款”账户的贷方，会计分录是：

借：库存现金　　20 000

　　贷：银行存款　　20 000

根据上述会计分录，登记有关账户，见表 3-17。

表 3-17　登记有关账户（五）

借方	银行存款	贷方
期初余额 1 999 000		③ 500 000
① 1 000 000		④ 100 000
② 100 000		⑤ 20 000

借方	库存现金	贷方
期初余额 1 000		
⑤ 20 000		

（6）华明公司向银行借款 50 000 元用于归还到期的应付货款 50 000 元。这一项业务表现为一项负债增加 50 000 元，另一项负债减少 50 000 元。它涉及“短期借款”和“应付账款”这两个负债类账户，“短期借款”账户增加，“应付账款”账户减少。由于负债类账户增加记在贷方，减少记在借方，因此，这项业务应记入“应付账款”账户的借方和“短期借款”账户的贷方，会计分录是：

借：应付账款　　50 000

　　贷：短期借款　　50 000

根据上述会计分录，登记有关账户，见表 3-18。

表 3-18　登记有关账户（六）

借方	应付账款	贷方
⑥ 50 000		期初余额 500 000

借方	短期借款 贷方
④ 100 000	期初余额 300 000 ② 100 000 ⑥ 50 000

（7）华明公司召开董事会，决定从盈余公积中拿出 12 000 元转增资本，并已办理转账手续。这项业务表现为一项所有者权益减少 12 000 元，另一项所有者权益增加 12 000 元。它涉及“盈余公积”和“实收资本”两个所有者权益类账户，“盈余公积”账户减少，“实收资本”账户增加。由于所有者权益类账户增加记在贷方，减少记在借方，因此，这项业务应记入“盈余公积”账户的借方和“实收资本”账户的贷方。会计分录是：

借：盈余公积　　　　12 000

　贷：实收资本　　　　12 000

根据上述会计分录，登记有关账户，见表 3-19。

表 3-19　登记有关账户（七）

借方	实收资本 贷方
③ 500 000	期初余额 1 000 000 ① 1 000 000 ⑦ 12 000

借方	盈余公积 贷方
⑦ 12 000	期初余额 200 000

（8）投资者代华明公司偿还到期的银行短期借款 50 000 元，并同意作为对华明公司的追加投资，已办理有关手续。这项业务表现为负债减少 50 000 元，所有者权益增加 50 000 元。它涉及“短期借款”这个负债类账户和“实收资本”这个所有者权益类账户，“短期借款”账户减少，“实收资本”账户增加。由于负债类账户减少记在借方，所有者权益类账户增加记在贷方，因此，这项业务应记入“短期借款”账户的借方和“实收资本”账户的贷方，会计分录是：

借：短期借款　　　　50 000

　贷：实收资本　　　　50 000

根据上述会计分录，登记有关账户，见表 3-20。

表 3-20　登记有关账户（八）

借方	短期借款	贷方
④ 100 000		期初余额 300 000
⑧ 50 000		② 100 000
		⑥ 50 000

借方	实收资本	贷方
③ 500 000		期初余额 1 000 000
		① 1 000 000
		⑦ 12 000
		⑧ 50 000

（9）新投资者所欠银行的短期贷款 30 000 元，决定到期时由华明公司代为偿还，并同意作为对华明公司投资的减少，华明公司已办理完有关贷款转移手续。这项业务表现为负债增加 30 000 元，所有者权益减少 30 000 元。它涉及“短期借款”这个负债类账户和“实收资本”这个所有者权益类账户，“短期借款”账户增加，“实收资本”账户减少。由于负债类账户增加记在贷方，所有者权益类账户减少记在借方，因此，这项业务应记入“实收资本”账户的借方和“短期借款”账户的贷方，会计分录是：

借：实收资本　　30 000

　　贷：短期借款　　30 000

根据上述会计分录，登记有关账户，见表 3-21。

表 3-21　登记有关账户（九）

借方	实收资本	贷方
③ 500 000		期初余额 1 000 000
⑨ 30 000		① 1 000 000
		⑦ 12 000
		⑧ 50 000

借方	短期借款	贷方
④ 100 000		期初余额 300 000
⑧ 50 000		② 100 000
		⑥ 50 000
		⑨ 30 000

上述九项经济业务所编制的会计分录都是一借一贷且账户对应关系清楚的。此外，还有一些复杂的经济业务，可以编制复合分录，复合分录一般表现

为一借多贷、一贷多借或多借多贷。

（10）华明公司销售产品，价款共计30 000元，其中以银行存款方式收取货款10 000元，其余20 000元记作应收账款，这项业务表现为资产增加30 000元，其中银行存款增加10 000元，应收账款增加20 000元；收入增加30 000元，由于资产类账户增加记在借方，收入类账户增加记在贷方，因此，这项业务应记入“银行存款”和“应收账款”账户的借方，记入“主营业务收入”账户的贷方，会计分录是两借一贷，应收账款借方、主营业务收入贷方期初余额为0，分录如下。

借：银行存款　　10 000

　　应收账款　　20 000

　　贷：主营业务收入　　30 000

根据上述会计分录，登记有关账户，见表3-22。

表3-22　登记有关账户（十）

借方	银行存款	贷方
期初余额 1 999 000 ① 1 000 000 ② 100 000 ⑩ 10 000		③ 500 000 ④ 100 000 ⑤ 20 000

借方	应收账款	贷方
期初余额 0 ⑩ 20 000		

借方	主营业务收入	贷方
		期初余额 0 ⑩ 30 000

上述举例所运用的借贷记账法是对发生的经济业务进行复式记账，编制会计分录，登记有关账户，这样在有关账户之间就总是存在一种应借、应贷的相互关系，我们把与一笔会计分录中有关账户之间形成的应借、应贷关系称作“账户的对应关系”，发生对应关系的账户称为“对应账户”。通过账户的对应关系与对应账户，可以了解这项经济业务的内容及资金的来龙去脉，了解这项经济业务的全貌。

现根据上述10笔业务计算各账户本期发生额和期末余额，对本期发生额和期末余额进行试算平衡检验，见表 3–23。

表 3–23　各账户本期发生额和期末余额试算平衡检验

库存现金

借方	贷方
期初余额 1 000	
⑤ 20 000	
本期发生额 20 000	
期末余额 21 000	

银行存款

借方	贷方
期初余额 1 999 000	③ 500 000
① 1 000 000	④ 100 000
② 100 000	⑤ 20 000
⑩ 10 000	
本期发生额 1 110 000	本期发生额 620 000
期末余额 2 489 000	

应收账款

借方	贷方
期初余额 0	
⑩ 20 000	
本期发生额 20 000	
期末余额 20 000	

短期借款

借方	贷方
④ 100 000	期初余额 300 000
⑧ 50 000	② 100 000
	⑥ 50 000
	⑨ 30 000
本期发生额 150 000	本期发生额 180 000
	期末余额 330 000

应付账款

借方	贷方
⑥ 50 000	期初余额 500 000
本期发生额 50 000	
	期末余额 450 000

盈余公积

借方	贷方
⑦ 12 000	期初余额 200 000
本期发生额 12 000	
	期末余额 188 000

借方	实收资本　　　　贷方
③ 500 000	期初余额 1 000 000
⑨ 30 000	① 1 000 000
	⑦ 12 000
	⑧ 50 000
本期发生额 530 000	本期发生额 1 062 000
	期末余额 1 532 000

借方	主营业务收入　　　　贷方
	期初余额 0
	⑩ 30 000
	本期发生额 30 000
	期末余额 30 000

各账户本期发生额和余额试算平衡表如表 3-24 所示。

表 3-24　各账户本期发生额和余额试算平衡表

2018 年 12 月　　　　单位：元

科目名称	期初余额		本期发生额		期末余额	
	借方	贷方	借方	贷方	借方	贷方
库存现金	1 000		20 000		21 000	
银行存款	1 999 000		1 110 000	620 000	2 489 000	
应收账款			20 000		20 000	
短期借款		300 000	150 000	180 000		330 000
应付账款		500 000	50 000			450 000
盈余公积		200 000	12 000			188 000
实收资本		1 000 000	530 000	1 062 000		1 532 000
主营业务收入				30 000		30 000
合计	2 000 000	2 000 000	1 892 000	1 892 000	2 530 000	2 530 000

3.4 总分类账户与明细分类账户的平行登记

3.4.1 总分类账户与明细分类账户的含义

总分类账户与明细分类账户的含义如图 3-8 所示。

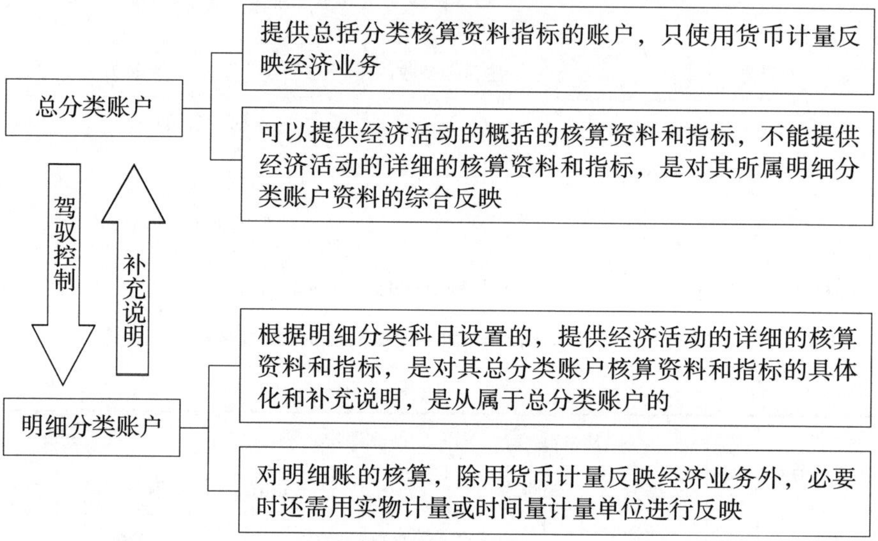

图 3-8 总分类账户与明细分类账户的含义

3.4.2 总分类账户与明细分类账户的平行登记

总分类账户与明细分类账户的平行登记的要求和结果如图 3-9 所示。

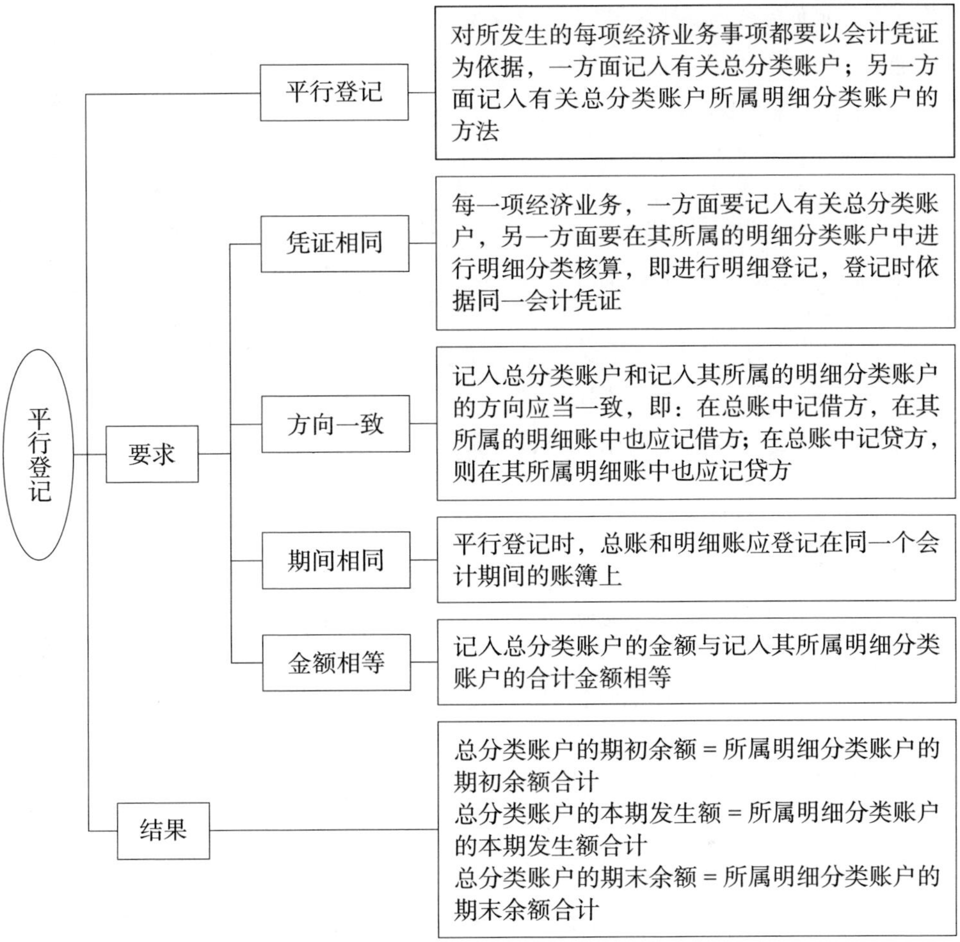

图 3–9　平行登记的要求和结果

现以“原材料”账户为例，说明平行登记的方法。

【例 3–2】某企业 2019 年 6 月初原材料总分类账户及所属明细分类账户余额如下：原材料总分类账户借方余额为 20 000 元，所属明细分类账户借方余额为：A 材料 4 000 元，B 材料 16 000 元。

期初库存 A 材料 400 千克，单价 10 元；B 材料 2 000 千克，单价 8 元。

6 月发生以下材料收发业务。

（1）6 月 2 日购进 A 材料 200 千克，单价为 10 元，计 2 000 元；B 材料 1 000 千克，单价为 9 元，计 9 000 元，从银行贷款 11 000 元支付采用先进先出法核算。

（2）6 月 10 日从仓库发出 A 材料 500 千克，单价为 10 元，计 5 000 元；B 材料

700 千克，单价为 8 元，计 5 600 元，直接用于生产产品。

根据上述经济业务，编制会计分录如下。

（1）借：原材料——A 材料　　2 000

——B 材料　　9 000

贷：银行存款　　11 000

（2）借：生产成本　　10 600

贷：原材料——A 材料　　5 000

——B 材料　　5 600

根据上述会计分录登记原材料总分类账和明细分类账，见表 3-25、表 3-26、表 3-27。

表 3-25　原材料总分类账　　单位：元

2019 年		凭证编号	摘要	借方	贷方	借或贷	余额
6 月	日						
	1		月初余额			借	20 000
	2	1	购进原材料	11 000			
	10	2	领用原材料		10 600		
	30		本月合计	11 000	10 600	借	20 400

表 3-26　A 材料明细分类账　　单位：元

2019 年		凭证编号	摘要	单价	借方		贷方		余额	
6 月	日				数量	金额	数量	金额	数量	金额
	1		月初余额	10					400	4 000
	2	1	购进原材料	10	200	2 000				
	10	2	领用原材料	10			500	5 000		
	30		本月合计		200	2 000	500	5 000	100	1 000

表 3–27　B 材料明细分类账

2019 年		凭证编号	摘要	单价（元）	借方		贷方		余额	
6 月	日				数量（件）	金额（元）	数量（件）	金额（元）	数量（件）	金额（元）
	1		月初余额	8					2 000	16 000
	2	1	购进原材料	9	1 000	9 000				
	10	2	领用原材料	8			700	5 600		
	30		本月合计		1 000	9 000	700	5 600	2 300	19 400

编制原材料总账及明细账本期发生额和余额表，见表 3–28。

表 3–28　原材料总账及明细账本期发生额和余额表

2019 年 6 月

账户名称	计量单位	月初余额			本期发生额						月末余额		
					购进			领用					
		数量	单价	金额	数量	单价	金额	数量	单价	金额	数量	单价	金额
A 材料	千克	400		4 000	200		2 000	500		5 000	100		1 000
B 材料	千克	2 000		16 000	1 000		9 000	700		5 600	2 300		19 400
合计				20 000			11 000			10 600			20 400

第4章 会计凭证——帮你掌握会计核算的第一步

本章导读

会计工作最基本的一点是要做到“有凭有据”，会计核算的依据就是会计凭证。

在本章的学习中，我们将解决读者的以下问题。

（1）会计凭证是什么，有哪些种类。

（2）原始凭证是什么，有哪些种类，原始凭证的基本内容有哪些，如何填制和审核原始凭证。

（3）记账凭证是什么，有哪些种类，记账凭证的基本内容有哪些，如何填制和审核记账凭证。

（4）如何传递和保管会计凭证。

4.1 会计凭证的含义、意义和种类

4.1.1 会计凭证的含义和意义

会计凭证的含义和意义如图 4-1 所示。

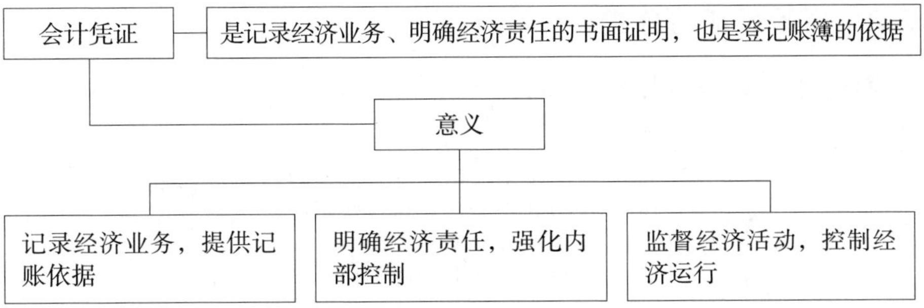

图 4-1　会计凭证的含义和意义

4.1.2　按照编制程序和用途划分会计凭证的分类

会计凭证的分类如图 4-2 所示。

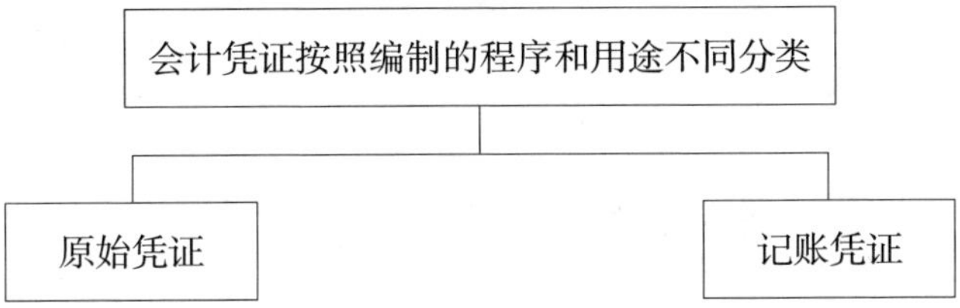

图 4-2　会计凭证的分类

4.2　原始凭证

4.2.1　原始凭证是什么

原始凭证又称单据，是在经济业务发生或完成时取得或填制的，用以记录和证明经济业务的发生或完成情况的文字凭据。它不仅能用来记录经济业务的发生或完成情况，还可以明确经济责任，是进行会计核算工作的原始资料和重要依据，是会计资料中最具有法律效力的一种证明文件。

4.2.2 原始凭证的分类

原始凭证的分类如图 4-3 所示。

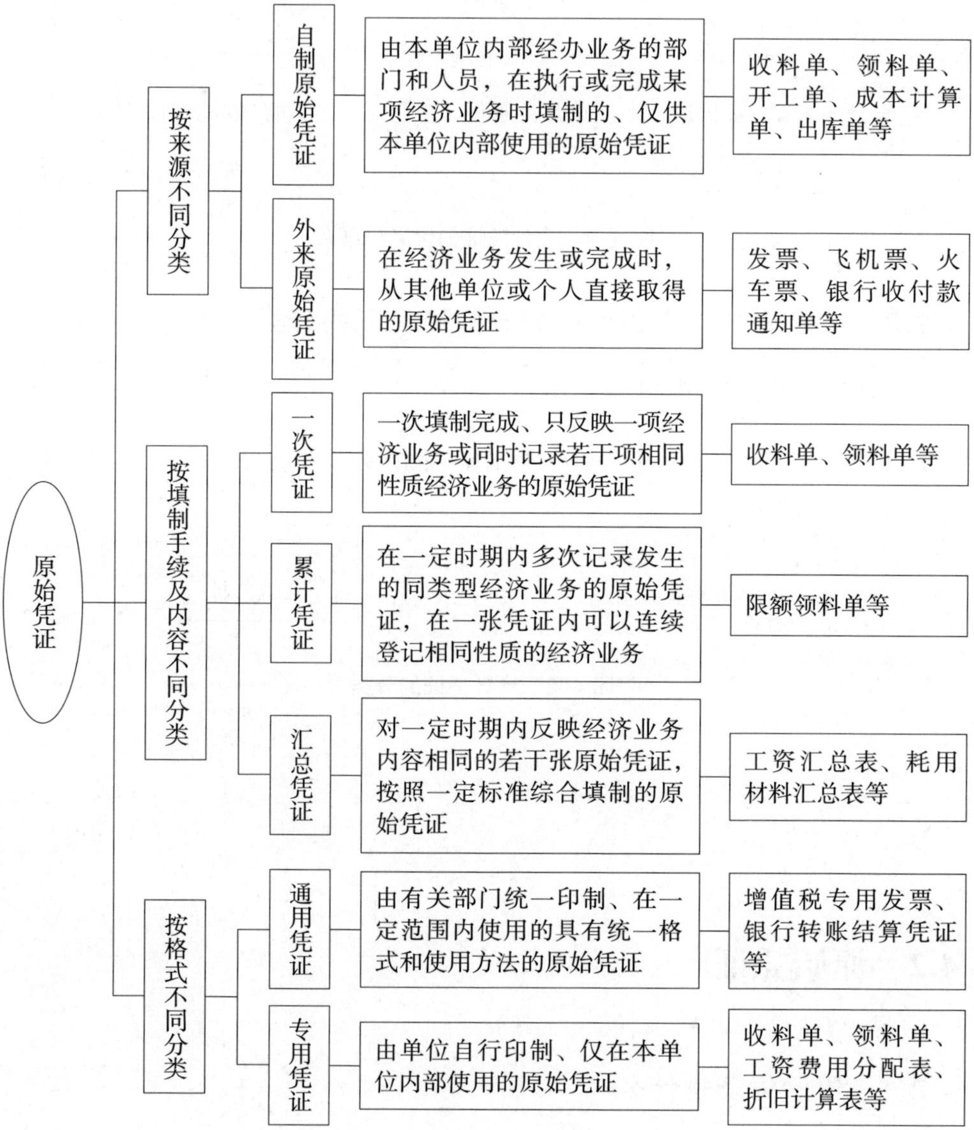

图 4-3 原始凭证的分类

4.2.3 原始凭证的基本内容

由于各种经济业务的内容和经营管理的要求不同，原始凭证的名称、格式和内容是多种多样的。关于原始凭证的填制依据和人员如图 4-4 所示。

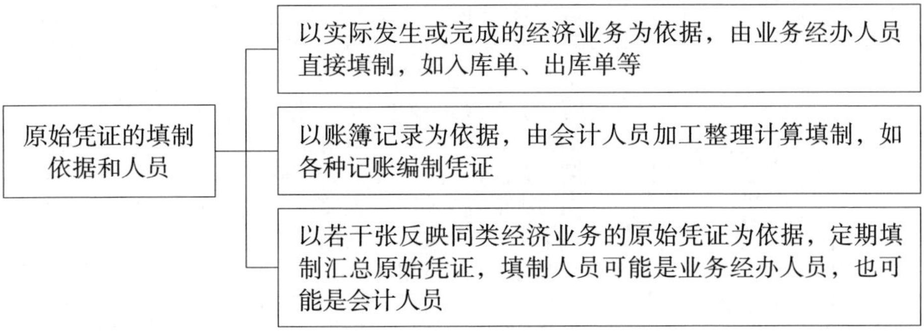

图 4-4　原始凭证的填制依据和人员

原始凭证必须具备以下基本内容，如图 4-5 所示。

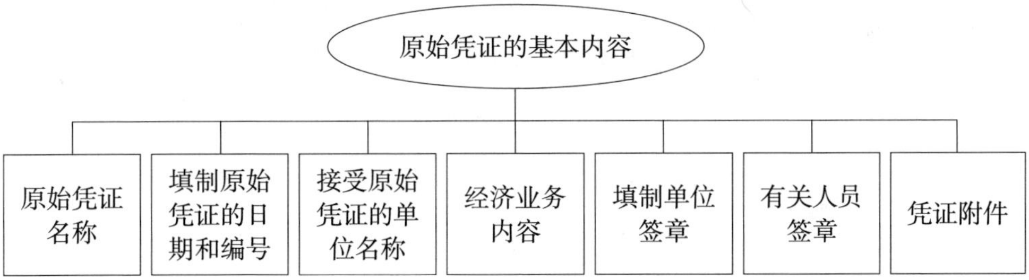

图 4-5　原始凭证的基本内容

4.2.4　原始凭证的填制要求

原始凭证的填制要求如图 4-6 所示。

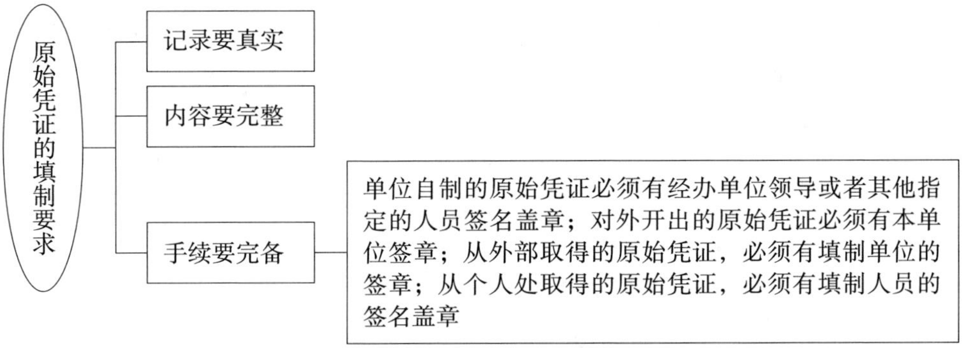

图 4-6　原始凭证的填制要求

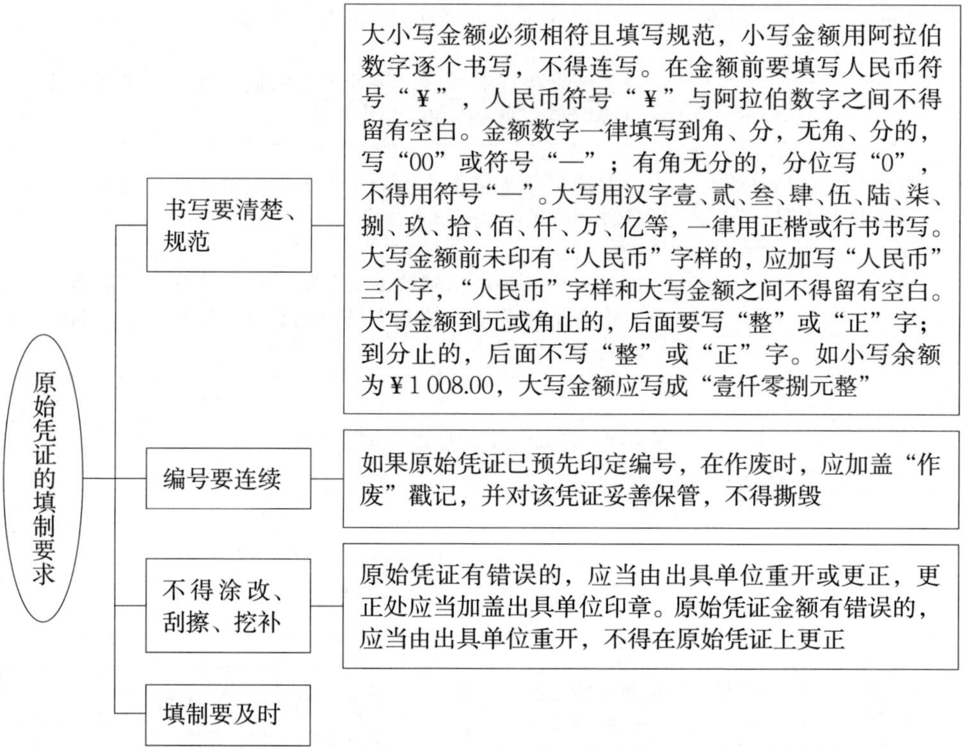

图 4-6 原始凭证的填制要求（续）

4.2.5 原始凭证的审核内容

审核原始凭证是会计核算工作中必不可少的环节，是国家赋予财会人员的监督权限。原始凭证的审核内容如图 4-7 所示。

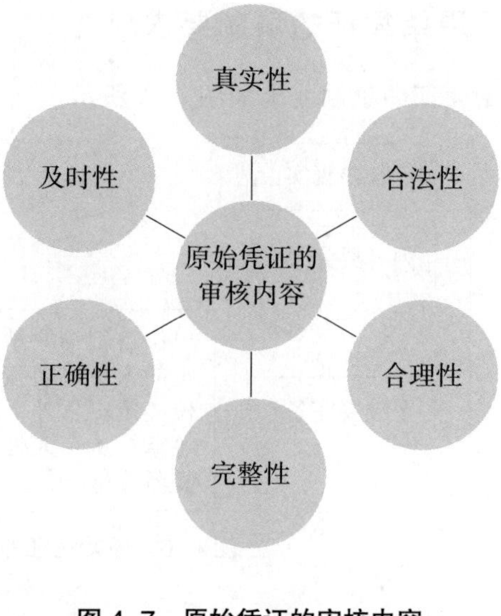

图 4-7 原始凭证的审核内容

经审核的原始凭证应根据不同情况处理，如图 4-8 所示。

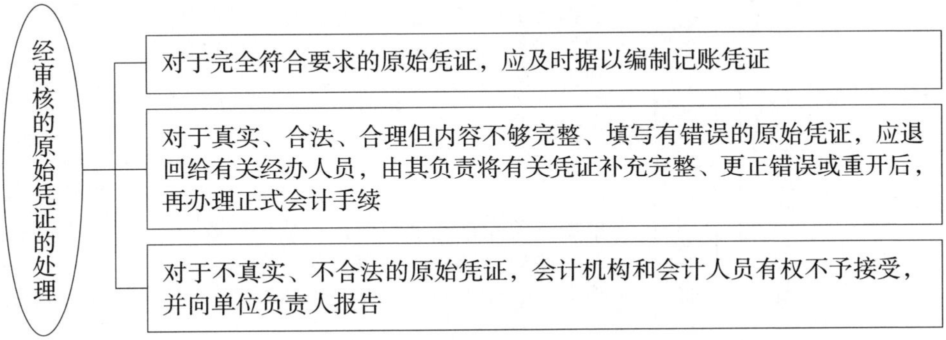

图 4-8　经审核的原始凭证的处理

4.3　记账凭证

4.3.1　记账凭证是什么

记账凭证又称记账凭单，是会计人员根据审核无误的原始凭证按照经济业务事项的内容加以归类，并据以确定会计分录后所填制的会计凭证。它是登记账簿的直接依据。记账凭证也叫作分录凭证，记账凭证可以根据每一张原始凭证编制，也可以根据同类原始凭证汇总编制或根据原始凭证汇总表编制。

记账凭证和原始凭证同属于会计凭证，但二者在填制人员、填制依据、填制内容、凭证用途等方面都有较大的差别。

4.3.2　记账凭证的分类

记账凭证可以按不同的标准分类，如图 4-9 所示。

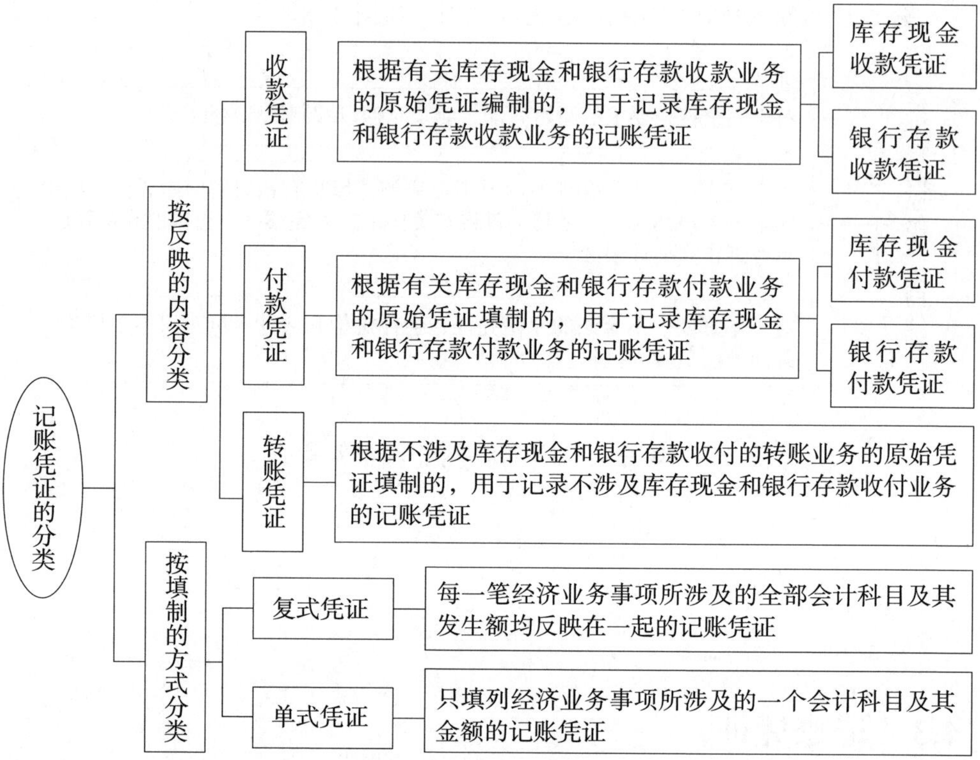

图 4-9　记账凭证的分类

4.3.3　记账凭证的基本内容

记账凭证必须具备的基本内容如图 4-10 所示。

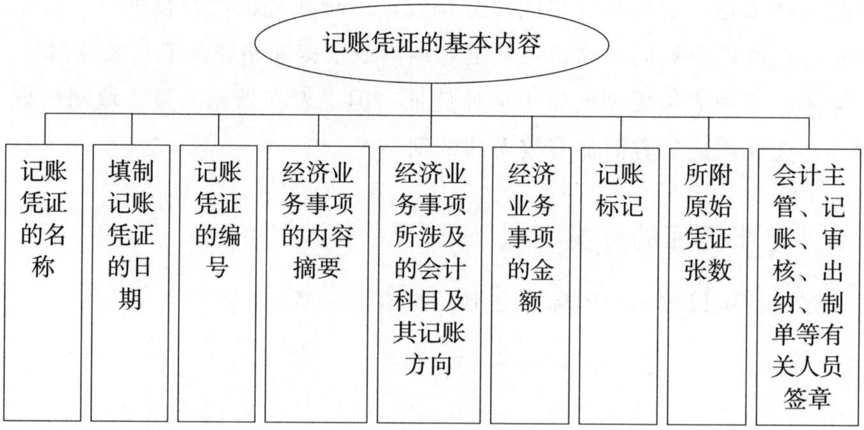

图 4-10　记账凭证的基本内容

4.3.4 记账凭证的编制要求

编制记账凭证，是会计核算的一个重要环节，是对原始凭证的整理和归类，并按复式记账的要求，运用会计科目，确定会计分录。记账凭证是登记账簿的依据。这不仅便于原始凭证的保管和查阅，也能保证记账工作的质量，简化记账工作。图 4-11 为记账凭证的编制要求。

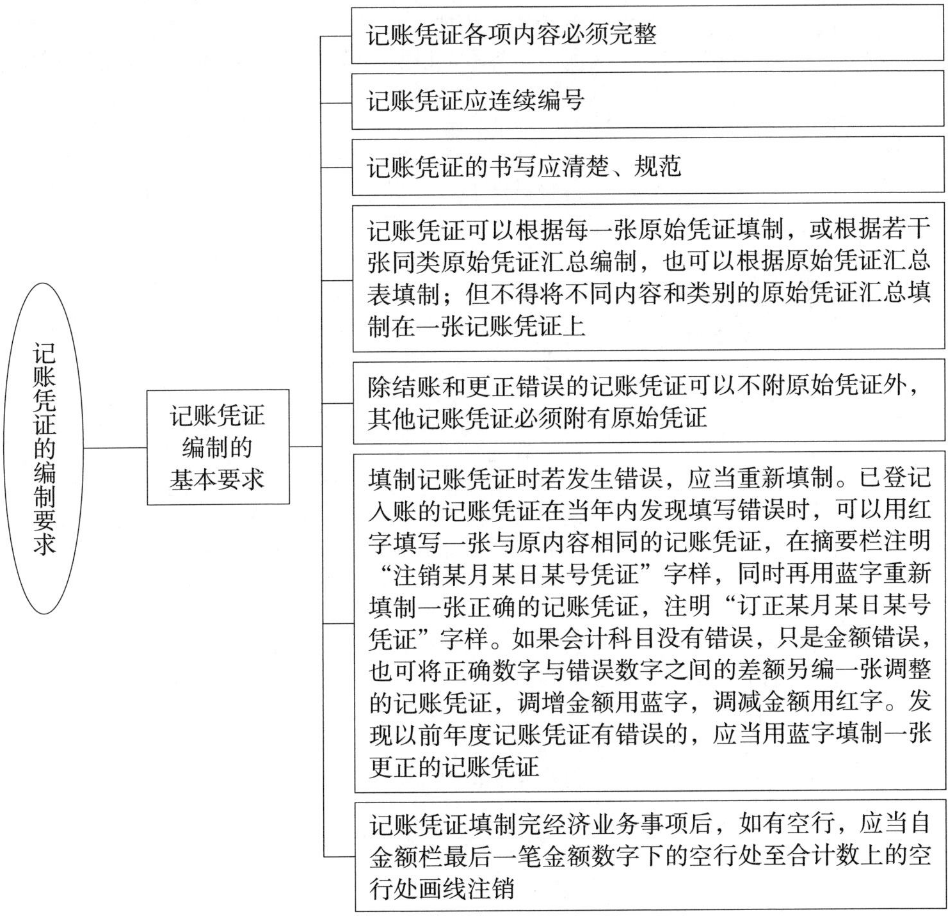

图 4-11　记账凭证的编制要求

记账凭证的编制要求

- **收款凭证编制的基本要求**
  - 收款凭证左上角的“借方科目”按收款的性质填写“库存现金”或“银行存款”；日期填写编制凭证的日期；右上角填写编制收款凭证的顺序号；“摘要”填写对所记录的经济业务的简要说明；“贷方总账科目”“明细科目”填写与收入库存现金或银行存款相对应的会计科目；“记账符号”是指该凭证已登记账簿的标记，防止经济业务事项重记或漏记；“金额”是指该项经济业务事项的发生额；该凭证右边的“附件 张”是指本记账凭证所附原始凭证的张数；最下边分别由有关人员签章，以明确经济责任。举例如表 4-1 所示
- **付款凭证编制的基本要求**
  - 付款凭证的编制方法与收款凭证基本相同，只是左上角由“借方科目”换为“贷方科目”，凭证中间的“贷方总账科目”换为“借方总账科目”。举例如表 4-2 所示
  - 对于库存现金和银行存款之间的相互收付业务，即从银行提取现金或将现金存入银行的经济业务，为了避免重复记账，按规定只填制付款凭证，不填制收款凭证
  - 收、付款凭证既是登记现金日记账、银行存款日记账以及有关明细账和总账的依据，同时也是出纳人员收、付款项的依据。为了加强对货币资金的内部控制，出纳人员不能直接依据有关收、付款业务的原始凭证办理收、付款业务，而必须根据经会计主管或其指定人员审核无误的收、付款凭证办理收、付款业务
- **转账凭证编制的基本要求**
  - 转账凭证将经济业务事项中所涉及的全部会计科目按照先借后贷的顺序记入“会计科目”栏中的“一级科目”和“二级及明细科目”，并按应借、应贷方向分别记入“借方金额”“贷方金额”栏。其他项目的填列与收、付款凭证相同如表 4-3 所示

图 4-11 记账凭证的编制要求（续）

表 4-1 收款凭证

借方科目：银行存款　　　　2019 年 5 月 6 日　　　　银收字第 12 号

摘要	贷方总账科目	明细科目	记账符号	金额									
				千	百	十	万	千	百	十	元	角	分
销售产品 5 件	主营业务收入	乙产品	√				2	4	6	8	0	0	0
	应交税费	应交增值税	√					3	2	0	8	4	0

续表

摘要	贷方总账科目	明细科目	记账符号	金额									
				千	百	十	万	千	百	十	元	角	分
合计						¥	2	7	8	8	8	4	0

财务主管（印）　　记账（印）　　出纳（印）　　审核（印）　　制单（印）

表 4–2　付款凭证

贷方科目：银行存款　　2020 年 5 月 6 日　　银付字第 12 号

摘要	借方总账科目	明细科目	记账符号	金额									
				千	百	十	万	千	百	十	元	角	分
买办公用品	管理费用	办公费	√						6	5	2	0	0
合计						¥			6	5	2	0	0

财务主管（印）　　记账（印）　　出纳（印）　　审核（印）　　制单（印）

表 4–3　转账凭证

摘要	总账科目	明细科目	√	借方金额										√	贷方金额									
				千	百	十	万	千	百	十	元	角	分		千	百	十	万	千	百	十	元	角	分
计提折旧	制造费用		√				6	0	0	0	0	0	0											
	管理费用		√				5	0	0	0	0	0	0											
	累计折旧													√			1	1	0	0	0	0	0	0
合计					¥	1	1	0	0	0	0	0	0			¥	1	1	0	0	0	0	0	0

财务主管（印）　　记账（印）　　审核（印）　　制单（印）

4.3.5 记账凭证的审核内容

出纳人员在办理收款或付款业务后，应在凭证上加盖“收讫”或“付讫”戳记，避免重收重付。

为了保证账簿记录的正确性，监督款项的收付，记账凭证填制后，必须有专人进行审核。记账凭证的审核内容如图 4-12 所示。

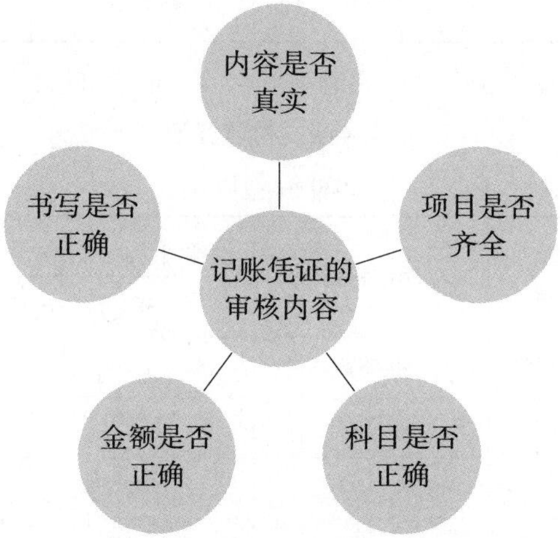

图 4-12 记账凭证的审核内容

需要注意的是，原始凭证和记账凭证存在很多区别，如图 4-13 所示。

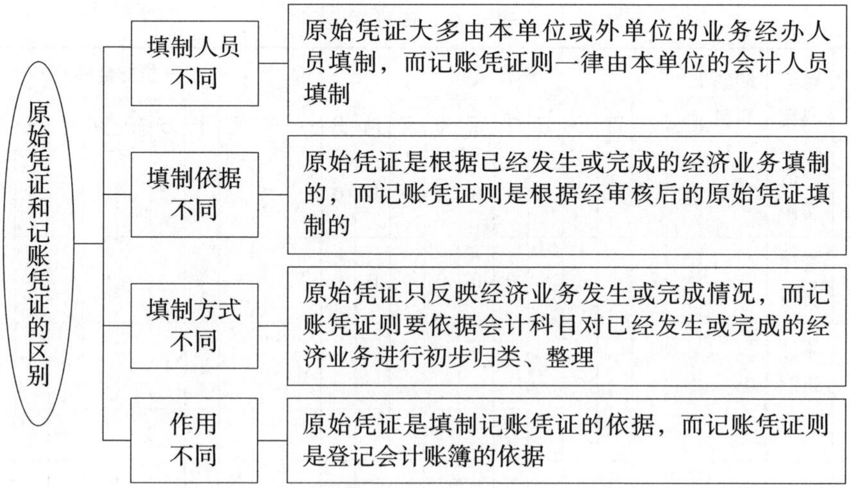

图 4-13 原始凭证和记账凭证的区别

4.4　会计凭证的传递和保管

4.4.1　会计凭证的传递

会计凭证的传递是指会计凭证从取得或填制时起至归档保管的过程中，在单位内部有关部门和人员之间的传送程序。

（一）会计凭证传递的作用

会计凭证传递的作用如图 4-14 所示。

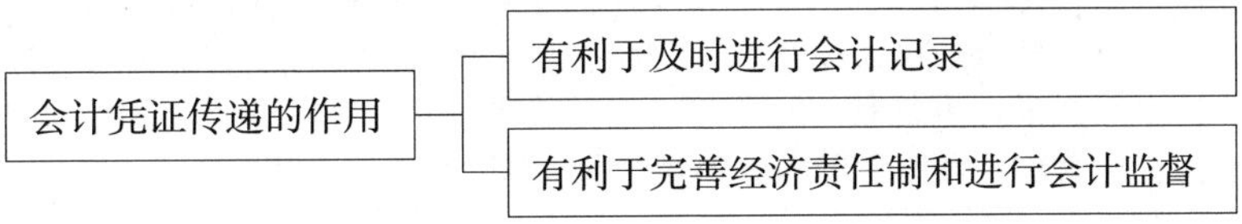

图 4-14　会计凭证传递的作用

（二）会计凭证传递的设计原则

会计凭证传递的关键在于会计凭证传递程序和传递时间的设计，会计凭证的联次和格式的设计是否合理也直接关系到会计凭证传递的质量。在对会计凭证的传递进行设计时，应遵循以下原则，如图 4-15 所示。

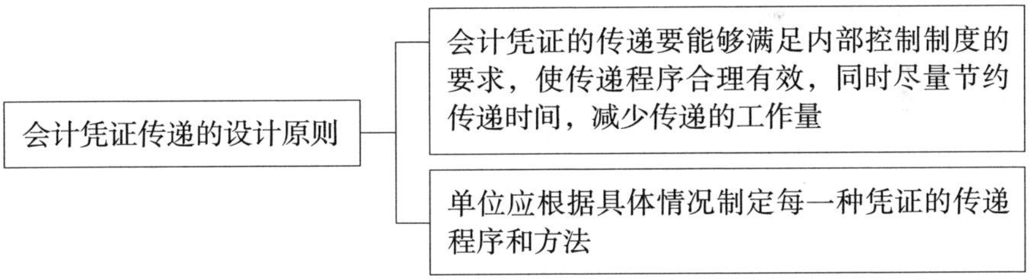

图 4-15　会计凭证传递的设计原则

4.4.2　会计凭证的保管

会计凭证的保管是指会计凭证记账后的整理、装订、归档和存查工作。会计凭证的保管要求如图 4-16 所示。

会计凭证的保管要求

- 会计凭证应定期装订成册，防止散失。从外单位取得的原始凭证遗失时，应取得原签发单位盖有公章的遗失证明，并注明原始凭证的编号、金额、内容等，由经办单位会计机构负责人、会计主管人员和单位负责人批准后，才能代作原始凭证。若确实无法取得遗失证明的，如车票丢失，则应由当事人写明详细情况，由经办单位会计机构负责人、会计主管人员和单位负责人批准后，代作原始凭证
- 会计凭证封面应注明单位名称、凭证种类、凭证张数、起止编号、年度、月份、会计主管人员、装订人员等有关事项，会计主管人员和装订人员应在封面上签章
- 会计凭证应加贴封条，防止被抽换凭证。原始凭证不得外借，其他单位如有特殊原因确实需要使用时，经本单位会计机构负责人、会计主管人员批准，可复制。向外单位提供的原始凭证复制件，应在专设的登记簿上登记，并由提供人员和收取人员共同签名、盖章
- 原始凭证较多时可单独装订，但应在凭证封面注明所属记账凭证的日期、编号和种类，同时在所属的记账凭证上应注明“附件另订”字样及原始凭证的名称和编号，以便查阅
- 严格遵守会计凭证的保管期限要求，期满前不得任意销毁

图 4–16　会计凭证的保管要求

第 5 章 会计账簿——帮你明白如何“记账”

本章导读

会计账簿的登记是会计工作中耳熟能详的内容，也是会计工作的基本内容。在本章的学习中，我们将解决读者的以下问题。

（1）什么是会计账簿，会计账簿与账户是什么关系，会计账簿的种类。

（2）会计账簿有哪些内容，会计账簿的启用与记账有什么规则。

（3）登记会计账簿要遵循什么样的格式，用怎样的登记方法。

（4）对账和结账应掌握的知识有哪些。

（5）如何更换和保管会计账簿。

5.1　会计账簿的含义和种类

5.1.1　会计账簿的含义及设置和登记账簿的意义

（一）会计账簿的含义

会计账簿（简称“账簿”）是指由一定格式账页组成的，以经过审核的会计凭证为依据，全面、系统、连续地记录各项经济业务的簿籍。账簿从外表形式上看，是由具有专门格式而又相互联结在一起的若干账页组成的；从记录的内容看，是对所有的经济业务，按照账户进行归类并序时地进行记录的簿籍。各单位应当按照规定和业务需要设置会计账簿。

在会计核算工作中，为了把分散在会计凭证上的大量核算资料加以集中和归类整理，以为经营管理提供系统、完整的核算资料，就必须运用设置和登记账簿这一会计核算的专门方法。

（二）设置和登记账簿的意义

设置和登记账簿，是加工整理、积累、储存会计资料的一种重要方法，是会计核算工作的一个重要环节，它对加强经营管理、提高经济效益具有重要意义。设置和登记账簿的意义如图 5-1 所示。

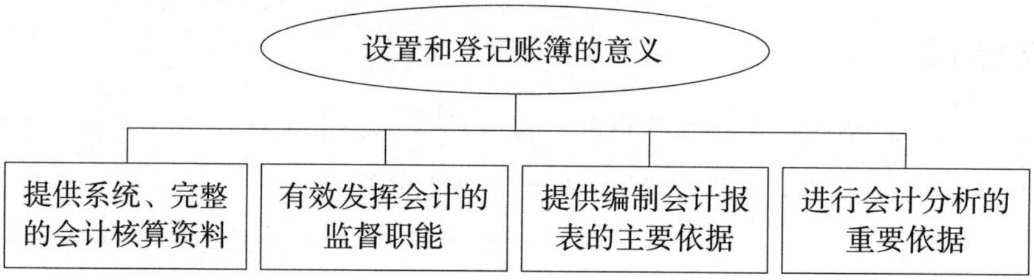

图 5-1　设置和登记账簿的意义

设置和登记账簿是编制会计报表的基础，是连接会计凭证与会计报表的中间环节，在会计核算中具有重要意义。设置和登记账簿的作用有记载、储存会计信息，分类、汇总会计信息，检查、校正会计信息，编报、输出会计信息。

5.1.2　会计账簿与账户的关系

账户存在于账簿之中，账簿中的账页就是账户的载体，没有账簿，账户不能独立存在；账簿序时、分类地记载经济业务，是在账户中完成的。因此，账簿只是一个外在形式，账户才是其内在真实内容，二者间的关系是形式和内容的关系。

5.1.3　会计账簿的分类

在实际工作中，由于各个单位的经济业务和经营管理的要求不同，所设置的账簿也有所不同。会计账簿的分类如图 5-2 所示。

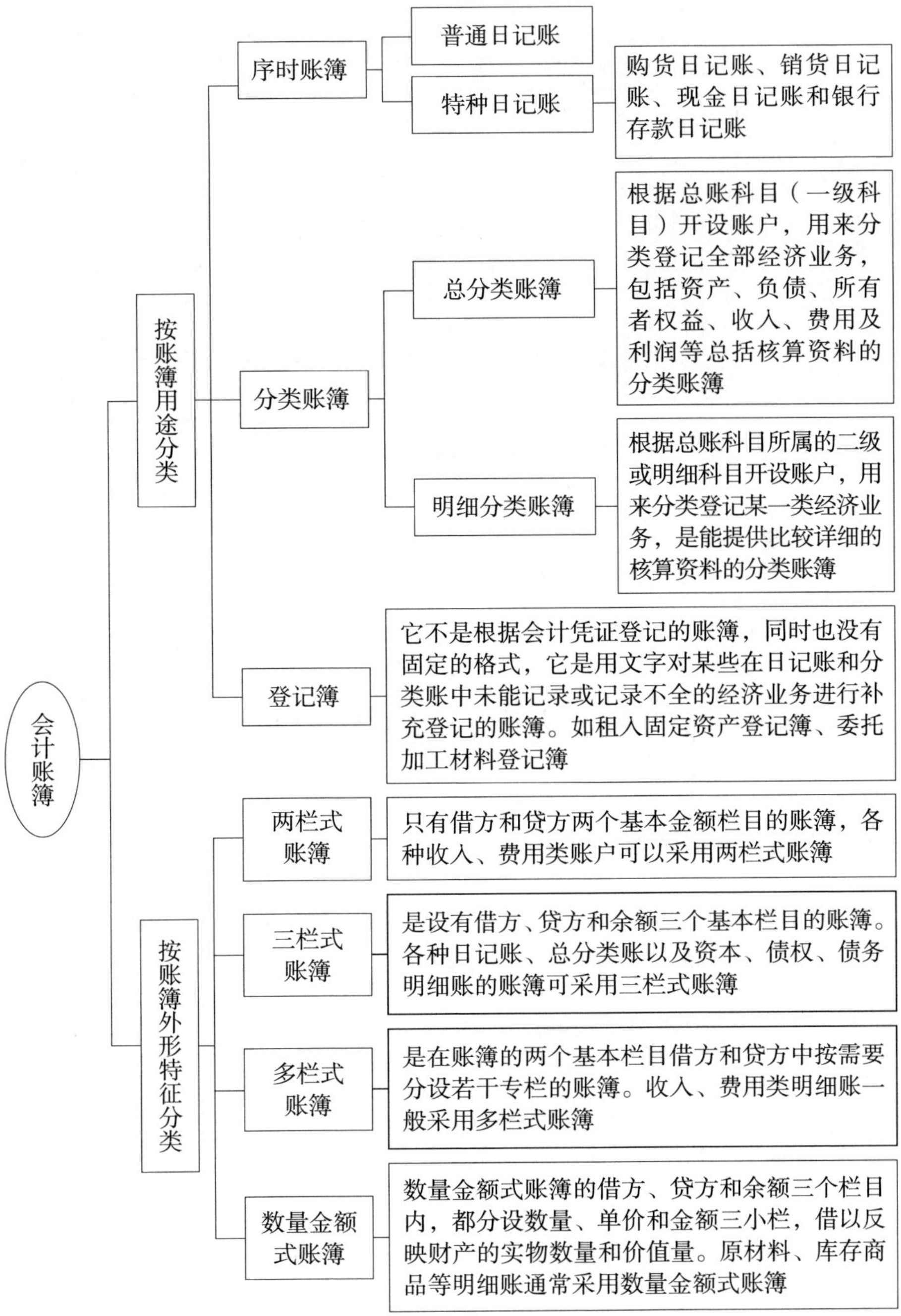
会计账簿
按账簿用途分类
序时账簿
普通日记账
特种日记账
购货日记账、销货日记账、现金日记账和银行存款日记账
分类账簿
总分类账簿
根据总账科目（一级科目）开设账户，用来分类登记全部经济业务，包括资产、负债、所有者权益、收入、费用及利润等总括核算资料的分类账簿
明细分类账簿
根据总账科目所属的二级或明细科目开设账户，用来分类登记某一类经济业务，是能提供比较详细的核算资料的分类账簿
登记簿
它不是根据会计凭证登记的账簿，同时也没有固定的格式，它是用文字对某些在日记账和分类账中未能记录或记录不全的经济业务进行补充登记的账簿。如租入固定资产登记簿、委托加工材料登记簿
按账簿外形特征分类
两栏式账簿
只有借方和贷方两个基本金额栏目的账簿，各种收入、费用类账户可以采用两栏式账簿
三栏式账簿
是设有借方、贷方和余额三个基本栏目的账簿。各种日记账、总分类账以及资本、债权、债务明细账的账簿可采用三栏式账簿
多栏式账簿
是在账簿的两个基本栏目借方和贷方中按需要分设若干专栏的账簿。收入、费用类明细账一般采用多栏式账簿
数量金额式账簿
数量金额式账簿的借方、贷方和余额三个栏目内，都分设数量、单价和金额三小栏，借以反映财产的实物数量和价值量。原材料、库存商品等明细账通常采用数量金额式账簿

图 5–2　会计账簿的分类

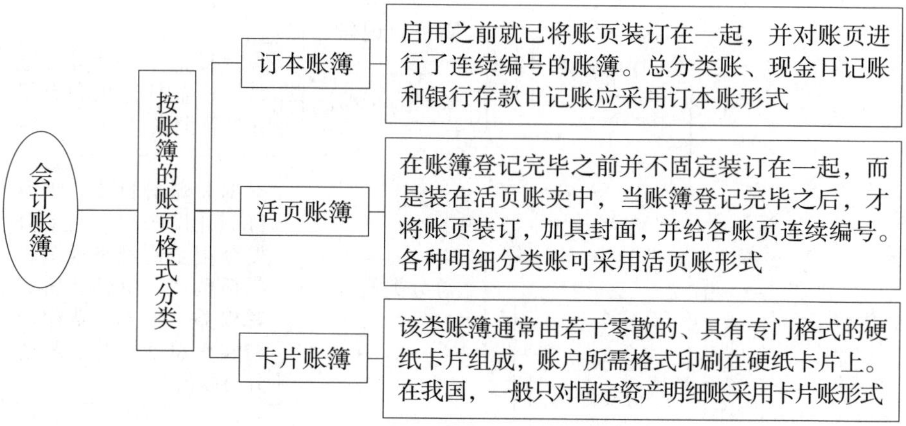

图 5-2　会计账簿的分类（续）

5.2　会计账簿的基本内容、启用与记账规则

5.2.1　会计账簿的基本内容

各种账簿所记录的经济业务不同，所以账簿的种类和格式是多种多样的，但各种账簿都应具备以下基本内容，如图 5-3 所示。

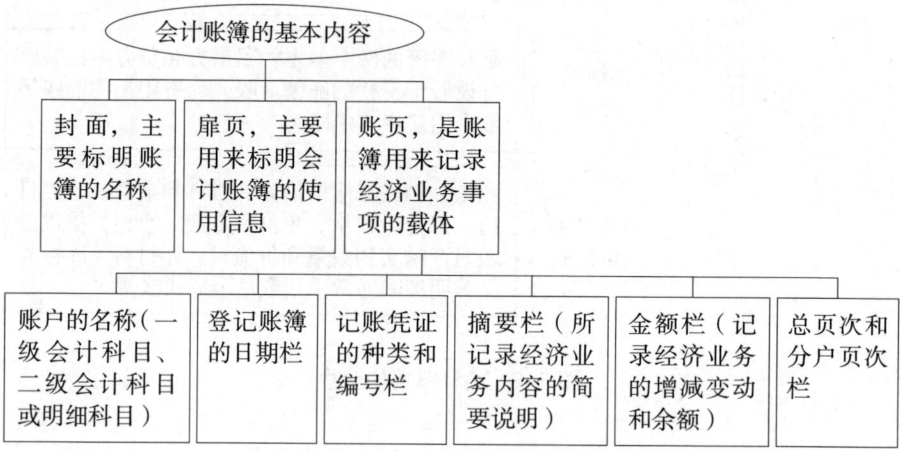

图 5-3　会计账簿的基本内容

5.2.2　会计账簿的启用

会计账簿的启用要注意以下问题，如图 5-4 所示。

会计账簿的启用应注意的问题

- 启用会计账簿时，应当在账簿封面上写明单位名称和账簿名称，并在账簿扉页上附启用表
- 在账簿扉页上应当填列“账簿启用登记表”字样（活页账、卡片账应在装订成册时填列），其内容包括：启用日期、账簿页数、记账人员、会计机构负责人和会计主管人员姓名，并加盖个人名章和单位公章
- 记账人员、会计机构负责人或者会计主管人员工作调动时，应当注明交接日期、接办人员和监交人员姓名，并由交接双方签名或者盖章
- 启用订本式账簿应当从第一页到最后一页顺序编定页数，不得跳页、缺号
- 使用活页式账页应当按账户顺序编号，并定期装订成册。装订后再按实际使用的账页顺序编定页码，另加目录，记明每个账户的名称和页次
- 在新年度开始启用新账簿时，为了保证年度之间账簿记录的相互衔接，应把各账户上年度的年末余额记入新账簿中对应账户的第一行，并在摘要栏中注明“上年结转”或“年初余额”字样

图 5-4　会计账簿的启用应注意的问题

5.2.3　会计账簿的记账规则

会计账簿的记账规则如图 5-5 所示。

记账规则

- 登记会计账簿时，应当将会计凭证日期、编号、业务内容摘要、金额和其他有关资料逐项记入账内，做到数字准确、摘要清楚、登记及时、字迹工整
- 登记完毕后，要在记账凭证上签名或者盖章，并注明已经登账的符号表示该经济业务已经记账
- 账簿中书写的文字和数字要留有适当空格，不要写满格，一般应占格距的1/2

图 5-5　会计账簿的记账规则

- 记账规则
  - 登记账簿要用蓝黑墨水笔或者碳素墨水笔书写，不得使用圆珠笔（银行的复写账簿除外）或铅笔
  - 下列情况，可以用红色墨水笔书写
    - （1）按照红字冲账的记账凭证，冲销错误记录
    - （2）在没设借、贷等栏的多栏式账页中，登记减少数
    - （3）在三栏式账户的余额栏前，如未印明余额方向的，在余额栏内登记负数余额
    - （4）根据国家统一会计准则的规定可以用红字登记的其他会计记录
  - 各种账簿应按页次顺序连续登记，不得跳行、隔页。如果发生跳行、隔页，应当将空行、空页画线注销，或者注明“此行空白”“此页空白”字样，并由记账人员签名或者盖章
  - 凡需要结出余额的账户，结出余额后，应当在借或贷栏内写明“借”或者“贷”等字样。没有余额的账户，应在借或贷栏内写“平”字样，并在“余额”栏用“0”表示
  - 每一账页登记完毕结转下页时，应当结出本页合计数及余额，写在本页最后一行和下页第一行有关栏内，并在“摘要”栏内注明“过次页”和“承前页”字样；也可以将本页合计数及金额只写在下页第一行有关栏内，并在“摘要”栏内注明“承前页”字样
    - 对需要结计本月发生额的账户，结计“过次页”的本页合计数应当为自本月初起至本页末止的发生额合计数；对需要结计本年累计发生额的账户，结计“过次页”的本页合计数应当为自年初起至本页末止的发生额累计数；对既不需要结计本月发生额，也不需要结计本年累计发生额的账户，可以只将每页末的余额结转次页

图 5–5　会计账簿的记账规则（续）

5.3　各种会计账簿的格式和登记方法

5.3.1　日记账的格式和登记方法

为了加强对货币资金的管理，各单位都应当设置现金日记账和银行存款日

记账，用以逐日核算和监督库存现金与银行存款的收入、支出和结存情况。现金日记账和银行存款日记账必须采用订本式账簿，并为每一张账页顺序编号。现金日记账是用来核算和监督库存现金每日的收入、支出和结存情况的账簿，其格式有三栏式和多栏式两种。无论是采用三栏式还是多栏式，都必须使用订本式账簿。银行存款日记账是用来核算和监督银行存款每日的收入、支出和结余情况的账簿。银行存款日记账应按单位在银行开立的账户和币种分别设置，每个银行账户设置一本日记账。日记账的格式和登记方法如图 5-6 所示。

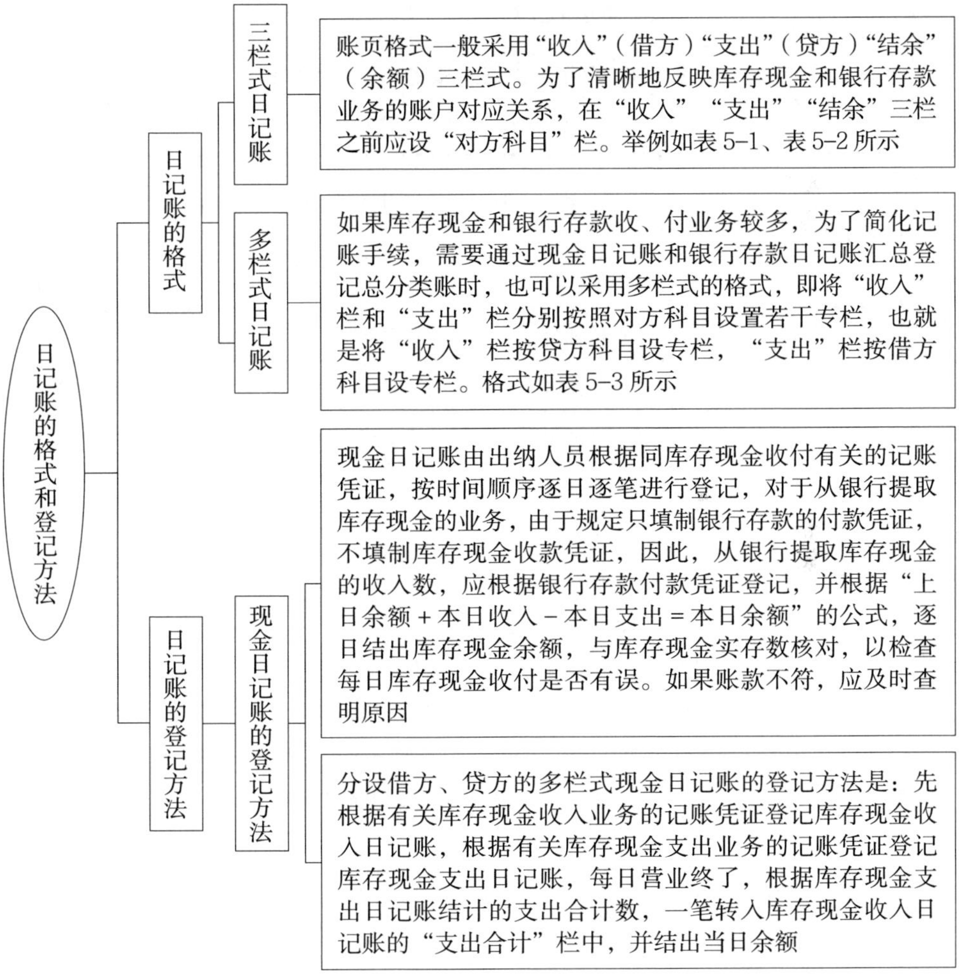

图 5-6　日记账的格式和登记方法

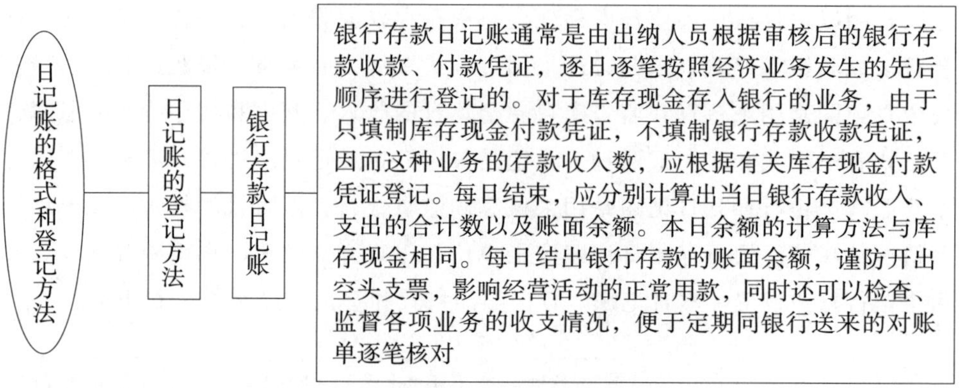

图 5-6　日记账的格式和登记方法（续）

表 5-1　现金日记账

单位：元

2018 年		凭证		摘要	对方科目	页数	借方	贷方	余额
月	日	种类	号数						
6	1			承前页					800
	2	银付	1	提取现金	银行存款		3 000		3 800
	2	现付	1	王明借差旅费	其他应收款			1 500	2 300
	2	现付	2	购买办公用品	管理费用			1 000	1 300
	2	现收	1	销售商品	主营业务收入		1 200		2 500
	2	现付	3	将多余库存现金存银行	银行存款			1 500	1 000
				本日合计			4 200	4 000	1 000

表 5-2　银行存款日记账

账号：　　　　　　　　户名：

2018 年		凭证		摘要	对方科目	支票号	借方	贷方	余额
月	日	种类	号数						
6	1			承前页					80 000
	2	银收	1	销售收入存银行	主营业务收入		2 800		82 800

续表

2018 年		凭证		摘要	对方科目	支票号	借方	贷方	余额
月	日	种类	号数						
	2	银付	1	提取库存现金	库存现金			1 500	81 300
	2	银付	2	支付水电费	管理费用			2 000	79 300
	2	银付	3	购买材料	材料采购			3 000	76 300
	2	现付	3	将多余库存现金存银行	库存现金		1 500		77 800
				本日合计			4 300	6 500	77 800

表 5-3　现金（银行存款）日记账

×× 年		凭证		摘要	收入（对方科目）						支出（对方科目）					借或贷	余额
月	日	种类	号数		千	百	十	元	角	分	百	十	元	角	分		

5.3.2　总分类账的格式和登记方法

总分类账是按照总分类账户分类登记以提供总括会计信息的账簿。总分类账最常用的格式为三栏式，即设置借方、贷方和余额三个基本金额栏目。为了总括地、全面地反映经济活动情况，并为编制会计报表提供资料，所有单位都要设置总分类账。总分类账必须采用订本式账簿。总分类账的格式和登记方法如图 5-7 所示。

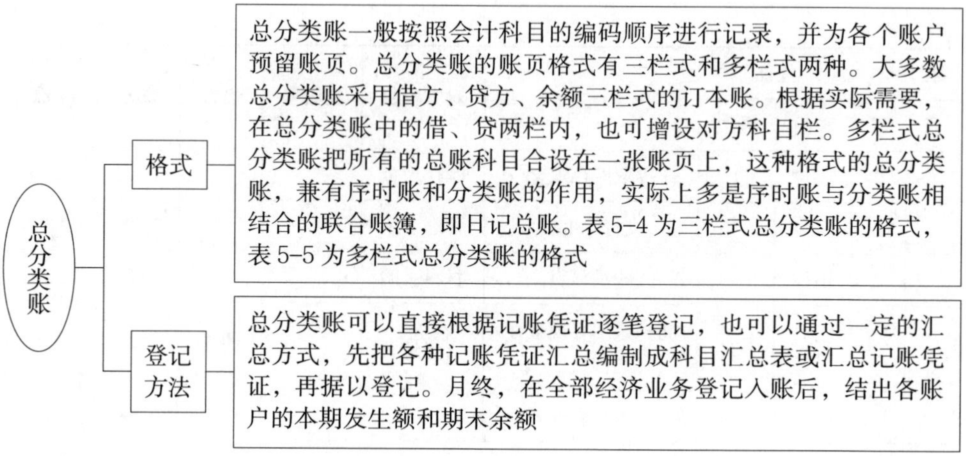

图 5-7 总分类账的格式和登记方法

表 5-4 三栏式总分类账

会计科目：原材料

×× 年		凭证		摘要	借方	贷方	余额
月	日	种类	号数				

表 5-5 多栏式总分类账

×× 年		凭证		摘要	发生额	__科目		__科目		__科目		__科目		……	__科目	
月	日	种类	号数			借方	贷方	借方	贷方	借方	贷方	借方	贷方		借方	贷方

5.3.3 明细分类账的格式和登记方法

明细分类账是根据二级账户或明细账户开设账页，分类、连续地登记经济业务以提供明细核算资料的账簿。它所提供的有关经济活动的详细核算资料，是对总分类账所提供的总括核算资料的补充，同时也是编制会计报表的依据之一。因此，各个单位在设置总分类账的基础上，还应根据实际需要，按照总账科目设置必要的明细分类账。明细分类账一般采用活页式账簿，也有的采用卡片式账簿（如固定资产明细账）。根据管理的要求和各种明细分类账所反映的经济内容，明细分类账的格式主要有三栏式、多栏式、数量金额式和横线登记式（平行式）等多种。其格式和登记方法如图 5-8 所示。

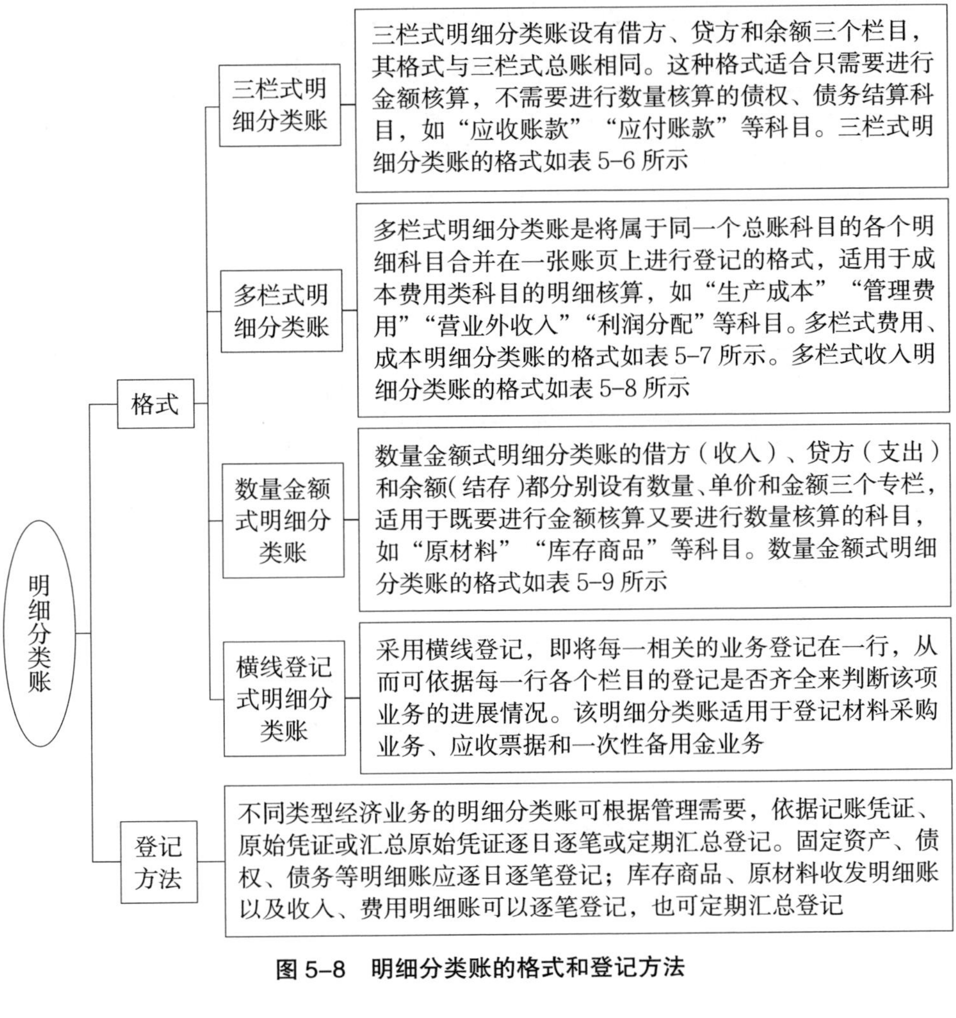

图 5-8　明细分类账的格式和登记方法

表 5–6　三栏式明细分类账

××年		凭证		摘要	借方	贷方	借或贷	余额
月	日	种类	号数					

表 5–7　多栏式费用、成本明细分类账

××年		凭证		摘要	借方（项目）					贷方	余额
月	日	种类	号数						合计		

表 5–8　多栏式收入明细分类账

××年		凭证		摘要	借方	贷方（项目）					余额
月	日	种类	号数							合计	

表 5–9　数量金额式明细分类账

××年		凭证		摘要	借方			贷方			余额		
月	日	种类	号数		数量	单价	金额	数量	单价	金额	数量	单价	金额

5.4　对账

所谓对账就是指核对账目，对账簿记录的正确与否进行核对。在会计核算中，会发生各种差错，造成账实不符、账证不符，为了保证账簿记录的正确性，必须进行对账工作，通过对账来保证账簿记录的真实、准确、完整，以确保账证相符、账账相符、账实相符。对账的内容如图 5-9 所示。

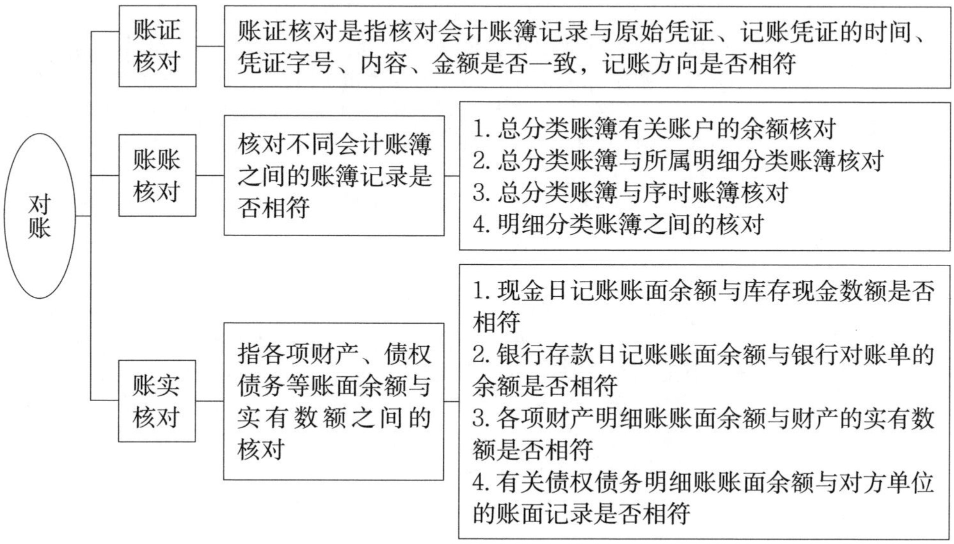

图 5-9　对账的内容

5.5　错账更正方法

账簿记录发生错误，不准涂改、挖补、刮擦或者用药水消除字迹，不准重新抄写，必须按图 5-10 所示的方法更正。

- 错账更正方法
  - 划线更正法
    - 在结账前，如果发现账簿记录有错误，而记账凭证并无错误，纯属文字或数字的笔误，应采用划线更正法予以更正。划线更正法，又叫作红线更正法。更正的方法是：先在错误的文字或数字上画一条红色横线，表示注销；然后将正确的文字或数字用蓝字或黑字写在被注销的文字或数字的上方，并由记账人员在更正处盖章，以明确责任。对于错误数字应当全部划掉，不是只划掉写错的个别数码，并对划掉的数字，不许全部涂抹，应当使原有字迹仍能辨认。对于文字错误，可只划去错误的部分
  - 红字更正法
    - 记账后，发现记账凭证中的应借、应贷会计科目或金额有错误，致使账簿记录错误，可用红字更正法予以更正。更正的方法是：先用红字填制一张与原错误记账凭证内容完全相同的记账凭证，在“摘要”栏注明“冲销某月某日第 × 号记账凭证的错账”，并据以用红字登记入账，以冲销原有的错误记录；然后用蓝字填制一张正确的记账凭证，在“摘要”栏内写明“补记某月某日第 × 号账”，并据以登记入账
    - 记账后，发现记账凭证和账簿中所记金额大于应记金额，而应借、应贷的会计科目并无错误，那么亦应采用红字更正法予以更正。更正的方法是：为了简化核算手续，可将正确数字与错误数字之间的差额，即多记的金额，用红字（金额用红字）填制一张与原记账凭证应借、应贷科目完全相同的记账凭证，在“摘要”栏内写明“冲销某月某日第 × 号记账凭证多记金额”，并据以登记入账，以冲销多记的金额
  - 补充登记法
    - 记账后，如果发现记账凭证和账簿中所记金额小于应记金额，而应借、应贷的会计科目并无错误，可采用补充登记法予以更正。更正的方法是：将正确数字与错误数字之间的差额，即少记的金额，用蓝字填制一张记账凭证，在“摘要”栏内写明“补记某月某日第 × 号记账凭证少记金额”，并据以登记入账，予以补充

图 5-10 错账更正方法

5.6　结账

5.6.1　结账的程序

所谓结账就是在会计期末（月末、季末、年末）将本期发生的所有经济业务全部登记入账以后，计算出本期发生额和期末余额。结账工作是编制会计报表的先决条件，做好结账工作，十分重要。结账的程序如图 5-11 所示。

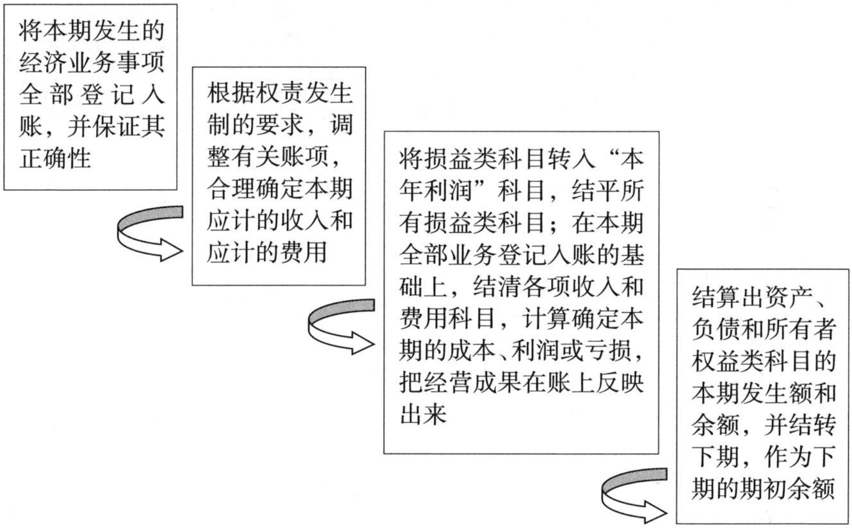

图 5-11　结账的程序

5.6.2　结账的种类

结账的种类如图 5-12 所示。

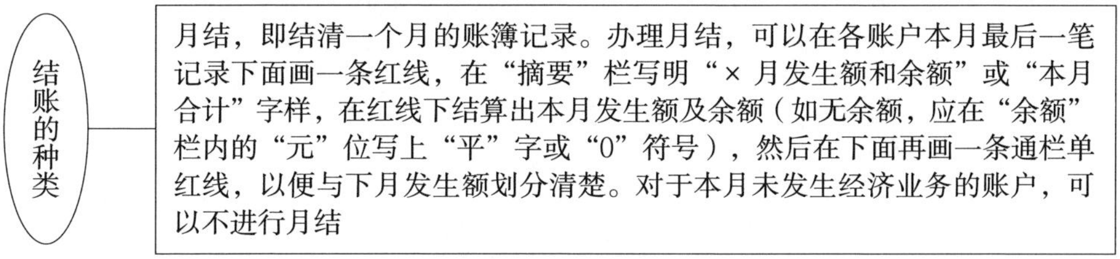

图 5-12　结账的种类

结账的种类

- 季结，即结清一个季度的账簿记录。办理季结，应在“本月发生额和余额”的下行将三个月的借、贷方本期发生额加算合计数，并结出季度余额，写在月结数下一行内，在“摘要”栏内写明“第 × 季度发生额和余额”字样（也可以简写为“第 × 季度合计”），然后在季结下面也画一条通栏单红线，以便与下季度发生额划分清楚
- 年结，即结清一个会计年度的账簿记录。办理年结，将本年度四个季度的借方、贷方发生额加计全年发生额合计数，记入第四季度季结的下一行内，在“摘要”栏内写明“年度发生额和余额”或“本年合计”字样，最后，计算借、贷两方总计数，再在总计数下画两条红线，如不进行季结，年结就是在12月月结之后，结出本年发生额和余额，再画通栏双红线，表示年度封账，本年度记账工作全部结束。对需要更换新账的，应同时在新账中有关账户的第一行“摘要”栏内注明“上年结转”或“年初余额”字样，并将上年余额记入“余额”栏内。新旧账有关账户之间转记余额，不必编制记账凭证

图 5-12　结账的种类（续）

5.6.3　结账的方法

结账的方法如图 5-13 所示。

结账的方法

- 对不需按月结计本期发生额的账户，每次记账后，都要结出余额，每月最后一笔余额即为月末余额。月末结账时，只需在最后一笔经济业务事项记录之下画通栏单红线，不需要再结计一次余额
- 库存现金日记账、银行存款日记账和需要按月结计发生额的收入、费用等明细账，每月结账时，要结出本月发生额和余额，在“摘要”栏内注明“本月合计”字样，并在下面画通栏单红线
- 需要结计本年累计发生额的某些明细账户，每月结账时，应在“本月合计”行下结出自年初起至本月末止的累计发生额，登记在该月发生额下面，在“摘要”栏内注明“本年累计”字样，并在下面画通栏单红线。12月末的本年累计就是全年累计发生额，在全年累计发生额下画通栏双红线
- 总账账户平时只需结出月末余额。年终结账时，将所有总账账户结出全年发生额和年末余额，在“摘要”栏内注明“本年合计”字样，并在合计数下画通栏双红线
- 年度终了结账时，有余额的账户，要将其余额结转下年，并在“摘要”栏注明“结转下年”字样；在下一会计年度新建有关会计账户的第一行“余额”栏内填写上年结转的余额，并在“摘要”栏注明“上年结转”字样

图 5-13　结账的方法

5.7　会计账簿的更换与保管

会计账簿的更换与保管如图 5-14 所示。

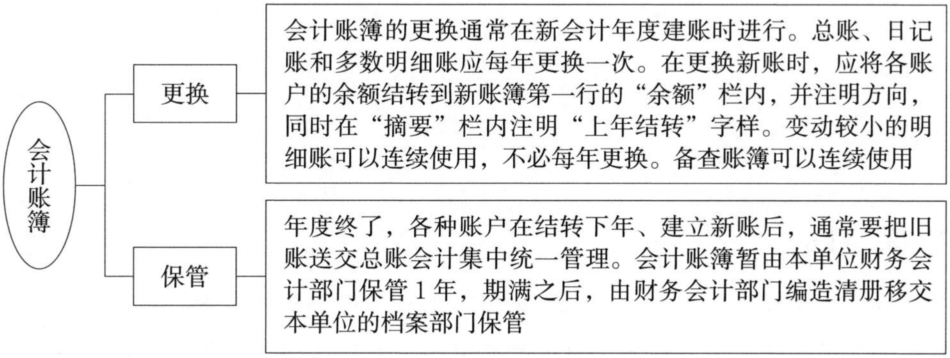

图 5-14　会计账簿的更换与保管

第6章 账务处理程序——帮你成为出色的会计师

本章导读

账务处理程序主要包括对记账凭证账务和科目汇总表账务的处理程序，是在会计凭证、会计账簿基础上所进行的进一步处理。经过账务处理程序后，生成的总分类账和明细分类账等更加简洁，是日后编制会计报表的资料来源。

在本章的学习中，我们将解决读者的以下问题。

（1）账务处理程序的种类有哪些。

（2）记账凭证账务处理程序是什么，有哪些优缺点，适用范围如何。

（3）科目汇总表账务处理程序是什么，有哪些优缺点，适用范围如何。

6.1　账务处理程序的种类

账务处理程序也称会计核算组织程序或会计核算形式，是指会计凭证、会计账簿、会计报表相结合的方式，包括会计凭证和会计账簿的种类、格式，会计凭证与会计账簿之间的联系方法，由原始凭证到编制记账凭证、登记明细分类账和总分类账、编制会计报表的工作程序和方法等。账务处理程序的种类如图6–1所示。

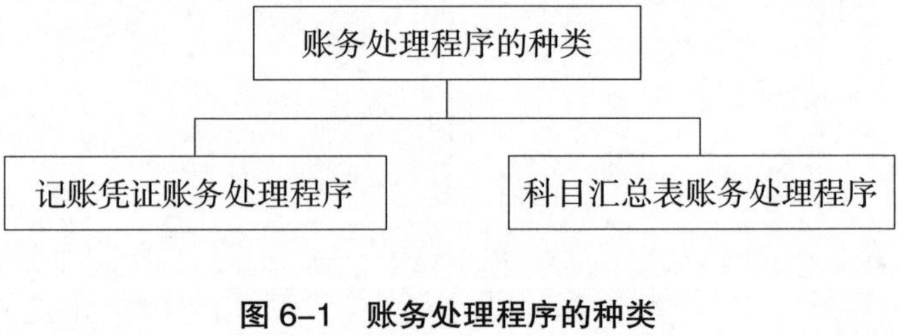

图6–1　账务处理程序的种类

6.2　账务处理程序的具体内容

6.2.1　记账凭证账务处理程序

记账凭证账务处理程序是指对发生的经济业务事项，都要根据原始凭证或汇总原始凭证编制记账凭证，然后根据记账凭证逐笔登记总分类账的一种账务处理程序。在此种账务处理程序下，记账凭证可以采用通用格式，也可分别采用收款凭证、付款凭证、转账凭证三种格式，设置的账簿一般包括现金日记账、银行存款日记账、总分类账和明细分类账。其中，总分类账应按总账科目设置，总分类账和日记账的格式均可采用三栏式；明细分类账可根据管理的需要设置，采用三栏式、数量金额式或多栏式。记账凭证账务处理程序的步骤如图 6-2 所示。账务处理程序的优缺点和适用范围如图 6-3 所示。

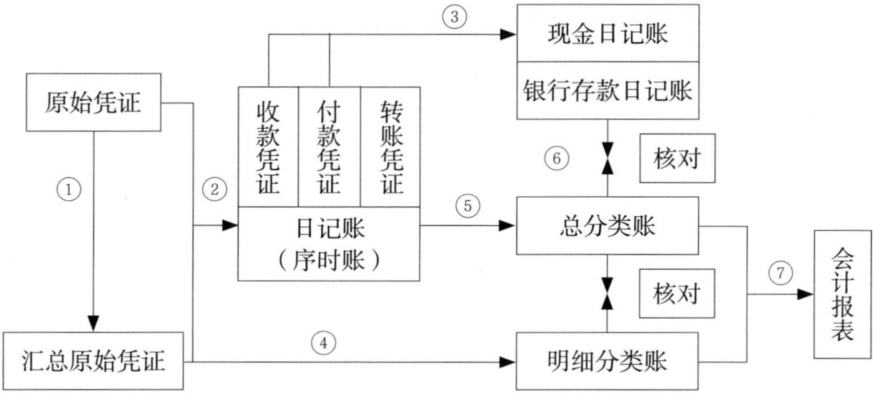

图 6-2　记账凭证账务处理程序的步骤

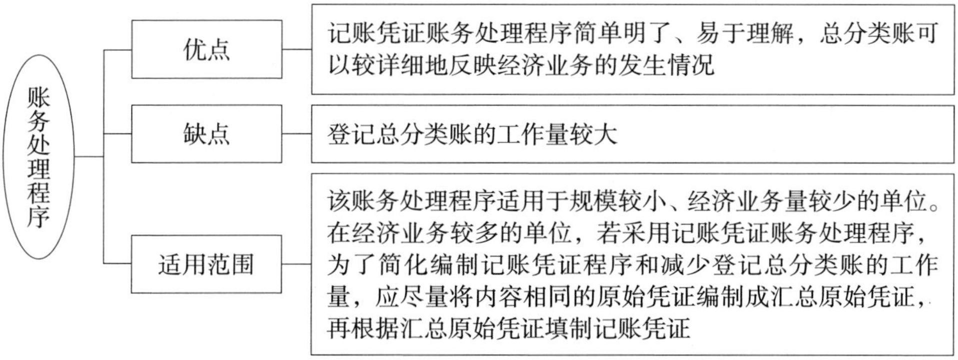

图 6-3　账务处理程序的优缺点和适用范围

6.2.2 科目汇总表账务处理程序

科目汇总表账务处理程序又称记账凭证汇总表账务处理程序，它是根据记账凭证定期编制科目汇总表，再根据科目汇总表登记总分类账的一种账务处理程序。其主要特点在于，定期将所有记账凭证汇总编制成科目汇总表，然后根据科目汇总表汇总登记总分类账。由于总分类账是根据科目汇总表登记的，故被称为科目汇总表账务处理程序。采用科目汇总表账务处理程序，所需设置的账簿的种类和格式与记账凭证账务处理程序下基本相同。在记账凭证的设置上，一般也应设置收款凭证、付款凭证和转账凭证，但为了便于相同账户的归类汇总，避免差错，要求所有记账凭证中的科目对应关系，只能是一个借方科目与一个贷方科目相对应，即每一张记账凭证只能编制简单会计分录。对于转账凭证最好复写，一式两份，以便分别用来归类汇总借方科目和贷方科目的本期发生额，或者所有记账凭证采用单式记账凭证格式。在这种账务处理程序下，由于科目汇总表不反映各个科目的对应关系，因而总分类账可采用不设立“对方科目”栏的借方、贷方、余额三栏式账页。总分类账可以根据每次汇总编制的科目汇总表进行登记。在科目汇总表采用表的情况下，也可以在月末根据科目汇总表的借方发生额和贷方发生额的全月合计数一次登记。

（一）科目汇总表的编制方法

科目汇总表的编制方法是：根据一定时间内的全部记账凭证，按照相同的会计科目归类，定期（5 天或 10 天）汇总出每一个会计科目的借方本期发生额和贷方本期发生额并填写在科目汇总表的相关栏内。对于科目汇总表中“库存现金”“银行存款”科目的借方本期发生额和贷方本期发生额，也可以直接根据现金日记账和银行存款日记账的收入合计与支出合计填列，而不再根据收款凭证和付款凭证归类汇总填列。科目汇总表可以每汇总一次编制一张，也可以按旬汇总一次，每月编制一张。任何格式的科目汇总表，都只反映各个会计科目的借方本期发生额和贷方本期发生额，不反映各个会计科目的对应关系。科目汇总表的常见格式见表 6-1、表 6-2。

表 6–1　科目汇总表（一）

年 月 日　　　　第 号

会计科目	记账凭证起讫号数	本期发生额		总账页数
		借方	贷方	
合计				

表 6–2　科目汇总表（二）

年 月 日

会计科目	总账页数	1 至 10 日		11 至 20 日		21 至 31 日		本月合计	
		借方	贷方	借方	贷方	借方	贷方	借方	贷方
合计									

（二）科目汇总表账务处理程序的一般步骤

科目汇总表账务处理程序的一般步骤如图 6–4 所示。

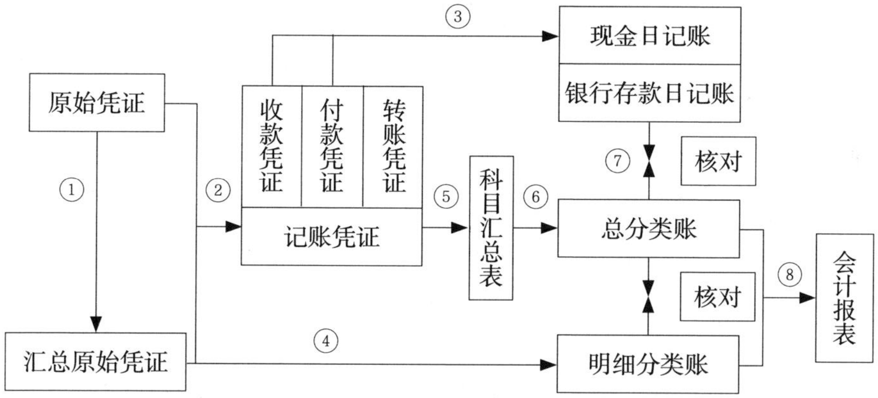

图 6–4　科目汇总表账务处理程序的一般步骤

（三）科目汇总表账务处理程序的优缺点和适用范围

科目汇总表账务处理程序的优缺点和适用范围如图 6–5 所示。

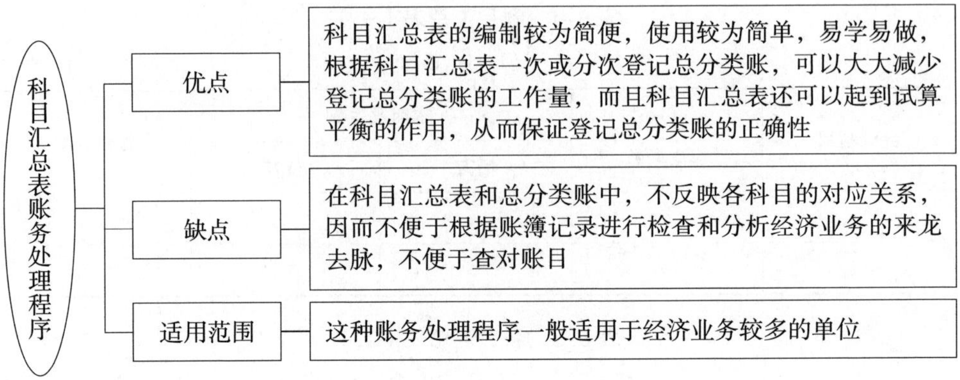

图 6–5　科目汇总表账务处理程序的优缺点和适用范围

第7章 资产类科目的设置与账务处理

本章导读

资产是企业经营管理的“生命线”，决定着企业经营发展的绩效以及方向。资产的运营管理也是企业最重要的工作之一。会计人员只有对掌握企业命脉的资产做到心中有数，并准确无误的在账簿中体现，才能为企业的长远发展添砖加瓦。本章我们将学习以下知识。

（1）库存现金等资产类科目的定义。

（2）库存现金等资产类科目的适用范围。

（3）库存现金等资产类科目明细科目的设置方法。

（4）库存现金等资产类科目在实务中的具体业务操作。

7.1　库存现金

7.1.1　什么是库存现金

库存现金是指通常存放于企业财会部门，由出纳人员经管的货币，即与会计核算中“库存现金”科目所包括的内容一致，是企业流动性最强的资产，企业应当严格遵守国家有关现金管理制度，正确进行现金收支的核算，监督现金使用的合法性与合理性。

7.1.2　如何使用“库存现金”科目

本科目核算企业的库存现金。企业有内部周转使用备用金的，可以单独设置“备用金”科目。

企业增加库存现金，借记本科目，贷记“银行存款”等科目；减少库存现金做相反的会计分录。

企业应当设置现金日记账，根据收付款凭证，按照业务发生顺序逐笔登记。每日终了，会计人员应当计算当日的现金收入合计额、现金支出合计额和结余额，将结余额与实际库存额核对，做到账款相符。

本科目期末借方余额，反映企业持有的库存现金。

7.1.3 如何设置明细科目

“库存现金”科目的明细科目设置如表 7-1 所示。

表 7-1　1001 库存现金

顺序号	编号	会计科目名称	二级科目名称	三级科目名称
一、资产类				
	1001	库存现金		
	1001 01	库存现金	人民币	
	1001 02	库存现金	外币	
	1001 02 01	库存现金	外币	美元
	1001 02 02	库存现金	外币	欧元
	1001 02 03	库存现金	外币	日元
	1001 02 04	库存现金	外币	其他

7.1.4 库存现金如何管理

根据《现金管理暂行条例》，现金管理制度主要包括以下内容。

1. 现金的使用范围

企业可用现金支付的款项有：

（1）职工工资、津贴；

（2）个人劳务报酬；

（3）根据国家规定颁发给个人的科学技术、文化艺术、体育等各种奖金；

（4）各种劳保、福利费用以及国家规定的对个人的其他支出；

（5）向个人收购农副产品和其他物资的价款；

（6）出差人员必须随身携带的差旅费；

（7）结算起点以下的零星支出；

（8）中国人民银行确定需要支付现金的其他支出。

除上述情况可以用现金支付外，其他款项的支付应通过银行转账结算。

2. 现金的限额

现金的限额是指为了保证企业日常零星开支的需要，允许单位留存现金的最高数额。这一限额由开户行根据单位的实际需要核定，一般按照单位 3 ~ 5 天日常零星开支所需确定。边远地区和交通不便地区的开户单位的库存现金限额，可按多于 5 天但不得超过 15 天的日常零星开支的需要确定。经核定的库存现金限额，开户单位必须严格遵守，超过部分应于当日终了前存入银行。需要增加或者减少库存现金限额的，应当向开户银行提出申请，由开户银行核定。

3. 现金收支的规定

开户单位现金收支应当依照以下规定办理。

（1）开户单位现金收入应当于当日送存开户银行，当日送存确有困难的，由开户银行确定送存时间。

（2）开户单位支付现金，可以从本单位库存现金限额中支付或从开户银行提取，不得从本单位的现金收入中直接支付，即不得“坐支”现金。因特殊情况需要坐支现金的，应当事先报经有关部门审查批准，并在核定的坐支范围和限额内进行，同时，收支的现金必须入账。

（3）开户单位从开户银行提取现金时，应如实写明提取现金的用途，由本单位财会部门负责人签字盖章，并经开户银行审查批准后予以支付。

（4）因采购地点不确定、交通不便、抢险救灾以及其他特殊情况必须使用现金的单位，应向开户银行提出书面申请，由本单位财会部门负责人签字盖章，并经开户银行审查批准后予以支付。

此外，不准用不符合国家统一的会计制度的凭证抵补库存现金，即不得“白条顶库”；不准谎报用途套取现金；不准用银行账户代替其他单位和个人存入或支取现金；不准将单位收入的现金以个人名义存入储蓄；不准保留账外公款，即不得“公款私存”；不得设置“小金库”等。银行对违反上述规定的单位，将按照违规金额的一定比例予以处罚。

7.1.5 会计处理分录与案例解析

业务1：从银行提取现金或将现金存入银行

（1）企业从银行提取现金时，应根据支票存根所记载的提取金额，借记“库存现金”科目，贷记“银行存款”科目。

会计分录：

借：库存现金

　　贷：银行存款

＊ 案例解析

【例7–1】2×15年3月12日，甲公司因业务发展需要，从银行存款中提取10 000元现金。甲公司的账务处理如下。

借：库存现金　　10 000

　　贷：银行存款　　10 000

（2）企业将现金存入银行时，根据银行退回进账单第一联，借记“银行存款”科目，贷记“库存现金”科目。

会计分录：

借：银行存款

　　贷：库存现金

业务2：职工出差而产生的现金收支

（1）对于因支付内部职工出差等原因所需的现金，企业应按支出凭证所记载的金额，借记“其他应收款”等科目，贷记“库存现金”科目。

会计分录：

借：其他应收款

　　贷：库存现金

（2）企业收到出差人员交回的差旅费剩余款并结算时，会计分录如图7–1所示。

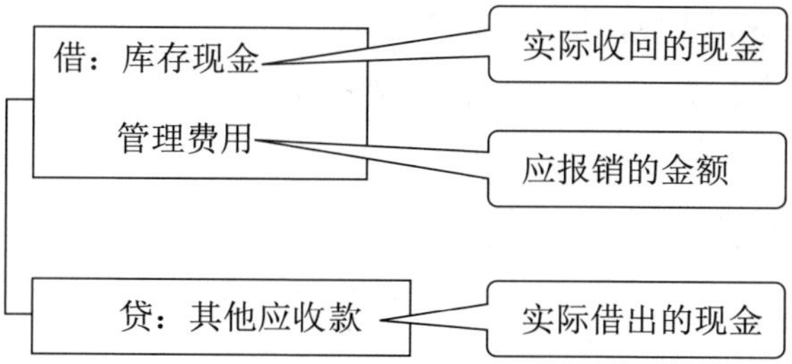

图 7-1　收回差旅费剩余款时的会计分录

＊ 案例解析

【例 7-2】2×15 年 4 月 10 日，甲公司物料采购员小李因出差，向公司预借差旅费 5 000 元。甲公司的账务处理如下。

借：其他应收款——小李　　5 000

　　贷：库存现金　　5 000

【例 7-3】接【例 7-2】，4 月 25 日，小李出差返回，退回多余的现金 800 元。甲公司的账务处理如下。

借：库存现金　　800

　　管理费用　　4 200

　　贷：其他应收款——小李　　5 000

业务 3：其他原因产生的现金收支

企业因其他原因收到现金时，借记“库存现金”科目，贷记有关科目；支出现金时，借记有关科目，贷记“库存现金”科目。

＊ 案例解析

【例 7-4】2×15 年 2 月 1 日，甲公司行政部门购买办公用品交来发票账单 850 元。甲公司的账务处理如下。

借：管理费用——办公费　　850

　　贷：库存现金　　850

业务 4：每日终了结算现金收支

（1）每日终了结算现金收支或进行财产清查等时发现的有待查明原因的现金短

缺或溢余，属于现金短缺的，相关会计分录为：

借：待处理财产损溢——待处理流动资产损溢

　　贷：库存现金

属于现金溢余的，做相反的会计分录。

借：库存现金

　　贷：待处理财产损溢——待处理流动资产损溢

（2）针对现金短缺或溢余的情况，企业应分别查明原因，然后根据不同的原因，进行不同的会计处理，如表 7-2 所示。

表 7-2　现金财产清查结果的会计处理

财产清查结果	查明的原因	会计分录
现金短缺	属于应由责任人赔偿的部分	借：其他应收款——应收现金短缺（××个人） 　　贷：待处理财产损溢——待处理流动资产损溢
	属于应由保险公司赔偿的部分	借：其他应收款——应收保险赔款 　　贷：待处理财产损溢——待处理流动资产损溢
	属于无法查明的其他原因	借：管理费用——现金短缺 　　贷：待处理财产损溢——待处理流动资产损溢
现金溢余	属于应支付给有关人员或单位的	借：待处理财产损溢——待处理流动资产损溢 　　贷：其他应付款——应付现金溢余（××个人或单位）
	属于无法查明的其他原因	借：待处理财产损溢——待处理流动资产损溢 　　贷：营业外收入——现金溢余

7.2　银行存款

7.2.1　什么是银行存款

银行存款是指企业存入银行或其他金融机构的各种款项。企业应当根据业务需要，按照规定在其所在地银行开设账户，运用所开设的账户，进行存款、取款以及各种转账业务的结算。银行存款的收付应严格执行银行结算制度的规定。

7.2.2 如何使用"银行存款"科目

本科目核算企业存入银行或其他金融机构的各种款项。银行汇票存款、银行本票存款、信用卡存款、信用证保证金存款、存出投资款、外埠存款等，在"其他货币资金"科目核算。

企业增加银行存款时，借记本科目，贷记"库存现金""应收账款"等科目；减少银行存款时，做相反的会计分录。

企业可按开户银行和其他金融机构、存款种类等设置银行存款日记账，根据收付款凭证，按照业务的发生顺序逐笔登记，且在每日终了，应结出余额。银行存款日记账应定期与银行对账单核对，至少每月核对一次。企业银行存款账面余额与银行对账单余额之间如有差额，应编制银行存款余额调节表并调节相符。

本科目期末借方余额，反映企业存在银行或其他金融机构的各种款项。

7.2.3 如何设置明细科目

"银行存款"科目的明细科目如表 7-3 所示。

表 7-3　1002 银行存款

顺序号	编号	会计科目名称	二级科目名称	三级科目名称	四级科目名称	辅助核算
资产类						
	1002	银行存款				
	1002 01	银行存款	人民币			
	1002 01 01	银行存款	人民币	中国银行	支行	按存款银行户名设置
	1002 01 02	银行存款	人民币	工商银行	支行	按存款银行户名设置
	1002 01 03	银行存款	人民币	建设银行	支行	按存款银行户名设置
	1002 01 04	银行存款	人民币	农业银行	支行	按存款银行户名设置
	1002 01 05	银行存款	人民币	光大银行	支行	按存款银行户名设置
	1002 01 06	银行存款	人民币	民生银行	支行	按存款银行户名设置
	1002 01 07	银行存款	人民币	兴业银行	支行	按存款银行户名设置
	1002 01 08	银行存款	人民币	其他银行	支行	按存款银行户名设置

续表

顺序号	编号	会计科目名称	二级科目名称	三级科目名称	四级科目名称	辅助核算
	1002 02	银行存款	外币		支行	按存款银行户名设置
	1002 03	银行存款	定期存款			按存款银行户名设置

7.2.4 如何管理银行存款

企业的存款账户分为 4 类，即基本存款账户、一般存款账户、临时存款账户和专用存款账户。

企业只能选择一家银行的一个营业机构开立一个基本存款账户，主要用于办理日常的转账结算和现金收付业务。企业的工资、资金等现金的支取，只能通过该账户办理。企业可以在除开立基本存款账户外的营业机构开立一般存款账户，该账户可以办理转账结算和存入现金业务，但不能支取现金。临时存款账户是存款人因临时经营活动的需要开立的账户，如企业异地产品展销、临时性采购资金等。专用存款账户是企业因特别用途需要开立的账户，如基本建设项目专项资金、农副产品资金等，企业的销售款不得转入专用存款账户。

企业不得为还贷、还债和套取现金而多头开立基本存款账户；不得出租，出借账户；不得违反规定为在异地存款和贷款而开立账户。任何单位和个人不得将单位的资金以个人名义开立账户存储。

企业使用的票据结算工具包括银行汇票、商业汇票、银行本票和支票等，可以选择使用的结算方式主要包括汇兑、托收承付和委托收款 3 种，还包括信用卡。另外还有一种国际贸易间采用的结算方式——信用证。

7.2.5 会计处理分录与案例解析

业务 1：从银行提取现金或将现金存入银行

7.1.5 小节已提及，在此不赘述。

业务 2：月末核对银行存款日记账与银行对账单

企业银行存款账面余额与银行对账单余额之间如有差额，则企业应编制银行存款余额调节表并调节相符；如没有记账错误，调节后的双方余额应相等。

平衡公式为：

（1）银行对账单余额＋企业已收银行未收－企业已付银行未付＝银行对账单调节后余额；

（2）企业“银行存款”科目余额＋银行已收企业未收－银行已付企业未付＝企业“银行存款”科目调节后余额；

（3）银行对账单调节后余额＝“银行存款”科目调节后余额。

7.3 其他货币资金

7.3.1 什么是其他货币资金

其他货币资金是指企业除库存现金、银行存款以外的各种货币资金，主要包括银行汇票存款、银行本票存款、信用卡存款、信用证保证金存款、存出投资款、外埠存款等。

7.3.2 如何使用“其他货币资金”科目

本科目核算企业的银行汇票存款、银行本票存款、信用卡存款、信用证保证金存款、存出投资款、外埠存款等其他货币资金。

企业增加其他货币资金时，借记本科目，贷记“银行存款”科目；减少其他货币资金时，借记有关科目，贷记本科目。

本科目可按银行汇票或本票、信用证的收款单位，外埠存款的开户银行，分别设置“银行汇票”“银行本票”“信用卡”“信用证保证金”“存出投资款”“外埠存款”等明细科目进行明细核算。

本科目期末借方余额，反映企业持有的其他货币资金。

7.3.3 如何设置明细科目

“其他货币资金”科目的明细科目设置如表7-4所示。

表 7-4　1012 其他货币资金

顺序号	编号	会计科目名称	二级科目名称	三级科目名称
资产类				
	1012	其他货币资金		
	1012 01	其他货币资金	外埠存款	地区存款行名称
	1012 02	其他货币资金	银行本票存款	存款行名称
	1012 03	其他货币资金	银行汇票存款	存款行名称
	1012 04	其他货币资金	信用卡存款	存款行名称
	1012 05	其他货币资金	保证金存款	存款行名称
	1012 06	其他货币资金	存出投资款	存款行名称
	1012 07	其他货币资金	在途货币资金	
	1012 08	其他货币资金	其他	

7.3.4　会计处理分录与案例解析

业务 1：办理银行汇票存款

（1）企业填写银行汇票申请书，将款项交存银行时，借记“其他货币资金——银行汇票”科目，贷记“银行存款”科目。

会计分录：

借：其他货币资金——银行汇票

　　贷：银行存款

（2）企业持银行汇票购货，收到有关发票账单时，借记“材料采购”或“原材料”、“库存商品”和“应交税费——应交增值税（进项税额）”等科目，贷记“其他货币资金——银行汇票”科目。

会计分录：

借：材料采购（或原材料、库存商品）

　　应交税费——应交增值税（进项税额）

　　贷：其他货币资金——银行汇票

（3）采购完毕收回剩余款项时，借记“银行存款”科目，贷记“其他货币资金——银行汇票”科目。

会计分录：

借：银行存款

　　贷：其他货币资金——银行汇票

（4）企业收到银行汇票，填制进账单，到开户银行办理款项入账手续时，根据进账单及销货发票等，借记“银行存款”科目，贷记“主营业务收入”“应交税费——应交增值税（销项税额）”等科目。

会计分录：

借：银行存款

　　贷：主营业务收入

　　　　应交税费——应交增值税（销项税额）

业务2：办理银行本票存款

（1）企业填写银行本票申请书，将款项交存银行时，借记“其他货币资金——银行本票”科目，贷记“银行存款”科目。

会计分录：

借：其他货币资金——银行本票

　　贷：银行存款

（2）企业持银行本票购货，收到有关发票账单时，借记“材料采购”或“原材料”、“库存商品”和“应交税费——应交增值税（进项税额）”等科目，贷记“其他货币资金——银行本票”科目。

会计分录：

借：材料采购（或原材料、库存商品）

　　应交税费——应交增值税（进项税额）

　　贷：其他货币资金——银行本票

（3）企业收到银行本票，填制进账单到开户银行办理款项入账手续时，根据进账单及销货发票等，借记“银行存款”科目，贷记“主营业务收入”“应交税费——应交增值税（销项税额）”等科目。

会计分录：

借：银行存款

　　贷：主营业务收入

　　　　应交税费——应交增值税（销项税额）

业务3：办理信用卡存款

（1）企业应填制信用卡申请表，连同支票和有关资料一并送存发卡银行，根据银行盖章退回的进账单第一联，借记“其他货币资金——信用卡”科目，贷记“银行存款”科目。

会计分录：

借：其他货币资金——信用卡

　　贷：银行存款

（2）企业用信用卡购物或支付有关费用的，应在收到开户银行转来的信用卡存款的付款凭证及所附发票账单时，借记“管理费用”等科目，贷记“其他货币资金——信用卡”科目。

会计分录：

借：管理费用

　　贷：其他货币资金——信用卡

（3）企业在使用信用卡过程中，需要向其账户续存资金的，借记“其他货币资金——信用卡”科目，贷记“银行存款”科目。

会计分录：

借：其他货币资金——信用卡

　　贷：银行存款

（4）企业的持卡人如不需要继续使用信用卡时，应主动持信用卡到发卡银行办理销户，销户时，企业信用卡余额转入企业基本存款账户，不得提取现金，借记“银行存款”科目，贷记“其他货币资金——信用卡”科目。

会计分录：

借：银行存款

　　贷：其他货币资金——信用卡

业务4：办理信用证保证金存款

（1）企业填写信用证申请书，将信用证保证金交存银行时，应根据银行盖章退回的信用证申请书回单，借记“其他货币资金——信用证保证金”科目，贷记“银行存款”科目。

会计分录：

借：其他货币资金——信用证保证金

贷：银行存款

（2）企业接到开证行通知，根据供货单位信用证结算凭证及所附发票账单，借记“材料采购”或“原材料”、“库存商品”和“应交税费——应交增值税（进项税额）”等科目，贷记“其他货币资金——信用证保证金”科目。

会计分录：

借：材料采购（或原材料、库存商品）

应交税费——应交增值税（进项税额）

贷：其他货币资金——信用证保证金

（3）将未用完的信用证保证金存款余额转回开户银行时，借记“银行存款”科目，贷记“其他货币资金——信用证保证金”科目。

会计分录：

借：银行存款

贷：其他货币资金——信用证保证金

业务5：办理存出投资款

（1）企业向证券公司划出资金时，应按实际划出的金额，借记“其他货币资金——存出投资款”科目，贷记“银行存款”科目。

会计分录：

借：其他货币资金——存出投资款

贷：银行存款

（2）购买股票、债券等时，借记“交易性金融资产”等科目，贷记“其他货币资金——存出投资款”科目。

会计分录：

借：交易性金融资产

贷：其他货币资金——存出投资款

业务6：办理外埠存款

（1）企业将款项汇往外地开立采购专用账户时，根据汇出款项凭证，借记“其他货币资金——外埠存款”科目，贷记“银行存款”科目。

会计分录：

借：其他货币资金——外埠存款

贷：银行存款

（2）企业收到采购人员转来供应单位发票账单等报销凭证时，借记“材料采购”或“原材料”、“库存商品”和“应交税费——应交增值税（进项税额）”等科目，贷记“其他货币资金——外埠存款”科目。

会计分录：

借：材料采购（或原材料、库存商品）

　　应交税费——应交增值税（进项税额）

　　贷：其他货币资金——外埠存款

（3）采购完毕收回剩余款项时，企业应根据银行的收账通知，借记“银行存款”科目，贷记“其他货币资金——外埠存款”科目。

会计分录：

借：银行存款

　　贷：其他货币资金——外埠存款

7.4 交易性金融资产

7.4.1 什么是交易性金融资产

交易性金融资产主要是指企业为了近期内出售而持有的金融资产。

金融资产满足下列条件之一的，应当划分为交易性金融资产。

（1）企业取得该金融资产主要是为了近期内出售或回购。例如，企业以赚取差价为目的从二级市场购入股票、债券、基金等。

（2）属于进行集中管理的可辨认金融工具组合的一部分，且有客观证据表明企业近期采用短期获利方式对该组合进行管理。例如，企业基于其投资策略和风险管理的需要，将某些金融资产进行组合以从事短期获利活动，对于组合中的金融资产，应采用公允价值计量，并将其相关公允价值变动计入当期损益。

（3）属于衍生金融工具。例如，国债期货、远期合同、股指期货等，其公允价值变动大于零时，企业应将其相关变动金额确认为交易性金融资产，同时计入当期损益。但是，如果衍生工具被企业指定为有效套期关系中的套期工具，那么对于该衍生金融工具初始确认后的公允价值变动，企业应根据其对应的套期关系（即公允价值套期、现金流量套期或境外经营净投资套期）的不同，采用相应的方法进行处理。

7.4.2　如何使用“交易性金融资产”科目

本科目核算企业为交易目的所持有的债券投资、股票投资、基金投资等交易性金融资产的公允价值。

企业持有的直接指定为以公允价值计量且其变动计入当期损益的金融资产，也在本科目核算。

企业（金融类企业）接受委托采用全额承购包销、余额承购包销方式承销的证券，应在收到证券时将其进行分类：划分为以公允价值计量且其变动计入当期损益的金融资产的，应在本科目核算；

衍生金融资产在“衍生工具”科目核算。

本科目可按交易性金融资产的类别和品种，分别设置“成本”“公允价值变动”等明细科目进行明细核算。

本科目期末借方余额，反映企业持有的交易性金融资产的公允价值。

7.4.3　如何设置明细科目

“交易性金融资产”科目的明细科目设置如表 7-5 所示。

表 7-5　1101 交易性金融资产

顺序号	编号	会计科目名称	二级科目名称	三级科目名称
资产类				
	1101	交易性金融资产		
	1101 01	交易性金融资产	国债投资	项目名称
	1101 01 01	交易性金融资产	国债投资	成本
	1101 01 02	交易性金融资产	国债投资	公允价值变动
	1101 02	交易性金融资产	债券投资	项目名称
	1101 02 01	交易性金融资产	债券投资	成本

续表

顺序号	编号	会计科目名称	二级科目名称	三级科目名称
	1101 02 02	交易性金融资产	债券投资	公允价值变动
	1101 03	交易性金融资产	股票投资	项目名称
	1101 03 01	交易性金融资产	股票投资	成本
	1101 03 02	交易性金融资产	股票投资	公允价值变动
	1101 04	交易性金融资产	基金投资	项目名称
	1101 04 01	交易性金融资产	基金投资	成本
	1101 04 02	交易性金融资产	基金投资	公允价值变动
	1101 05	交易性金融资产	其他交易性金融资产	项目名称

7.4.4 会计处理分录与案例解析

业务 1：取得交易性金融资产

企业取得交易性金融资产，按其公允价值，借记“交易性金融资产——成本”科目；按发生的交易费用，借记“投资收益”科目；按已到付息期但尚未领取的利息或已宣告但尚未发放的现金股利，借记“应收利息”或“应收股利”科目；按实际支付的金额，贷记“银行存款”等科目。会计分录如图 7-2 所示。

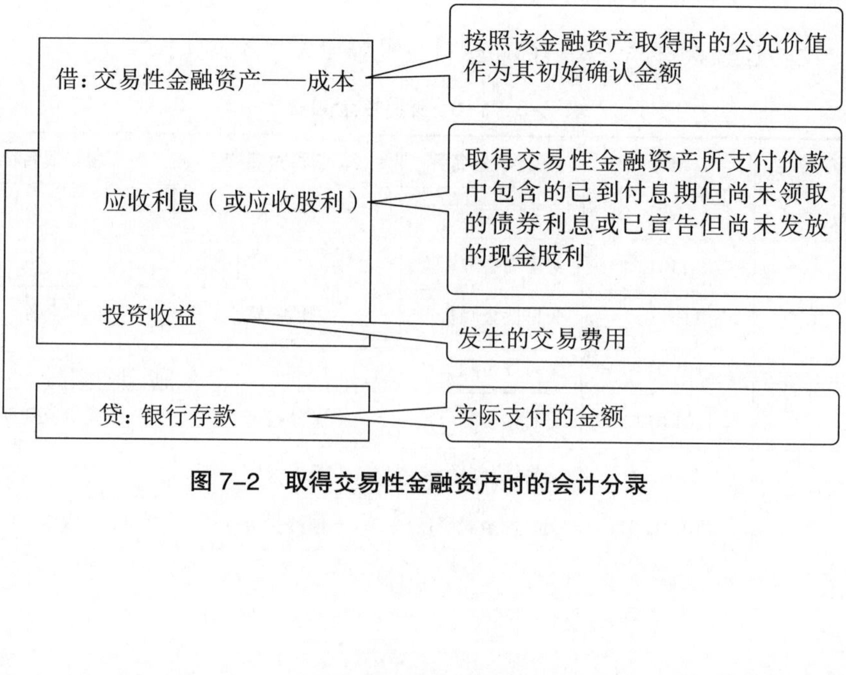

图 7-2 取得交易性金融资产时的会计分录

* 案例解析

【例 7–5】2×15 年 5 月 10 日，甲公司支付价款 1 000 000 元从二级市场购入乙公司发行的股票 100 000 股，每股价格 10 元，另支付交易费用 1 000 元。甲公司将持有的乙公司股权划分为交易性金融资产，且持有乙公司股权后对其不具有重大影响。

假定不考虑其他因素，甲公司 5 月 10 日的账务处理如下。

借：交易性金融资产——成本	1 000 000	
投资收益	1 000	
贷：银行存款		1 001 000

业务 2：持有期间确认投资收益

交易性金融资产持有期间被投资单位宣告发放的现金股利，或在资产负债表日按分期付息、一次还本债券投资的票面利率计算的利息，借记“应收股利”或“应收利息”科目，贷记“投资收益”科目。

会计分录：

借：应收股利（或应收利息）

　　贷：投资收益

* 案例解析

【例 7–6】接【例 7–5】，5 月 13 日，乙公司宣告每股发放现金股利 0.60 元。5 月 23 日，甲公司收到乙公司发放的现金股利。

假定不考虑其他因素，甲公司 5 月 13 日及 23 日的账务处理如下。

（1）5 月 13 日，乙公司宣告发放现金股利。

借：应收股利	60 000	
贷：投资收益		60 000

（2）5 月 23 日，收到乙公司发放的现金股利。

借：银行存款	60 000	
贷：应收股利		60 000

业务 3：计提交易性金融资产公允价值变动

资产负债表日，交易性金融资产的公允价值高于其账面余额时，借记“交易性金融资产——公允价值变动”科目，贷记“公允价值变动损益”科目；公允价值低于其账面余额时做相反的会计分录。

会计分录如下。

（1）当交易性金融资产的公允价值高于其账面余额时。

借：交易性金融资产——公允价值变动

　　贷：公允价值变动损益

（2）当交易性金融资产的公允价值低于其账面余额时。

借：公允价值变动损益

　　贷：交易性金融资产——公允价值变动

＊ 案例解析

【例 7–7】接【例 7–6】，6 月 30 日，乙公司股票价格涨到每股 13 元。甲公司确认股票价格变动，其账务处理如下。

借：交易性金融资产——公允价值变动　　300 000

　　贷：公允价值变动损益　　300 000

业务 4：出售交易性金融资产

出售交易性金融资产时，企业应按实际收到的金额，借记“银行存款”等科目；按该金融资产的账面余额，贷记“交易性金融资产”科目；按其差额，贷记或借记“投资收益”科目。同时，企业应将原计入该金融资产的公允价值变动转出，借记或贷记“公允价值变动损益”科目，贷记或借记“投资收益”科目。会计分录如图 7–3 所示。

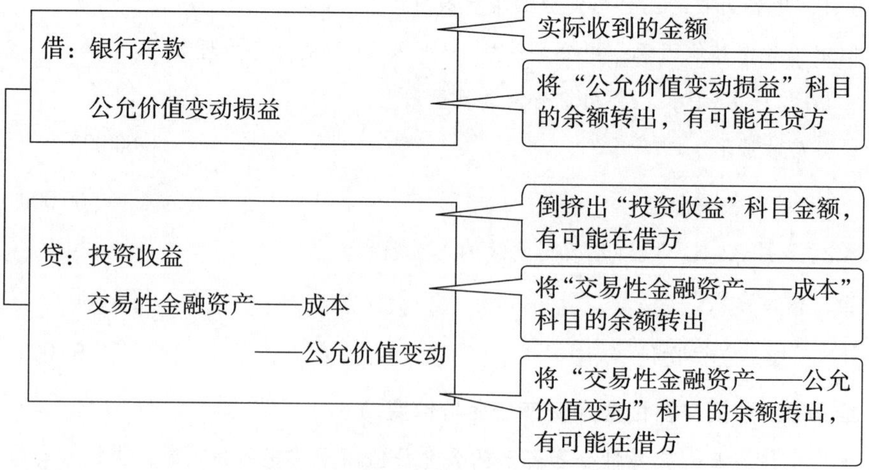

图 7–3　出售交易性金融资产时的会计分录

* 案例解析

【例 7–8】 接【例 7–7】，8 月 15 日，甲公司将持有的乙公司股票全部售出，每股售价 15 元。甲公司的账务处理如下。

借：银行存款　　1 500 000

　　贷：交易性金融资产——成本　　1 000 000

　　　　　　　　　　　——公允价值变动　　300 000

　　　　投资收益　　200 000

7.5　应收票据

7.5.1　什么是应收票据

应收票据是指企业因销售商品、提供劳务等而收到的商业汇票。商业汇票是一种由出票人签发的，委托付款人在指定日期无条件支付确定金额给收款人或者持票人的票据。

7.5.2　如何使用“应收票据”科目

本科目核算企业因销售商品、提供劳务等而收到的商业汇票，包括银行承兑汇票和商业承兑汇票。

本科目可按开出、承兑商业汇票的单位进行明细核算。

企业应当设置应收票据备查簿，逐笔登记商业汇票的种类、号数、出票日期、票面金额、交易合同号和付款人、承兑人、背书人的姓名或单位名称，以及到期日、背书转让日、贴现日、贴现率、贴现净额、收款日、收回金额和退票情况等资料。商业汇票到期结清票款或退票后，在备查簿中应予注销。

本科目期末借方余额，反映企业持有的商业汇票的票面金额。

7.5.3 如何设置明细科目

“应收票据”科目的明细科目设置如表 7-6 所示。

表 7-6 1121 应收票据

顺序号	编号	会计科目名称	二级科目名称	三级科目名称	是否辅助核算	辅助核算类别
一、资产类						
	1121	应收票据				客户往来
	1121 01	应收票据	银行承兑汇票	应收票据种类	是	客户往来
	1121 02	应收票据	商业承兑汇票	应收票据种类	是	客户往来

7.5.4 会计处理分录与案例解析

业务 1：取得应收票据

（1）应收票据取得的原因不同，其会计处理亦有所区别。企业在因债务人抵偿前欠货款而取得应收票据时，借记“应收票据”科目，贷记“应收账款”科目。

会计分录：

借：应收票据

　　贷：应收账款

* 案例解析

【例 7-9】某企业收到 A 公司于 2×19 年 9 月 1 日签发并承兑的期限为 3 个月、面值为 22 600 元的不带息商业承兑汇票一张，用于抵付前欠货款及税金。

该企业账务处理如下。

借：应收票据　　22 600

　　贷：应收账款——A 公司　　22 600

（2）企业因销售商品、提供劳务等而收到开出、承兑的商业汇票，借记“应收票据”科目，贷记“主营业务收入”“应交税费——应交增值税（销项税额）”等科目。

会计分录：

借：应收票据

贷：主营业务收入

　　应交税费——应交增值税（销项税额）

* 案例解析

【例 7–10】某企业于 2×19 年 9 月 1 日向 X 公司出售产品一批，货款总计 100 000 元，适用的增值税税率为 13%，已开出增值税专用发票交付 X 公司，并于当日收到经该公司承兑的商业汇票一张。该商业汇票的期限为 4 个月，票面利率为 5%，面值为 113 000 元。

该企业应做的会计分录为：

9 月 1 日，收到票据。

借：应收票据　113 000

　　贷：主营业务收入　100 000

　　　　应交税费——应交增值税（销项税额）　13 000

业务 2：收回到期票款

商业汇票到期收回款项时，应按实际收到的金额，借记“银行存款”科目，贷记“应收票据”科目。

会计分录：

借：银行存款

　　贷：应收票据

* 案例解析

【例 7–11】【例 7–10】中，X 公司承兑的商业汇票的出票日为 2×19 年 11 月 1 日，年利率为 5%，期限为 4 个月，面值为 113 000 元，2×20 年 3 月 1 日该企业收回到期票据本息。

票据到期利息 =113 000×5%÷12×4=1 883.33（元）

票据到期本息 =113 000+1 883.33=114 883.33（元）

应收票据的账面价值为 113941.67 元，本次应确认的财务费用为 941.66 元。

企业应做以下会计分录。

借：银行存款　114 883.33

贷：应收票据　　113 941.67

　　财务费用　　941.66

业务 3：转让应收票据

实务中，企业可以将自己持有的商业汇票背书转让。背书是指在票据背面或者粘单上记载有关事项并签章的票据行为。背书转让的，背书人应当承担票据责任。企业将持有的商业汇票背书转让以取得所需物资时，按应计入取得物资成本的金额，借记“材料采购”“原材料”“库存商品”等科目；按增值税专用发票上注明的可抵扣的增值税税额，借记“应交税费——应交增值税（进项税额）”科目；按商业汇票的票面金额，贷记“应收票据”科目；如有差额，借记或贷记“银行存款”等科目。会计分录如图 7-4 所示。

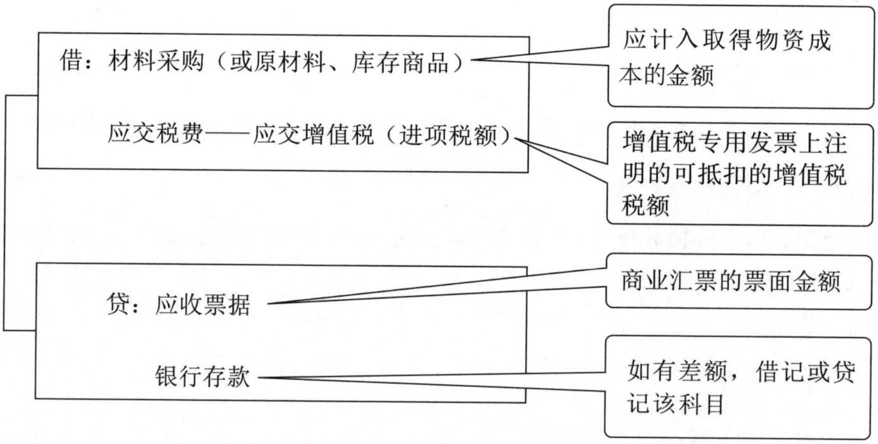

图 7-4　转让应收票据时的会计分录

* 案例解析

【例 7-12】甲公司于 2×19 年 9 月 1 日向乙公司销售一批产品，货款共为 1 695 000 元，尚未收到，已办完托收手续，适用的增值税税率为 13%。假定甲公司于 10 月 15 日将上述应收票据背书转让，以取得生产经营所需的 A 材料。该批 A 材料的账面价值为 1 500 000 元，适用增值税税率为 13%。甲公司应做以下会计分录。

借：原材料　　1 500 000

　　应交税费——应交增值税（进项税额）　　195 000

　贷：应收票据　　1 695 000

7.6 应收账款

7.6.1 什么是应收账款

应收账款是指企业因销售商品、提供劳务等经营活动，应向购货单位或接受劳务单位收取的款项，主要包括企业销售商品或提供劳务等应向有关债务人收取的价款及代购货单位垫付的包装费、运杂费等。

7.6.2 如何使用“应收账款”科目

本科目核算企业因销售商品、提供劳务等经营活动应收取的款项。

企业（保险类企业）按照原保险合同约定应向投保人收取的保费，可将本科目改为“应收保费”科目，并按照投保人进行明细核算。

企业（金融类企业）应收取的手续费和佣金，可将本科目改为“应收手续费及佣金”科目，并按照债务人进行明细核算。因销售商品、提供劳务等，采用递延方式收取合同或协议价款，实质上具有融资性质的，在“长期应收款”科目核算。

本科目可按债务人进行明细核算。

企业发生应收账款时，按应收金额，借记本科目，按确认的营业收入，贷记“主营业务收入”“手续费及佣金收入”“保费收入”等科目。收回应收账款时，借记“银行存款”等科目，贷记本科目。涉及增值税销项税额的，还应进行相应的处理。

代购货单位垫付的包装费、运杂费，借记本科目，贷记“银行存款”等科目。收回代垫费用时，借记“银行存款”科目，贷记本科目。

企业与债务人进行债务重组，应当分别按债务重组的不同方式进行处理。

（1）收到债务人清偿债务的款项小于该项应收账款账面价值的，应按实际收到的金额，借记“银行存款”等科目；按重组债权已计提的坏账准备，借记“坏账准备”科目；按重组债权的账面余额，贷记本科目；按其差额，借记“营业外支出”科目。

收到债务人清偿债务的款项大于该项应收账款账面价值的，应按实际收到的金额，借记“银行存款”等科目；按重组债权已计提的坏账准备，借记“坏账准备”科目；按重组债权的账面余额，贷记本科目；按其差额，贷记“信用减值损失”科目。

以下债务重组涉及重组债权减值准备的，按同样的方法进行处理。

（2）接受债务人用于清偿债务的非现金资产，应按该项非现金资产的公允价值，借记“原材料”“库存商品”“固定资产”“无形资产”等科目；按重组债权的账面余额，贷记本科目；按应支付的相关税费和其他费用，贷记“银行存款”“应交税费”等科目；按其差额，借记“营业外支出”科目。涉及增值税进项税额的，还应进行相应的处理。

（3）将债权转为投资，应按享有股份的公允价值，借记“长期股权投资”科目；按重组债权的账面余额，贷记本科目；按应支付的相关税费和其他费用，贷记“银行存款”“应交税费”等科目；按其差额，借记“营业外支出”科目。

（4）以修改其他债务条件进行清偿的，应按修改其他债务条件后债权的公允价值，借记本科目；按重组债权的账面余额，贷记本科目；按其差额，借记“营业外支出”科目。

本科目期末借方余额，反映企业尚未收回的应收账款；期末如为贷方余额，反映企业预收的账款。

7.6.3 如何设置明细科目

“应收账款”科目的明细科目设置如表 7-7 所示。

表 7-7 1122 应收账款

顺序号	编号	会计科目名称	二级科目名称	三级科目名称	是否辅助核算	辅助核算类别
一、资产类						
	1122	应收账款			是	客户 / 债务人
	1122 01	应收账款	营业类别		是	客户 / 债务人

7.6.4 会计处理分录与案例解析

业务 1：企业销售商品或提供劳务取得应收账款

企业发生应收账款，按应收金额，借记本科目；按确认的营业收入，贷记“主营业务收入”“手续费及佣金收入”“保费收入”等科目。

代购货单位垫付的包装费、运杂费，借记本科目，贷记“银行存款”等科目。会计分录如图7–5所示。

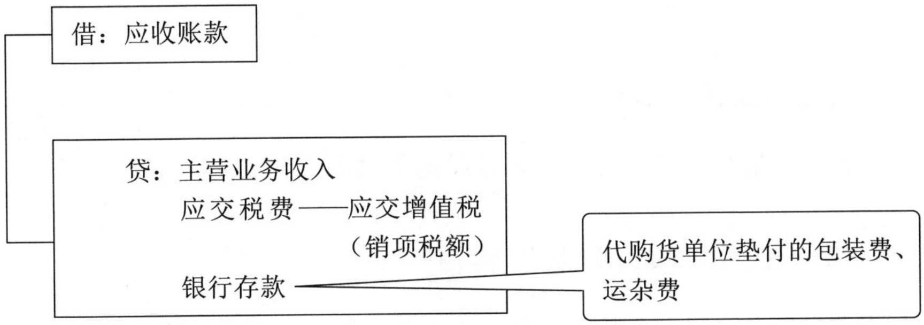

图7–5　销售商品并代购货单位垫付包装费、运杂费时的会计分录

* 案例解析

【例7–13】甲公司采用托收承付结算方式向乙公司销售一批商品，货款为300 000元，增值税税额为39 000元，以银行存款代垫运杂费6 000元，已办理托收手续。甲公司应做以下会计分录。

借：应收账款　　345 000

　　贷：主营业务收入　　300 000

　　　　应交税费——应交增值税（销项税额）　　39 000

　　　　银行存款　　6 000

业务2：企业收回应收账款

企业收回应收账款时，按收回金额，借记“银行存款”科目，贷记“应收账款”科目。

会计分录：

借：银行存款

　　贷：应收账款

* 案例解析

【例7–14】接【例7–13】，甲公司实际收到款项时，应做如下会计分录。

借：银行存款　　345 000

　　贷：应收账款　　345 000

7.7 预付账款

7.7.1 什么是预付账款

预付账款是指企业按照合同规定预付的款项。

7.7.2 如何使用“预付账款”科目

企业应当设置“预付账款”科目，核算预付账款的增减变动及其结存情况。预付款项不多的企业，可以不设置“预付账款”科目，而直接通过“应付账款”科目核算。

7.7.3 如何设置明细科目

“预付账款”科目的明细科目设置如表7-8所示。

表7-8 1123预付账款

顺序号	编号	会计科目名称	二级科目名称	三级科目名称	是否辅助核算	辅助核算类别
一、资产类						
	1123	预付账款				
	1123 01	预付账款	预付供应商货款	项目内容	是	客商
	1123 02	预付账款	水电费	项目内容	是	部门
	1123 03	预付账款	预付采购定金	项目内容	是	供应商
	1123 04	预付账款	待摊费用	项目内容	是	部门
	1123 05	预付账款	其他	项目内容	是	部门

7.7.4 会计处理分录与案例解析

企业根据购货合同的规定向供应单位预付款项时，借记“预付账款”科目，贷记“银行存款”科目；企业收到所购物资时，按应计入购入物资成本的金额，借记“材料采购”“原材料”“库存商品”科目，按相应的增值税进项税额，借记“应交税费——应交增值税（进项税额）”科目，贷记“预付账款”科目；当预付货款小于采购货物所需支付的款项时，企业应补付不足部分，借记“预付账款”科目，贷记“银行存款”科目；当预付货款大于采购货物所需支付的款项时，对收回的多余款项，应借记“银行存款”科目，贷记“预付账款”科目。

＊ 案例解析

【例 7–15】甲公司向乙公司采购材料 5 000 千克，每千克单价 10 元，所需支付的款项总额为 50 000 元。按照合同规定向乙公司预付货款的 50%，验收货物后补付其余款项。甲公司应编制以下会计分录。

（1）预付 50% 的货款时。

借：预付账款——乙公司　　25 000

　　贷：银行存款　　25 000

（2）收到乙公司发来的 5 000 千克材料，验收无误，增值税专用发票上记载的货款为 50 000 元，增值税税额为 6 500 元，以银行存款补付所欠款项 31 500 元。甲公司应编制如下会计分录。

借：原材料　　50 000

　　应交税费——应交增值税（进项税额）　　6 500

　　贷：预付账款——乙公司　　56 500

借：预付账款——乙公司　　31 500

　　贷：银行存款　　31 500

7.8　应收股利

7.8.1　什么是应收股利

应收股利，又称为应收股息，是指企业因进行股权投资而发生应收取的现金股利及进行债权投资而发生应收取的利息和应收其他单位的利润，包括企业购入股票实际支付的款项中所包括的已宣告发放但尚未领取的现金股利和企业因对外投资应分得的现金股利或利润等，但不包括应收的股票股利。

7.8.2 如何使用“应收股利”科目

为了反映和监督应收股利的发生和收回情况，企业应设置“应收股利”科目。企业应收其他单位的利润，也在该科目核算。该科目属于资产类科目，其借方登记应收的股利数，贷方登记收回的股利数，余额在借方，反映企业尚未收回的现金股利或利润。该科目应按被投资单位设置明细账。

7.8.3 如何设置明细科目

“应收股利”科目的明细科目设置如表 7-9 所示。

表 7-9 1131 应收股利

顺序号	编号	会计科目名称	二级科目名称	三级科目名称	是否辅助核算	辅助核算类别
一、资产类						
	1131	应收股利				
	1131 01	应收股利	子公司	项目内容	是	应收股利单位

7.8.4 会计处理分录与案例解析

企业购入股票时，如实际支付的价款中包含已宣告发放但尚未领取的现金股利，按实际成本（即实际支付的价款减去已宣告发放但尚未领取的现金股利），借记“投资收益”“长期股权投资”科目，按应领取的现金股利，借记“应收股利”科目，按实际支付的价款，贷记“银行存款”科目；收到发放的现金股利时，借记“银行存款”科目，贷记“应收股利”科目。

企业对长期股权投资应分得的现金股利或利润，应于被投资单位宣告发放现金股利或分派利润时，借记“应收股利”科目，贷记“投资收益”或“长期股权投资”等科目；收到现金股利或利润时，借记“银行存款”科目，贷记“应收股利”科目。

7.9　应收利息

7.9.1　什么是应收利息

应收利息是指企业因债权投资而应收取的利息，包括购入债券的价款中已到付息期但尚未领取的债券利息和分期付息到期还本的债券在持有期间产生的利息。应收利息不包括企业购入到期一次还本付息的长期债券应收取的利息。这部分利息应通过金融资产科目下设二级科目“应计利息”核算。

7.9.2　如何使用“应收利息”科目

应收利息主要包括以下情况：一是企业购入的是分期付息到期还本的债券，在会计结算日，企业按规定所计提的应收未收利息；二是企业购入债券时实际支付款项中所包含的已到期而尚未领取的债券利息。已到期而尚未领取的债券利息也是对分期付息债券而言的，不包括企业购入到期还本付息的长期债券应收的利息。

7.9.3　如何设置明细科目

“应收利息”科目的明细科目设置如表 7-10 所示。

表 7-10　1132 应收利息

顺序号	编号	会计科目名称	二级科目名称	三级科目名称	是否辅助核算	辅助核算类别
一、资产类						
	1132	应收利息				投资类别
	1132 01	应收利息	交易性金融资产	借款人或被投资单位	是	借款人或被投资单位
	1132 04	应收利息	其他		是	借款人或被投资单位

7.9.4 会计处理分录与案例解析

业务1：计提交易性金融资产的利息

企业持有交易性金融资产期间对于被投资单位宣告发放的已到付息期但尚未领取的债券利息，应当确认为应收项目。

会计分录：

借：应收利息

　　贷：投资收益

业务2：计提债权投资与其他债权投资的利息

债权投资与其他债权投资应当按照实际利率法确认利息收入。

应收利息＝票面面值×票面利率

投资收益＝期初摊余成本×实际利率

债权投资会计分录：

借：应收利息

　　贷：投资收益

　　　　债权投资——利息调整（差额）

其他债权投资会计分录：

借：应收利息

　　贷：投资收益

　　　　其他债权投资——利息调整（差额）

7.10 其他应收款

7.10.1 什么是其他应收款

其他应收款是指企业除应收票据、应收账款、预付账款等以外的其他各种应收及暂付款项，其主要包括以下内容。

（1）应收的各种赔款、罚款，如因企业财产等遭受意外损失而应向有关保险公司收取的赔款等。

（2）应收的出租包装物租金。

（3）应向职工收取的各种垫付款项，如为职工垫付的水电费，应由职工负担的医药费、房租费等。

（4）存出保证金，如租入包装物支付的押金。

（5）其他各种应收、暂付款项。

7.10.2　如何使用“其他应收款”科目

本科目核算企业除存出保证金、买入返售金融资产、应收票据、应收账款、预付账款、应收股利、应收利息、应收代位追偿款、应收分保账款、应收分保合同准备金、长期应收款等以外的其他各种应收及暂付款项。

本科目可按对方单位（或个人）进行明细核算。本科目期末借方余额，反映企业尚未收回的其他应收款项。

7.10.3　如何设置明细科目

“其他应收款”科目的明细科目设置如表 7-11 所示。

表 7-11　1221 其他应收款

顺序号	编号	会计科目名称	二级科目名称	三级科目名称	是否辅助核算	辅助核算类别
一、资产类						
	1221	其他应收款				投资类别
	1221 01	其他应收款	备用金	借款人或被投资单位	是	借款人或被投资单位
	1221 02	其他应收款	应收个人往来账款	借款人或被投资单位	是	借款人或被投资单位
	1221 03	其他应收款	应收单位往来账款	按单位名称设置明细账	是	借款人或被投资单位
	1221 04	其他应收款	总公司内部企业往来款	按单位名称设置明细账	是	借款人或被投资单位
	1221 05	其他应收款	筹建费	按业务内容设置	是	借款人或被投资单位
	1221 06	其他应收款	其他	按业务内容设置	是	借款人或被投资单位

7.10.4　会计处理分录与案例解析

业务：采用售后回购方式融出资金

（1）采用售后回购方式融出资金的，应按实际支付的金额，借记“其他应收款”科目，贷记“银行存款”科目。会计分录如图 7-6 所示。

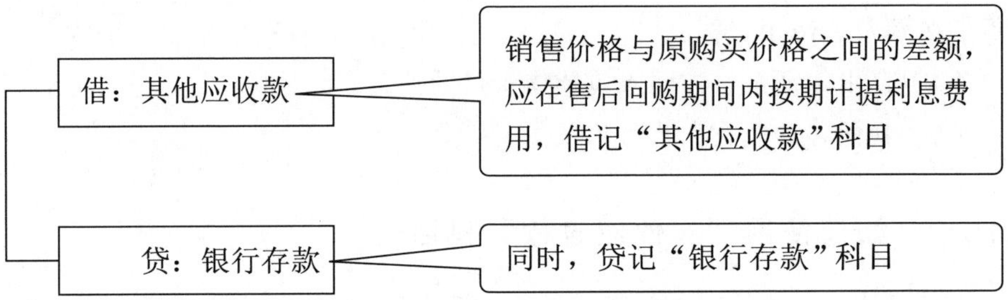

图 7-6　采用售后回购方式融出资金时的会计分录

* 案例解析

【例 7-16】2×19 年 5 月 1 日，甲公司向乙公司销售一批商品，开出的增值税专用发票上注明的销售价格为 1 000 000 元、增值税税额为 130 000 元。该批商品的成本为 800 000 元，商品已经发出，款项已经收到。协议约定，甲公司应于 9 月 30 日将所售商品购回。假定不考虑其他因素。

乙公司收到商品并支付款项时的账务处理如下。

借：库存商品　　800 000

　　应交税费——应交增值税（进项税额）　　130 000

　　其他应收款　　200 000

　　贷：银行存款　　1 130 000

甲公司收到款项时的账务处理如下。

借：银行存款　　1 130 000

　　贷：库存商品　　800 000

　　　　应交税费——应交增值税（销项税额）　　130 000

　　　　其他应付款　　200 000

（2）销售价格与原购买价格之间的差额，应在售后回购期间内按期计提利息费用，借记“其他应收款”科目，贷记“财务费用”科目。会计分录如图 7–7 所示。

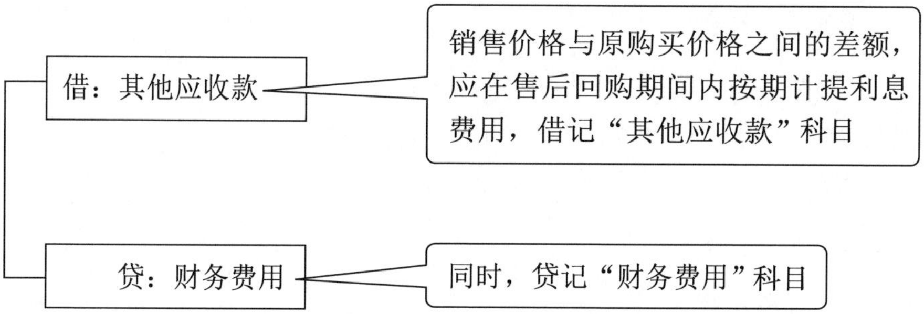

图 7–7　售后回购期间内按期计提利息费用时的会计分录

* 案例解析

【例 7–17】接【例 7–16】，短期借款 1 100 000，期限为 5 个月，每月计提利息费用，每月月底乙公司的账务处理如下。

每月应计提的利息 =（1 100 000–1 000 000）÷5=20 000（元）

借：其他应收款　　20 000

　　贷：财务费用　　20 000

（3）按合同约定返售商品时，应按实际收到的金额，借记“银行存款”科目，贷记“其他应收款”科目。会计分录如图 7–8 所示。

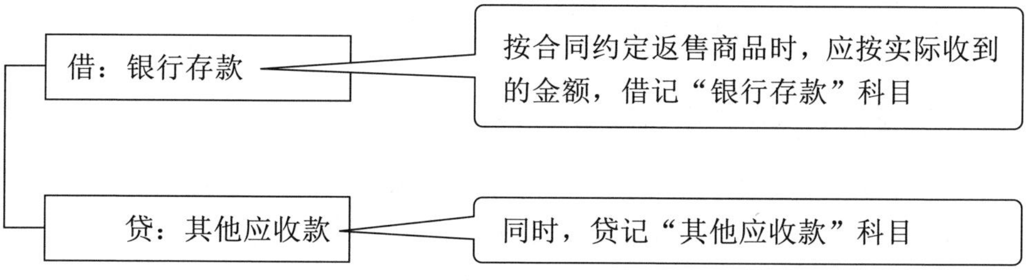

图 7–8　按合同约定返售商品时的会计分录

* 案例解析

【例 7–18】接【例 7–17】，9 月 30 日甲公司回购商品时，收到的增值税专用发票上注明的商品价款为 1 100 000 元，增值税税额为 143 000 元。假定商品已验收入库，款项已经支付。

乙公司的账务处理如下。

借：银行存款　　1 243 000

　　贷：库存商品　　1 100 000

　　　　应交税费——应交增值税（销项税额）　　143 000

其他应收款的结转额 =200 000+20 000×4=280 000（元）

借：库存商品　　300 000

　　贷：其他应收款　　280 000

　　　　财务费用　　20 000

7.11 坏账准备

7.11.1 什么是坏账准备

企业应当在资产负债表日对应收款项的账面价值进行检查，有客观证据表明该应收款项发生减值的，应当将该应收款项的账面价值减记至预计未来现金流量现值，减记的金额确认减值损失，计提坏账准备。

7.11.2 如何使用“坏账准备”科目

本科目核算企业应收款项的坏账准备。本科目可按应收款项的类别进行明细核算。本科目期末贷方余额，反映企业已计提但尚未转销的坏账准备。

7.11.3 如何设置明细科目

“坏账准备”科目的明细科目设置如表 7-12 所示。

表 7-12　1231 坏账准备

顺序号	编号	会计科目名称	二级科目名称	三级科目名称
一、资产类				
	1231	坏账准备		
	1231 01	坏账准备	应收账款坏账准备	按客户设置
	1231 02	坏账准备	其他应收款坏账准备	按客户设置
	1231 03	坏账准备	应收票据坏账准备	按客户设置
	1231 04	坏账准备	预付账款坏账准备	按客户设置
	1231 05	坏账准备	长期应收款坏账准备	按客户设置
	1231 06	坏账准备	其他坏账准备	按客户设置

7.11.4　会计处理分录与案例解析

业务 1：计提坏账准备

资产负债表日，应收款项发生减值的，按应减记的金额，借记“信用减值损失”科目，贷记“坏账准备”科目。本期应计提的坏账准备大于其账面余额的，应按其差额计提；应计提的坏账准备小于其账面余额的，应按其差额做相反的会计分录。会计分录如图 7-9 所示。

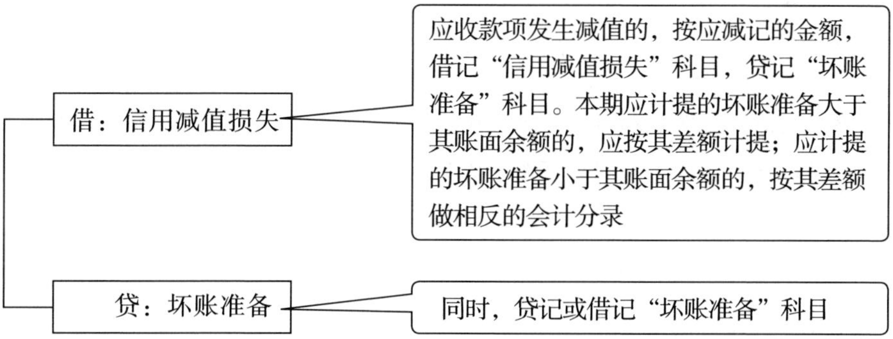

图 7-9　计提坏账准备时的会计分录

* 案例解析

【例 7-19】2×14 年 12 月 31 日，甲公司对应收丙公司的账款进行减值测试。

此前，甲公司应收丙公司的账款的余额合计为 1 000 000 元。甲公司根据丙公司的资信情况确定按 10% 计提坏账准备。2×14 年年末计提坏账准备的会计分录为：

借：信用减值损失——计提的坏账准备　　100 000

　　贷：坏账准备　　100 000

业务 2：确认坏账准备

对于确实无法收回的应收款项，企业应按管理权限报经批准后将其作为坏账，转销应收款项，借记“坏账准备”科目，贷记“应收票据”“应收账款”“预付账款”“应收分保账款”“其他应收款”“长期应收款”等科目。会计分录如图 7-10 所示。

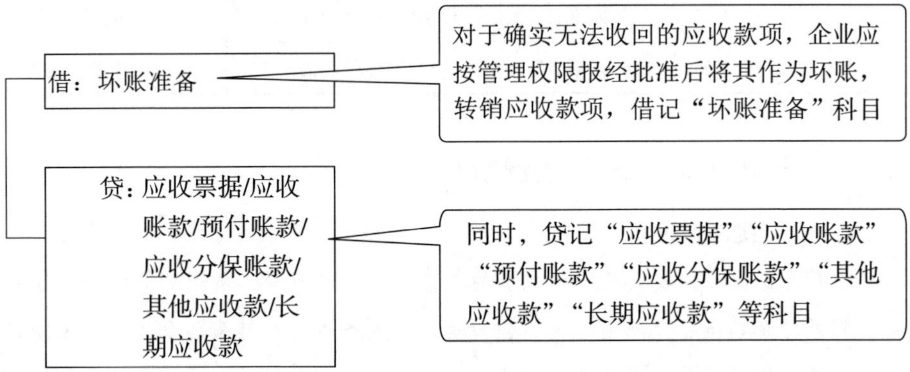

图 7-10　确认坏账准备时的会计分录

* 案例解析

【例 7-20】甲公司 2×14 年对丙公司的应收账款实际发生坏账损失 30 000 元。确认坏账损失时，甲公司应做如下账务处理。

借：坏账准备　　30 000

　　贷：应收账款　　30 000

业务 3：转销坏账准备

已确认并转销的应收款项以后又收回的，应按实际收回的金额，借记“应收票据”“应收账款”“预付账款”“应收分保账款”“其他应收款”“长期应收款”等科目，贷记“坏账准备”科目；同时，借记“银行存款”科目，贷记“应收票据”“应收账款”“预付账款”“应收分保账款”“其他应收款”“长期应收款”等科目。会计分录如图 7-11 所示。

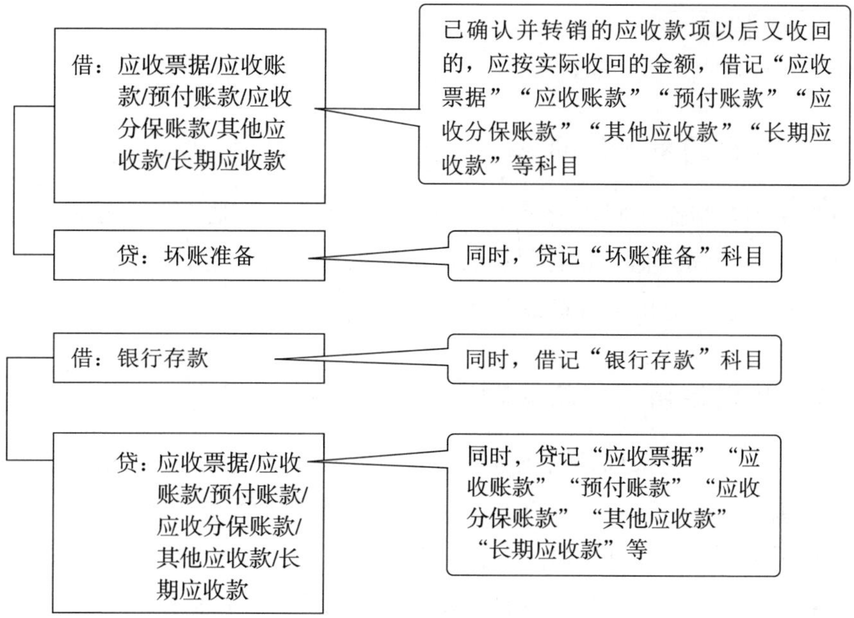

图 7–11　转销坏账准备时的会计分录

* 案例解析

【例 7–21】甲公司 2×15 年 4 月 20 日收到 2×09 年已转销的坏账 20 000 元，已存入银行。甲公司应做以下账务处理。

借：应收账款　　20 000

　　贷：坏账准备　　20 000

借：银行存款　　20 000

　　贷：应收账款　　20 000

7.12 材料采购

7.12.1 什么是材料采购

材料采购是指企业利用货币资金购买材料的活动，是生产准备业务的主要内容之一。为了核算企业外购材料的买价和采购费用，计算确定材料采购的实际成本，应设置和运用“材料采购”科目。

7.12.2 如何使用“材料采购”科目

本科目核算企业采用计划成本进行材料日常核算而购入材料的采购成本。采用实际成本进行材料日常核算的，企业购入材料时的采购成本，在“在途物资”科目核算。企业委托外单位加工材料、商品时的加工成本，在“委托加工物资”科目核算。企业购入的工程用材料，在“工程物资”科目核算。

本科目可按供应单位和材料品种进行明细核算。本科目期末借方余额，反映企业在途材料的采购成本。

7.12.3 如何设置明细科目

“材料采购”科目的明细科目设置如表 7-13 所示。

表 7-13 1401 材料采购

顺序号	编号	会计科目名称	二级科目名称	三级科目名称	是否辅助核算	辅助核算类别
一、资产类						
	1401	材料采购	材料品种	材料名称	是	供应单位

7.12.4 会计处理分录与案例解析

业务 1：支付价款和运杂费

企业支付材料价款和运杂费等，按应计入材料采购成本的金额，借记“材料采购”科目；按实际支付或应支付的金额，贷记“银行存款”“库存现金”“其他货币资金”“应付账款”“应付票据”等科目。涉及增值税进项税额的，还应进行相应的处理。会计分录如图 7-12 所示。

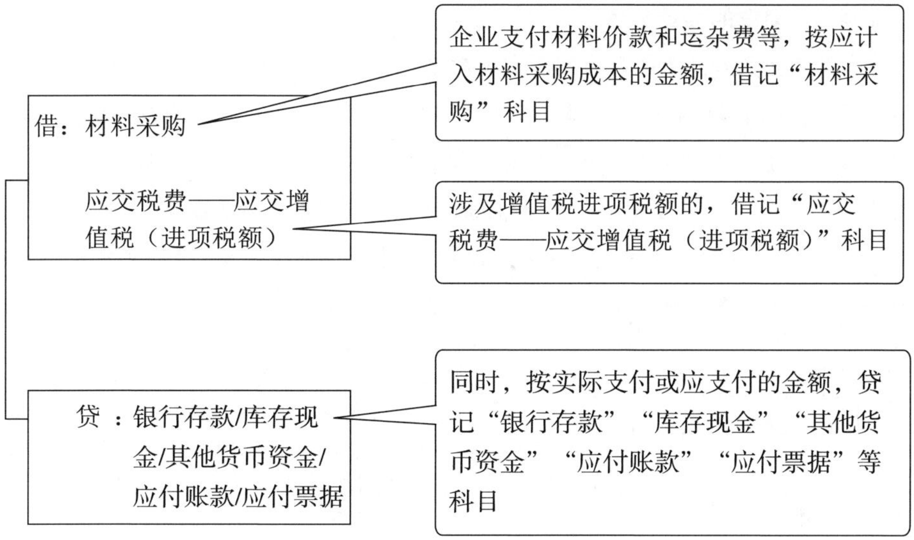

图 7-12　支付价款和运杂费时的会计分录

* 案例解析

【例 7-22】 甲公司采用汇兑结算方式购入 M1 材料一批，增值税专用发票上记载的货款为 200 000 元，增值税税额为 26 000 元，发票账单已收到，计划成本 202 000 元，材料尚未入库。账务处理如下。

借：材料采购　　200 000

　　应交税费——应交增值税（进项税额）　　26 000

　　贷：银行存款　　226 000

【例 7-23】 甲公司采用支付商业承兑汇票方式购入 M2 材料一批，增值税专用发票上记载的货款为 500 000 元，增值税税额为 65 000 元，发票账单已收到，计划成本 520 000 元，材料已验收入库。账务处理如下。

借：材料采购　　500 000

　　应交税费——应交增值税（进项税额）　　65 000

　　贷：应付票据　　565 000

业务 2：期末的会计处理

期末，企业应对仓库转来的外购收料凭证，分别下列不同情况进行处理。

（1）对于已经付款或已开出、承兑商业汇票的收料凭证，企业应按实际成本和计划成本分别汇总，按计划成本，借记“原材料”“周转材料”等科目，贷记“材料采购”科目。同时，实际成本大于计划成本的，企业应按两者的差额，借记“材料成本差异”科目，贷记“材料采购”科目；实际成本小于计划成本的，做相反的会计分录。会计分录如图 7-13 所示。

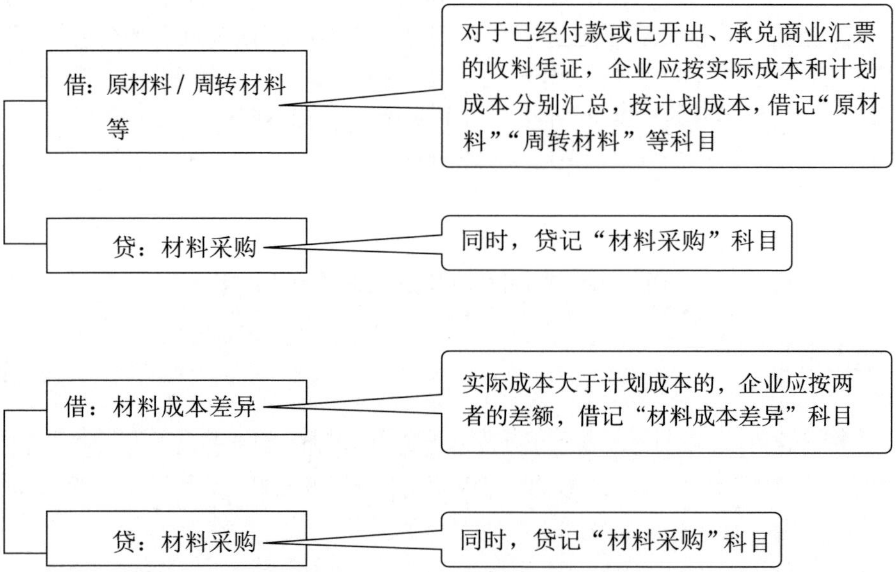

图 7-13　期末会计处理时的会计分录

* 案例解析

【**例 7-24**】接【例 7-22】和【例 7-23】，月末，甲公司汇总本月已付款或已开出并承兑商业汇票的入库材料的计划成本 722 000（202 000+520 000）元。会计分录如下。

借：原材料——M1 材料　　　202 000

　　　　——M2 材料　　　520 000

　贷：材料采购　　　722 000

上述入库材料的实际成本为 700 000（200 000+500 000）元，入库材料的成本差异为节约 22 000（722 000−700 000）元。会计分录为：

借：材料采购　　22 000

　　贷：材料成本差异——M1 材料　　2 000

　　　　　　　　　——M2 材料　　20 000

（2）对于尚未收到发票账单的收料凭证，企业应按计划成本暂估入账，借记“原材料”“周转材料”等科目，贷记“应付账款——暂估应付账款”科目。会计分录如图 7-14 所示。下期初做相反分录予以冲回。

企业在下期收到发票账单时，借记“材料采购”科目，贷记“银行存款”“应付账款”“应付票据”等科目。涉及增值税进项税额的，还应进行相应的处理。

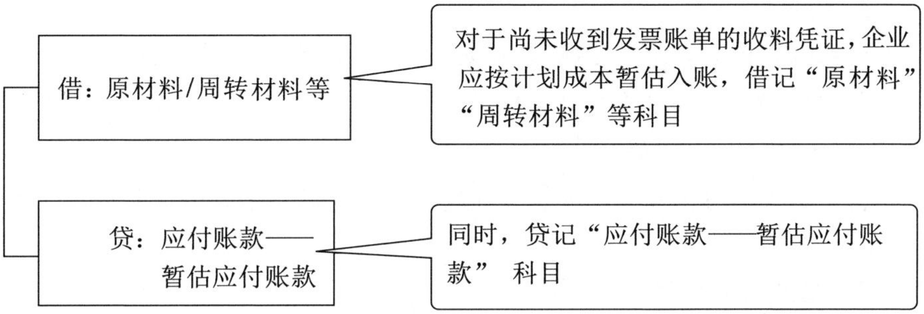

图 7-14　尚未收到发票账单时的会计分录

* 案例解析

【例 7-25】甲公司购入 M3 材料一批，材料已验收入库，发票账单未到，月末按照计划成本 600 000 元估价入账。会计分录如下。

借：原材料　　600 000

　　贷：应付账款——暂估应付账款　　600 000

下月初，做相反的会计分录予以冲回。

借：应付账款——暂估应付账款　　600 000

　　贷：原材料　　600 000

7.13 在途物资

7.13.1 什么是在途物资

在途物资是指企业购入尚未到达或尚未验收入库的各种物资（即在途物资）的采购和入库情况，一般用于商贸企业。企业在途物资是在企业已经收到对方的结算凭证并办理了货款的结算，但货物仍在运输途中，即企业已取得了材料的所有权。

7.13.2 如何使用“在途物资”科目

本科目核算企业采用实际成本（或进价）进行材料、商品等物资的日常核算，货款已付尚未验收入库的在途物资的采购成本。本科目可按供应单位和物资品种进行明细核算。

本科目期末借方余额，反映企业在途材料、商品等物资的采购成本。

7.13.3 如何设置明细科目

“在途物资”科目的明细科目设置如表 7-14 所示。

表 7-14　1402 在途物资

顺序号	编号	会计科目名称	二级科目名称	三级科目名称	是否辅助核算	辅助核算类别
一、资产类						
	1402	在途物资	物资品种	物资名称	是	供应单位

7.13.4 会计处理分录与案例解析

业务 1：购入材料、商品

企业购入材料、商品，按应计入材料、商品采购成本的金额，借记“在途物资”科目，按实际支付或应支付的金额，贷记“银行存款”“应付账款”“应付票据”等科目。涉及增值税进项税额的，还应进行相应的处理。购入材料、商品时的会计分录如图 7-15 所示。

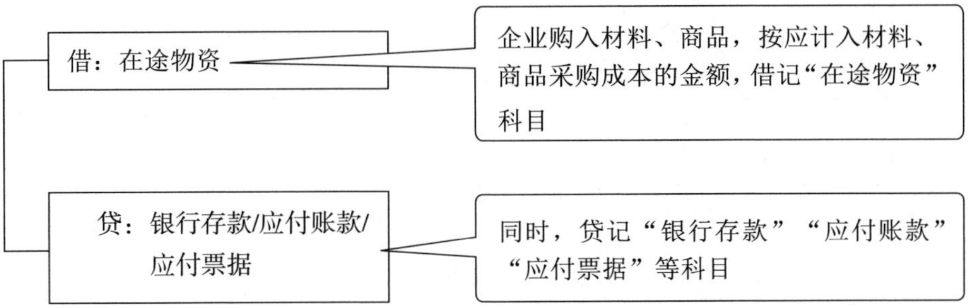

图 7-15　购入材料、商品时的会计分录

* 案例解析

【例 7-26】甲公司采用汇兑结算方式购入 F 材料一批，发票及账单已收到，增值税专用发票上记载的货款为 20 000 元、增值税税额为 2 600 元。支付保险费 1 000 元，材料尚未到达。账务处理如下。

借：在途物资　　　　21 000

　　应交税费——应交增值税（进项税额）　　　　2 600

　　贷：银行存款　　　　23 600

业务 2：所购材料、商品到达并验收入库

（1）企业所购材料、商品到达并验收入库时，借记“原材料”“库存商品”等科目，贷记本科目。所购材料、商品到达并验收入库时的会计分录如图 7-16 所示。

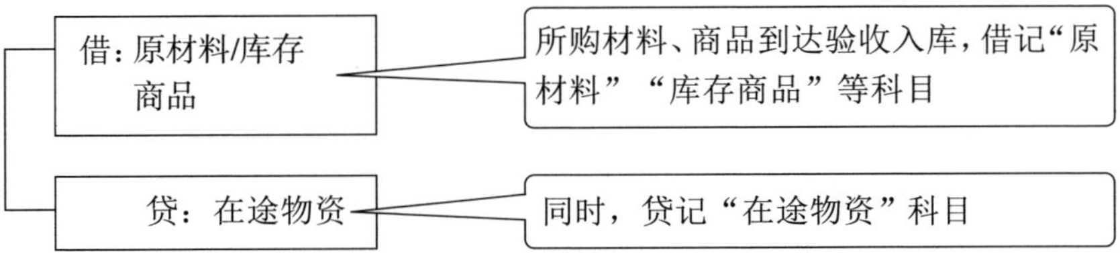

图 7-16　所购材料、商品到达并验收入库时的会计分录

（2）库存商品采用售价核算的，按售价，借记“库存商品”科目；按进价，贷记“在途物资”科目；按进价与售价之间的差额，借记或贷记“商品进销差价”科目。会计分录如图 7-17 所示。

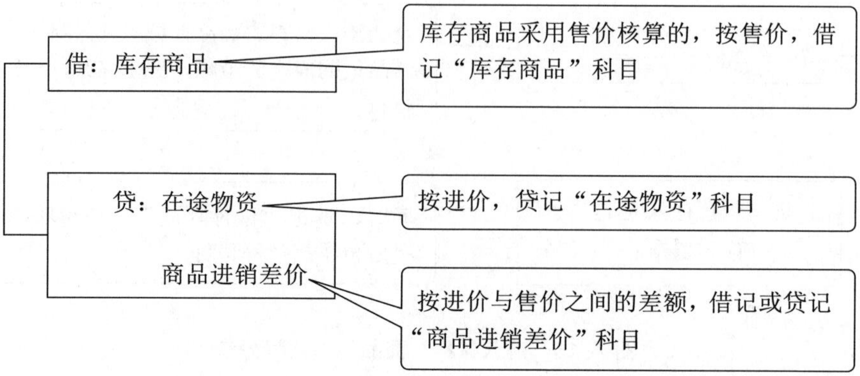

图 7-17　库存商品采用售价核算时的会计分录

＊ 案例解析

【**例 7-27**】接【例 7-26】，上述购入的 F 材料已收到，并验收入库。账务处理如下。

借：原材料　　21 000

　贷：在途物资　　21 000

7.14　原材料

7.14.1　什么是原材料

原材料是指企业用于制造产品并构成产品实体的购入物品，以及购入的用于产品生产但不构成产品实体的辅助性物资等。

7.14.2　如何使用“原材料”科目

本科目核算企业库存的各种材料，包括原料及主要材料、辅助材料、外购半成品（外购件）、修理用备件（备品备件）、包装材料、燃料等的计划成本或实际成本。收到来料加工装配业务的原料、零件等，应当设置备查簿进行登记。

本科目可按材料的保管地点（仓库）、类别、品种和规格等进行明细核算。本科目期末借方余额，反映企业库存材料的计划成本或实际成本。

7.14.3　如何设置明细科目

“原材料”科目的明细科目设置如表7-15所示。

表7-15　1403原材料

顺序号	编号	会计科目名称	二级科目名称	三级科目名称	是否辅助核算	辅助核算类别
一、资产类						
	1403	原材料		品种和规格	是	存放地点
	1403 01	原材料	原料及主要材料	品种和规格	是	存放地点
	1403 02	原材料	辅助材料	品种和规格	是	存放地点
	1403 03	原材料	外购半成品（外购件）	品种和规格	是	存放地点
	1403 04	原材料	修理用备件（备品备件）	品种和规格	是	存放地点
	1403 05	原材料	包装材料	品种和规格	是	存放地点
	1403 06	原材料	燃料	品种和规格	是	存放地点
	1403 07	原材料	其他	品种和规格	是	存放地点

7.14.4　会计处理分录与案例解析

业务1：原材料入库

（1）对于购入并已验收入库的原材料，企业应按计划成本或实际成本，借记“原材料”科目；按实际成本，贷记“材料采购”或“在途物资”科目；按计划成本与实际成本的差异，借记或贷记“材料成本差异”科目。原材料入库时的会计分录如图7-18所示。

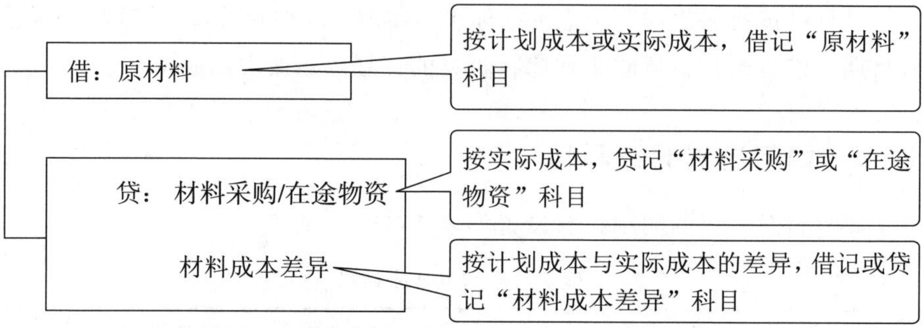

图 7-18　购入并验收的原材料入库时的会计分录

（2）对于自制并已验收入库的原材料，企业应按计划成本或实际成本，借记“原材料”科目；按实际成本，贷记“生产成本”科目；按计划成本与实际成本的差异，借记或贷记“材料成本差异”科目。会计分录如图 7-19 所示。

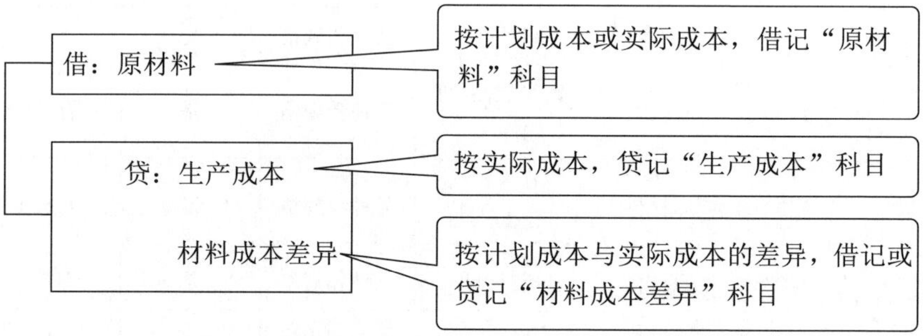

图 7-19　自制并验收的原材料入库时的会计分录

（3）对于委托外单位加工完成并已验收入库的原材料，企业应按计划成本或实际成本，借记“原材料”科目；按实际成本，贷记“委托加工物资”科目；按计划成本与实际成本的差异，借记或贷记“材料成本差异”科目。会计分录如图 7-20 所示。

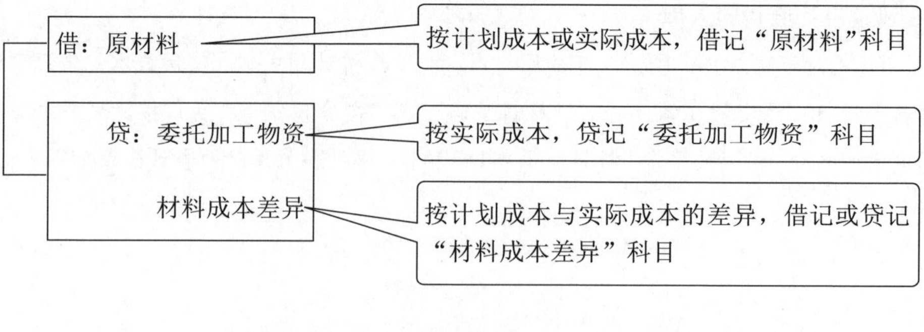

图 7-20　委托外单位加工完成并验收的原材料入库时的会计分录

* 案例解析

【例 7-28】与某钢厂的购销合同规定，甲公司为购买 J 材料向该钢厂预付 100 000 元货款的 80%，共计 80 000 元，已通过汇兑方式汇出。甲公司的账务处理如下。

借：预付账款　　80 000

　　贷：银行存款　　80 000

【例 7-29】承【例 7-28】，甲公司收到该钢厂发运来的 J 材料，已验收入库。有关发票账单记载，该批货物的货款为 100 000 元，增值税税额为 13 000 元。该钢厂代垫包装费 3 000 元。所欠款项以银行存款付讫。甲公司的账务处理如下。

①材料入库时。

借：原材料——J 材料　　103 000

　　应交税费——应交增值税（进项税额）　　13 000

　　贷：预付账款　　116 000

②补付货款时。

借：预付账款　　36 000

　　贷：银行存款　　36 000

业务 2：原材料出库

（1）企业生产经营领用原材料时，借记“生产成本”“制造费用”“销售费用”“管理费用”等科目，贷记“原材料”科目。会计分录如图 7-21 所示。

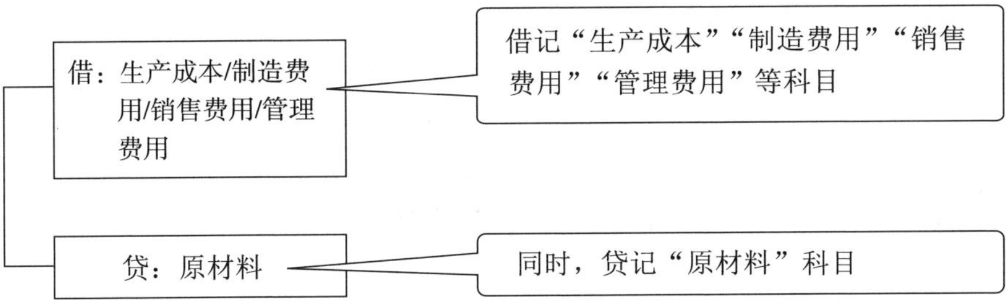

图 7-21　生产经营领用原材料时的会计分录

* 案例解析

【例 7-30】根据发料凭证汇总表的记录，甲公司 1 月基本生产车间领用 K 材料

500 000 元，辅助生产车间领用 K 材料 40 000 元，车间管理部门领用 K 材料 5 000 元，行政管理部门领用 K 材料 4 000 元，计 549 000 元。

借：生产成本——基本生产成本　　500 000

　　　　　　——辅助生产成本　　40 000

　　制造费用　　5 000

　　管理费用　　4 000

　　贷：原材料——K 材料　　549 000

（2）出售材料时，企业应结转成本，借记“其他业务成本”科目，贷记“原材料”科目。会计分录如图 7-22 所示。

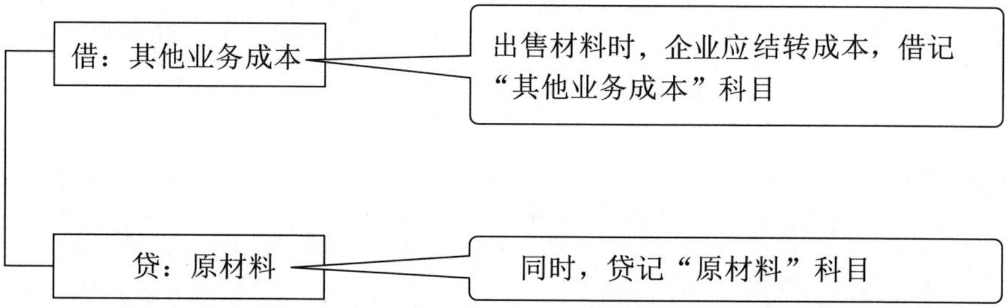

图 7-22　出售材料并结转成本时的会计分录

（3）企业发出委托外单位加工的材料时，借记“委托加工物资”科目，贷记“原材料”科目。会计分录如图 7-23 所示。

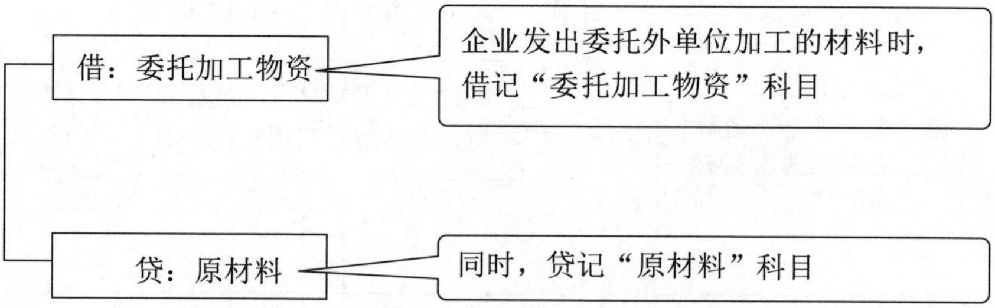

图 7-23　发出委托外单位加工材料时的会计分录

7.15　材料成本差异

7.15.1　什么是材料成本差异

本科目反映企业已入库各种材料的实际成本与计划成本的差异，借方登记超支差异及发出材料应负担的节约差异，贷方登记节约差异及发出材料应负担的超支差异。期末如为借方余额，则反映企业库存材料的实际成本大于计划成本的差异（即超支差异）；如为贷方余额，则反映企业库存材料实际成本小于计划成本的差异（即节约差异）。

7.15.2　如何使用“材料成本差异”科目

本科目核算企业采用计划成本进行日常核算的材料计划成本与实际成本的差额。企业也可以在“原材料”“周转材料”等科目下设置“成本差异”明细科目。

本科目可以分别设置“原材料”“周转材料”等明细科目，按照类别或品种进行明细核算。本科目期末借方余额，反映企业库存材料等的实际成本大于计划成本的金额；贷方余额反映企业库存材料等的实际成本小于计划成本的金额。

7.15.3　如何设置明细科目

“材料成本差异”科目的明细科目设置如表 7–16 所示。

表 7–16　1404 材料成本差异

顺序号	编号	会计科目名称	二级科目名称	三级科目名称
一、资产类				
	1404	材料成本差异		
	1404 01	材料成本差异	原材料	材料类别
	1404 02	材料成本差异	周转材料	材料类别
	1404 03	材料成本差异	其他	材料类别

7.15.4 会计处理分录与案例解析

业务 1：购入材料

对于入库材料发生的材料成本差异，企业应按实际成本大于计划成本的金额，借记“材料成本差异”科目，贷记“材料采购”科目，实际成本小于计划成本的，做相反的会计分录。购入材料时的会计分录如图 7–24 所示。

入库材料的计划成本应当尽可能接近实际成本。除特殊情况外，计划成本在年度内不得随意变更。

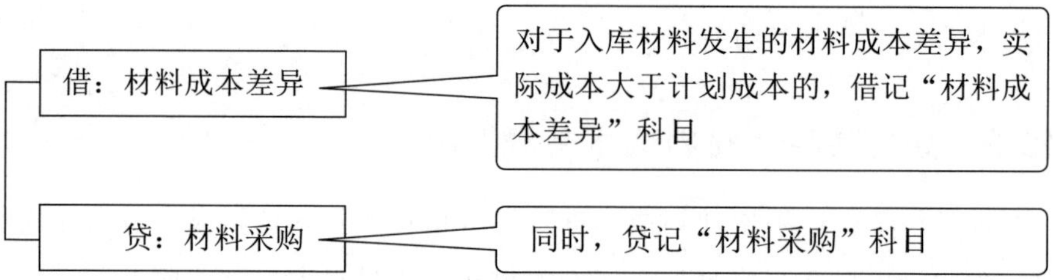

图 7–24 购入材料时的会计分录

* 案例解析

【例 7–31】甲公司原材料按计划成本核算。3月“原材料”账户余额 9 000 元，“材料成本差异”账户借方余额 900 元。本月购入原材料实际成本 20 000 元，增值税 2 600 元，购入材料已经验收入库，其计划成本 17 695 元，本月生产产品用材料 10 000 元，车间用材料 2 000 元。

购入原材料。

借：材料采购　　20 000

　　应交税费——应交增值税（进项税额）　　2 600

　　贷：银行存款　　22 600

结转原材料计划成本。

借：原材料　　17 695

　　贷：材料采购　　17 695

结转入库材料成本差异。

借：材料成本差异　　2 305

贷：材料采购　　2 305

材料出库。

借：生产成本　　10 000

制造费用　　2 000

贷：原材料　　12 000

材料成本差异率 =（期初原材料成本差异 + 本月入库原材料成本差异）/（期初原材料计划成本 + 本月入库原材料计划成本）×100%=（900+2 305）/（9 000+17 695）×100%=12%

结转出库材料应负担的成本差异。

借：生产成本　　1 200

制造费用　　240

贷：材料成本差异　　1 440

业务 2：发出材料

结转发出材料应负担的材料成本差异，按实际成本大于计划成本的差异，借记“生产成本”“管理费用”“销售费用”“委托加工物资”“其他业务成本”等科目，贷记“材料成本差异”科目；实际成本小于计划成本的，做相反的会计分录。

发出材料应负担的成本差异应当按期（月）分摊，不得在季末或年末一次计算。发出材料应负担的成本差异，除委托外部加工发出材料可按期初成本差异率计算外，应使用当期的实际差异率计算；期初成本差异率与本期成本差异率相差不大的，也可按期初成本差异率计算。

计算方法一经确定，不得随意变更。材料成本差异率的计算公式如下。

本期材料成本差异率 =（期初结存材料的成本差异 + 本期验收入库材料的成本差异）÷（期初结存材料的计划成本 + 本期验收入库材料的计划成本）×100%

期初材料成本差异率 = 期初结存材料的成本差异 ÷ 期初结存材料的计划成本 ×100%

发出材料应负担的成本差异 = 发出材料的计划成本 × 材料成本差异率

发出材料时的会计分录如图 7-25 所示。

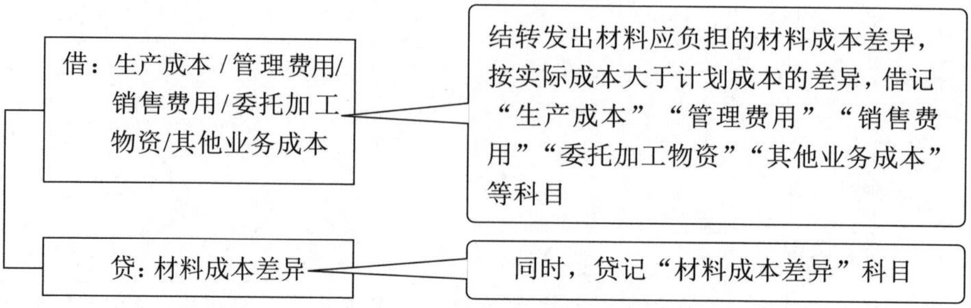

图 7-25　发出材料时的会计分录

* 案例解析

【**例 7-32**】甲公司购入L材料一批，增值税专用发票上记载的货款为 3 000 000 元，增值税税额为 390 000 元，发票账单已收到，计划成本为 3 200 000 元，材料已验收入库，全部款项以银行存款支付。

借：材料采购	3 000 000	
应交税费——应交增值税（进项税额）	390 000	
贷：银行存款		3 390 000

【**例 7-33**】甲公司发料凭证汇总表的记录显示，某月L材料的消耗（计划成本）为：基本生产车间领用 2 000 000 元，辅助生产车间领用 600 000 元，车间管理部门领用 250 000 元，企业行政管理部门领用 50 000 元。

借：生产成本——基本生产成本	2 000 000	
——辅助生产成本	600 000	
制造费用	250 000	
管理费用	50 000	
贷：原材料——L材料		2 900 000

【**例 7-34**】承【例 7-32】和【例 7-33】，甲公司某月月初结存L材料的计划成本为 1 000 000 元，成本差异为超支 30 740 元；当月入库L材料的计划成本为 3 200 000 元，成本差异为节约 200 000 元。

材料成本差异率 =（30 740−200 000）÷（1 000 000+3 200 000）×100% =−4.03%

结转发出材料成本差异的分录为：

借：材料成本差异——L 材料　　116 870

　　贷：生产成本——基本生产成本　　80 600

　　　　　　　　——辅助生产成本　　24 180

　　　　制造费用　　10 075

　　　　管理费用　　2 015

7.16　库存商品

7.16.1　什么是库存商品

库存商品是指企业已完成全部生产过程并已验收入库，合乎标准规格和技术条件，可以按照合同规定的条件送交订货单位，或可以对外销售的商品以及外购或委托加工完成验收入库用于销售的各种商品。

7.16.2　如何使用“库存商品”科目

本科目核算企业库存的各种商品的实际成本（或进价）或计划成本。

库存商品，包括库存产成品、外购商品、存放在门市部准备出售的商品、发出展览的商品以及寄存在外的商品等。

接受来料加工制造的代制品和为外单位加工修理的代修品，在制造和修理完成验收入库后，视同企业的产成品，也通过本科目核算。企业（房地产开发类企业）核算其开发产品时，可将本科目改为“开发产品”科目。企业（农业类企业）核算其收获的农产品时，可将本科目改为“农产品”科目。本科目可按库存商品的种类、品种和规格等进行明细核算。本科目期末借方余额，反映企业库存商品的实际成本（或进价）或计划成本（或售价）。

7.16.3　如何设置明细科目

“库存商品”科目的明细科目的设置如表 7-17 所示。

表 7–17　1405 库存商品

顺序号	编号	会计科目名称	二级科目名称	三级科目名称	是否辅助核算	辅助核算类别
一、资产类						
	1405	库存商品				
	1405 01	库存商品	库存产成品	按库存商品的种类、品种和规格	是	存放地点
	1405 02	库存商品	外购商品	按库存商品的种类、品种和规格	是	存放地点
	1405 03	库存商品	存放在门市部准备出售的商品	按库存商品的种类、品种和规格	是	存放地点
	1405 04	库存商品	发出展览的商品以及寄存在外的商品	按库存商品的种类、品种和规格	是	存放地点
	1405 05	库存商品	接受来料加工制造的代制品和为外单位加工修理的代修品	按库存商品的种类、品种和规格	是	存放地点
	1405 06	库存商品	其他	按库存商品的种类、品种和规格	是	存放地点

7.16.4　会计处理分录与案例解析

业务 1：自产商品入库

（1）企业生产的产成品一般应按实际成本核算，产成品的入库和出库，平时只计数量不计金额，期（月）末计算入库产成品的实际成本。生产完成验收入库的产成品，按其实际成本，借记“库存商品”“农产品”等科目，贷记“生产成本”“消耗性生物资产”“农业生产成本”等科目。

采用实际成本进行产成品日常核算的，发出产成品的实际成本，可以采用先进先出法、移动加权平均法、月末一次加权平均法或个别计价法计算确定。产成品种类较多的，也可按计划成本进行日常核算，其实际成本与计划成本的差异，可以通过单独设置“产品成本差异”科目，比照“材料成本差异”科目进行核算。自产商品入库时的会计分录如图 7-26 所示。

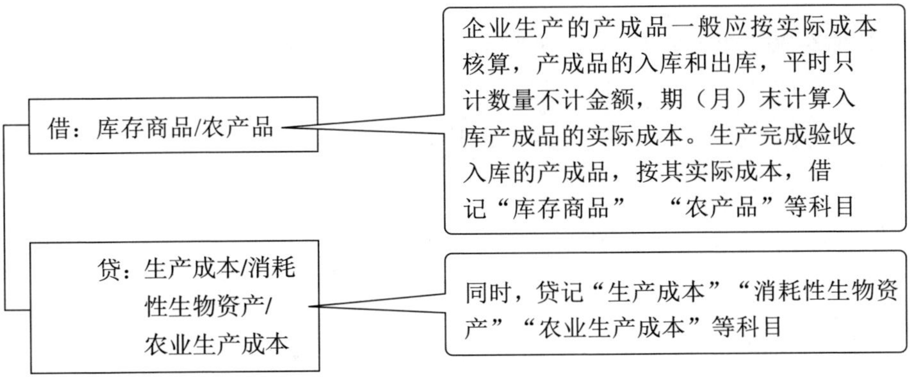

图 7-26　自产商品入库时的会计分录

* 案例解析

【例 7-35】甲公司商品入库汇总表记载：某月已验收入库 Y 产品 1 000 台，实际单位成本 5 000 元，计 5 000 000 元； Z 产品 2 000 台，实际单位成本 1 000 元，计 2 000 000 元。甲公司应做如下账务处理。

借：库存商品——Y 产品	5 000 000
——Z 产品	2 000 000
贷：生产成本——基本生产成本——Y 产品	5 000 000
——基本生产成本——Z 产品	2 000 000

（2）对外销售产成品（包括采用分期收款方式销售的产成品），结转其销售成本时，借记“主营业务成本”科目，贷记“库存商品”科目。采用计划成本核算的，发出产成品还应结转产品成本差异，将发出产成品的计划成本调整为实际成本。会计分录如图 7-27 所示。

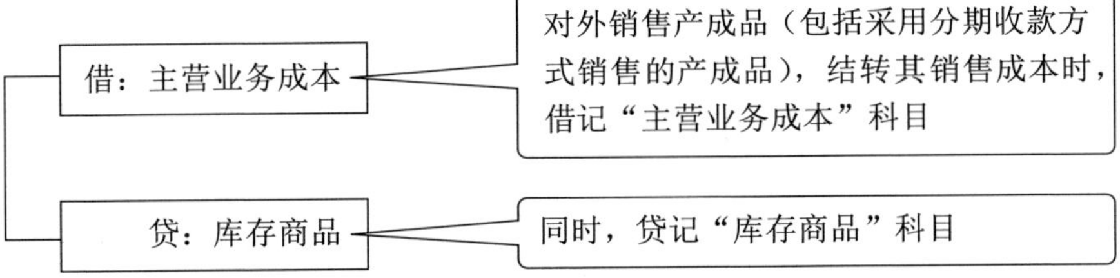

图 7-27　销售产成品结转成本时的会计分录

* 案例解析

【例 7-36】甲公司月末汇总的发出商品中，当月已实现销售的 Y 产品有 500 台，Z 产品有 1 500 台。该月 Y 产品实际单位成本 5 000 元，Z 产品实际单位成本 1 000 元。在结转其销售成本时，甲公司应做如下账务处理。

借：主营业务成本　　4 000 000

　贷：库存商品——Y 产品　　2 500 000

　　　　　　——Z 产品　　1 500 000

业务 2：外购商品入库

（1）购入商品采用进价核算的，在商品到达验收入库后，按商品采购成本，借记“库存商品”科目，贷记“银行存款”“在途物资”等科目。委托外单位加工收回的商品，按加工收回物资的实际成本，借记“库存商品”科目，贷记“委托加工物资”科目。会计分录如图 7-28 所示。

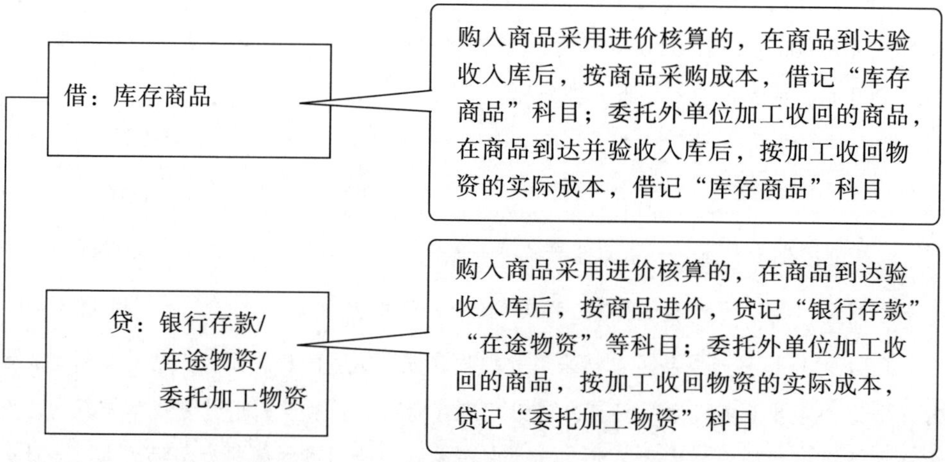

图 7-28　外购商品入库时的会计分录

* 案例解析

【例 7-37】甲公司委托某量具厂加工一批量具，发出材料一批，计划成本 70 000 元，材料成本差异率为 4%，以现金支付运杂费 2 200 元。甲公司应做如下会计分录。

①发出材料时。

借：委托加工物资　　72 800

　　贷：原材料　　70 000

　　　　材料成本差异　　2 800

②支付运杂费时。

借：委托加工物资　　2 200

　　贷：库存现金　　2 200

需要说明的是，企业发给外单位加工物资时，如果采用计划成本或售价核算，则该企业还应同时结转材料成本差异或商品进销差价，贷记或借记“材料成本差异”科目，或借记“商品进销差价”科目。

【例7–38】承【例7–37】，甲公司以银行存款支付上述量具的加工费用20 000元。

借：委托加工物资　　20 000

　　贷：银行存款　　20 000

【例7–39】承【例7–38】，甲公司收回由某量具厂代加工的量具，以银行存款支付运杂费2 500元。该量具已验收入库，其计划成本为1 100 000元。甲公司应做如下会计分录。

①支付运杂费时。

借：委托加工物资　　2 500

　　贷：银行存款　　2 500

②量具入库时。

借：周转材料——低值易耗品　　1 100 000

　　贷：委托加工物资　　97 500

　　　　材料成本差异　　1 002 500

（2）对外销售商品（包括采用分期收款方式销售商品），结转销售成本时，借记“主营业务成本”科目，贷记本科目。采用进价进行商品日常核算的，发出商品的实际成本，可以采用先进先出法、移动加权平均法、月末一次加权平均法或个别计价法计算确定。采用售价核算的，还应结转应分摊的商品进销差价。

会计分录和案例解析请参照业务1。

7.17 发出商品

7.17.1 什么是发出商品

发出商品是指企业采用托收承付结算方式进行销售而发出的产成品。这种情况下，企业收到货款时才确认销售收入。

7.17.2 如何使用“发出商品”科目

本科目核算企业未满足收入确认条件但已发出商品的实际成本（或进价）或计划成本（或售价）。企业采用支付手续费方式委托其他单位代销商品时，也可以单独设置“委托代销商品”科目。

本科目可按购货单位、商品类别和品种进行明细核算。本科目期末借方余额，反映企业发出商品的实际成本（或进价）或计划成本（或售价）。

7.17.3 如何设置明细科目

“发出商品”科目的明细科目的设置如表7-18所示。

表7-18 1406发出商品

顺序号	编号	会计科目名称	二级科目名称	三级科目名称	是否辅助核算	辅助核算类别
一、资产类						
	1406	发出商品		商品类别和品种	是	购货单位
	1406 01	发出商品	产成品	商品类别和品种	是	购货单位
	1406 02	发出商品	库存商品	商品类别和品种	是	购货单位
	1406 03	发出商品	委托代销商品	商品类别和品种	是	购货单位

7.17.4 会计处理分录与案例解析

业务1：发出商品未满足收入确认条件

对于发出商品未满足收入确认条件的，企业应按发出商品的实际成本（或进价）或计划成本（或售价），借记“发出商品”科目，贷记“库存商品”科目。会计分录如图7-29所示。

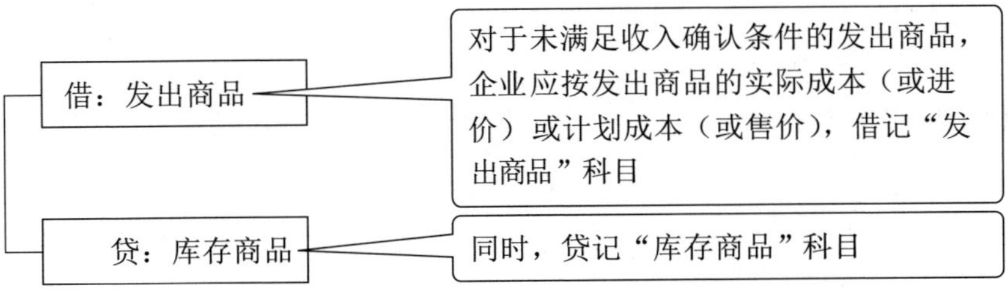

图 7-29　发出商品未满足收入确认条件时的会计分录

* 案例解析

【**例 7-40**】甲公司采用托收承付方式向丙公司销售一批商品，开出的增值税专用发票上注明的销售价格为 100 000 元，增值税税额为 13 000 元。该批商品的成本为 60 000 元。甲公司在售出该批商品时已得知丙公司现金流转暂时发生困难，但为了减少存货积压，同时也为了维持长期以来与丙公司建立的商业关系，甲公司仍将商品发出并办妥托收手续。假定甲公司销售该批商品的纳税义务已经发生，不考虑其他因素。发出商品时，甲公司的账务处理如下。

借：发出商品　　60 000

　　贷：库存商品　　60 000

借：应收账款　　13 000

　　贷：应交税费——应交增值税（销项税额）　　13 000

业务 2：发出商品满足收入确认条件

发出商品满足收入确认条件时，应结转销售成本，借记“主营业务成本”科目，贷记本科目。采用计划成本或售价核算的，还应结转应分摊的产品成本差异或商品进销差价。发出商品满足收入确认条件时的会计分录如图 7-30 所示。

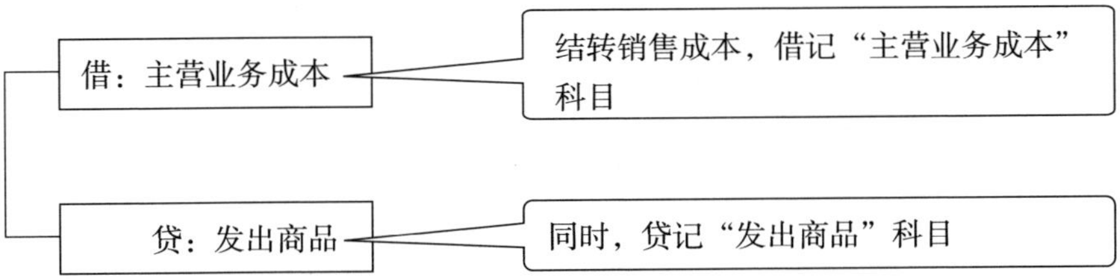

图 7-30　发出商品满足收入确认条件时的会计分录

* 案例解析

【例 7-41】承【例 7-40】，甲公司得知丙公司经营情况好转，并且丙公司承诺近期付款，甲公司的账务处理如下。

借：应收账款　　100 000

　　贷：主营业务收入　　100 000

借：主营业务成本　　60 000

　　贷：发出商品　　60 000

7.18 商品进销差价

7.18.1 什么是商品进销差价

商品进销差价指企业采用售价进行核算的库存商品的售价与进价之间的差额。它是商业企业核算存货销售成本的一种方法。

7.18.2 如何使用“商品进销差价”科目

本科目核算企业采用售价进行日常核算的商品售价与进价之间的差额。本科目可按商品类别或实物管理负责人进行明细核算。本科目期末贷方余额，反映企业库存商品的商品进销差价。

7.18.3 如何设置明细科目

“商品进销差价”科目的明细科目的设置如表 7-19 所示。

表 7–19　1407 商品进销差价

顺序号	编号	会计科目名称	二级科目名称	三级科目名称	是否辅助核算	辅助核算类别
一、资产类						
	1407	商品进销差价	商品类别	商品明细	是	实物管理负责人

7.18.4　会计处理分录与案例解析

业务 1：增加库存商品

对于通过购入、加工收回以及销售退回等增加的库存商品，企业应按商品售价，借记“库存商品”科目；按商品进价，贷记“银行存款”“委托加工物资”等科目；按售价与进价之间的差额，贷记“商品进销差价”科目。 增加库存商品时的会计分录如图 7–31 所示。

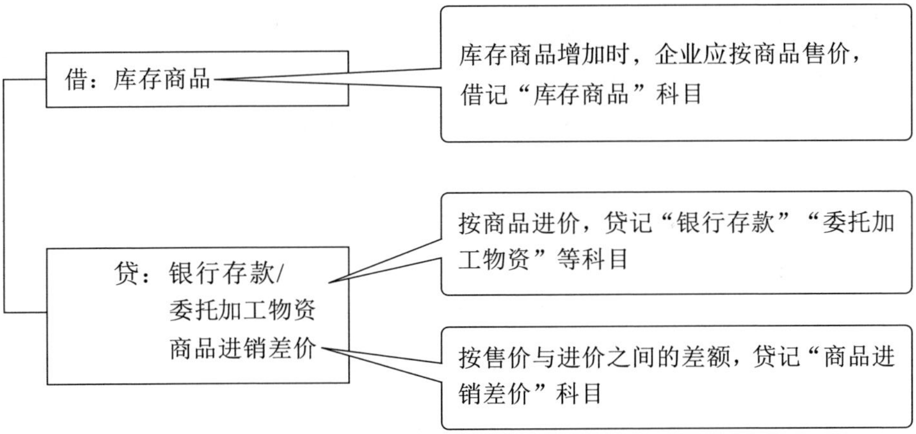

图 7–31　增加库存商品时的会计分录

* 案例解析

【例 7–42】甲公司委托丁公司加工商品一批，共 100 000 件，收回的商品每件成本为 50 元，计划每件商品按 65 元对外销售。甲公司对该商品采用售价进行日常核算。甲公司在收到丁公司加工后的商品时，账务处理如下。

借：库存商品　　6 500 000

　　贷：委托加工物资　　5 000 000

商品进销差价　　　　　　　　　　　　　　1 500 000

业务 2：分摊期末商品进销差价

期（月）末分摊已销商品的进销差价，借记“商品进销差价”科目，贷记“主营业务成本”科目。会计分录如图 7-32 所示。

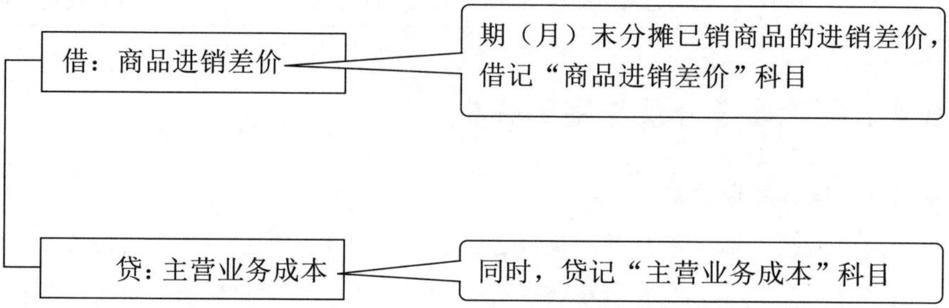

图 7-32　期（月）末分摊商品进销差价时的会计分录

销售商品应分摊的商品进销差价，按以下公式计算。

商品进销差价率 =（期初库存商品进销差价 + 本期购入商品进销差价）÷（期初库存商品售价 + 本期购入商品售价）×100%

本期销售商品应分摊的商品进销差价 = 本期商品销售收入 × 商品进销差价率

本期销售商品的成本 = 本期商品销售收入 − 本期销售商品应分摊的商品进销差价

期末结存商品的成本 = 期初库存商品的进价成本 + 本期购进商品的进价成本 − 本期销售商品的成本

企业各期之间的商品进销差价率比较均衡的，也可以采用上期商品进销差价率计算分摊本期的商品进销差价。年度终了，应对商品进销差价进行核实调整。

* 案例解析

【例 7-43】某商场 20×9 年 7 月初库存商品的进价成本为 1 000 000 元，售价总额为 1 100 000 元，本月购进该商品的进价成本为 750 000 元，售价总额为 900 000 元，本月销售收入为 1 200 000 元。有关计算如下。

商品进销差价率 =[（1 100 000−1 000 000）+（900 000−750 000）]÷（1 100 000+900 000）×100%=12.5%

本期销售商品应分摊的商品进销差价 =1 200 000×12.5%=150 000（元）

本期销售商品的成本 =1 200 000−150 000=1 050 000（元）

期末结存商品的成本 =1 000 000+750 000−1 050 000=700 000（元）

7.19　委托加工物资

7.19.1　什么是委托加工物资

委托加工物资是指企业委托外单位加工的各种材料、商品等物资。

7.19.2　如何使用"委托加工物资"科目

本科目核算企业委托外单位加工的各种材料、商品等物资的实际成本。

本科目可按加工合同、受托加工单位以及加工物资的品种等进行明细核算。本科目期末借方余额，反映企业委托外单位加工但尚未完成的物资的实际成本。

7.19.3　如何设置明细科目

"委托加工物资"科目的明细科目设置如表 7-20 所示。

表 7-20　1408 委托加工物资

顺序号	编号	会计科目名称	二级科目名称	三级科目名称	是否辅助核算	辅助核算类别
一、资产类						
	1408	委托加工物资	加工物资的品种	物资明细	是	加工合同、受托加工单位

7.19.4　会计处理分录与案例解析

业务 1：发给外单位加工物资

企业发给外单位加工的物资，按实际成本，借记"委托加工物资"科目，贷记"原材料""库存商品"等科目；按计划成本或售价核算的，还应同时结转材料成本差异或商品进销差价。

企业发给外单位加工物资时的会计分录如图 7-33 所示。

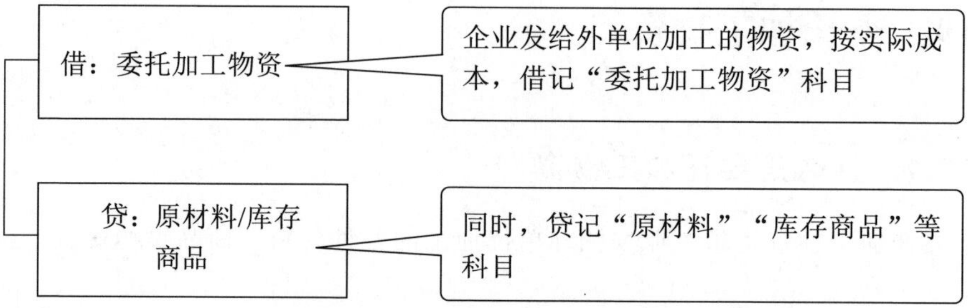

图 7-33　发给外单位加工物资时的会计分录

* 案例解析

【例 7-44】甲公司委托某量具厂加工一批量具，发出材料一批，计划成本 70 000 元，材料成本差异率为 4%。发出材料时，甲公司的账务处理如下。

借：委托加工物资　　72 800

　　贷：原材料　　70 000

　　　　材料成本差异　　2 800

业务 2：支付加工费、运杂费

（1）支付加工费、运杂费等，借记“委托加工物资”科目，贷记“银行存款”等科目。支付加工费、运杂费时的会计分录如图 7-34 所示。

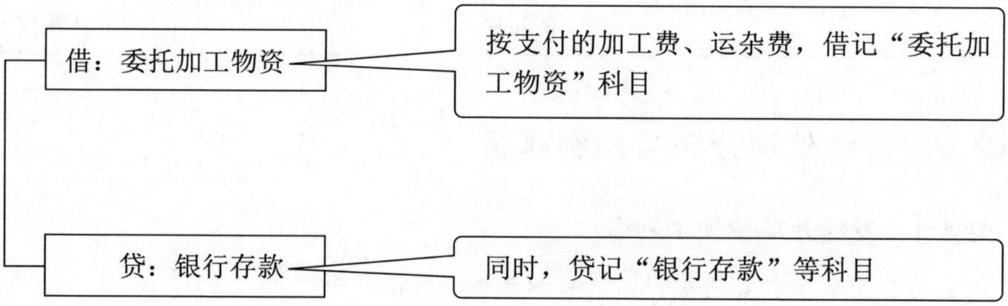

图 7-34　支付加工费、运杂费时的会计分录

* 案例解析

【例 7-45】承【例 7-44】，甲公司以现金支付运杂费 2 200 元，账务处理如下。

借：委托加工物资　　2 200

　　贷：银行存款　　2 200

（2）需要缴纳消费税的委托加工物资，按由受托方代收代缴的消费税，借记“委托加工物资”科目（收回后用于直接销售的）或“应交税费——应交消费税”科目（收回后用于继续加工的），贷记“应付账款”“银行存款”等科目。会计分录如图 7-35 所示。

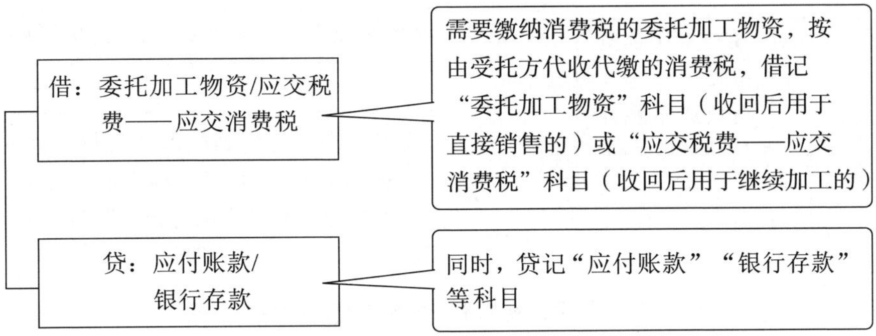

图 7-35　需要缴纳消费税的委托加工物资的会计分录

业务 3：加工完成并验收入库

（1）加工完成验收入库的物资和剩余的物资，按加工收回物资的实际成本和剩余物资的实际成本，借记“原材料”“库存商品”等科目，贷记“委托加工物资”科目。会计分录如图 7-36 所示。

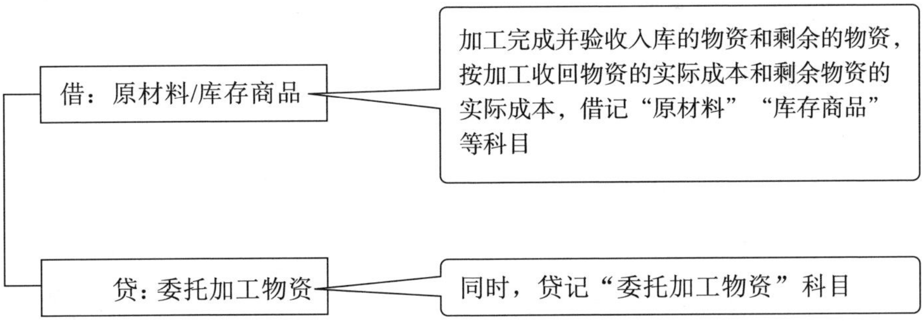

图 7-36　加工完成并验收入库时的会计分录

（2）采用计划成本或售价核算的，按计划成本或售价，借记“原材料”或“库存商品”科目；按实际成本，贷记“委托加工物资”科目；按实际成本与计划成本或售价之间的差额，借记或贷记“材料成本差异”科目或贷记“商品进销差价”科目。

采用计划成本或售价核算的，也可以采用上期材料成本差异率或商品进销差价率计算本期应分摊的材料成本差异或商品进销差价。会计分录如图 7-37 所示。

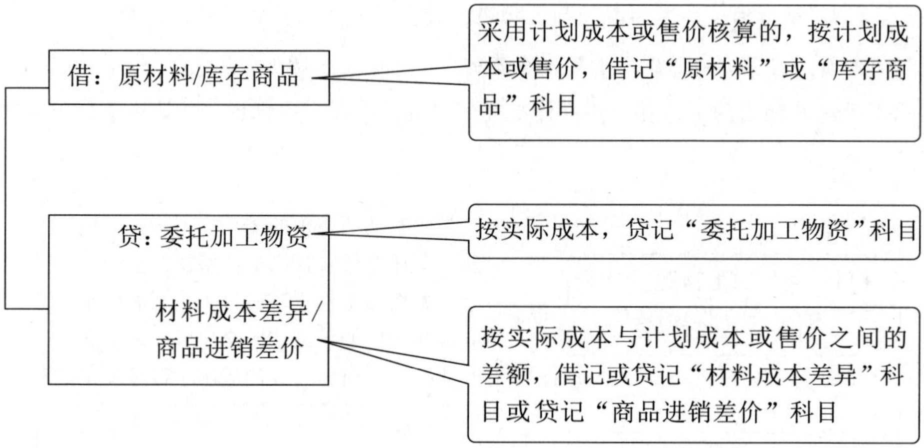

图 7–37　采用计划成本或售价核算时的会计分录

* 案例解析

【例 7–46】甲公司委托丁公司加工商品一批（属于应税消费品），共 100 000 件，有关经济业务如下。

①1 月 20 日，发出材料一批，计划成本为 6 000 000 元，材料成本差异率为 –3%。甲公司应做以下会计分录：

a. 发出委托加工材料时。

借：委托加工物资　　　　6 000 000

　　贷：原材料　　　　6 000 000

b. 结转发出材料应分摊的材料成本差异时。

借：材料成本差异　　　　180 000

　　贷：委托加工物资　　　　180 000

②2 月 20 日，甲公司支付商品加工费 120 000 元，支付应当缴纳的消费税 660 000 元。该商品收回后用于连续生产，消费税可抵扣。甲公司和丁公司均为增值税一般纳税人，适用增值税税率为 13%。甲公司应做以下会计分录。

借：委托加工物资　　　　120 000

　　应交税费——应交消费税　　　　660 000

　　　　　　——应交增值税（进项税额）　　　　15 600

　　贷：银行存款　　　　795 600

③ 3 月 4 日，用银行存款支付往返运杂费 10 000 元。

借：委托加工物资　　　　10 000

　　贷：银行存款　　　　10 000

④ 3 月 5 日，上述商品 100 000 件（每件计划成本为 65 元）加工完毕，甲公司已办理验收入库手续。

借：库存商品　　　　6 500 000

　　贷：委托加工物资　　　　5 950 000

　　　　商品进销差价　　　　550 000

需要注意的是，需要缴纳消费税的委托加工物资，收回后用于直接销售的，由受托方代收代缴的消费税记入“委托加工物资”科目；收回后用于继续加工的，记入“应交税费——应交消费税”科目。

7.20　周转材料

7.20.1　什么是周转材料

周转材料是指企业在施工过程中能够多次使用，并可基本保持原来的形态而逐渐转移其价值的材料，主要包括钢模、木模板、脚手架和其他周转材料等。

7.20.2　如何使用“周转材料”科目

本科目核算企业周转材料的计划成本或实际成本，包括包装物、低值易耗品，以及企业（建造承包商）的钢模板、木模板、脚手架等。企业的包装物、低值易耗品，也可以单独设置“包装物”“低值易耗品”科目进行核算。

本科目可按周转材料的种类，分别设置“在库”“在用”“摊销”明细科目进行核算。本科目期末借方余额，反映企业在库周转材料的计划成本或实际成本以及在用周转材料的摊余价值。

7.20.3 如何设置明细科目

"周转材料"科目的明细科目设置如表 7-21 所示。

表 7-21 1411 周转材料

顺序号	编号	会计科目名称	二级科目名称	三级科目名称	是否辅助核算	辅助核算类别
一、资产类						
	1411	周转材料			是	部门
	1411 01	周转材料	包装物		是	部门
	1411 01 01	周转材料	包装物	在库	是	部门
	1411 01 02	周转材料	包装物	在用	是	部门
	1411 01 03	周转材料	包装物	摊销	是	部门
	1411 02	周转材料	低值易耗品		是	部门
	1411 02 01	周转材料	低值易耗品	在库	是	部门
	1411 02 02	周转材料	低值易耗品	在用	是	部门
	1411 02 03	周转材料	低值易耗品	摊销	是	部门
	1411 03	周转材料	钢模板、木模板、脚手架等		是	部门
	1411 03 01	周转材料	钢模板、木模板、脚手架等	在库	是	部门
	1411 03 02	周转材料	钢模板、木模板、脚手架等	在用	是	部门
	1411 03 03	周转材料	钢模板、木模板、脚手架等	摊销	是	部门

7.20.4 会计处理分录与案例解析

业务 1：材料入库

企业购入、自制、委托外单位加工完成并已验收入库的周转材料等，比照"原材料"科目的相关规定进行处理。

业务 2：一次转销法下领用材料

（1）采用一次转销法的，材料领用时应按其账面价值，借记“管理费用”“生产成本”“销售费用”“工程施工”“制造费用”等科目，贷记“周转材料”科目。一次转销法下领用材料的会计分录如图 7–38 所示。

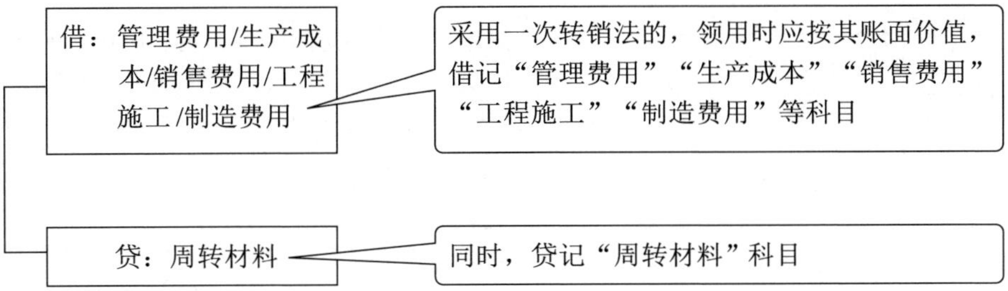

图 7–38　一次转销法下领用材料时的会计分录

（2）周转材料报废时，应按报废周转材料的残料价值，借记“原材料”等科目，贷记“管理费用”“生产成本”“销售费用”“工程施工”等科目。会计分录如图 7–39 所示。

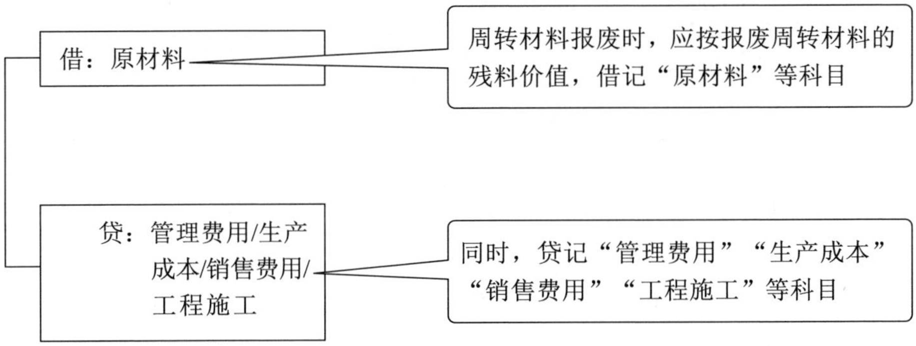

图 7–39　周转材料报废时的会计分录

＊ 案例解析

【例 7–47】甲公司某基本生产车间领用一批工具，实际成本为 30 000 元，全部计入当期制造费用。甲公司应做如下会计分录。

借：制造费用　　30 000

　　贷：周转材料——低值易耗品　　30 000

业务 3：其他摊销法下领用材料

（1）采用其他摊销法的，领用材料时应按其账面价值，借记“周转材料（在用）”科目，贷记“周转材料（在库）”科目。其他摊销法下领用材料的会计分录如图 7-40 所示。

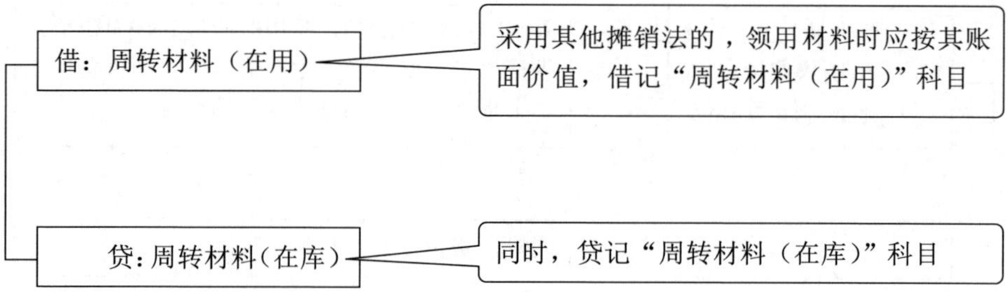

图 7-40　其他摊销法下领用材料时的会计分录

（2）周转材料摊销时应按摊销额，借记“管理费用”“生产成本”“销售费用”“工程施工”等科目，贷记“周转材料（摊销）”科目。会计分录如图 7-41 所示。

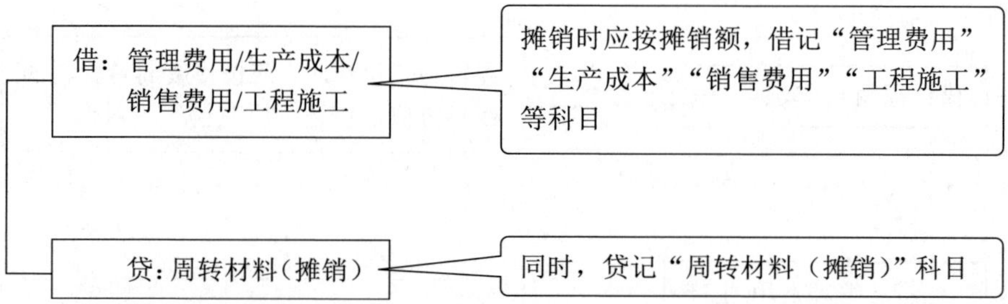

图 7-41　摊销周转材料时的会计分录

（3）周转材料报废时应补提摊销额，借记“管理费用”“生产成本”“销售费用”“工程施工”等科目，贷记“周转材料（摊销）”科目；同时，按报废周转材料的残料价值，借记“原材料”等科目，贷记“管理费用”“生产成本”“销售费用”“工程施工”等科目；并转销全部已提摊销额，借记“周转材料（摊销）”科目，贷记“周转材料（在用）”科目。会计分录如图 7-42 所示。

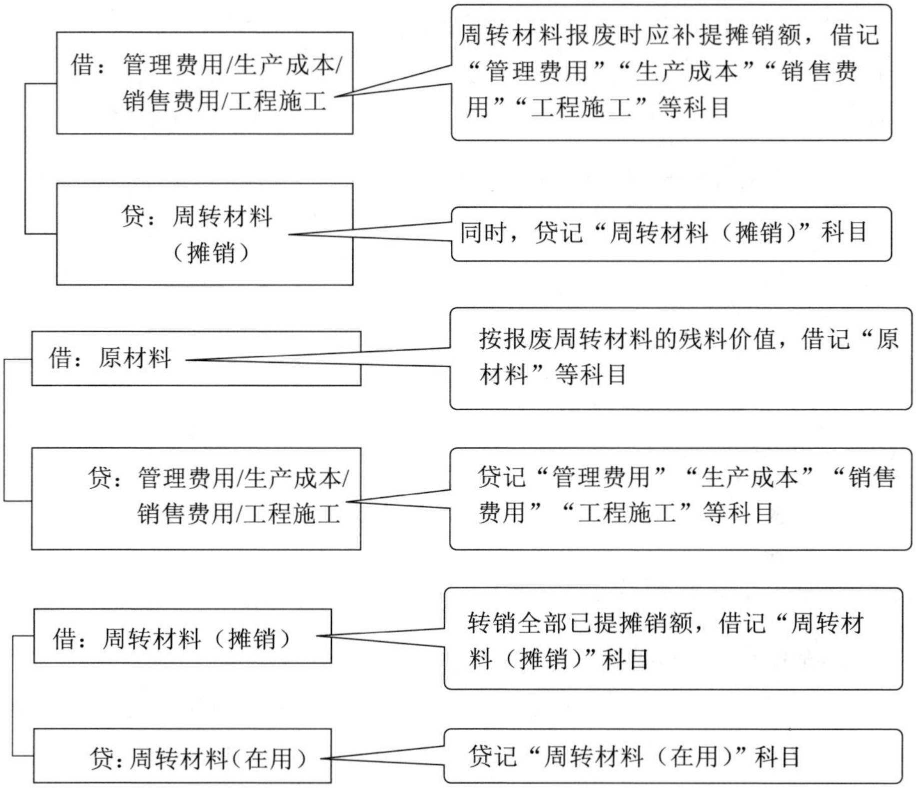

图 7–42　周转材料报废时的会计分录

* 案例解析

【例 7–48】甲公司的基本生产车间领用专用工具一批，实际成本为 100 000 元，采用五五摊销法进行摊销。甲公司应做如下会计分录。

①领用专用工具。

借：周转材料——低值易耗品——在用　　100 000

　　贷：周转材料——低值易耗品——在库　　100 000

②领用时摊销其价值的一半。

借：生产成本——基本生产成本　　50 000

　　贷：周转材料——低值易耗品——摊销　　50 000

③报废时摊销其价值的另一半。

借：生产成本——基本生产成本　　50 000

贷：周转材料——低值易耗品——摊销　50 000

同时，

借：周转材料——低值易耗品——摊销　100 000

贷：周转材料——低值易耗品——在用　100 000

7.21　融资租赁资产

7.21.1　什么是融资租赁

一、融资租赁的的概念

根据《企业会计准则——租赁》的解释，融资租赁是指实质上转移了与资产所有权有关的全部风险和报酬的租赁。所有权有可能转移，也有可能不转移。

上述与资产所有权有关的风险是指，由于经营情况变化造成相关收益的变动，以及由于资产闲置、技术成旧等造成的损失等；与资产所有权有关的报酬是指，在资产可使用年限内直接使用资产而获得的经济利益、资产增值，以及处置资产所实现的收益等。

二、承租人对融资租赁的会计处理

（一）租赁开始日的会计处理

在租赁开始日，承租人通常应当将租赁开始日租赁资产原账面价值和最低租赁付款额的现值两者中较低者作为租入资产的入账价值，将最低租赁付款额作为长期应付款的入账价值，并将两者之间的差额记录为未确认融资费用。但是如果该项融资租赁资产占企业资产总额的比例不大，承租人在租赁开始日可按最低租赁付款记录租入资产和长期应付款。这时的“比例不大”通常是指融资租入固定资产总额小于承租人资产总额的30%（含30%）。在这种情况下，对于融资租入资产和长期应付款额的确定，承租人可以自行选择，即可以采用最低租赁付款额，也可以采用租赁资产原账面价值和最低租赁付款额的现值两者中较低者。这时所讲的“租赁资产的原账面价值”是指租赁开始日在出租者账上所反映的该项租赁资产的账面价值。

承租人在计算最低租赁付款额的现值时，如果知道出租人的租赁内含利率，应当采用出租人的内含利率作为折现率；否则，应当采用租赁合同中规定的利率作为折现率。如果出租人的租赁内含利率和租赁合同中规定的利率都无法得到，应当采用同期银行贷款利率作为折现率。其中租赁内含利率是指，在租赁开始日，使最低租赁付款额的现值与未担保余值的现值之和等于资产原帐面价值的折现率。

（二）初始直接费用的会计处理

初始直接费用是指在租赁谈判和签订租赁合同的过程中发生的可直接归属于租赁项目的费用。承租人发生的初始直接费用通常有印花税、佣金、律师费、差旅费、谈判发生的费用等。承租人发生的初始直接费用，应当确认为当期费用。其帐务处理为：借记“管理费用 ”等科目，贷记“银行存款”等科目。

（三）未确认融资费用的分摊

在融资租赁下，承租人向出租人支付的租金中，包含了本金和利息两部分。承租人支付租金时，一方面应减少长期应付款，另一方面应同时将未确认的融资租赁费用按一定的方法确认为当期融资费用，在先付租金（即每期起初等额支付租金）的情况下，租赁期第一期支付的租金不含利息，只需减少长期应付款，不必确认当期融资费用。

在分摊未确认融资费用时，承租人应采用一定的方法加以计算。按照准则的规定，承租人可以采用实际利率法，也可以采用直线法和年数总和法等。在采用实际利率法时，根据租赁开始是租赁资产和负债的入账价值基础不同，融资费用分摊率的`选择也不同。未确认融资费用的分摊具体分为以下几种情况：

（1）租赁资产和负债以最低租赁付款额的现值为入账价值，且以出资人的租赁内含利率为折现率。在这种情况下，应以出资人的租赁内含利率为分摊率。

（2）租赁资产和负债以最低租赁付款额的现值为入账价值，且以租赁合同中规定的利率作为折现率。 在这种情况下，应以租赁合同中规定的利率作为分摊率。

（3）租赁资产和负债以租赁资产原账面价值为入账价值，且不存在承租人担保余值和优惠购买选择权。在这种情况下，应重新计算融资费用分摊率。融资费用分摊率是指，在租赁开始日，使最低租赁付款额的现值等于租赁资产原账面价值的折现率。在承租人或与其有关的第三方对租赁资产余值提供担保的情况下，与上类似，在租赁期满时，未确认融资费用应全部摊完，并且租赁负债也应减为零。

（4）租赁资产和负债以租赁资产原账面价值为入账价值，且不存在承租人担保余值，但存在优惠购买选择权。在这种情况下，应重新计算融资费用分摊率。在租赁期满时，未确认融资费用应全部摊完，并且租赁负债也应减为零。

（5）租赁资产和负债以租赁资产原账面价值为入账价值，且存在承租人担保余值。

这种情况下，应重新融资费用分摊率。在承租人或与其有关的第三方对租赁资产余值提供了担保或由于在租赁期满时没有续租而支付违约金的情况下，在租赁期满时，未确认融资费用应全部摊完，并且租赁负债也应减少至担保余值或该日应支付的违约金。

承租人对每期应支付的租金，应按支付的租金金额，，借记“长期应付款－应付融资租赁款”科目，贷记“银行存款”科目，如果支付的租金中包含有履约成本，应同时借记“制造费用”“管理费用”等科目。同时根据当期应确认的融资费用金额，借记“财务费用”科目，贷记“未确认融资费用”科目。

（四）租赁资产折旧的计提

计提租赁资产折旧时，承租人应与自有资产计提折旧方法相一致。如果承租人或与其有关的第三方对租赁资产提供了担保，则应记折旧总额为租赁开始日固定资产的入账价值扣除余值后的余额。如果承租人或与其有关的第三方对租赁资产余值提供了担保，则应记折旧总额为租赁开始日固定资产的入账价值。

（五）折旧期间

确定租赁资产的折旧期间时，应根据租赁合同规定。如果能够合理确定租赁期满时承租人将会取得租赁资产所有权，即可认定承租人拥有该项资产的全部尚可使用年限，因此应以租赁开始日租赁资产的尚可使用年限作为折旧期间；如果无法合理确定租赁期满时承租人是否能够取得租赁资产所有权，则应以租赁期与租赁资产尚可使用年限两者中较短者作为折旧期间。

（六）履约成本的会计处理

履约成本种类很多，对于融资租入固定资产的改良支出、技术咨询和服务费、人员培训费等应予递增延分摊记入各期费用，借记“长期待摊费用”“预提费用”“制造费用”“管理费用”等科目，对于固定资产的经常性修理费、保险费等可直接计入当期费用，借记“制造费用”“营业费用”等科目，贷记“银行存款” 等科目。

7.21.2　如何使用“融资租赁资产 ”科目

本科目核算企业（租赁类企业）为开展融资租赁业务取得资产的成本。本科目可按承租人、租赁资产类别和项目进行明细核算。本科目期末借方余额，反映企业融资租赁资产的成本。

7.21.3　如何设置明细科目

“融资租赁资产”科目的明细科目设置如表 7-22 所示。

表 7-22　1461 融资租赁资产

顺序号	编号	会计科目名称	二级科目名称	三级科目名称	是否辅助核算	辅助核算类别
一、资产类						
	1461	融资租赁资产	承租人	项目	是	部门

7.21.4　会计处理分录与案例解析

业务 1：租赁期开始日的账务处理

在租赁期开始日，出租人应按最低租赁收款额与初始直接费用之和，借记“长期应收款——应收融资租赁款”科目；按未担保余值，借记“未担保余值”科目；按租赁资产的公允价值（最低租赁收款额的现值与未担保余值的现值之和），贷记“融资租赁资产”科目；按租赁资产公允价值与其账面价值的差额，借记“营业外支出”或贷记“营业外收入”科目；按发生的初始直接费用，贷记“银行存款”科目；按借方与贷方的差额，贷记“未实现融资收益”科目。租赁期开始日的账务处理的会计分录如图 7-43 所示。

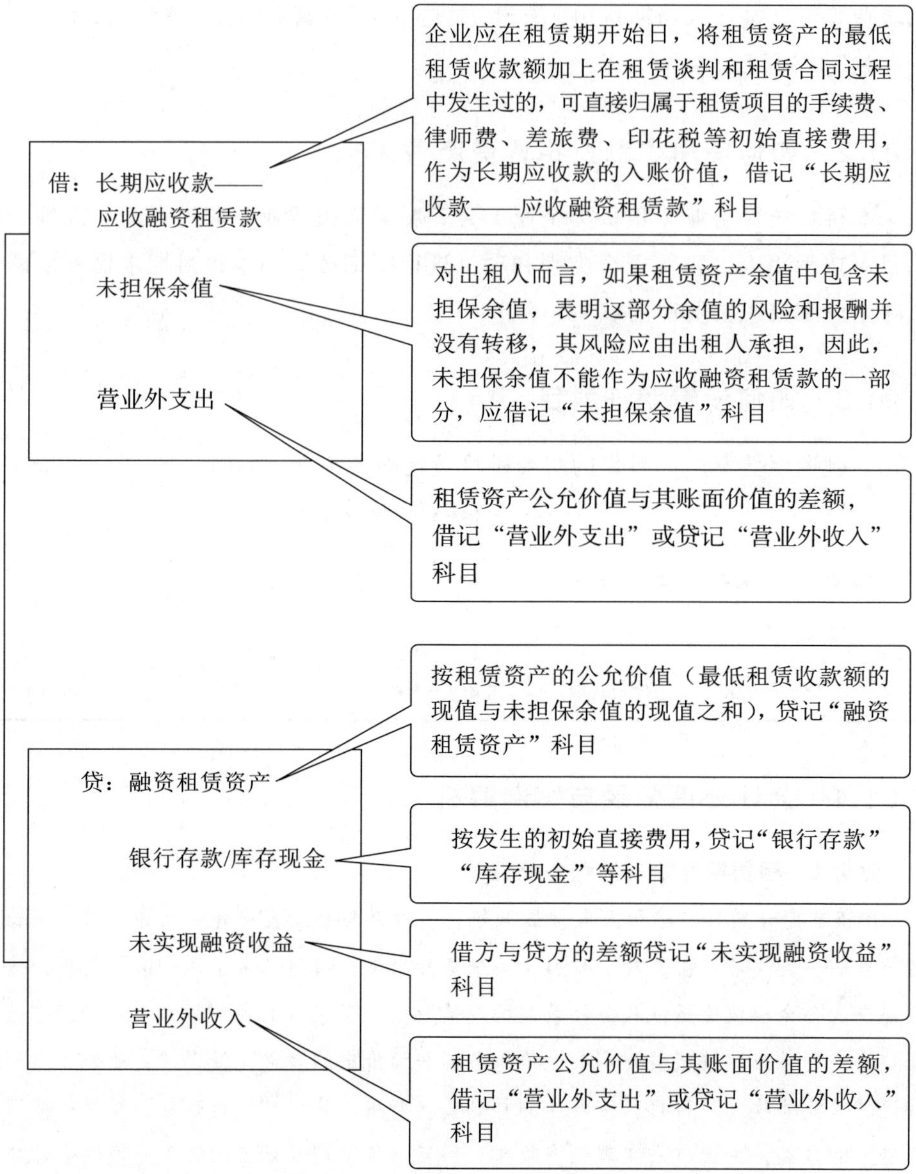

图 7-43　租赁期开始日的会计分录

* 案例解析

【例 7-49】资料：

1. 租赁合同

2×11 年 12 月 28 日，A 公司与 B 公司签订了一份租赁合同。合同主要条款如下。

（1）租赁标的物：程控生产线。

（2）租赁期开始日：租赁物运抵 A 公司生产车间之日（即 2×12 年 1 月 1 日）。

（3）租赁期：从租赁期开始日算起 36 个月（即 2×12 年 1 月 1 日～2×14 年 12 月 31 日）。

（4）租金支付方式：自租赁期开始日起每年年末支付租金 1 000 000 元。

（5）2×12 年 1 月 1 日，该生产线在 B 公司的公允价值为 2 600 000 元。

（6）租赁合同规定的利率为 8%（年利率）。

（7）该生产线为全新设备，估计使用年限为 5 年。

（8）2×13 年和 2×14 年，A 公司每年按该生产线所生产的产品——微波炉的年销售收入的 1% 向 B 公司支付经营分享收入。

2.B 公司的有关资料

（1）该程控生产线账面价值为 2 600 000 元。

（2）发生初始直接费用 100 000 元。

（3）采用实际利率法确认本期应分配的未实现融资收益。

（4）2×13 年、2×14 年 A 公司分别实现微波炉销售收入 10 000 000 元和 15 000 000 元。根据合同规定，这两年 B 公司应向该公司取得的经营分享收入分别为 100 000 元和 150 000 元。

（5）2×14 年 12 月 31 日，从 A 公司收回该生产线。

B 公司租赁开始日的账务处理如下。

① 计算租赁内含利率。

根据租赁内含利率的定义，租赁内含利率是指在租赁开始日，使最低租赁收款额的现值与未担保余值的现值之和等于租赁资产公允价值与出租人的初始直接费用之和的折现率。

由于本例中不存在与承租人和出租人均无关但在财务上有能力担保的第三方对出租人担保的资产余值，因此最低租赁收款额等于最低租赁付款额，即：

租金 × 期数 + 承租人担保余值 =1 000 000×3+0=3 000 000（元）

因此有 1 000 000×(*P*/*A*,*R*,3)=2 600 000+100 000=2 700 000（元）（租赁资产的公允价值 + 初始直接费用）经查表，可知：

年金系数（*P*/*A*）	利率（*R*）
2.723	5%
2.7	*R*
2.6730	6%

$$\frac{2.723-2.7}{2.723-2.6730}=\frac{5\%-R}{5\%-6\%}$$

R=5.46%

租赁内含利率为 5.46%。

② 计算租赁开始日最低租赁收款额及其现值和未实现融资收益。

最低租赁收款额 + 未担保余值

=（最低租赁付款额 + 第三方担保的余值）+ 未担保余值

=[（各期租金之和 + 承租人担保余值）+ 第三方担保余值]+ 未担保余值

=[（1 000 000×3+0）+0]+0=3 000 000（元）

最低租赁收款额 =1 000 000×3=3 000 000（元）

最低租赁收款额的现值 =1 000 000×（P/A，5.46％，3）=2 700 000（元）

未实现融资收益 =（最低租赁收款额 + 未担保余值）-（最低租赁收款额的现值 + 未担保余值的现值）=3 000 000-2 700 000=300 000（元）

③ 判断租赁类型。

本例中，租赁期（3 年）占租赁资产尚未可使用年限（5 年）的 60％，没有满足融资租赁的第 3 条标准。另外，最低租赁收款额的现值为 2 600 000 元，大于租赁资产原账面价值的 90％即 2 340 000（2 600 000×90％）元，满足融资租赁的第 4 条标准，因此，B 公司应当将该项租赁认定为融资租赁。

④ 账务处理。

2×12 年 1 月 1 日，租出程控生产线，发生初始直接费用：

借：长期应收款	3 000 000	
贷：融资租赁资产		2 600 000
银行存款		100 000
未实现融资收益		300 000

业务 2：租赁期间的账务处理

（1）每期收取租金时，在分配未实现融资收益时，出租人应当采用实际利率法计算当期应确认的融资收入。由于在计算内含报酬率时已考虑了初始直接费用的因素，为了避免高估未实现融资收益，出租人在初始确认时应对未实现融资收益进行调整，其账务处理为：出租人每期收到租金时，按收到的租金，借记“银行存款”科目，贷记“长期应收款——应收融资租赁款”科目。在未确认融资收益初始确认时对其进行调整，借记“未实现融资收益”科目，贷记“长期应收款——应收融资租赁款”科目。

租赁期间的账务处理的会计分录如图 7-44 所示。

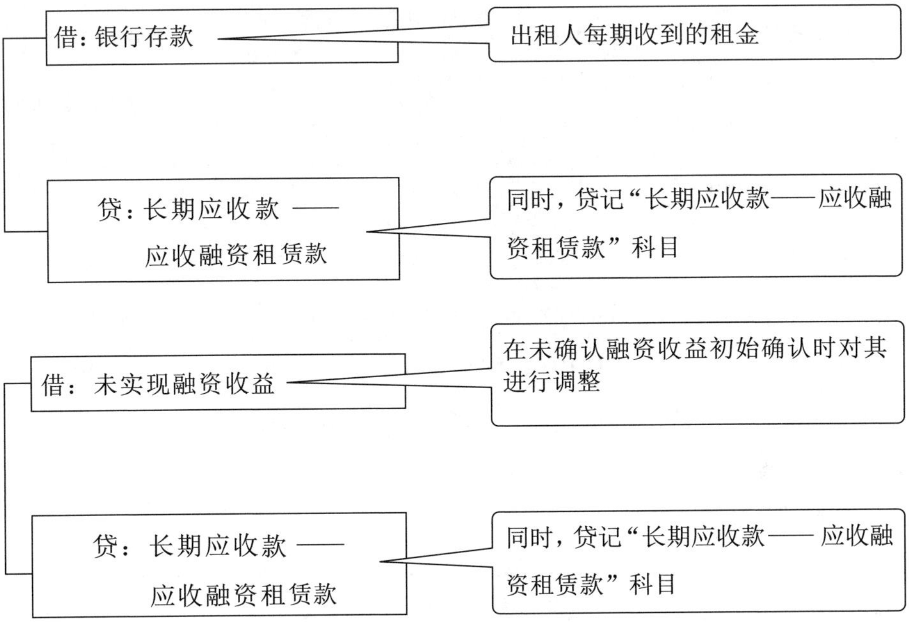

图 7-44　租赁期间的会计分录

（2）每期采用合理方法分配未实现融资收益时，按当期应确认的融资收入金额，借记“未实现融资收益”科目，贷记“租赁收入”科目。会计分录如图 7-45 所示。

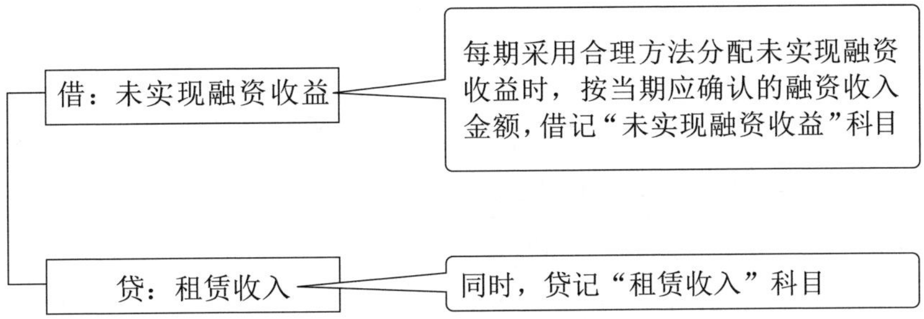

图 7-45　分配未实现融资收益时的会计分录

* 案例解析

【例 7-50】承【例 7-49】，B 公司未实现融资收益分配的账务处理如下：

① 计算租赁期内各租金收取期应分配的未实现融资收益（如表 7-23 所示）。

表 7-23　未实现融资收益

日期	租金	确认的融资收入	租赁投资净额减少额	租赁投资净额余额
①	②	③＝期初⑤×5.46%	④＝②－③	期末⑤＝期初⑤－④
（1）2×12.01.01				2 700 000.00
（2）2×12.12.31	1 000 000	147 420.00	852 580.00	1 847 420.00
（3）2×13.12.31	1 000 000	100 869.13	899 130.87	948 289.13
（4）2×14.12 31	1 000 000	51 710.87*	948 289.13	0.00
合计	3 000 000	300 000.00	2 700 000.00	
* 做尾数调整。51 710.87=1 000 000−948 289.13 948 289.13=948 289.13−0				

② 账务处理。

2×12 年 12 月 31 日，收到第一期租金：

借：银行存款　　1 000 000

　　贷：长期应收款——应收融资租赁款　　1 000 000

2×12 年 1 ～ 12 月，每月确认融资收入时：

借：未实现融资收益（147 420÷12）　　12 285

　　贷：租赁收入　　12 285

2×13 年 12 月 31 日，收到第二期租金：

借：银行存款　　1 000 000

　　贷：长期应收款——应收融资租赁款　　1 000 000

2×13 年 1 ～ 12 月，每月确认融资收入时：

借：未实现融资收益（100 869.13÷12）　　8 405.76

　　贷：租赁收入　　8 405.76

2×14 年 12 月 31 日，收到第三期租金：

借：银行存款　　1 000 000

　　贷：长期应收款——应收融资租赁款　　1 000 000

2×14 年 1 ～ 12 月，每月确认融资收入时：

借：未实现融资收益（51 710.87÷12）　　4 309.24

　贷：租赁收入　　4 309.24

③ 或有租金的账务处理。

2×13 年 12 月 31 日，根据合同规定应向 A 公司收取经营分享收入 100 000 元：

借：未实现融资收益　　100 000

　贷：租赁收入　　100 000

2×14 年 12 月 31 日，根据合同规定应向 A 公司收取经营分享收入 150 000 元：

借：未实现融资收益　　150 000

　贷：租赁收入　　150 000

业务 3：租赁期届满时的会计处理

租赁期届满时，出租人应区别以下情况进行会计处理。

（1）存在担保余值，不存在未担保余值。出租人收到承租人返还的租赁资产时，借记"融资租赁资产"科目，贷记"长期应收款——应收融资租赁款"科目。租赁期届满时的会计分录如图 7-46 所示。

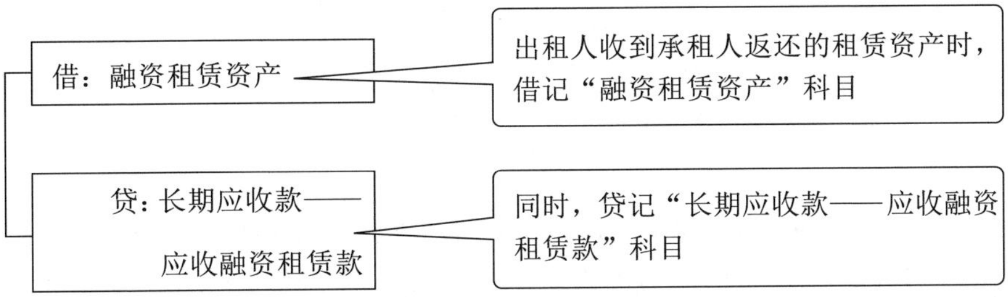

图 7-46　租赁期届满时的会计分录

如果收回租赁资产的价值低于担保余值，则应向承租人收取价值损失补偿金，借记"其他应收款"科目，贷记"营业外收入"科目。会计分录如图 7-47 所示。

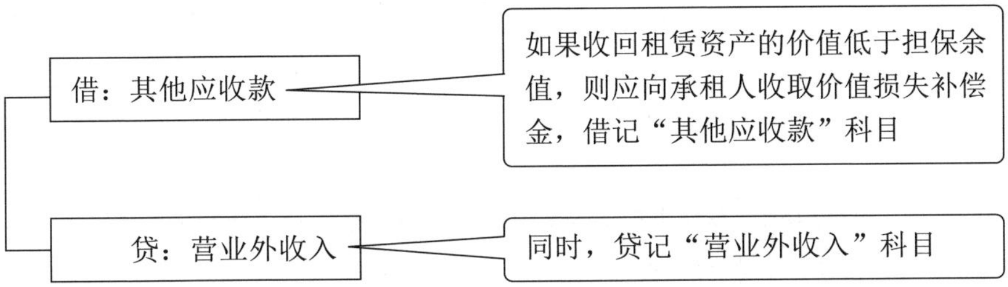

图 7-47　收回租赁资产的价值低于担保余值时的会计分录

（2）存在担保余值，同时存在未担保余值。出租人收到承租人返还的租赁资产时，借记“融资租赁资产”科目，贷记“长期应收款——应收融资租赁款”“未担保余值”等科目。

如果收回租赁资产的价值扣除未担保余值后的余额低于担保余值，则应向承租人收取价值损失补偿金，借记“其他应收款”科目，贷记“营业外收入”科目。会计分录如图7-48所示。

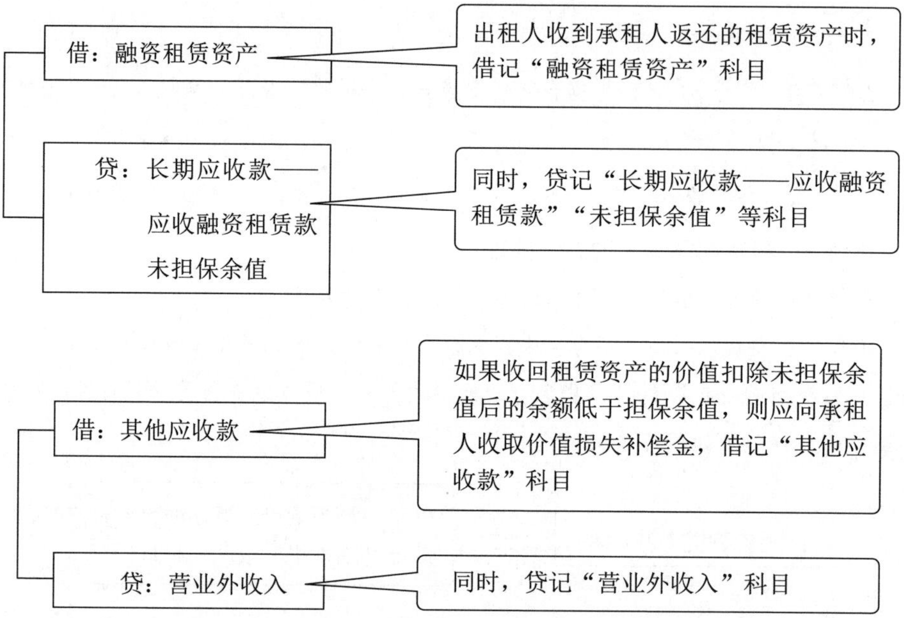

图7-48　存在担保余值，同时存在未担保余值时的会计分录

（3）存在未担保余值，不存在担保余值。出租人收到承租人返还的租赁资产时，借记“融资租赁资产”科目，贷记“未担保余值”科目。会计分录如图7-49所示。

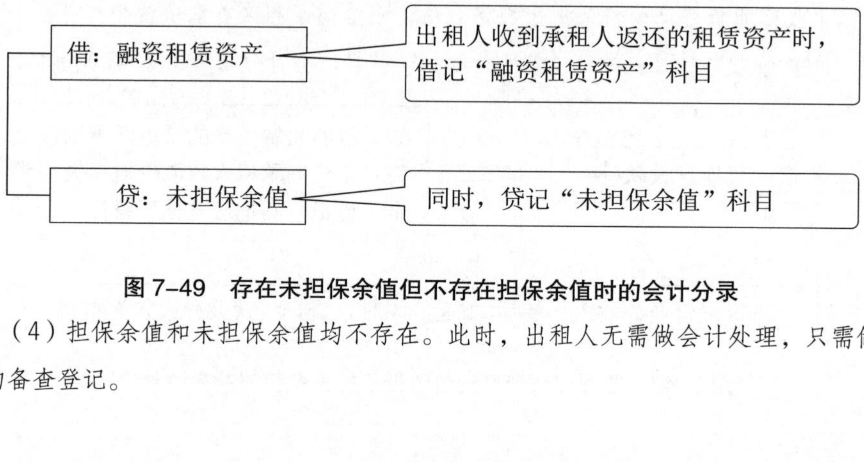

图7-49　存在未担保余值但不存在担保余值时的会计分录

（4）担保余值和未担保余值均不存在。此时，出租人无需做会计处理，只需做相应的备查登记。

＊ 案例解析

【例 7-51】承【例 7-50】，2×14 年 12 月 31 日，租赁期届满时的账务处理如下：

2×14 年 12 月 31 日，将该生产线从 A 公司收回，做备查登记。

7.22　未担保余值

7.22.1　什么是未担保余值

未担保余值指租赁资产余值中扣除就出租人而言的担保余值以后的资产余值。对出租人而言，如果租赁资产余值中包含未担保余值，则表明这部分余值的风险和报酬并没有转移，其风险应由出租人承担，因此，未担保余值不能作为应收融资租赁款的一部分。

7.22.2　如何使用“未担保余值”科目

本科目核算企业（租赁企业）采用融资租赁方式租出资产的未担保余值。

本科目可按承租人、租赁资产类别和项目进行明细核算。本科目期末借方余额，反映企业融资租出资产的未担保余值。

7.22.3　如何设置明细科目

“未担保余值”科目的明细科目设置如表 7-24 所示。

表 7-24　1611 未担保余值

顺序号	编号	会计科目名称	二级科目名称	三级科目名称	是否辅助核算	辅助核算类别
一、资产类						
	1611	未担保余值	承租人	租赁资产类别和项目	是	部门

会计处理分录参考7.21节融资租赁资产的账务处理，在此不赘述。

7.23 存货跌价准备

7.23.1 什么是存货跌价准备

存货跌价准备是资产的备抵类科目，可以视为一个资产科目来理解，只不过这个资产类科目代表的是反向资产，即是资产的减项。存货跌价准备账户用于核算企业提取的存货跌价准备。存货跌价准备是指在中期期末或年度终了，如由于存货遭受毁损、全部或部分陈旧过时或销售价格低于成本等原因，使存货成本不可以收回的部分，应按单个存货项目的成本高于其可变现净值的差额提取，并计入存货跌价损失。由于存货的可变现净值低于原成本，而对降低部分所作的一种稳健处理。

为了反映和监督企业存货跌价准备的计提、转回和转销情况，企业应设置“存货跌价准备”科目，跌价损失的借方记入“资产减值损失”科目。

当期应计提的存货跌价准备＝（存货成本－可变现净值）－存货跌价准备已有贷方余额。

在中期期末或年度终了，如由于存货遭受毁损、全部或部分陈旧过时或销售价格低于成本等，使存货成本不可以收回，应按单个存货项目的成本高于其可变现净值的差额计提存货跌价准备，并计入当期损益。

7.23.2 如何使用“存货跌价准备”科目

本科目核算企业存货的跌价准备。本科目可按存货项目或类别进行明细核算。

本科目期末贷方余额，反映企业已计提但尚未转销的存货跌价准备。

7.23.3　如何设置明细科目

“存货跌价准备”科目的明细科目设置如表 7-25 所示。

表 7-25　1471 存货跌价准备

顺序号	编号	会计科目名称	二级科目名称	三级科目名称	是否辅助核算	辅助核算类别
一、资产类						
	1471	存货跌价准备		按存货项目或类别	是	部门
	1471 01	存货跌价准备	原材料	按存货项目或类别	是	部门
	1471 02	存货跌价准备	库存商品	按存货项目或类别	是	部门
	1471 03	存货跌价准备	发出商品	按存货项目或类别	是	部门
	1471 04	存货跌价准备	委托加工物资	按存货项目或类别	是	部门
	1471 05	存货跌价准备	周转材料	按存货项目或类别	是	部门
	1471 06	存货跌价准备	其他	按存货项目或类别	是	部门

7.23.4　会计处理分录与案例解析

（1）资产负债表日，存货发生减值的，按存货可变现净值低于成本的差额，借记“资产减值损失”科目，贷记“存货跌价准备”科目。一般企业的存货跌价准备的会计分录如图 7-50 所示。

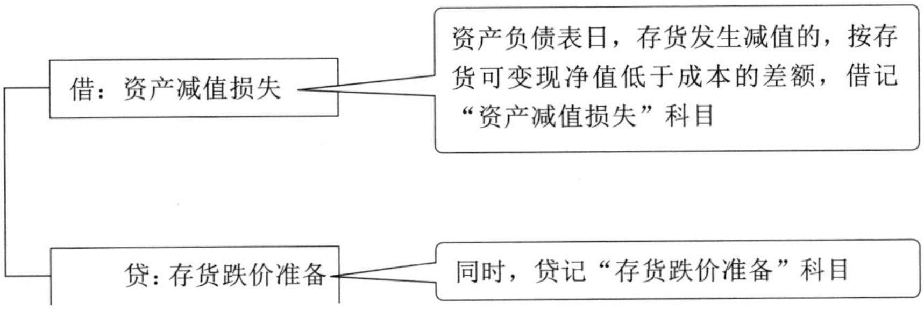

图 7-50　一般企业的存货跌价准备的会计分录

（2）已计提跌价准备的存货价值以后又得以恢复，应在原已计提的存货跌价准备金额内，按恢复增加的金额，借记“存货跌价准备”科目，贷记“资产减值损失”科目。会计分录如图 7-51 所示。

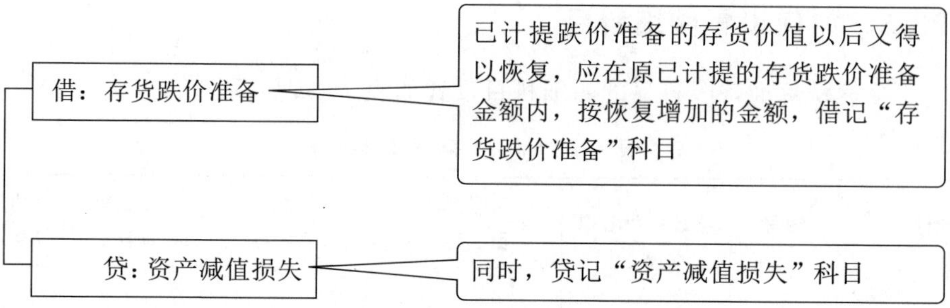

图 7-51　已计提跌价准备的存货价值得以恢复时的会计分录

（3）发出存货结转存货跌价准备的，借记“存货跌价准备”科目，贷记“主营业务成本”“其他业务成本”等科目。会计分录如图 7-52 所示。

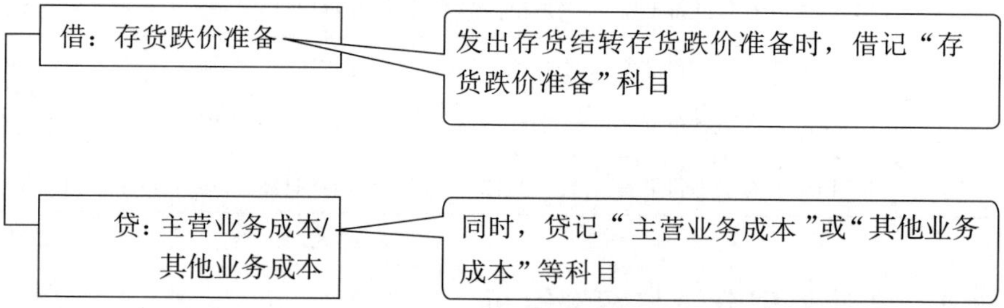

图 7-52　发出存货结转存货跌价准备时的会计分录

* 案例解析

【例 7-52】 2×14 年 12 月 31 日，甲公司 X 材料的成本为 100 000 元，由于市场价格下跌，预计可变现净值为 80 000 元，由此应计提的存货跌价准备为 20 000 元。甲公司应做如下会计分录。

借：资产减值损失——计提的存货跌价准备　　20 000

　　贷：存货跌价准备　　20 000

【例 7-53】 承【例 7-52】，假设 2×15 年 6 月 30 日，X 材料的成本为 80 000 元，由于市场价格有所上升，使得 X 材料的预计可变现净值为 95 000 元，应转回的存货跌价准备为 15 000 元。甲公司应做如下会计分录。

借：存货跌价准备　　15 000

　　贷：资产减值损失——计提的存货跌价准备　　15 000

7.24　合同资产

7.24.1　什么是合同资产

合同资产，是指企业已向客户转让商品而有权收取对价的权利，且该权利取决于时间流逝之外的其他因素。如企业向客户销售两项可明确区分的商品，企业因已交付其中一项商品而有权收取对应的款项，但收取该款项还取决于企业交付另一项商品，企业应当将该项收款权利作为合同资产。

7.24.2　如何使用“合同资产”科目

企业在客户实际支付合同对价或在该对价到期应付之前，已经向客户转让了商品的，应当按因已转让商品而有权收取的对价金额，借记本科目或“应收账款”科目，贷记“主营业务收入”“其他业务收入”等科目；企业取得无条件收款权时，借记“应收账款”等科目，贷记本科目。涉及增值税的，还应进行相应的处理。

7.24.3　如何设置明细科目

合同资产可以按照具体的项目进行明细核算，如表 7-26 所示。

表 7-26　合同资产

顺序号	编号	会计科目名称	二级科目名称	明细科目名称	是否辅助核算	辅助核算类别
一、资产类						
	1462	合同资产				
	1462 01	合同资产	按项目	按种类	是	部门

7.24.4　会计处理分录与案例解析

业务 1：企业提前向客户转让商品

企业提前向客户转让商品时的会计分录如图 7-53 所示。

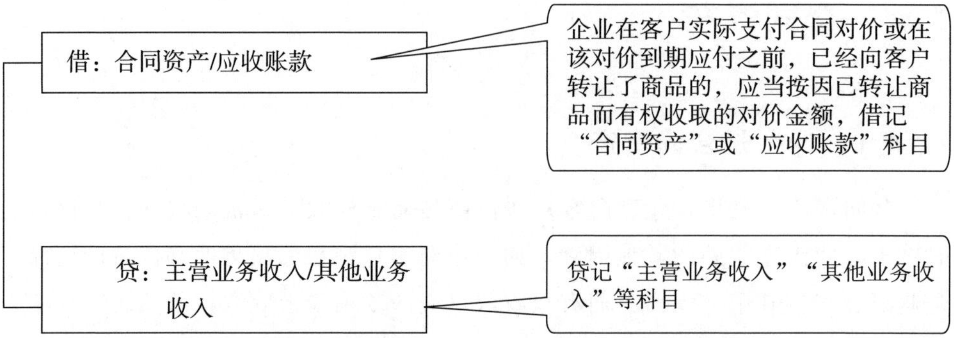

图 7-53　企业提前向客户转让商品时的会计分录

业务 2：企业取得无条件收款权

企业取得无条件收款权时的会计分录如图 7-54 所示。

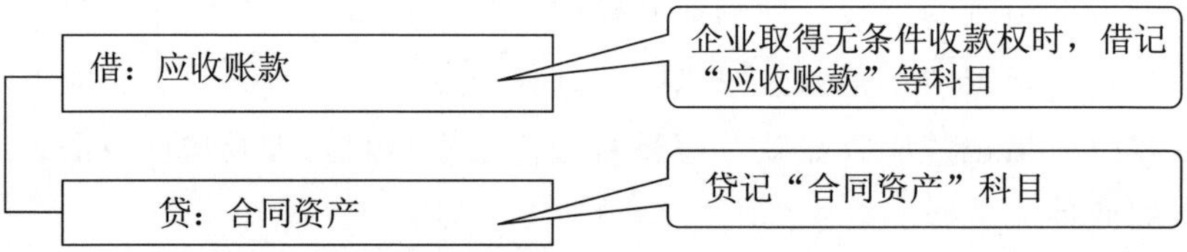

图 7-54　企业取得无条件收款权时的会计分录

* 案例解析

【例 7-54】2×19 年 3 月 1 日，甲公司与客户签订合同，向其销售 A、B 两项商品，A 商品的单独售价为 6 000 元，B 商品的单独售价为 24 000 元，合同价款为 25 000 元。合同约定，A 商品于合同开始日交付，B 商品在一个月之后交付，只有当两项商品全部交付之后，甲公司才有权收取 25 000 元的合同对价。假定 A 商品和 B 商品分别构成单项履约义务，其控制权在交付时转移给客户。上述价格均不包含增值税，且假定不考虑相关税费的影响。

分摊至 A 商品的合同价款为 5 000[6 000÷（6 000+24 000）×25 000] 元，分摊至 B 商品的合同价款为 20 000[24 000÷（6 000+24 000）×25 000] 元。甲公司的账务处理如下。

（1）交付 A 商品时。

借：合同资产　　5 000

　　贷：主营业务收入　　5 000

（2）交付 B 商品时。

借：应收账款　　25 000

　　贷：合同资产　　5 000

　　　　主营业务收入　　20 000

7.25 买入返售金融资产

7.25.1 什么是买入返售金融资产

买入返售金融资产是指企业按返售协议约定先买入再按固定价格返售的证券等金融资产所融出的资金。

7.25.2 如何使用“买入返售金融资产”科目

本科目核算以摊余成本计量的、企业（金融企业）按返售协议约定先买入再按固定价格返售给卖出方的票据、证券、贷款等金融资产所融出的资金。

7.25.3 如何设置明细科目

本科目可按买入返售金融资产的类别和融资方进行明细核算，如表 7-27 所示。

表 7-27　买入返售金融资产

顺序号	会计科目名称	二级科目名称	明细科目名称
一、资产类			
	买入返售金融资产		
	买入返售金融资产	类别	融资方

7.25.4 会计处理分录与案例解析

业务 1：企业根据返售协议买入金融资产

企业根据返售协议买入金融资产时，应按实际支付的款项和交易费用之和，借记本科目，贷记“存放中央银行款项”“结算备付金”“银行存款”等科目，如图 7–55 所示。

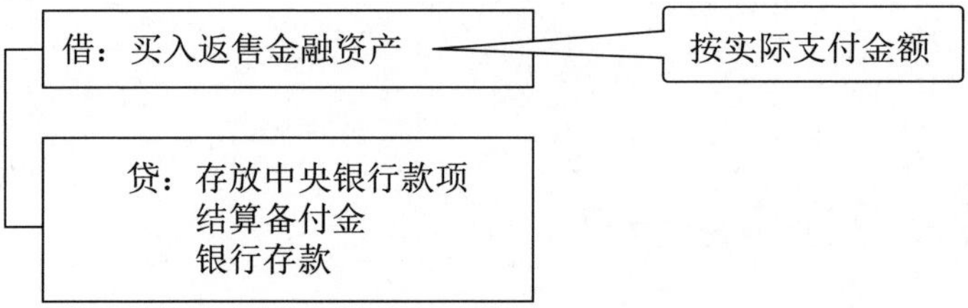

图 7–55 企业根据返售协议买入金融资产时的会计分录

业务 2：计提买入返售金融资产的利息收入

资产负债表日，按照计算确定的买入返售金融资产的利息收入，借记“应收利息”科目，贷记“利息收入”科目，如图 7–56 所示。

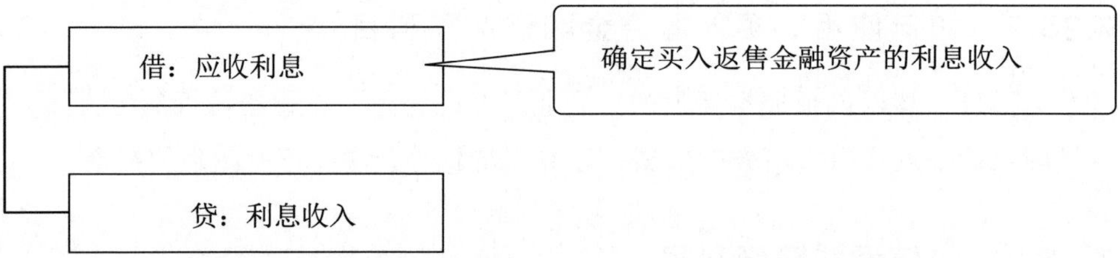

图 7–56 确认买入返售金融资产的利息收入时的会计分录

业务 3：返售日买入返售金融资产

返售日买入返售金融资产时，应按实际收到的金额，借记“存放中央银行款项”“结算备付金”“银行存款”等科目；按其账面余额，贷记本科目、“应收利息”科目；按其差额，贷记“利息收入”科目，如图 7–57 所示。

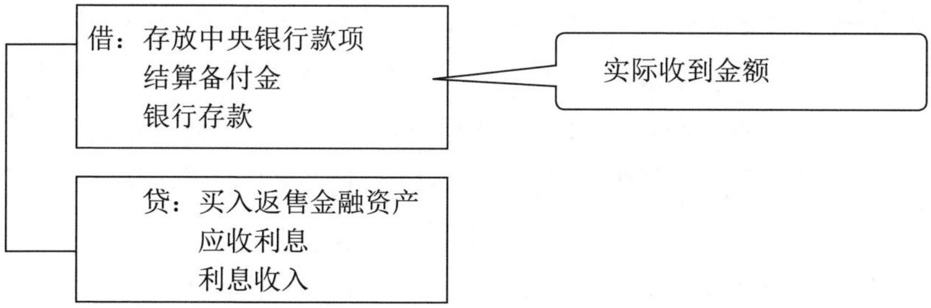

图 7–57　返售日买入返售金融资产时的会计分录

7.26　债权投资

7.26.1　什么是债权投资

债权投资，是分类为以摊余成本计量的金融资产。金融资产同时符合下列条件的，应当分类为以摊余成本计量的金融资产。

（1）企业管理该金融资产的业务模式是以收取合同现金流量为目标。

（2）该金融资产的合同条款规定，在特定日期产生的现金流量，仅为对本金和以未偿付本金金额为基础的利息的支付。

7.26.2　如何使用“债权投资”科目

本科目核算企业以摊余成本计量的债权投资的账面余额。本科目可按债权投资的类别和品种，分别“成本”“利息调整”“应计利息”等进行明细核算。

企业取得的债权投资，应按该投资的面值，借记“债权投资——成本”科目，按支付的价款中包含的已到付息期但尚未领取的利息，借记“应收利息”科目，按实际支付的金额，贷记“银行存款”等科目，按其差额，借记或贷记“债权投资——利息调整”科目。

资产负债表日，债权投资为分期付息、到期一次还本的，应按面值和票面利率计算确定的应收未收利息，借记“应收利息”科目，按债权投资摊余成本和实际利率确定的利息收入，贷记“投资收益”科目，按其差额，借记或贷记“债权投资——利息调整”科目。债权投资为一次还本付息的，应按面值和票面利率计算确定的应收未收利息，借记“债权投资——应计利息”科目，按债权投资摊余成本和实际利率计算确定的利息收入，贷记“投资收益”科目，按其差额，借记或贷记“债权投资——利息调整”科目。

债权投资以摊余成本进行后续计量的，当市场利率上升，其发生减值时，应当将该债权投资的账面价值与预计未来现金流量现值之间的差额，确认为减值损失，计入当期损益。

企业将以摊余成本计量的金融资产重分类为以公允价值计量且其变动计入当期损益的金融资产的，应当按照该资产在重分类日的公允价值进行计量，原账面价值与公允价值之间的差额计入当期损益；将以摊余成本计量的金融资产重分类为以公允价值计量且其变动计入其他综合收益的金融资产的，应当按照该金融资产在重分类日的公允价值进行计量，原账面价值与公允价值之间的差额计入其他综合收益。该金融资产重分类不影响其实际利率和预期信用损失的计量。

企业出售债权投资，应按实际收到的金额，借记“银行存款”等科目，按其账面余额，贷记“债权投资——成本、利息调整、应计利息”科目，按其差额，贷记或借记“投资收益”科目。已计提减值准备的，还应同时结转减值准备。

本科目期末借方余额，反映企业以摊余成本计量的债权投资的摊余成本。

7.26.3 如何设置明细科目

“债权投资”科目的明细科目设置如表 7-28 所示。

表 7-28 1501 债权投资

顺序号	编号	会计科目名称	二级科目名称	明细科目名称	是否辅助核算	辅助核算类别
一、资产类						
	1501	债权投资			是	类别和品种
	1501 01	债权投资	企业债券		是	类别和品种
	1501 01 01	债权投资	企业债券	成本	是	类别和品种

续表

顺序号	编号	会计科目名称	二级科目名称	明细科目名称	是否辅助核算	辅助核算类别
	1501 01 02	债权投资	企业债券	利息调整	是	类别和品种
	1501 01 03	债权投资	企业债券	应计利息	是	类别和品种
	1501 02	债权投资	委托银行或其他金融机构向其他单位贷出的款项		是	类别和品种
	1501 02 01	债权投资	委托银行或其他金融机构向其他单位贷出的款项	成本	是	类别和品种
	1501 02 02	债权投资	委托银行或其他金融机构向其他单位贷出的款项	利息调整		类别和品种
	1501 02 03	债权投资	委托银行或其他金融机构向其他单位贷出的款项	应计利息		类别和品种

7.26.4　会计处理分录与案例解析

业务 1：取得债权投资

企业取得的债权投资，应按该投资的面值，借记“债权投资——成本”科目，按支付的价款中包含的已到付息期但尚未领取的利息，借记“应收利息”科目，按实际支付的金额，贷记“银行存款”等科目，按其差额，借记或贷记“债权投资——利息调整”科目。值得注意的是，债权投资初始确认时，相关交易费用计入初始入账金额，而交易性金融资产的相关交易费用记入“投资收益”科目。取得债权投资时的会计分录见图 7-58。

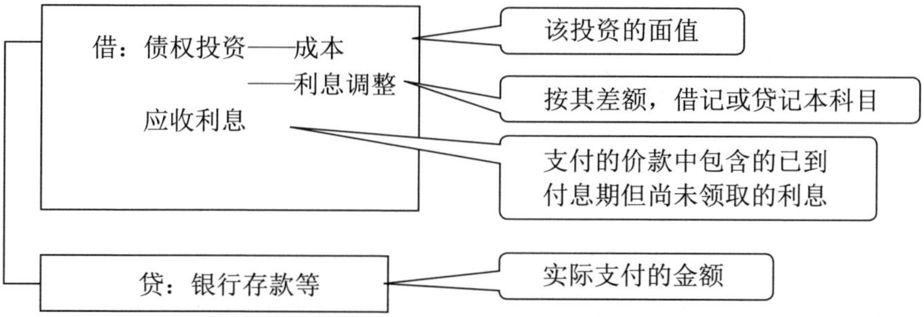

图 7-58　取得债权投资时的会计分录

* 案例解析

【例 7-55】甲公司于 2×19 年 1 月 1 日购入乙公司发行的两年期债券，支付价款 41 486 万元，债券面值为 40 000 万元，每半年付息一次，到期还本。合同约定债券发行方乙公司在遇到特定情况时可以将债券赎回，且不需要为赎回支付额外款项。甲公司在购买时预计发行方不会提前赎回，并将其划分为债权投资。

该债券票面利率 8%，实际利率 6%，采用实际利率法摊销。

假定不考虑其他因素，甲公司 2×19 年 1 月 1 日的账务处理如下。

借：债权投资——成本　　40 000

　　　　　——利息调整　　1 486

　贷：银行存款　　41 486

业务 2：持有期间确认投资收益

（1）债权投资为分期付息、到期一次还本的，应在资产负债表日按面值和票面利率计算确定的应收未收利息，借记“应收利息”科目，按债权投资摊余成本和实际利率计算确定的利息收入，贷记“投资收益”科目，按其差额，借记或贷记“债权投资——利息调整”科目。持有期间确认投资收益时的会计分录见图 7-59。

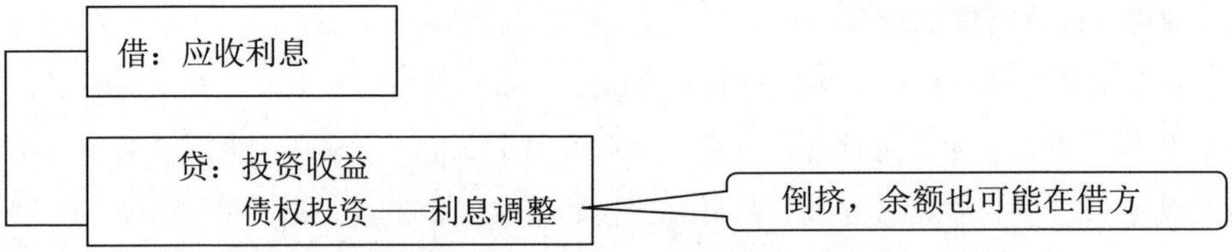

图 7-59　持有期间确认投资收益时的会计分录（一）

（2）债权投资为一次还本付息的，应于资产负债表日按面值和票面利率计算确定的应收未收利息，借记“债权投资——应计利息”科目，按债权投资摊余成本和实际利率计算确定的利息收入，贷记“投资收益”科目，按其差额，借记或贷记“债权投资——利息调整”科目。会计分录见图 7-60。

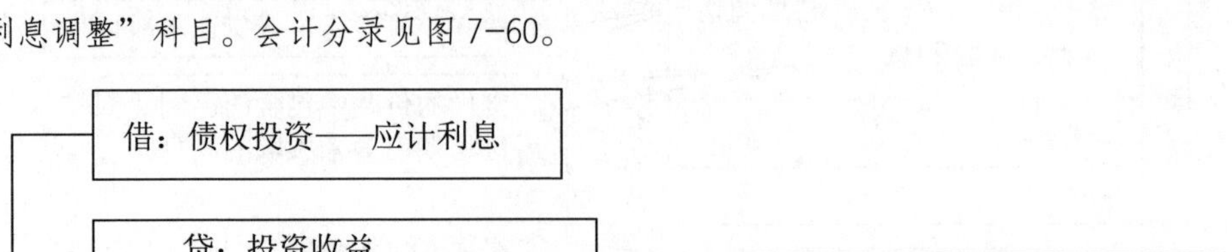

图 7-60　持有期间确认投资收益时的会计分录（二）

（3）摊余成本的概念和计算方法。

金融资产或金融负债的摊余成本，是指该金融资产或金融负债的初始确认金额经下列调整后的结果。

①扣除已偿还的本金。

②加上或减去采用实际利率法将该初始确认金额与到期日金额之间的差额进行摊销形成的累计摊销额。

③扣除已发生的减值损失（仅适用于金融资产）。

摊余成本的计算公式如下。

期末摊余成本 = 期初摊余成本 + 投资收益 − 应收利息 − 已收回的本金 − 已发生的减值损失

投资收益 = 期初摊余成本 × 实际利率

* 案例解析

【例 7–56】接【例 7–55】，假定不考虑其他因素，甲公司 2×19 年 6 月 30 日的账务处理如下。

借：应收利息　　1 600（40 000×8% ÷2）

　　贷：投资收益　　1 244.58（41 486×6% ÷2）

　　　　债权投资——利息调整　　355.42

借：银行存款　　1 600

　　贷：应收利息　　1 600

此时，债权投资的摊余成本 =41 486+1 244.58−1 600=41 130.58（万元）。

甲公司 2×19 年 12 月 31 日的账务处理如下。

借：应收利息　　1 600（40 000×8% ÷2）

　　贷：投资收益　　1 233.92（41 130.58×6% ÷2）

　　　　债权投资——利息调整　　366.08

借：银行存款　　1 600

　　贷：应收利息　　1 600

此时，债权投资的摊余成本 =41 130.58+1 233.92−1 600=40 764.50（万元）。

甲公司 2×20 年 6 月 30 日的账务处理如下。

借：应收利息　　　　　　　　　　　　1 600（40 000×8% ÷2）

　　贷：投资收益　　　　　　　　　　1 222.94（40 764.50×6% ÷2）

　　　　债权投资——利息调整　　　　　　　　　　377.06

借：银行存款　　　　　　　　　　　　1 600

　　贷：应收利息　　　　　　　　　　　　1 600

此时，债权投资的摊余成本 =40 764.50+1 222.94−1 600=40 387.44（万元）。

甲公司 2×20 年 12 月 31 日的账务处理如下。

借：应收利息　　　　　　　　　　　　1 600（40 000×8% ÷2）

　　贷：投资收益　　　　　　　　　　1 212.56（倒挤）

　　　　债权投资——利息调整　　387.44（1 486−355.42−366.08−377.06）

借：银行存款　　　　　　　　　　　　1 600

　　贷：应收利息　　　　　　　　　　　　1 600

业务 3：债权投资重分类为其他债权投资

将以摊余成本计量的金融资产重分类为以公允价值计量且其变动计入其他综合收益的金融资产的，应在重分类日按其公允价值，借记“其他债权投资”科目，按其账面余额，贷记“债权投资——成本、利息调整、应计利息”科目，按其差额，贷记或借记“其他综合收益”科目。已计提减值准备的，还应同时结转减值准备。会计分录见图 7-61。

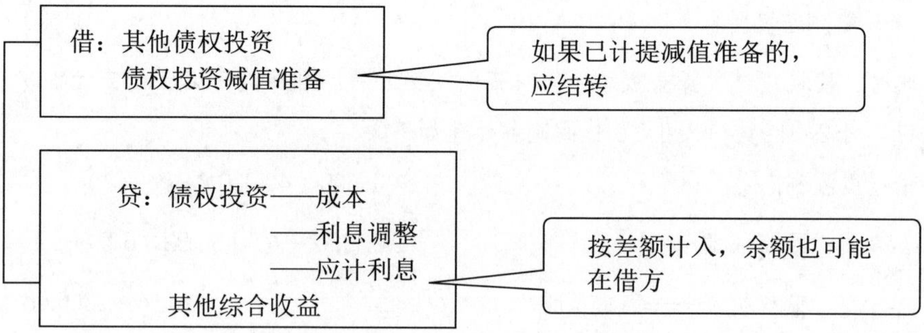

图 7-61　以摊余成本计量的金融资产重分类为以公允价值计量且其变动计入其他综合收益的金融资产时的会计分录

业务 4：出售债权投资

出售债权投资，应按实际收到的金额，借记“银行存款”等科目，按其账面余额，贷记“债权投资——成本、利息调整、应计利息”科目，按其差额，贷记或借记“投资收益”科目。已计提减值准备的，还应同时结转减值准备。出售债权投资时的会计分录见图 7-62。

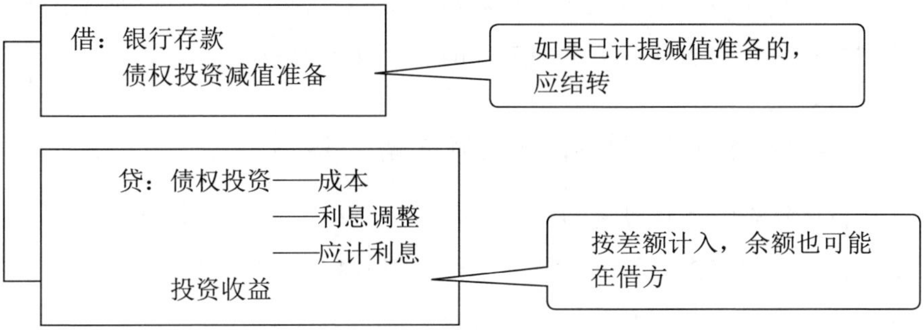

图 7-62　出售债权投资时的会计分录

* 案例解析

【例 7-57】接【例 7-56】。2×20 年 12 月 31 日，乙公司赎回债券。假定不考虑其他因素，甲公司 2×20 年 12 月 31 日的账务处理如下。

借：银行存款　　40 000

　　贷：债权投资——成本　　40 000

7.27　债权投资减值准备

7.27.1　什么是债权投资减值准备

企业应当以预期信用损失为基础，对以摊余成本计量的金融工具进行减值测试并确认损失准备。预期信用损失，是指以发生违约的风险为权重的金融工具信用损失的加权平均值。

在估计现金流量时，企业应当考虑金融工具在整个预计存续期的所有合同条款（如提前还款、展期、看涨期权或其他类似期权等）。企业所考虑的现金流量应当包括出售所持担保品获得的现金流量，以及属于合同条款组成部分的其他信用增级所产生的现金流量。企业通常能够可靠估计金融工具的预计存续期。在极少数情况下，金融工具预计存续期无法可靠估计的，企业在计算确定预期信用损失时，应当基于该金融工具的剩余合同期间。

7.27.2 如何使用“债权投资减值准备”科目

本科目核算企业债权投资的减值准备。

本科目可按债权投资类别和品种进行明细核算。

资产负债表日，债权投资发生减值的，按应减记的金额，借记“信用减值损失”科目，贷记本科目。已计提减值准备的债权投资价值以后又得以恢复的，应在原已计提的减值准备金额内，按恢复增加的金额，借记本科目，贷记“信用减值损失”科目。

本科目期末贷方余额，反映企业已计提但尚未转销的债权投资减值准备。

7.27.3 如何设置明细科目

“债权投资减值准备”科目的明细科目设置如表 7–29 所示。

表 7–29　1502 债权投资减值准备

顺序号	编号	会计科目名称	二级科目名称	明细科目名称
一、资产类				
	1502	债权投资减值准备		
	1502 01	债权投资减值准备	企业债券	按类别和品种
	1502 02	债权投资减值准备	委托银行或其他金融机构向其他单位贷出的款项	按类别和品种
	1502 03	债权投资减值准备	其他	按类别和品种

7.27.4　会计处理分录与案例解析

业务 1：计提债权投资减值准备

以摊余成本后续计量的债权投资，其发生减值时，应当将该金融资产的账面价值减记至预计未来现金流量的现值（不包括尚未发生的未来信用损失），减记的金额确认为信用减值损失，计入当期损益。计提债权投资减值准备时的会计分录见图 7-63。

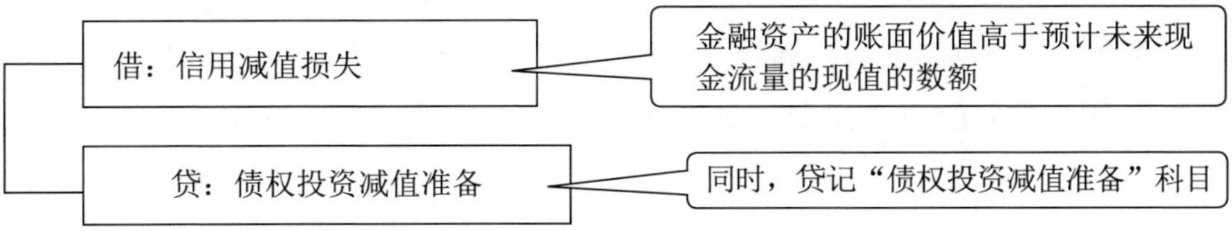

图 7-63　计提债权投资减值准备时的会计分录

业务 2：转回原已计提的债权投资减值准备

债权投资在确认减值损失后，如有客观证据表明该债权投资的价值已恢复，且客观上与确认该损失后发生的事项有关（如债务人的信用评级已提高等），原确认的减值损失应当予以转回，计入当期损益。但是，该转回后的账面价值不应当超过假定不计提减值准备情况下该债权投资在转回日的摊余成本。转回原已计提的债权投资减值准备时的会计分录见图 7-64。

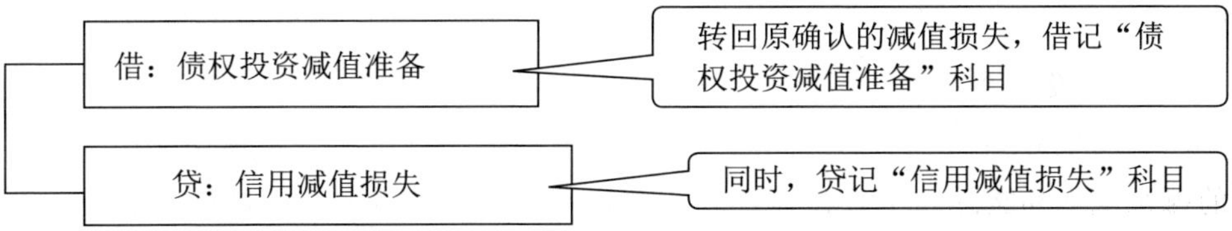

图 7-64　转回原已计提的债权投资减值准备时的会计分录

7.28 其他债权投资

7.28.1 什么是其他债权投资

其他债权投资，是分类为以公允价值计量且其变动计入其他综合收益的金融资产。该类金融资产的确认条件如下：企业管理该资产的业务模式既以收取合同现金流量为目标又以出售该金融资产为目标；该金融资产的合同条款规定，在特定日期产生的现金流量，仅对本金和以未偿付本金金额为基础的利息的支付。

7.28.2 如何使用“其他债权投资”科目

企业取得的以公允价值计量且其变动计入其他综合收益的金融资产，应按其公允价值与交易费用之和，借记本科目（成本），按支付的价款中包含的已宣告但尚未发放的现金股利，借记“应收股利”科目，按实际支付的金额，贷记“银行存款”等科目。企业取得的以公允价值计量且其变动计入其他综合收益的金融资产为债权投资的，应按面值，借记本科目（成本），按支付的价款中包含的已到付息期但尚未领取的利息，借记“应收利息”科目，按实际支付的金额，贷记“银行存款”等科目，按差额，借记或贷记本科目（利息调整）。

其他债权投资为分期付息、一次还本的，资产负债表日，企业应按面值和票面利率计算确定的应收未收利息，借记“应收利息”科目，按其他债权投资的摊余成本和实际利率计算确定的利息收入，贷记“投资收益”科目，按其差额，借记或贷记本科目（利息调整）。其他债权投资为到期一次还本付息的，应于资产负债表日按面值和票面利率计算确定的应收未收利息，借记本科目（应计利息），按其他债权投资的摊余成本和实际利率计算确定的利息收入，贷记“投资收益”科目，按其差额，借记或贷记本科目（利息调整）。其他债权投资发生减值后利息的处理，比照“贷款”科目相关规定。资产负债表日，以公允价值计量且其变动计入其他综合收益的金融资产为权益工具投资的，其公允价值高于账面余额的，按其差额，借记本科目（公允价值变动），贷记“其他综合收益”科目；公允价值低于账面余额的，按其差额做相反的会计分录。

以公允价值计量且其变动计入其他综合收益的金融资产为债权投资，且发生减值的，企业按应减记的金额，借记“信用减值损失”科目，贷记“其他综合收益”科目，按其差额，贷记本科目（公允价值变动）。对于已确认减值损失的以公允价值计量且其变动计入其他综合收益的金融资产，在随后会计期间内公允价值已上升且客观上与确认原减值损失事项有关的，应按原确认的减值损失，借记本科目（公允价值变动），贷记“信用减值损失”科目。但以公允价值计量且其变动计入其他综合收益的金融资产为权益工具投资的，借记本科目（公允价值变动），贷记“其他综合收益”科目。

将以摊余成本计量的金融资产划分为以公允价值计量且其变动计入其他综合收益的金融资产的，企业应在重分类日按其公允价值，借记本科目，按其账面余额，贷记“债权投资”科目，按其差额，贷记或借记“其他综合收益”科目。已计提减值准备的，还应同时结转减值准备。

出售以公允价值计量且其变动计入其他综合收益的金融资产时，企业应按实际收到的金额，借记“银行存款”“存放中央银行款项”等科目，按其账面余额，贷记本科目（成本、公允价值变动、利息调整、应计利息），借记或贷记“其他综合收益”科目，按其差额，贷记或借记“投资收益”科目。

本科目期末借方余额，反映企业以公允价值计量且其变动计入其他综合收益的金融资产的公允价值。

7.28.3　如何设置明细科目

“其他债权投资”科目的明细科目设置如表 7-30 所示。

表 7-30　1503 其他债权投资

顺序号	编号	会计科目名称	二级科目名称	明细科目名称	是否辅助核算	辅助核算类别
一、资产类						
	1503	其他债权投资				
	1503 01	其他债权投资	债券	成本	是	品种
	1503 02	其他债权投资	债券	利息调整	是	品种
	1503 03	其他债权投资	债券	应计利息	是	品种
	1503 04	其他债权投资	债券	公允价值变动	是	品种

7.28.4 会计处理分录与案例解析

业务 1：企业取得其他债权投资

企业取得的以公允价值计量且其变动计入其他综合收益的金融资产为债权投资的，应按面值，借记“其他债权投资——成本”科目，按支付的价款中包含的已到付息期但尚未领取的利息，借记“应收利息”科目，按实际支付的金额，贷记“银行存款”等科目，按差额，借记或贷记“其他债权投资——利息调整”科目。会计分录见图 7-65。

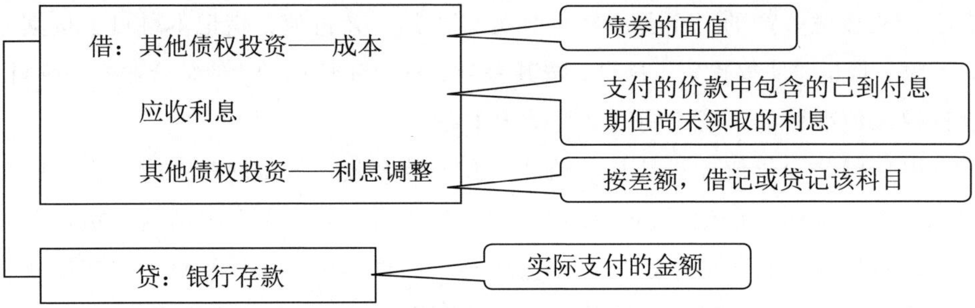

图 7-65 企业取得其他债权投资的会计分录

* 案例解析

【例 7-58】 2×20 年 1 月 1 日，甲保险公司支付价款 1 028.24 元购入某公司发行的 3 年期公司债券。该公司债券的票面金额为 1 000 元，票面利率为 4%，实际利率为 3%，利息每年年末支付，本金到期支付。甲保险公司将该公司债券划分为以公允价值计量且其变动计入其他综合收益的金融资产。2×20 年 12 月 31 日，该债券的市场价格为 1 000.09 元。

假定无交易费用和其他因素的影响，甲保险公司 2×20 年 1 月 1 日购入债券的账务处理如下。

借：其他债权投资——成本　　1 000

　　　　　　　　——利息调整　　28.24

　贷：银行存款　　1 028.24

业务 2：持有期间其他债权投资的计量

（1）企业取得的其他债权投资为分期付息、一次还本的，资产负债表日应按面值和票面利率计算确定的应收未收利息，借记“应收利息”科目，按摊余成本和实际利率计算确定的利息收入，贷记“投资收益”科目，按其差额，借记或贷记“其他债权投资——利息调整”科目。会计分录见图 7-66。

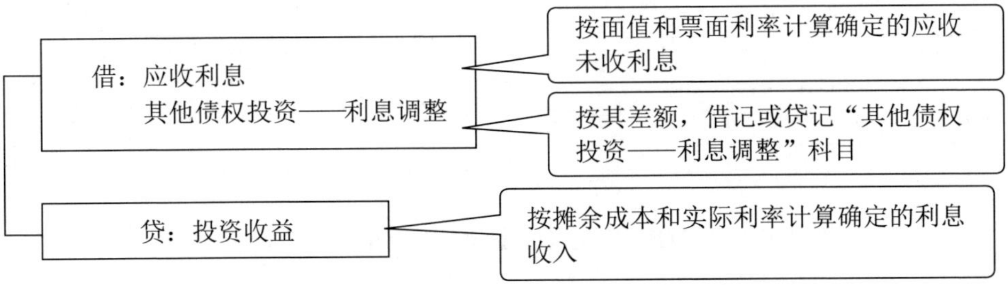

图 7-66　持有期间其他债权投资的计量的会计分录（一）

* 案例解析

【例 7-59】接【例 7-58】，2×20 年 12 月 31 日，甲保险公司收到债券利息，确认公允价值变动，其账务处理如下。

利息收入 =1 028.24×3% =30.85（元）

年末摊余成本 =1 028.24+30.85−40=1 019.09（元）

借：应收利息	40	
贷：投资收益		30.85
其他债权投资——利息调整		9.15
借：银行存款	40	
贷：应收利息		40
借：其他综合收益	19	
贷：其他债权投资——公允价值变动		19

（2）其他债权投资为到期一次还本付息的，应于资产负债表日按面值和票面利率计算确定的应收未收利息，借记“其他债权投资——应计利息”科目，按摊余成本和实际利率计算确定的利息收入，贷记“投资收益”科目，按其差额，借记或贷记“其他债权投资——利息调整”科目。会计分录见图 7-67。

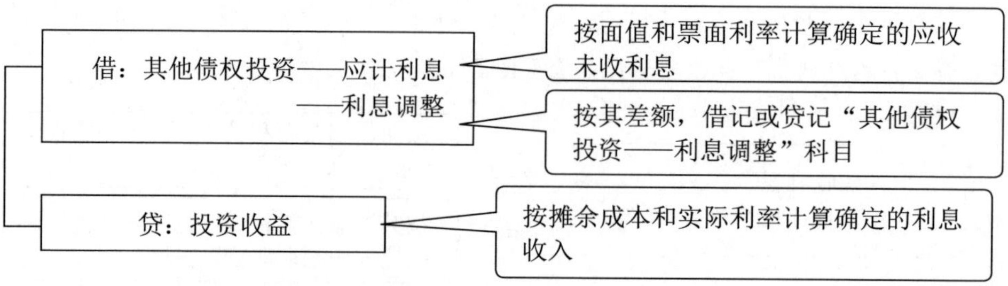

图 7-67　持有期间其他债权投资的计量的会计分录（二）

业务 3：出售其他债权投资

出售其他债权投资，应按实际收到的金额，借记“银行存款”等科目，按其账面余额，贷记“其他债权投资——成本、公允价值变动、利息调整、应计利息”科目，按应从所有者权益中转出的公允价值累计变动额，借记或贷记“其他综合收益”科目，按其差额，贷记或借记“投资收益”科目。出售其他债权投资的会计分录见图 7-68。

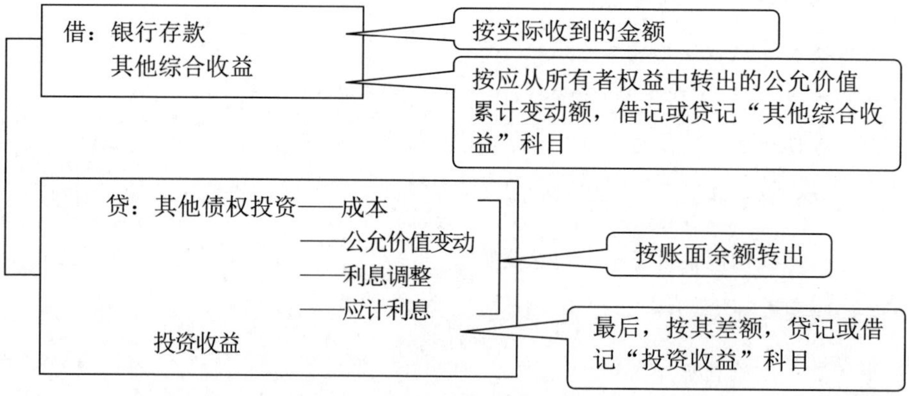

图 7-68　出售其他债权投资的会计分录

* 案例解析

【例 7-60】接【例 7-59】。2×21 年 2 月 1 日，甲保险公司将该债券售出，售价为 1 001 元。假定不考虑其他因素，甲保险公司 2×21 年 2 月 1 日售出债券的账务处理如下。

借：银行存款	1 001
其他债权投资——利息调整	19
投资收益	18.09

贷：其他债权投资——成本　1 000

　　　　　　　　——利息调整　19.09

　　其他综合收益　19

7.29　其他权益工具投资

7.29.1　什么是其他权益工具投资

本科目核算企业指定为以公允价值计量且其变动计入其他综合收益的非交易性权益工具投资。

7.29.2　如何使用“其他权益工具投资”科目

本科目可按其他权益工具投资的类别和品种，分别设置“成本”“公允价值变动”等明细科目进行明细核算。企业取得的指定为以公允价值计量且其变动计入其他综合收益的非交易性权益工具投资，应按其公允价值与交易费用之和，借记本科目（成本），按支付的价款中包含的已宣告但尚未发放的现金股利，借记“应收股利”科目，按实际支付的金额，贷记“银行存款”等科目。资产负债表日，以公允价值计量且其变动计入其他综合收益的金融资产的公允价值高于账面余额的差额，借记本科目（公允价值变动），贷记“其他综合收益”科目；公允价值低于账面余额的，按其差额做相反的会计分录。

出售以公允价值计量且其变动计入其他综合收益的金融资产，应按实际收到的金额，借记“银行存款”“存放中央银行款项”等科目，按其账面余额，贷记本科目（成本、公允价值变动），按应从所有者权益中转出的公允价值累计变动额，借记或贷记“其他综合收益”科目，按其差额，计入留存收益。

本科目期末借方余额，反映企业指定为以公允价值计量且其变动计入其他综合收益的非交易性权益工具投资的公允价值。

7.29.3 如何设置明细科目

“其他权益工具投资”科目的明细科目设置如表 7-31 所示。

表 7-31 1504 其他权益工具投资

顺序号	编号	会计科目名称	二级科目名称	明细科目名称	是否辅助核算	辅助核算类别
一、资产类						
	1504	其他权益工具投资				
	1504 01	其他权益工具投资	股票	成本	是	品种
	1504 02	其他权益工具投资	股票	公允价值变动	是	品种

7.29.4 会计分录和案例处理分析

业务 1：企业取得其他权益工具投资

企业取得的指定为以公允价值计量且其变动计入其他综合收益的非交易性权益工具投资，按其公允价值与交易费用之和，借记“其他权益工具投资——成本”科目，按支付的价款中包含的已宣告但尚未发放的现金股利，借记“应收股利”科目，按实际支付的金额，贷记“银行存款”等科目。会计分录见图 7-69。

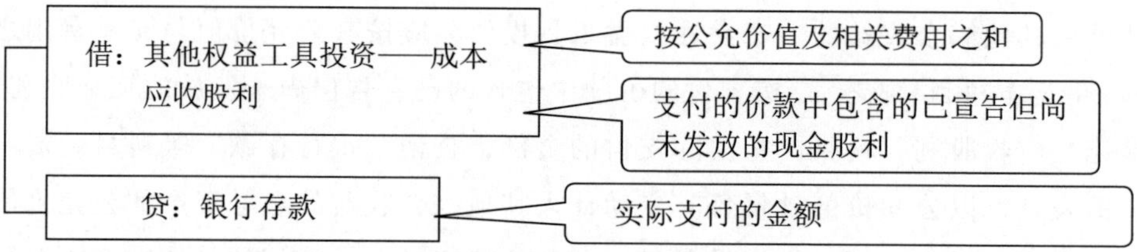

图 7-69 企业取得其他权益工具投资的会计分录

* 案例解析

【例 7-61】乙公司于 2×19 年 7 月 13 日购入股票 1 000 000 股，每股市价 15 元，手续费 30 000 元。初始确认时，将该股票指定为以公允价值计量且其变动计入其他综合收益的非交易性权益工具投资。

假定不考虑其他因素，乙公司 2×19 年 7 月 13 日的账务处理如下。

借：其他权益工具投资——成本　　　　15 030 000

　贷：银行存款　　　　15 030 000

业务2：持有期间其他权益工具投资的计量

企业取得的其他权益工具投资，资产负债表日，应当以公允价值计量，且公允价值的变动记入“其他综合收益”科目。持有期间其他权益工具投资的计量的会计分录见图7-70。

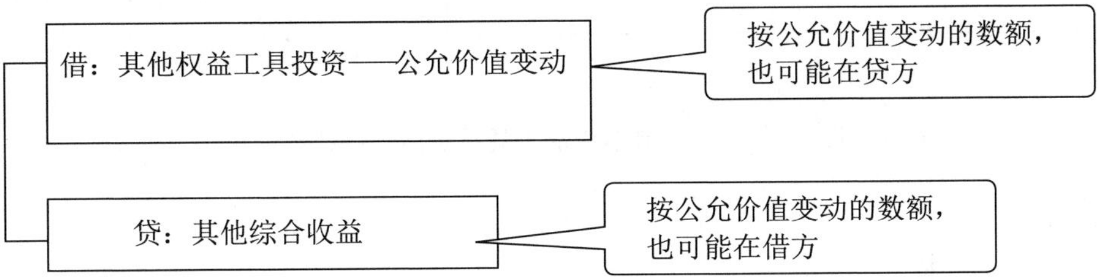

图7-70　持有期间其他权益工具投资的计量的会计分录

* 案例解析

【例7-62】接【例7-61】，乙公司至2×19年12月31日仍持有该股票，该股票2×19年12月31日的市价为16元。

假定不考虑其他因素，乙公司2×19年12月31日确认股票价格变动的账务处理如下。

借：其他权益工具投资——公允价值变动　　　　970 000

　贷：其他综合收益　　　　970 000

业务3：出售其他权益工具投资

出售其他权益工具投资，应按实际收到的金额，借记“银行存款”等科目，按其账面余额，贷记“其他权益工具投资——成本、公允价值变动”科目，按应从所有者权益中转出的公允价值累计变动额，借记或贷记“其他综合收益”科目，按其差额，计入留存收益。出售其他权益工具投资时的会计分录见图7-71。

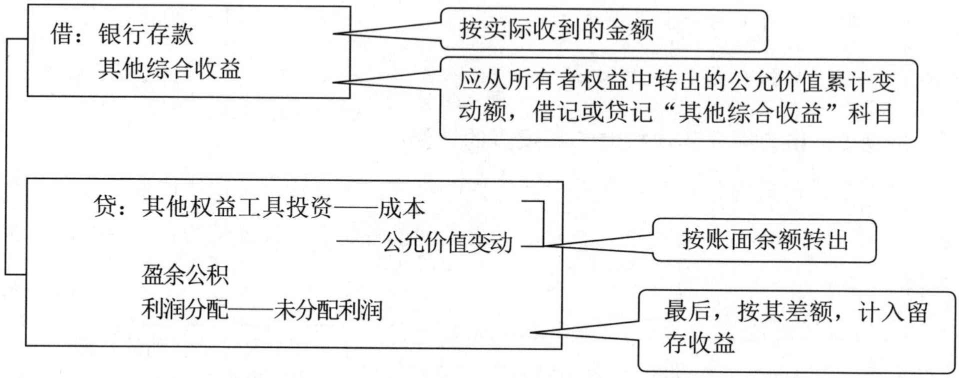

图 7-71 出售其他权益工具投资时的会计分录

* 案例解析

【例 7-63】 2×20 年 5 月 6 日，甲公司支付价款 10 160 000 元（含交易费用 10 000 元和已宣告但尚未发放的现金股利 150 000 元）购入乙公司发行的股票 2 000 000 股，占乙公司有表决权股份的 0.5%。甲公司将其指定为以公允价值计量且其变动计入其他综合收益的非交易性权益工具投资。其他资料如下。

①2×20 年 5 月 10 日，甲公司收到乙公司发放的现金股利 150 000 元。

②2×20 年 6 月 30 日，该股票市价为每股 5.2 元。

③2×20 年 12 月 31 日，甲公司仍持有该股票。当日，该股票市价为每股 5 元。

④2×21 年 5 月 9 日，乙公司宣告发放现金股利 200 000 元。

⑤2×21 年 5 月 13 日，甲公司收到乙公司发放的现金股利。

⑥2×21 年 5 月 20 日，甲公司以每股 4.9 元的价格将该股票全部转让。

假定不考虑其他因素的影响，甲公司的账务处理如下。

①2×20 年 5 月 6 日，购入股票。

借：应收股利	150 000	
其他权益工具投资——成本	10 010 000	
贷：银行存款		10 160 000

②2×20 年 5 月 10 日，收到现金股利。

借：银行存款	150 000	
贷：应收股利		150 000

③ 2×20 年 6 月 30 日，确认股票价格变动。

借：其他权益工具投资——公允价值变动	390 000	
贷：其他综合收益		390 000

④ 2×20 年 12 月 31 日，确认股票价格变动。

借：其他综合收益	400 000	
贷：其他权益工具投资——公允价值变动		400 000

⑤ 2×21 年 5 月 9 日，确认应收现金股利。

借：应收股利	200 000	
贷：投资收益		200 000

⑥ 2×21 年 5 月 13 日，收到现金股利。

借：银行存款	200 000	
贷：应收股利		200 000

⑦ 2×21 年 5 月 20 日，出售股票。

借：银行存款	9 800 000	
其他权益工具投资——公允价值变动	10 000	
盈余公积	21 000	
利润分配——未分配利润	189 000	
贷：其他权益工具投资——成本		10 010 000
其他综合收益		10 000

7.30　长期股权投资

7.30.1　什么是长期股权投资

长期股权投资（Long-term investment on stocks）是指通过投资取得被投

资单位的股份。企业对其他单位的股权投资，通常视为长期持有，以及通过股权投资达到控制被投资单位，或对被投资单位施加重大影响，或为了与被投资单位建立密切关系，以分散经营风险。

7.30.2 如何使用“长期股权投资”科目

本科目核算企业持有的采用成本法和权益法核算的长期股权投资。本科目可按被投资单位进行明细核算。

长期股权投资采用权益法核算的，还应当分别设置“成本”“损益调整”“其他权益变动”明细科目进行明细核算。

本科目期末借方余额，反映企业长期股权投资的价值。

7.30.3 如何设置明细科目

“长期股权投资”科目的明细科目设置如表7-32所示。

表7-32 1 511 长期股权投资

顺序号	编号	会计科目名称	二级科目名称	三级科目名称	是否辅助核算	辅助核算类别
一、资产类						
	1511	长期股权投资			是	
	1511 01	长期股权投资	股票投资		是	被投资单位
	1511 01 01	长期股权投资	股票投资	成本	是	被投资单位
	1511 01 02	长期股权投资	股票投资	损益调整	是	被投资单位
	1511 01 03	长期股权投资	股票投资	其他权益变动	是	被投资单位
	1511 02	长期股权投资	其他股权投资		是	被投资单位
	1511 02 01	长期股权投资	其他股权投资	成本	是	被投资单位
	1511 02 02	长期股权投资	其他股权投资	损益调整	是	被投资单位
	1511 02 03	长期股权投资	其他股权投资	其他权益变动	是	被投资单位

7.30.4　会计处理分录与案例解析

业务 1：企业取得长期股权投资

（1）同一控制下企业合并形成的长期股权投资，应在合并日按取得被合并方所有者权益账面价值的份额，借记“长期股权投资”科目，按享有被投资单位已宣告但尚未发放的现金股利或利润，借记“应收股利”科目，按支付的合并对价的账面价值，贷记有关资产类科目或借记有关负债类科目。为贷方差额的，贷记“资本公积——资本溢价 / 股本溢价”科目，如图 7-72 所示；为借方差额的，借记“资本公积——资本溢价 / 股本溢价”科目，资本公积（资本溢价 / 股本溢价）不足冲减的，依次冲减盈余公积和利润分配——未分配利润，如图 7-73 所示。

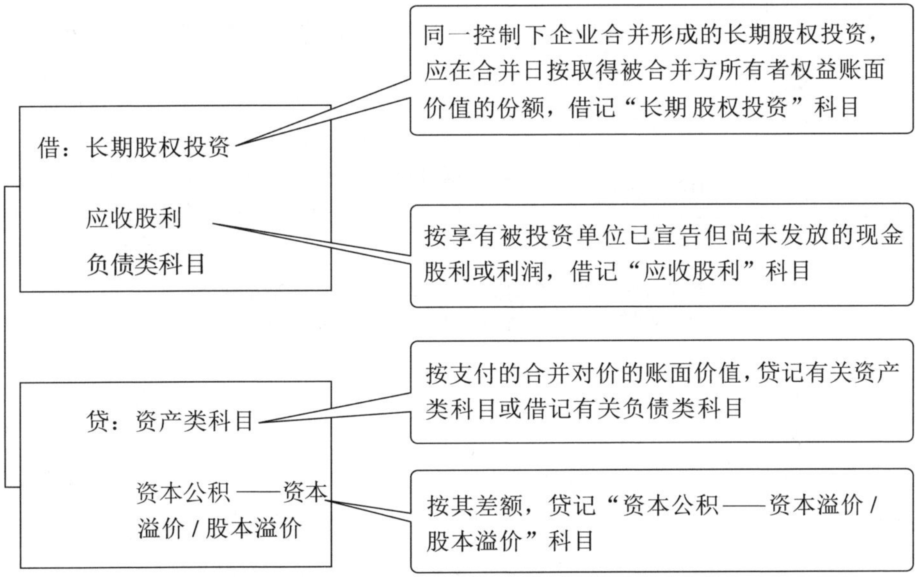

图 7-72　企业取得同一控制下企业合并形成的长期股权投资（差额在贷方）时的会计分录

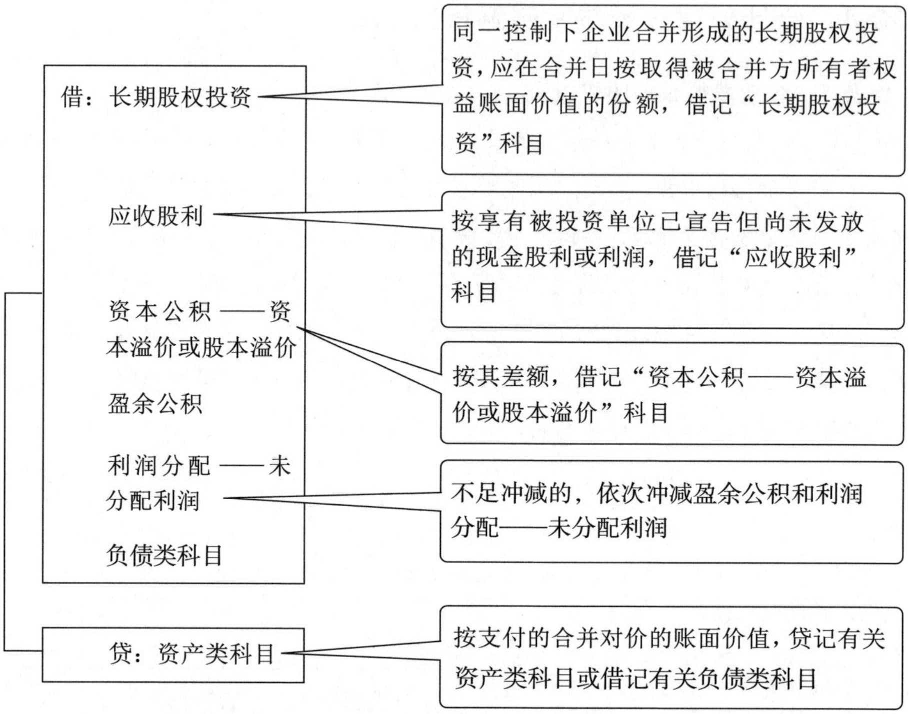

图 7-73 企业取得同一控制下企业合并形成的长期股权投资（差额在借方）时的会计分录

* 案例解析

【例 7-64】2×15 年 6 月 30 日，P 公司向同一集团内 S 公司发行 1 000 万股普通股（每股面值为 1 元，市价为 4.34 元），取得 S 公司 100% 的股权并于当日能够对 S 公司实施控制。合并后 S 公司仍维持其独立法人地位继续经营。合并前，S 公司净资产的账面价值为 22 020 000 元。两公司在企业合并前采用的会计政策相同。

合并日，P 公司在其账簿及个别财务报表中应将所持有的 S 公司的股权确认为对 S 公司的长期股权投资，其成本为合并日享有 S 公司账面所有者权益的份额。P 公司在合并日应进行的账务处理为：

借：长期股权投资　　22 020 000

　贷：股本　　10 000 000

　　　资本公积——股本溢价　　12 020 000

（2）非同一控制下企业合并形成的长期股权投资，应在购买日按企业合并成本

（不含应自被投资单位收取的现金股利或利润），借记“长期股权投资”科目，按享有被投资单位已宣告但尚未发放的现金股利或利润，借记“应收股利”科目，按支付合并对价的账面价值，贷记有关资产类科目或借记有关负债类科目，按发生的直接相关费用，贷记“银行存款”等科目，按其差额，贷记“营业外收入”科目或借记“营业外支出”等科目。非同一控制下企业合并涉及以库存商品等作为合并对价的，应按库存商品的公允价值，贷记“主营业务收入”科目，并同时结转相关的成本。涉及增值税的，还应进行相应的处理。会计分录如图 7-74 所示。

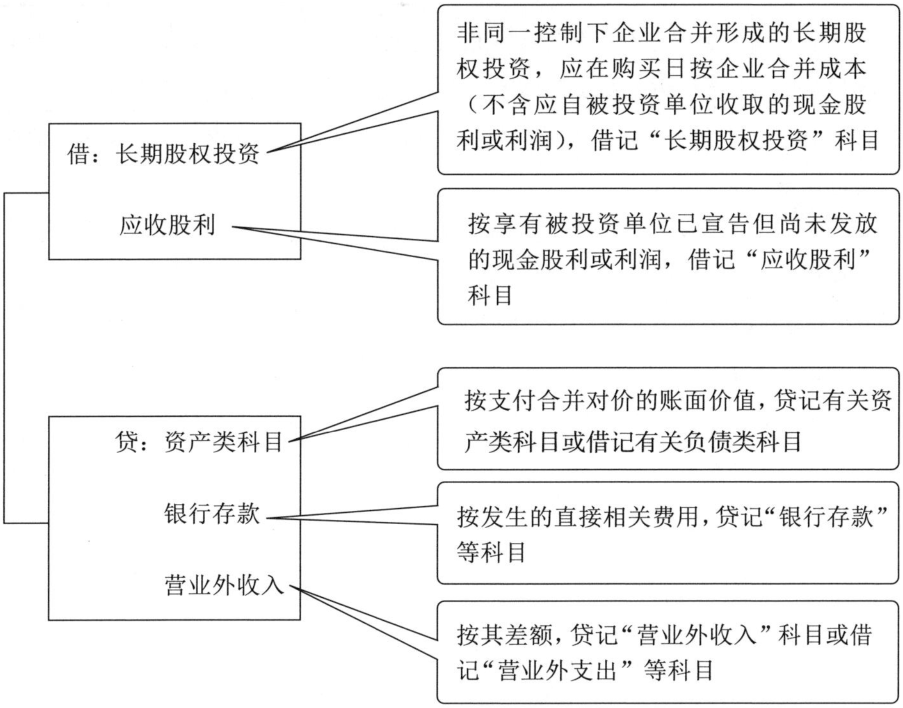

图 7-74　企业取得非同一控制下企业合并形成的长期股权投资时的会计分录

＊ 案例解析

【例 7-65】 A 公司于 2×15 年 3 月 31 日取得 B 公司 70% 的股权。为核实 B 公司的资产价值，A 公司聘请专业资产评估机构对 B 公司的资产进行评估，支付评估费 3 000 000 元。合并中，A 公司付出对价的有关资产在购买日的账面价值与公允价值如表 7-33 所示。

表 7–33　2×15 年 3 月 31 日 A 公司付出对价的有关资产的账面价值与公允价值

单位：元

项目	账面价值	公允价值
土地使用权（自用）	60 000 000	96 000 000
专利技术	24 000 000	30 000 000
银行存款	24 000 000	24 000 000
合计	108 000 000	150 000 000

假定合并前 A 公司与 B 公司不存在任何关联方关系，A 公司用作合并对价的土地使用权和专利技术原价共计 96 000 000 元，至企业合并发生时已累计摊销 12 000 000 元。

因 A 公司与 B 公司在合并前不存在任何关联方关系，应作为非同一控制下的企业合并处理。

A 公司对合并形成的对 B 公司的长期股权投资，应按确定的企业合并成本作为其初始投资成本。A 公司应进行如下账务处理。

借：长期股权投资　150 000 000
　　累计摊销　12 000 000
　　贷：无形资产　96 000 000
　　　　银行存款　24 000 000
　　　　资产处置损益　42 000 000
借：管理费用　3 000 000
　　贷：银行存款　3 000 000

（3）以支付现金、非现金资产等其他方式（非企业合并）形成的长期股权投资，比照非同一控制下企业合并形成的长期股权投资的相关规定进行处理。投资者投入的长期股权投资，应按确定的长期股权投资成本，借记“长期股权投资”科目，贷记“实收资本”或“股本”科目。

* 案例解析

【例 7–66】甲公司于 2×15 年 2 月 10 日，自公开市场中买入乙公司 20% 的股份，实际支付价款 80 000 000 元。另外，在购买过程中支付手续费等相关费用 2 000 000 元。甲公司取得该部分股权后，能够对乙公司的生产经营决策施加重大影响。

甲公司应当按照实际支付的购买价款作为取得长期股权投资的成本，其账务处理为：

借：长期股权投资　　　　　　　　　　　　　　82 000 000

　　贷：银行存款　　　　　　　　　　　　　　　82 000 000

业务2：采用成本法核算长期股权投资

（1）长期股权投资采用成本法核算的，应按被投资单位宣告发放的现金股利或利润中属于本企业的部分，借记“应收股利”科目，贷记“投资收益”科目。采用成本法核算长期股权投资的会计分录如图7–75所示。

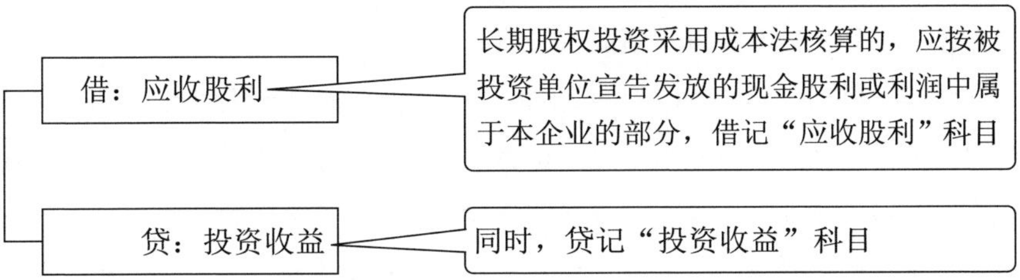

图7–75　采用成本法核算长期股权投资时的会计分录

（2）属于被投资单位在取得本企业投资前实现净利润的分配额，应作为投资成本的收回，借记“应收股利”科目，贷记“长期股权投资”科目。会计分录如图7–76所示。

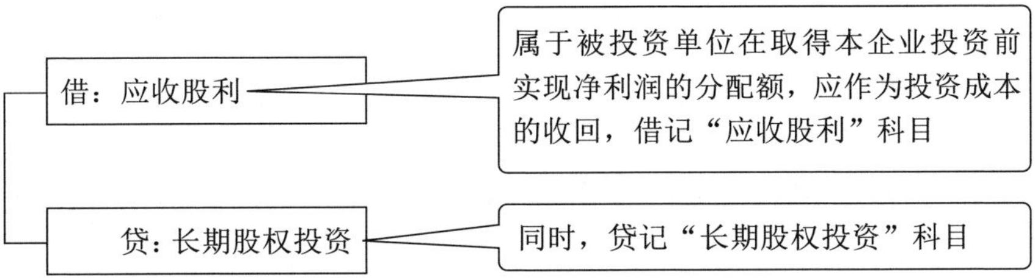

图7–76　属于与被投资单位在取得本企业投资前实现净利润分配额相关的会计分录

* 案例解析

【例7–67】甲公司和乙公司均为我国境内居民企业。税法规定，我国境内居民企业之间取得的股息、红利免税。2×18年12月31日，甲公司自非关联方处以银行存款80 000万元取得对乙公司80%的股权，另付评估审计费用600万元。相关手续于当日完成，并能够对乙公司实施控制。

借：长期股权投资　　　　　　　　　　　　　　　　80 000

　　管理费用　　　　　　　　　　　　　　　　　　　600

　　贷：银行存款　　　　　　　　　　　　　　　　　　80 600

2×19年3月，乙公司宣告分派现金股利1 000万元，2×19年乙公司实现净利润6 000万元。不考虑相关税费等其他因素的影响，甲公司应进行以下账务处理。

借：应收股利　　　　　　　　　　（1 000×80%）800

　　贷：投资收益　　　　　　　　　　　　　　　　　800

业务3：采用权益法核算长期股权投资

（1）长期股权投资采用权益法核算的，初始投资成本大于投资时应享有被投资单位可辨认净资产公允价值份额的，不调整已确认的初始投资成本。长期股权投资的初始投资成本小于投资时应享有被投资单位可辨认净资产公允价值份额的，应按其差额，借记“长期股权投资——成本”科目，贷记“营业外收入”科目。采用权益法核算长期股权投资的，会计分录如图7-77所示。

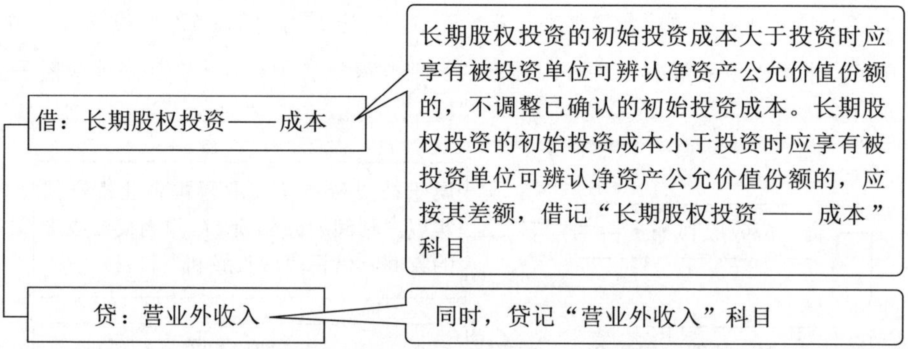

图7-77　采用权益法核算长期股权投资的会计分录

（2）根据被投资单位实现的净利润或经调整的净利润计算应享有的份额，借记“长期股权投资——损益调整”科目，贷记“投资收益”科目。被投资单位发生净亏损时，做相反的会计分录，但以本科目的账面价值减记至零为限；还需承担的投资损失，应将其他实质上构成对被投资单位净投资的长期权益减记至零为限；除按照以上步骤确认的损失外，按照投资合同或协议约定将承担的损失，确认为预计负债。发生亏损的被投资单位以后实现净利润的，应按与上述相反的顺序进行处理。会计分录如图7-78所示。

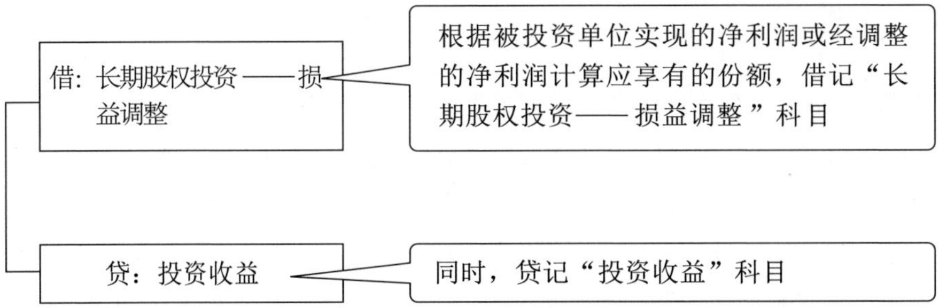

图 7-78　应享有被投资单位实现或经调整的净利润份额的会计分录

(3)被投资单位宣告发放现金股利或利润时，企业按持股比例计算应享有的份额，借记“应收股利”科目，贷记“长期股权投资——损益调整”科目。收到被投资单位宣告发放的股票股利时，企业不进行账务处理，但应在备查簿中登记。会计分录如图 7-79 所示。

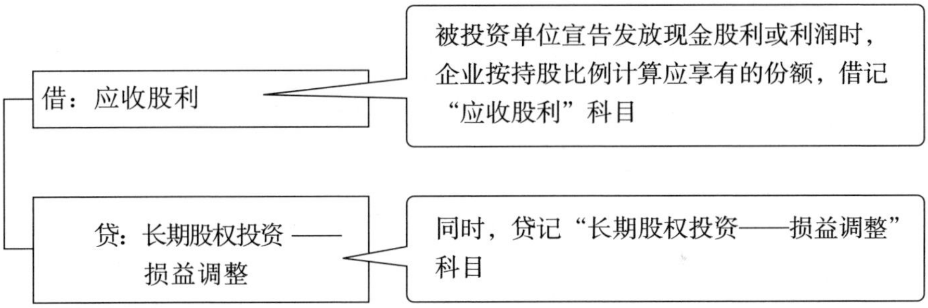

图 7-79　被投资单位宣告发放现金股利或利润时，投资单位的会计分录

(4)在持股比例不变的情况下，被投资单位除净损益以外所有者权益的其他变动，企业按持股比例计算应享有的份额，借记或贷记“长期股权投资——其他权益变动”科目，贷记或借记“资本公积——其他资本公积”科目。会计分录如图 7-80 所示。

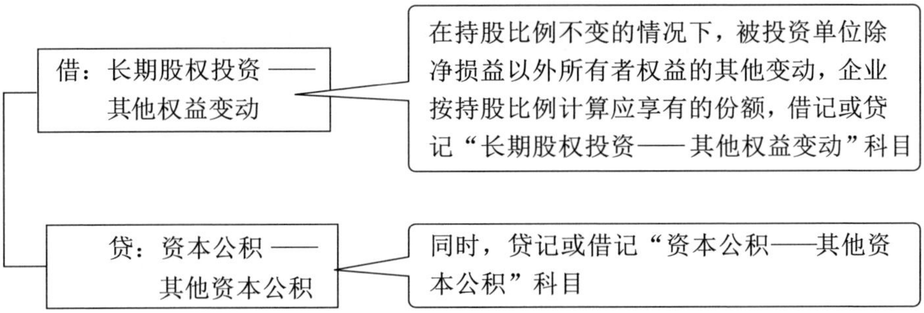

图 7-80　按持股比例享有份额计算所有者权益的其他变动的会计分录

* 案例解析

【例 7–68】甲企业持有乙公司 20% 有表决权的股份，能够对乙公司生产经营决策施加重大影响。2×14 年，甲企业将其账面价值为 6 000 000 元的商品以 10 000 000 元的价格出售给乙公司。至 2×14 年资产负债表日，该批商品尚未对外部第三方出售。假定甲企业取得该项投资时，乙公司各项可辨认资产、负债的公允价值与其账面价值相等，两者在以前期间未发生过内部交易。乙公司 2×14 年净利润为 20 000 000 元。假定不考虑所得税因素的影响。

甲企业在该项交易中实现利润 4 000 000 元，其中 800 000（4 000 000×20%）元是针对本企业持有的对联营企业的权益份额，在采用权益法计算确认投资损益时应予抵销，即甲企业应当进行的账务处理为：

借：长期股权投资——损益调整［（20 000 000−4 000 000）×20%］ 3 200 000

　贷：投资收益 3 200 000

甲企业如需编制合并财务报表，在合并财务报表中对该未实现内部交易损益应在个别报表已确认投资损益的基础上进行以下调整。

借：营业收入 （10 000 000×20%）2 000 000

　贷：营业成本 （6 000 000×20%）1 200 000

　　投资收益 800 000

【例 7–69】A 企业持有 B 企业 30% 的股份，当期 B 企业因持有的其他权益工具投资公允价值的变动计入资本公积的金额为 6 000 000 元。除该事项外，B 企业当期实现的净损益为 32 000 000 元。假定 A 企业与 B 企业适用的会计政策所处的会计期间相同，投资时有关资产的公允价值与其账面价值也相等。不考虑相关的所得税影响。

A 企业在确认应享有被投资单位所有者权益的变动时的账务处理为：

借：长期股权投资——损益调整 9 600 000

　　——其他权益变动 1 800 000

　贷：投资收益 9 600 000

　　资本公积——其他资本公积 1 800 000

业务 4：成本法与权益法之间的转换

长期股权投资在持有期间，可能因持股比例下降或上升而由成本法改为权益法或由权益法改为成本法。原持有的对被投资单位不具有控制、共同控制或重大影响、在活跃市场没有报价、公允价值不能可靠计量的长期股权投资，因追加投资导致持股比例上升，能够对被投资单位施加重大影响或是实施共同控制的，在自成本法转为权益法时，应区分原持有的长期股权投资以及新增长期股权投资两部分分别处理：

（1）原持有长期股权投资的处理

原持有长期股权投资的账面余额与按照原持股比例计算确定应享有原取得投资时被投资单位可辨认净资产公允价值份额之间的差额：

①属于通过投资作价体现的商誉部分（即原取得投资时投资成本大于应享有被投资单位可辨认净资产公允价值份额的部分），不调整长期股权投资的账面价值；

②属于原取得投资时因长期股权投资的账面余额小于应享有原取得投资时被投资单位可辨认净资产公允价值份额的差额，一方面应调整长期股权投资的账面价值，另一方面应同时调整留存收益（追溯调整）。

借：长期股权投资

　　贷：盈余公积

　　　　利润分配——未分配利润

（2）新增长期股权投资的处理

对于新取得的股权部分，应比较新增投资的成本与取得该部分投资时应享有被投资单位可辨认净资产公允价值的份额，其中投资成本大于投资时应享有被投资单位可辨认净资产公允价值份额的，不调整长期股权投资的账面价值；对于投资成本小于应享有被投资单位可辨认净资产公允价值份额的，应调整增加长期股权投资的成本，同时计入取得当期的营业外收入。

（3）对于原取得投资后至新取得投资的交易日之间被投资单位可辨认净资产的公允价值变动相对于原持股比例的部分

①属于在此之间被投资单位实现净损益中应享有份额的，一方面应调整长期股权投资的账面价值，另一方面对于原取得投资时至新增投资当期期初按照原持股比例应享有被投资单位实现的净损益，应调整留存收益；

②对于新增投资当期期初至新增投资交易日之间应享有被投资单位的净损益，应计入当期损益；

③属于其他原因导致的被投资单位可辨认净资产公允价值变动中应享有的份额，在调整长期股权投资账面价值的同时，应当计入“资本公积—其他资本公积”。

借：长期股权投资（被投资方可辨认净资产公允价值变动数 × 原持股比例）

　　贷：盈余公积（被投资方实现净损益 × 原持股比例 × 盈余公积提取比例）

　　　　利润分配——未分配利润［被投资方实现净损益 × 原持股比例 ×（1-盈余公积提取比例）］

　　　　资本公积——其他资本公积（差额）

＊ 案例解析

【例 7-70】 A 公司于 2×14 年 2 月取得 B 公司 10% 的股权，成本为 9 000 000 元，取得时 B 公司可辨认净资产公允价值总额为 84 000 000 元（假定公允价值与账面价值相等）。因对被投资单位不具有重大影响且无法可靠确定该项投资的公允价值，A 公司对该投资采用成本法核算。A 公司按照净利润的 10% 提取盈余公积。

2×15 年 4 月 10 日，A 公司又以 18 000 000 元的价格取得 B 公司 12% 的股权，当日 B 公司可辨认净资产公允价值总额为 120 000 000 元。取得该部分股权后，按照 B 公司章程，A 公司能够派出董事参与 B 公司的生产经营决策，对该项长期股权投资转为采用权益法核算。假定 A 公司在取得对 B 公司 10% 的股权后，双方未发生任何内部交易。B 公司通过生产经营活动实现的净利润为 9 000 000 元，未派发现金股利或利润。除所实现净利润外，未发生其他计入资本公积的交易或事项。

① 2×15 年 4 月 10 日，A 公司应确认对 B 公司的长期股权投资，账务处理为：

借：长期股权投资　　　　18 000 000

　　贷：银行存款　　　　18 000 000

②对长期股权投资账面价值的调整。

确认该部分长期股权投资后，A 公司对 B 公司投资的账面价值为 27 000 000 元，其中与原持有比例相对应的部分为 9 000 000 元，新增股权的成本为 18 000 000 元。

a. 原 10% 股权的成本 9 000 000 元与原投资时应享有被投资单位可辨认净资产公允价值份额 8 400 000（84 000 000×10%）元之间的差额 600 000 元，属于原投资时体现的商誉。该部分差额不影响长期股权投资的账面价值。

在被投资单位可辨认净资产在原投资时至新增投资交易日之间公允价值的变动相

对于原持股比例的部分为3 600 000[（120 000 000−84 000 000）×10%]元中，对于属于投资后被投资单位实现净利润部分为900 000（9 000 000×10%）元，A公司应调整增加长期股权投资的账面余额，同时调整留存收益；对于除实现净损益外其他原因导致的可辨认净资产公允价值的变动为2 700 000元，A公司应当调整增加长期股权投资的账面余额，同时记入“资本公积——其他资本公积”科目。A公司的账务处理为：

借：长期股权投资　　3 600 000

　贷：资本公积——其他资本公积　　2 700 000

　　盈余公积　　90 000

　　利润分配——未分配利润　　810 000

b.新取得的股权的成本为18 000 000元，其与取得该投资时按照持股比例计算确定应享有被投资单位可辨认净资产公允价值的份额14 400 000（120 000 000×12%）元之间的差额为投资作价中体现出的商誉。该部分商誉不影响长期股权投资的成本。

业务5：处置长期股权投资

（1）处置长期股权投资时，应按实际收到的金额，借记“银行存款”等科目，按其账面余额，贷记“长期股权投资”科目，按尚未领取的现金股利或利润，贷记“应收股利”科目，按其差额，贷记或借记“投资收益”科目。已计提减值准备的，还应同时结转减值准备。处置长期股权投资时的会计分录如图7-81所示。

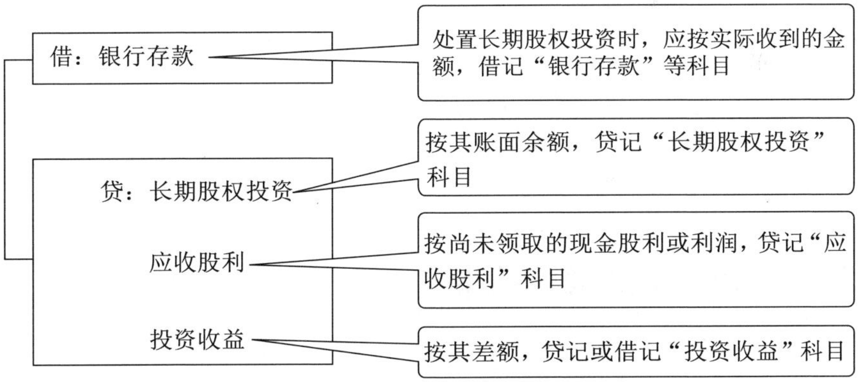

图7-81　处置长期股权投资时的会计分录

（2）采用权益法核算长期股权投资，处置时，除上述规定外，还应结转原计入资本公积的相关金额，借记或贷记“资本公积——其他资本公积”科目，贷记或借记“投资收益”科目。会计分录如图7-82所示。

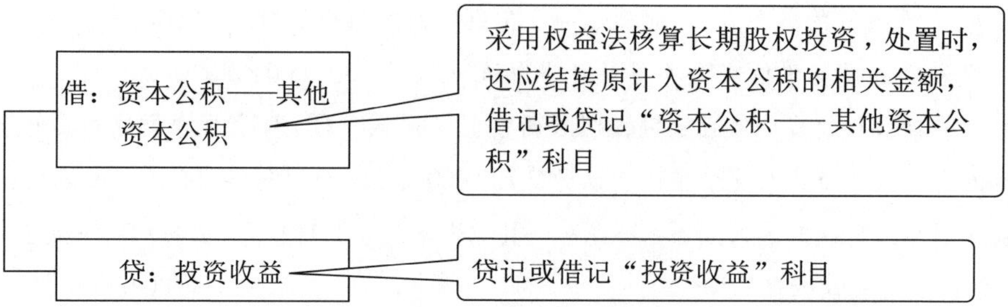

图 7-82　采用权益法核算长期股权投资，处置时的会计分录

* 案例解析

【例 7-71】A 企业原持有 B 企业 40％的股权，2×14 年 12 月 20 日，A 企业决定出售持有 B 企业 10％的股权。出售时，A 企业对 B 企业长期股权投资的构成为：投资成本 18 000 000 元，损益调整 4 800 000 元，其他权益变动 3 000 000 元。A 企业出售该投资取得价款 7 050 000 元。

A 企业确认处置损益的账务处理为：

借：银行存款	7 050 000	
贷：长期股权投资		6 450 000
投资收益		600 000

7.31　长期股权投资减值准备

7.31.1　什么是长期股权投资减值准备

长期股权投资减值准备是针对长期股权投资账面价值而言的，在期末时按账面价值与可收回金额孰低的原则来计量，对可收回金额低于账面价值的，按其差额计提长期股权投资减值准备。可收回金额是依据核算日前后的相关信息确定的。

7.31.2　如何使用“长期股权投资减值准备”科目

本科目核算企业长期股权投资的减值准备。本科目可按被投资单位进行明细核算。本科目期末贷方余额，反映企业已计提但尚未转销的长期股权投资减值准备。

7.31.3　如何设置明细科目

“长期股权投资减值准备”科目的明细科目设置如表 7–34 所示。

表 7–34　1512 长期股权投资减值准备

顺序号	编号	会计科目名称	二级科目名称	三级科目名称
一、资产类				
	1512	长期股权投资减值准备		
	1512 01	长期股权投资减值准备	股票投资	按被投资单位
	1512 02	长期股权投资减值准备	其他股权投资	按被投资单位

7.31.4　会计处理分录与案例解析

资产负债表日，长期股权投资发生减值的，按应减记的金额，借记“资产减值损失”科目，贷记“长期股权投资减值准备”科目。处置长期股权投资时，应同时结转已计提的长期股权投资减值准备。会计分录如图 7–83 所示。

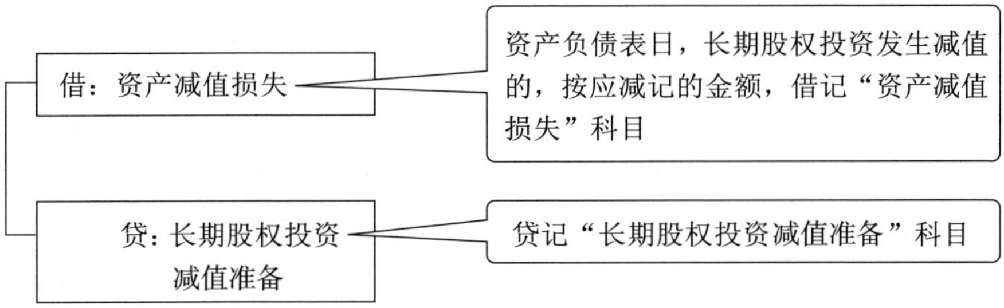

图 7–83　长期股权投资发生减值时的会计分录

* 案例解析

【例 7–72】甲公司长期股权投资的账面价值为 2 000 000 元。某资产负债表日，该项投资的可收回金额为 1 800 000 元，则甲公司应做如下会计分录。

借：资产减值损失——计提的长期股权投资减值准备　　200 000

　　贷：长期股权投资减值准备　　200 000

7.32 投资性房地产

7.32.1 什么是投资性房地产

投资性房地产，是指为赚取租金或资本增值，或两者兼有而持有的房地产。投资性房地产应当能够单独计量和出售。投资性房地产主要包括：已出租的土地使用权、持有并准备增值后转让的土地使用权和已出租的建筑物。

下列各项不属于投资性房地产。

（1）自用房地产，即为生产商品、提供劳务或者经营管理而持有的房地产。

（2）作为存货的房地产。

7.32.2 如何使用“投资性房地产”科目

本科目核算企业采用成本模式计量的投资性房地产的成本。企业采用公允价值模式计量的投资性房地产，也通过本科目核算。对于采用成本模式计量的投资性房地产的累计折旧或累计摊销，企业可以单独设置“投资性房地产累计折旧/摊销”科目，比照“累计折旧”“累计摊销”等科目进行处理。采用成本模式计量的投资性房地产发生减值的，企业可以单独设置“投资性房地产减值准备”科目，比照“固定资产减值准备”等科目进行处理。

本科目可按投资性房地产类别和项目进行明细核算。采用公允价值模式计量的投资性房地产，还应设置“成本”和“公允价值变动”明细科目分别进行明细核算。

本科目期末借方余额，反映企业采用成本模式计量的投资性房地产成本或采用公允价值模式计量的投资性房地产的公允价值。

7.32.3　如何设置明细科目

“投资性房地产”科目的明细科目设置如表 7-35 所示。

表 7-35　1521 投资性房地产

顺序号	编号	会计科目名称	二级科目名称	三级科目名称	是否辅助核算	辅助核算类别
一、资产类						
	1521	投资性房地产				
	1521 01	投资性房地产	公允价值模式计量		是	项目
	1521 01 01	投资性房地产	公允价值模式计量	已出租的土地使用权	是	项目
	1521 01 02	投资性房地产	公允价值模式计量	持有并准备增值后转让的土地使用权	是	项目
	1521 01 03	投资性房地产	公允价值模式计量	已出租的建筑物	是	项目
	1521 02	投资性房地产	成本模式计量		是	项目
	1521 02 01	投资性房地产	成本模式计量	已出租的土地使用权	是	项目
	1521 02 02	投资性房地产	成本模式计量	持有并准备增值后转让的土地使用权	是	项目
	1521 02 03	投资性房地产	成本模式计量	已出租的建筑物	是	项目
	1521 03	投资性房地产	其他	类别	是	项目

7.32.4　会计处理分录与案例解析

业务 1：采用成本模式计量投资性房地产

（1）企业通过外购、自行建造等方式取得投资性房地产的，按应计入投资性房地产成本的金额，借记“投资性房地产”科目，贷记“银行存款”“在建工程”等科目。采用成本模式计量投资性房地产时的会计分录如图 7-84 所示。

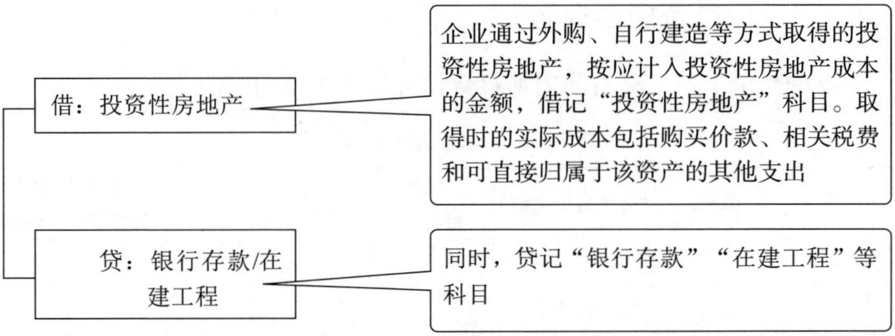

图 7-84　成本模式下企业通过外购、自行建造等方式取得投资性房地产时的会计分录

* 案例解析

【例 7-73】2×15 年 3 月，甲企业计划购入一栋写字楼用于对外出租。3 月 15 日，甲企业与乙企业签订了经营租赁合同，约定自写字楼购买日起将这栋写字楼出租给乙企业，为期 5 年。4 月 5 日，甲企业购入写字楼，支付价款 12 000 000 元。假设不考虑其他因素，甲企业采用成本模式对该投资性房地产进行后续计量。

甲企业的账务处理如下。

借：投资性房地产——写字楼　　　　12 000 000

　　贷：银行存款　　　　12 000 000

（2）将作为存货的房地产转换为投资性房地产的，企业应按其在转换日的账面余额，借记“投资性房地产”科目，贷记“开发产品”等科目。已计提存货跌价准备的，还应同时结转存货跌价准备。会计分录如图 7-85 所示。

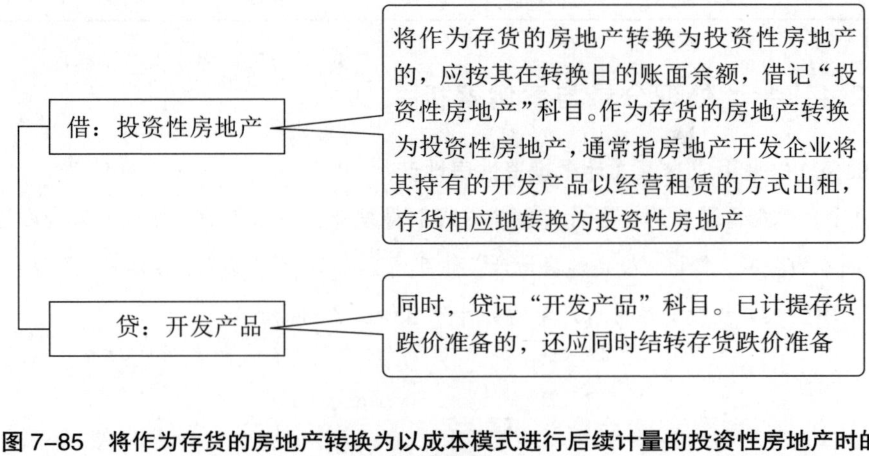

图 7-85　将作为存货的房地产转换为以成本模式进行后续计量的投资性房地产时的会计分录

* 案例解析

【例 7–74】甲企业是从事房地产开发业务的企业，2×15 年 3 月 10 日，甲企业与乙企业签订了租赁协议，将其开发的一栋写字楼出租给乙企业使用，租赁期开始日为 2×15 年 4 月 15 日。2×15 年 4 月 15 日，该写字楼的账面余额为 450 000 000 元，未计提存货跌价准备。假设甲企业采用成本模式对其投资性房地产进行后续计量。

甲企业的账务处理如下。

借：投资性房地产——写字楼　　　　450 000 000

　贷：开发产品　　　　　　　　　　450 000 000

（3）将自用的建筑物等转换为投资性房地产的，企业应按其在转换日的原价、累计折旧、减值准备等，分别转入“投资性房地产”“投资性房地产累计折旧 / 摊销”“投资性房地产减值准备”科目。按其账面余额，借记“投资性房地产”科目，贷记“固定资产”或“无形资产”科目。按已计提的折旧或摊销，借记“累计折旧”或“累计摊销”科目，贷记“投资性房地产累计折旧 / 摊销”科目。会计分录如图 7–86 所示。

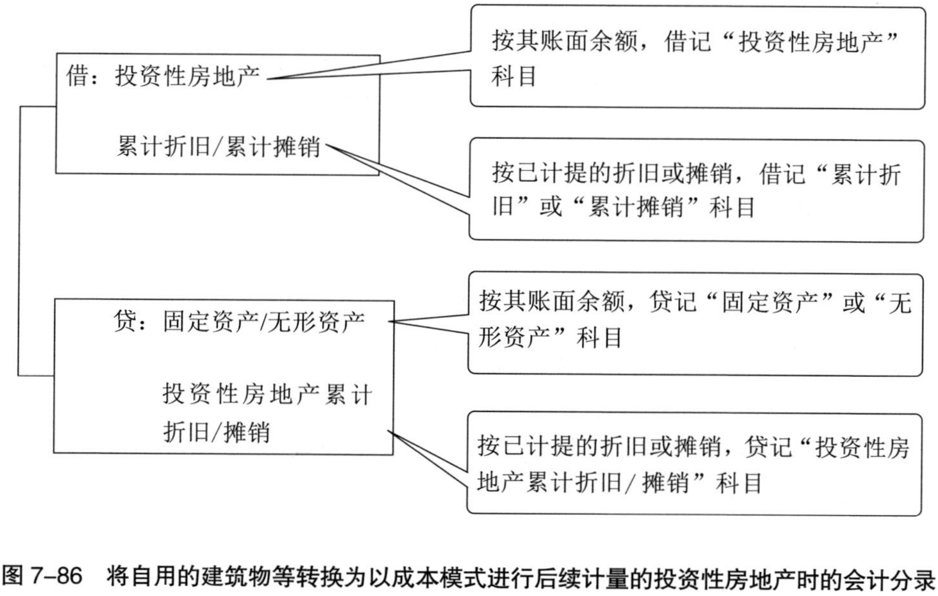

图 7–86　将自用的建筑物等转换为以成本模式进行后续计量的投资性房地产时的会计分录

* 案例解析

【例 7–75】甲企业拥有一栋办公楼，用于本企业总部办公。2×15 年 3 月 10 日，甲企业与乙企业签订了经营租赁协议，将这栋办公楼整体出租给乙企业使用，租赁期开始日为2×15年4月15日，为期5年。2×15年4月15日，这栋办公楼的账面余额为450 000 000元，已计提折旧3 000 000元。假设甲企业采用成本模式计量投资性房地产。

甲企业的账务处理如下。

借：投资性房地产——写字楼　　450 000 000

　　累计折旧　　3 000 000

　　贷：固定资产　　450 000 000

　　　　投资性房地产累计折旧　　3 000 000

（4）企业按期（月）对投资性房地产计提折旧或摊销时，借记“其他业务成本”科目，贷记“投资性房地产累计折旧/摊销”科目；按取得的租金收入，借记“银行存款”等科目，贷记“其他业务收入”科目。会计分录如图7-87所示。

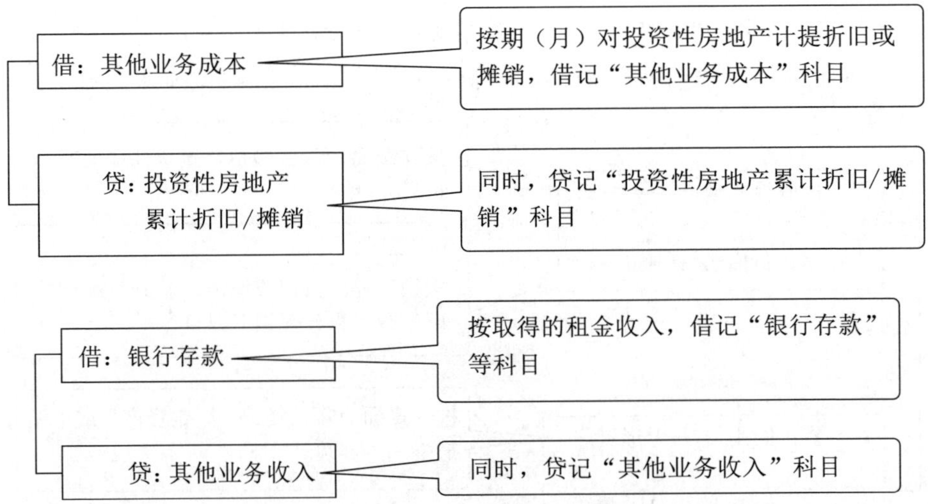

图7-87　成本模式下对投资性房地产计提折旧或摊销并确认租金收入时的会计分录

* 案例解析

【例7-76】甲企业将一栋办公楼出租给乙企业使用。该办公楼已被甲企业确认为投资性房地产，采用成本模式进行后续计量。假设这栋办公楼的成本为18 000 000元，按照直线法计提折旧，使用寿命为20年，预计净残值为零。按照经营租赁合同，乙企业每月支付甲企业租金80 000元。当年12月，这栋办公楼发生减值迹象，经减值测试，其可收回金额为12 000 000元。此时，办公楼的账面价值为15 000 000元，以前未计提减值准备。

甲企业的账务处理如下。

①计提折旧。

每月计提的折旧 =18 000 000÷20÷12=75 000（元）

借：其他业务成本　　75 000

　　贷：投资性房地产累计折旧　　75 000

②确认租金。

借：银行存款（或其他应收款）　　80 000

　　贷：其他业务收入　　80 000

③计提减值准备。

借：资产减值损失　　3 000 000

　　贷：投资性房地产减值准备　　3 000 000

（5）企业将投资性房地产转为自用时，应按其在转换日的账面余额、累计折旧、减值准备等，分别转入“固定资产”或“无形资产”、“累计折旧”或“累计摊销”、“固定资产减值准备”或“无形资产减值准备”等科目。会计分录如图 7-88 所示。

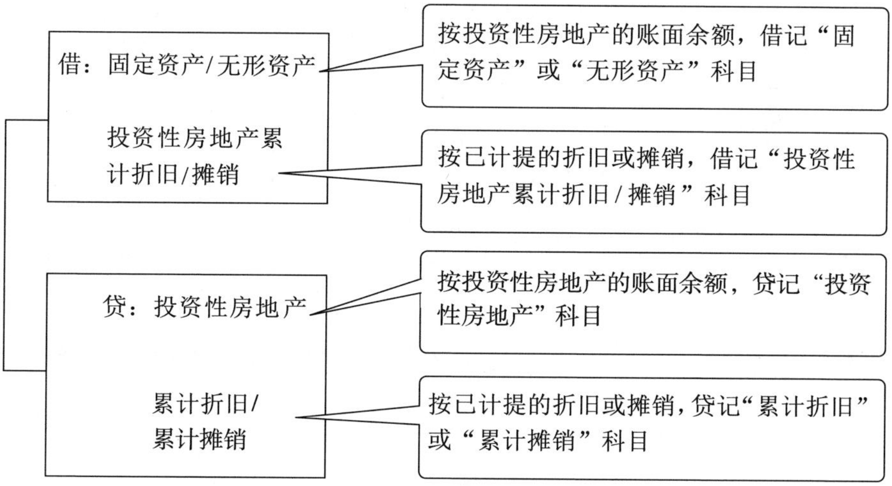

图 7-88　成本模式下将投资性房地产转为自用时的会计分录

* 案例解析

【例 7-77】2×15 年 8 月 1 日，甲企业将出租在外的厂房收回，用于本企业生产商品。该项房地产的账面价值为 37 650 000 元，其原价为 50 000 000 元，累计已提折旧 12 350 000 元。假设甲企业采用成本模式计量该项房地产。

甲企业的账务处理如下。

借：固定资产　　50 000 000

　　投资性房地产累计折旧　　12 350 000

　　贷：投资性房地产　　50 000 000

　　　　累计折旧　　12 350 000

（6）企业处置投资性房地产时，应按实际收到的金额，借记“银行存款”等科目，贷记“其他业务收入”科目，按该项投资性房地产的累计折旧或累计摊销数额，借记“投资性房地产累计折旧 / 摊销”科目，按该项投资性房地产的账面余额，贷记“投资性房地产”科目，按其差额，借记“其他业务成本”科目。已计提减值准备的，还应同时结转减值准备。会计分录如图 7-89 所示。

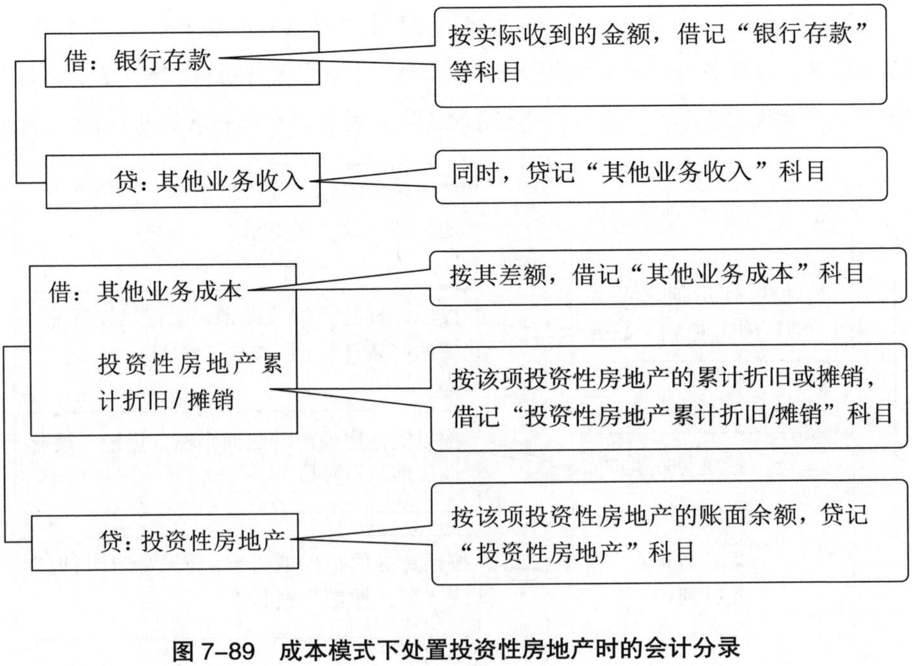

图 7-89　成本模式下处置投资性房地产时的会计分录

* 案例解析

【例 7-78】甲公司将其出租的一栋写字楼确认为投资性房地产，采用成本模式进行后续计量。租赁期届满后，甲公司将该栋写字楼出售给乙公司，合同价款为

300 000 000 元。乙公司已用银行存款付清账款。出售时，该栋写字楼的成本为 280 000 000 元，已计提折旧 30 000 000 元。假设不考虑相关税费。

甲企业的账务处理如下。

借：银行存款　　300 000 000

　　贷：其他业务收入　　300 000 000

借：其他业务成本　　250 000 000

　　投资性房地产累计折旧　　30 000 000

　　贷：投资性房地产——写字楼　　280 000 000

业务 2：采用公允价值模式计量投资性房地产

（1）企业外购、自行建造等取得投资性房地产时，按应计入投资性房地产成本的金额，借记“投资性房地产——成本”科目，贷记“银行存款”“在建工程”等科目。会计分录如图 7-90 所示。

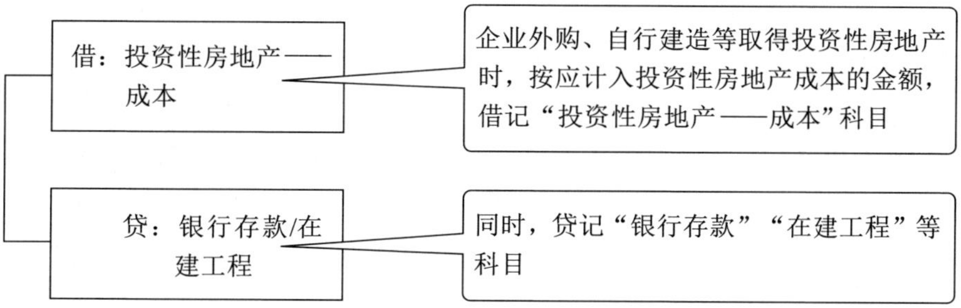

图 7-90　公允价值模式下企业外购、自行建造取得投资性房地产时的会计分录

* 案例解析

【例 7-79】2×15 年 3 月，甲企业计划购入一栋写字楼用于对外出租。3 月 15 日，甲企业与乙企业签订了经营租赁合同，约定自写字楼购买日起将这栋写字楼出租给乙企业，为期 5 年。4 月 5 日，甲企业购入写字楼，支付价款 12 000 000 元。假设甲企业拥有的投资性房地产符合采用公允价值模式计量的条件，故采用公允价值模式进行后续计量。

甲企业的账务处理如下。

借：投资性房地产——成本　　12 000 000

　　贷：银行存款　　12 000 000

（2）将作为存货的房地产转换为投资性房地产的，企业应按其在转换日的公允价值，借记"投资性房地产——成本"科目，按其账面余额，贷记"开发产品"等科目，按其差额，贷记"其他综合收益"科目或借记"公允价值变动损益"科目。已计提跌价准备的，还应同时结转跌价准备。会计分录如图 7-91 所示。

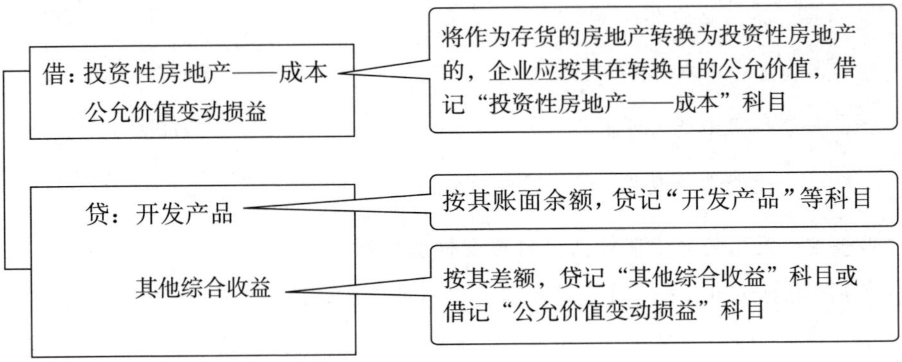

图 7-91　公允价值模式下将作为存货的房地产转换为投资性房地产时的会计分录

* 案例解析

【例 7-80】 2×15 年 3 月 10 日，甲房地产开发公司与乙企业签订了租赁协议，将其开发的一栋写字楼出租给乙企业。租赁期开始日为 2×15 年 4 月 15 日。2×15 年 4 月 15 日，该写字楼的账面余额为 450 000 000 元，公允价值为 470 000 000 元。2×15 年 12 月 31 日，该项投资性房地产的公允价值为 480 000 000 元。

甲企业的账务处理如下。

① 2×15 年 4 月 15 日。

借：投资性房地产——成本　　470 000 000

　贷：开发产品　　450 000 000

　　资本公积——其他资本公积　　20 000 000

② 2×15 年 12 月 31 日。

借：投资性房地产——公允价值变动　　10 000 000

　贷：公允价值变动损益　　10 000 000

（3）将自用的建筑物等转换为投资性房地产的，企业应按其在转换日的公允价值，借记"投资性房地产——成本"科目，按已计提的累计折旧等，借记"累计折旧"等科目，按其账面余额，贷记"固定资产"等科目，按其差额，贷记"其他综合收益"

科目或借记“公允价值变动损益”科目。已计提减值准备的，还应同时结转减值准备。会计分录如图 7–92 所示。

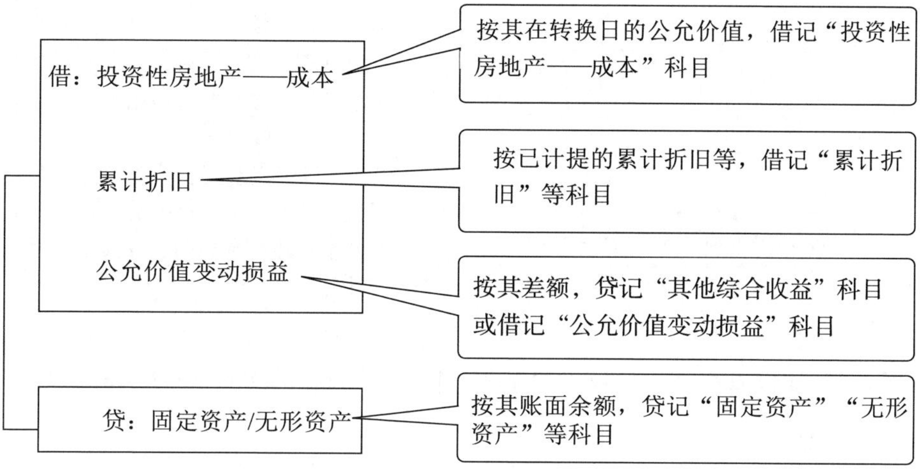

图 7–92　公允价值模式下将自用的建筑物等转换为投资性房地产时的会计分录

* 案例解析

【例 7–81】2×15 年 6 月，甲企业打算搬迁至新建办公楼。由于原办公楼处于商业繁华地段，所以甲企业准备将其出租，以赚取租金收入。2×15 年 10 月，甲企业完成了搬迁工作，将原办公楼停止自用并与乙企业签订了租赁协议。协议规定，甲企业将其原办公楼租赁给乙企业使用，租赁期开始日为 2×15 年 10 月 30 日，租赁期限为 3 年。2×15 年 10 月 30 日，该办公楼的原价为 500 000 000 元，已提折旧 142 500 000 元，公允价值为 350 000 000 元。甲企业对该办公楼采用公允价值模式计量。

甲企业的账务处理如下。

借：投资性房地产——成本	350 000 000	
公允价值变动损益	7 500 000	
累计折旧	142 500 000	
贷：固定资产		500 000 000

（4）投资性房地产采用公允价值模式进行后续计量的，不计提折旧或摊销，应当以资产负债表日的公允价值计量。资产负债表日，投资性房地产公允价值高于其账面余额的，企业应按两者的差额，借记“投资性房地产——公允价值变动”科目，贷记“公允价值变动损益”科目；公允价值低于其账面余额的，企业应按两者的差额，做相反

的会计分录。会计分录如图 7-93 所示。

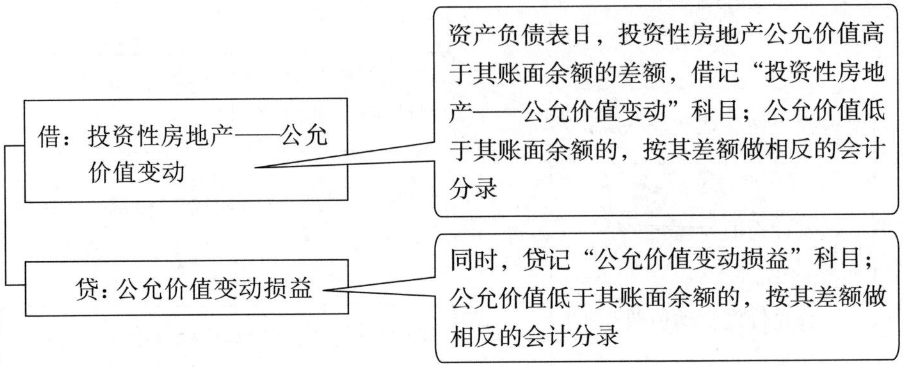

图 7-93　投资性房地产采用公允价值模式进行后续计量时公允价值变动的会计分录

* 案例解析

【例 7-82】甲企业为从事房地产经营开发的企业。2×15 年 8 月，甲公司与乙公司签订租赁协议，约定将甲公司开发的一栋精装修的写字楼于开发完成的同时租赁给乙公司使用，租赁期为 10 年。当年 10 月 1 日，该写字楼开发完成并租赁给乙公司，写字楼的造价为 90 000 000 元。2×15 年 12 月 31 日，该写字楼的公允价值为 92 000 000 元。假设甲企业对该写字楼采用公允价值模式计量。

甲企业的账务处理如下：

①2×15 年 10 月 1 日，甲公司开发完成写字楼并出租。

借：投资性房地产——成本　　90 000 000

　　贷：开发成本　　90 000 000

②2×15 年 12 月 31 日，以公允价值为基础调整其账面价值，公允价值与原账面价值之间的差额计入当期损益。

借：投资性房地产——公允价值变动　　2 000 000

　　贷：公允价值变动损益　　2 000 000

（5）将投资性房地产转为自用时，企业应按其在转换日的公允价值，借记“固定资产”等科目，按其账面余额，贷记“投资性房地产——成本”“投资性房地产——公允价值变动”科目，按其差额，贷记或借记“公允价值变动损益”科目。会计分录如图 7-94 所示。

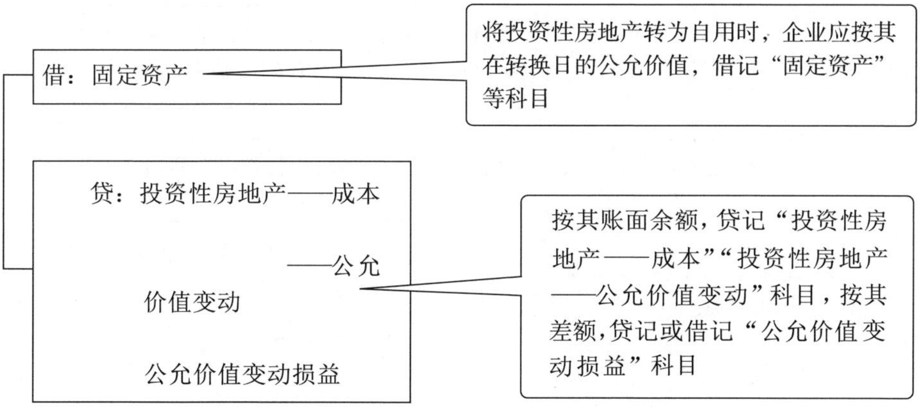

图 7-94　公允价值模式下将投资性房地产转为自用时的会计分录

* 案例解析

【例 7-83】2×15 年 10 月 15 日，甲企业因租赁期满，将出租的写字楼收回，开始作为办公楼使用。2×15 年 10 月 15 日，该写字楼的公允价值为 48 000 000 元；在转换前，其采用公允价值模式计量，原账面价值为 47 500 000 元，其中，成本为 45 000 000 元，公允价值变动为增值 2 500 000 元。

甲企业的账务处理如下。

借：固定资产　　48 000 000

　　贷：投资性房地产——成本　　45 000 000

　　　　　　　　　　——公允价值变动　　2 500 000

　　　　公允价值变动损益　　500 000

（6）处置投资性房地产时，企业应按实际收到的金额，借记“银行存款”等科目，贷记“其他业务收入”科目，按该项投资性房地产的账面余额，借记“其他业务成本”科目，贷记“投资性房地产——成本”科目，贷记或借记“投资性房地产——公允价值变动”科目；同时，按该项投资性房地产的公允价值变动额，借记或贷记“公允价值变动损益”科目，贷记或借记“其他业务成本”科目。按该项投资性房地产在转换日计入其他综合收益的金额，借记“其他综合收益”科目，贷记“盈余公积”“利润分配——未分配利润”科目。会计分录如图 7-95 所示。

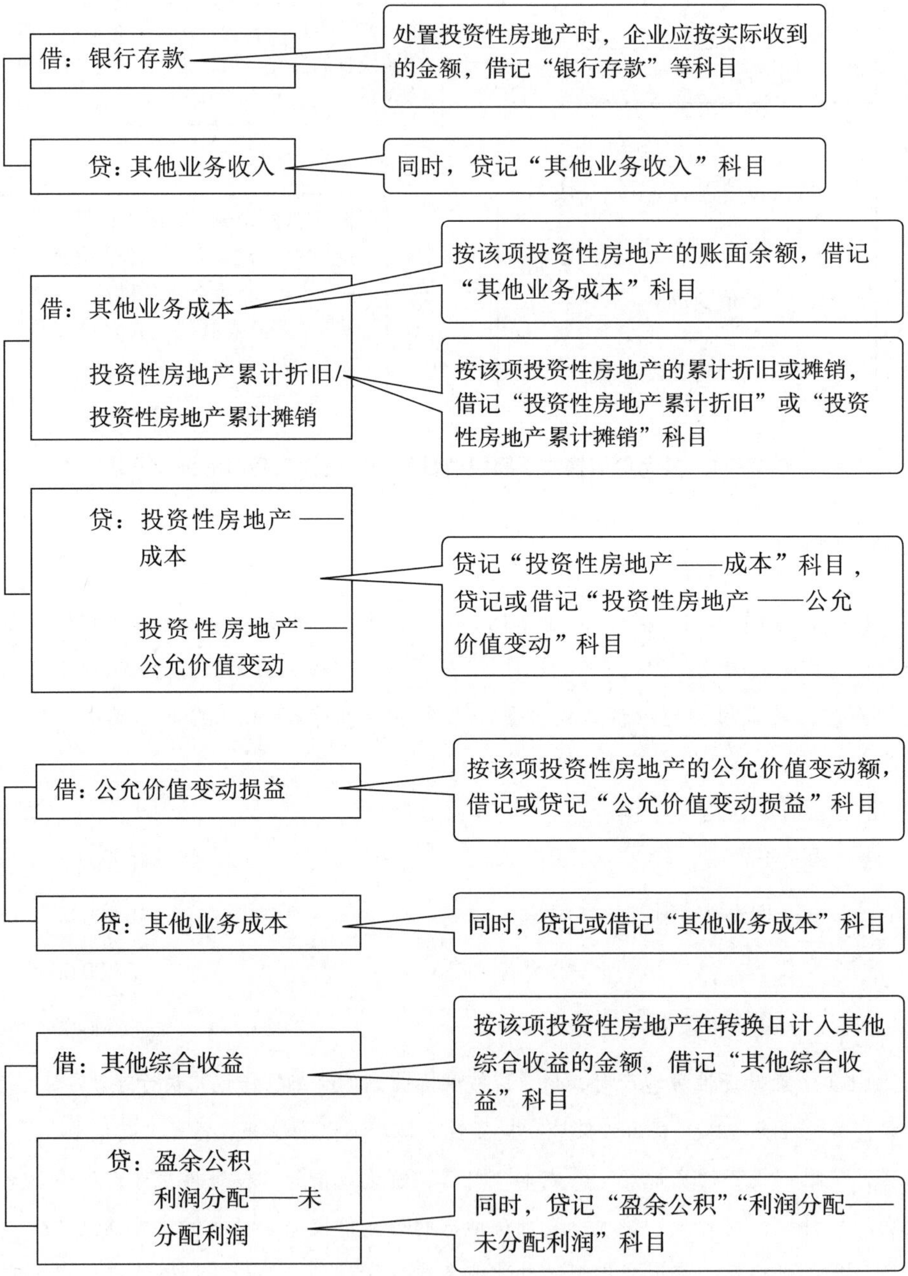

图 7–95　公允价值模式下处置投资性房地产时的会计分录

＊ 案例解析

【例 7–84】甲公司将其出租的一栋写字楼确认为投资性房地产。租赁期满后，甲公司将该栋写字楼出售给乙公司，合同价款为 300 000 000 元，乙公司已用银行存款付清。假设这栋写字楼原采用公允价值模式计量。出售时，该栋写字楼的成本为 210 000 000 元，公允价值变动为借方余额 40 000 000 元。甲公司的账务处理如下。

借：银行存款　　300 000 000

　　贷：其他业务收入　　300 000 000

借：其他业务成本　　250 000 000

　　贷：投资性房地产——成本　　210 000 000

　　　　　　　　　　——公允价值变动　　40 000 000

同时，将投资性房地产累计公允价值变动转入其他业务成本。

借：公允价值变动损益　　40 000 000

　　贷：其他业务成本　　40 000 000

7.33　长期应收款

7.33.1　什么是长期应收款

长期应收款是企业融资租赁产生的应收款项，以及采用分期收款方式，实质上具有融资性质的销售商品和提供劳务等经营活动产生的应收款项。

7.33.2　如何使用“长期应收款”科目

本科目核算企业的长期应收款项，包括融资租赁产生的应收款项，采用分期收款方式，实质上具有融资性质的销售商品和提供劳务等经营活动产生的应收款项等。实质上构成对被投资单位净投资的长期权益，也通过本科目核算。

本科目可按债务人进行明细核算。本科目的期末借方余额，反映企业尚未收回的长期应收款。

7.33.3 如何设置明细科目

“长期应收款”科目的明细科目设置如表 7–36 所示。

表 7–36 1531 长期应收款

顺序号	编号	会计科目名称	二级科目名称	三级科目名称
一、资产类				
	1531	长期应收款		
	1531 01	长期应收款	融资租赁产生的应收账款	按债务人
	1531 02	长期应收款	采用分期收款方式具有融资性质的销售商品	按债务人
	1531 03	长期应收款	采用分期收款方式具有融资性质的提供劳务	按债务人
	1531 04	长期应收款	对被投资单位净投资的长期权益	按债务人
	1531 05	长期应收款	其他	按债务人

7.33.4 会计处理分录与案例解析

业务 1：出租人融资租赁

1. 初始计量。

在租赁期开始日，出租人应当对融资租赁确认应收融资租赁款，并终止确认融资租赁资产。出租人对应收融资租赁款进行初始计量时，应当以租赁投资净额作为应收融资租赁款的入账价值。

租赁投资净额为未担保余值和租赁期开始日尚未收到的租赁收款额按照租赁内含利率折现的现值之和。租赁内含利率，是指使出租人的租赁收款额的现值与未担保余值的现值之和（即租赁投资净额）等于租赁资产公允价值与出租人的初始直接费用之和的利率。因此，出租人发生的初始直接费用包括在租赁投资净额中，也即包括在应收融资租赁款的初始入账价值中。

租赁收款额，是指出租人因让渡在租赁期内使用租赁资产的权利而应向承租人收取的款项，包括：

（1）承租人需支付的固定付款额及实质固定付款额。存在租赁激励的，应当扣除租赁激励相关金额。

（2）取决于指数或比率的可变租赁付款额。该款项在初始计量时根据租赁期开始日的指数或比率确定。

（3）购买选择权的行权价格，前提是合理确定承租人将行使该选择权。

（4）承租人行使终止租赁选择权需支付的款项，前提是租赁期反映出承租人将行使终止租赁选择权。

（5）由承租人、与承租人有关的一方以及有经济能力履行担保义务的独立第三方向出租人提供的担保余值。

【例 7–85】2×19 年 12 月 1 日，甲公司与乙公司签订了一份租赁合同，从乙公司租入塑钢机一台。租赁合同主要条款如下：

（1）租赁资产：全新塑钢机。

（2）租赁期开始日：2×20 年 1 月 1 日。

（3）租赁期：2×20 年 1 月 1 日—2×25 年 12 月 31 日，共 72 个月。

（4）固定租金支付：自 2×20 年 1 月 1 日，每年年末支付租金 160 000 元。如果甲公司能够在每年年末的最后一天及时付款，则给予减少租金 10 000 元的奖励。

（5）取决于指数或比率的可变租赁付款额：租赁期限内，如遇中国人民银行贷款基准利率调整时，出租人将对租赁利率作出同方向、同幅度的调整。基准利率调整日之前各期和调整日当期租金不变，从下一期租金开始按调整后的租金金额收取。

（6）租赁开始日租赁资产的公允价值：该机器在 2×19 年 12 月 31 日的公允价值为 700 000 元，账面价值为 600 000 元。

（7）初始直接费用：签订租赁合同过程中乙公司发生可归属于租赁项目的手续费、佣金 10 000 元。

（8）承租人的购买选择权：租赁期届满时，甲公司享有优惠购买该机器的选择权，购买价为 20 000 元，估计该日租赁资产的公允价值为 80 000 元。

（9）取决于租赁资产绩效的可变租赁付款额：2×21 年和 2×22 年两年，甲公司每年按该机器所生产的产品——塑钢窗户的年销售收入的 5% 向乙公司支付。

（10）承租人的终止租赁选择权：甲公司享有终止租赁选择权。在租赁期间，如果甲公司终止租赁，需支付的款项为剩余租赁期间的固定租金支付金额。

（11）担保余值和未担保余值均为 0。

（12）全新塑钢机的使用寿命为7年。

分析：出租人乙公司的会计处理如下：

第一步，判断租赁类型。

本例存在优惠购买选择权，优惠购买价20 000元远低于行使选择权日租赁资产的公允价值80 000元，因此在2×19年12月31日就可合理确定甲公司将会行使这种选择权。另外，在本例中，租赁期6年，占租赁开始日租赁资产使用寿命的86%（占租赁资产使用寿命的大部分）。同时，乙公司综合考虑其他各种情形和迹象，认为该租赁实质上转移了与该项设备所有权有关的几乎全部风险和报酬，因此将这项租赁认定为融资租赁。

第二步，确定租赁收款额。

（1）承租人的固定付款额为考虑扣除租赁激励后的金额。

（160 000−10 000）×6=900 000（元）

（2）取决于指数或比率的可变租赁付款额。

该款项在初始计量时根据租赁期开始日的指数或比率确定，因此本例题在租赁期开始日不做考虑。

（3）承租人购买选择权的行权价格。

租赁期届满时，甲公司享有优惠购买该机器的选择权，购买价为20 000元，估计该日租赁资产的公允价值为80 000元。优惠购买价20 000元远低于行使选择权日租赁资产的公允价值，因此在2×19年12月31日就可合理确定甲公司将会行使这种选择权。

结论：租赁付款额中应包括承租人购买选择权的行权价格20 000元。

（4）终止租赁的罚款。

虽然甲公司享有终止租赁选择权，但若终止租赁，甲公司需支付的款项为剩余租赁期间的固定租金支付金额。

结论：根据上述条款，可以合理确定甲公司不会行使终止租赁选择权。

（5）由承租人向出租人提供的担保余值：甲公司向乙公司提供的担保余值为0元。

综上所述租赁收款额为：900 000+20 000=920 000（元）

第三步，确认租赁投资总额。

租赁投资总额＝在融资租赁下出租人应收的租赁收款额＋未担保余值

本例中租赁投资总额=920 000+0=920 000（元）

第四步：确认租赁投资净额的金额和未实现融资收益。

租赁投资净额在金额上等于租赁资产在租赁期开始日公允价值 700 000+ 出租人发生的租赁初始直接费用 10 000 = 710 000 元

未实现融资收益 = 租赁投资总额 − 租赁投资净额 =920 000−710 000=210 000（元）

第五步，计算租赁内含利率。

租赁内含利率是使租赁投资总额的现值（即租赁投资净额）等于租赁资产在租赁开始日的公允价值与出租人的初始直接费用之和的利率。

本例中列出公式 150 000×（P/A，r，6）+20 000×（P/F，r，6）=710 000 计算得到租赁的内含利率为 7.82%。

第六步，账务处理。

2×20 年 1 月 1 日

借：应收融资租赁款——租赁收款额	920 000	
贷：银行存款		10 000
融资租赁资产		600 000
资产处置损益		100 000
应收融资租赁款——未实现融资收益		210 000

若某融资租赁合同必须以收到租赁保证金为生效条件，出租人收到承租人交来的租赁保证金，借记“银行存款”，贷记“其他应收款——租赁保证金”科目。承租人到期不交租金，以保证金抵作租金时，借记“其他应收款——租赁保证金”，贷记“应收融资租赁款”科目。承租人违约，按租赁合同或协议规定没收保证金时，借记“其他应收款——租赁保证金”，贷记“营业外收入”等科目。

2. 融资租赁的后续计量。

出租人应当按照固定的周期性利率计算并确认租赁期内各个期间的利息收入。

【例 7-86】沿用【例 7-85】，以下说明出租人如何确认计量租赁期内各期间的利息收入。

分析：

第一步，计算租赁期内各期的利息收入。如表 7-37 所示。

表 7–37 租赁期内利息收入计算表

日期	租金	确认的利息收入	租赁投资净额余额
①	②	③=期初④ ×7.82%	期末④=期初④−②+③
2×20 年 1 月 1 日			710 000
2×20 年 12 月 31 日	150 000	55 522	615 522
2×21 年 12 月 31 日	150 000	48 134	513 656
2×22 年 12 月 31 日	150 000	40 168	403 824
2×23 年 12 月 31 日	150 000	31 579	285 403
2×24 年 12 月 31 日	150 000	22 319	157 722
2×25 年 12 月 31 日	150 000	12 278*	20 000
2×25 年 12 月 31 日	20 000		
合计	920 000	210 000	

注：* 作尾数调整 12 278=150 000+20 000−157 722。

第二步，会计分录：

2×20 年 12 月 31 日收到第一期租金时

借：银行存款　　150 000

　　贷：应收融资租赁款——租赁收款额　　150 000

借：应收融资租赁款——未实现融资收益　　55 522

　　贷：租赁收入　　55 522

2×21 年 12 月 31 日收到第二期租金

借：银行存款　　150 000

　　贷：应收融资租赁款——租赁收款额　　150 000

借：应收融资租赁款——未实现融资收益　　48 134

　　贷：租赁收入　　48 134

纳入出租人租赁投资净额的可变租赁付款额只包含取决于指数或比率的可变租赁付款额。在初始计量时，应当采用租赁期开始日的指数或比率进行初始计量。出租人应定期复核计算租赁投资总额时所使用的未担保余值。若预计未担保余值降低，出租人应修改租赁期内的收益分配，并立即确认预计的减少额。

出租人取得的未纳入租赁投资净额计量的可变租赁付款额，如与资产的未来绩效或使用情况挂钩的可变租赁付款额，应当在实际发生时计入当期损益。

3. 融资租赁变更的会计处理。

融资租赁发生变更且同时符合下列条件的，出租人应当将该变更作为一项单独租赁进行会计处理：

（1）该变更通过增加一项或多项租赁资产的使用权而扩大了租赁范围或延长了租赁期限；

（2）增加的对价与租赁范围扩大部分或租赁期限延长部分的单独价格按该合同情况调整后的金额相当。

如果融资租赁的变更未作为一项单独租赁进行会计处理，且满足假如变更在租赁开始日生效，该租赁会被分类为经营租赁条件的，出租人应当自租赁变更生效日开始将其作为一项新租赁进行会计处理，并以租赁变更生效日前的租赁投资净额作为租赁资产的账面价值。

【例7–87】承租人就某套机器设备与出租人签订了一项为期5年的租赁，构成融资租赁。合同规定，每年末承租人向出租人支付租金10 000元，租赁期开始日，出租资产公允价值为37 908元。按照公式10 000×（P/A，r，5）=37 908，计算得出租赁内含利率10%，租赁收款额为50 000元，未确认融资收益为12 092元。在第2年年初，承租人和出租人同意对原租赁进行修改，缩短租赁期限到第三年末，每年支付租金时点不变，租金总额从50 000变更到33 000。假设本例中不涉及未担保余值、担保余值、终止租赁罚款等。

分析：本例中，如果原租赁期限设定为3年，在租赁开始日，租赁类别被分类为经营租赁，那么，在租赁变更生效日，即第2年年初，出租人将租赁投资净额余额31 699（37 908+37 908×10%–10 000）作为该套机器设备的入账价值，并从第2年年初开始，作为一项新的经营租赁（2年租赁期，每年末收取租金11 500元）进行会计处理。

第二年年初会计分录如下：

借：固定资产　　31 699

　　应收融资租赁款——未确认融资收益（12 092–37 908×10%）8 301

　　贷：应收融资租赁款——租赁收款额　　（50 000–10 000）40 000

如果融资租赁的变更未作为一项单独租赁进行会计处理，且满足假如变更在租赁开始日生效，该租赁会被分类为融资租赁条件的，出租人应当按照《企业会计准则第

22 号——金融工具确认和计量》（2017）第四十二条关于修改或重新议定合同的规定进行会计处理。即，修改或重新议定租赁合同，未导致应收融资租赁款终止确认，但导致未来现金流量发生变化的，应当重新计算该应收融资租赁款的账面余额，并将相关利得或损失计入当期损益。重新计算应收融资租赁款账面余额时，应当根据重新议定或修改的租赁合同现金流量按照应收融资租赁款的原折现率或按照《企业会计准则第 24 号——套期会计》（2017）第二十三条规定重新计算的折现率（如适用）折现的现值确定。对于修改或重新议定租赁合同所产生的所有成本和费用，企业应当调整修改后的应收融资租赁款的账面价值，并在修改后的应收融资租赁款的剩余期限内进行摊销。

业务 2：采用分期收款方式销售商品或提供劳务

采用分期收款方式销售商品或提供劳务等经营活动产生的长期应收款，满足收入确认条件的，企业按应收的合同或协议价款，借记“长期应收款”科目，按应收合同或协议价款的公允价值（未来现金流量的现值），贷记“主营业务收入”等科目，按其差额，贷记“未实现融资收益”科目。涉及增值税的，还应进行相应的处理。采用分期收款方式销售商品或提供劳务的会计分录如图 7-96 所示。

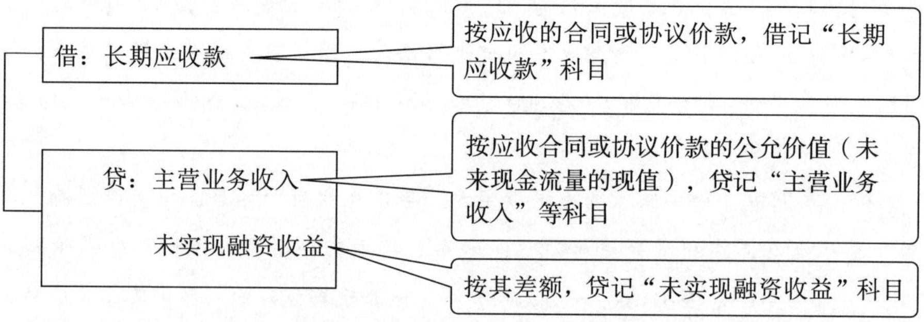

图 7-96 采用分期收款方式销售商品或提供劳务时的会计分录

* 案例解析

【例 7-88】甲公司 2×20 年年初采用分期收款方式销售一批产品给 C 公司，成本为 8 000 000 元，长期应收款金额 10 000 000 元，当期收回增值税 1 300 000 元，未来现金流量的现值为 9 000 000 元，长期应收款分五年收取，每年年底收取 2 000 000 元。分期确认收入。

借：长期应收款　　　　10 000 000

银行存款　　1 300 000

贷：主营业务收入　　9 000 000

　　应交税费——应交增值税（销项税额）　　1 300 000

　　未实现融资收益　　1 000 000

7.34　未实现融资收益

7.34.1　什么是未实现融资收益

未实现融资收益属于资产类科目，它是长期应收款的备抵账户。未实现融资收益是出租人在租赁期开始日时记录的应收融资租赁款、未担保余值和租赁资产账面价值的差额，是其将来融资收入确认的基础。

出租人融资租赁产生的应收租赁款，在租赁期开始日，应按租赁开始日最低租赁收款额与初始直接费用之和，借记“长期应收款”科目，按未担保余值，借记“未担保余值”科目，按融资租赁资产的公允价值（最低租赁收款额的现值和未担保余值的现值之和），贷记“融资租赁资产”科目，按融资租赁资产的公允价值与账面价值的差额，借记“营业外支出”科目或贷记“营业外收入”科目，按发生的初始直接费用，贷记“银行存款”等科目，按其差额，贷记未实现融资收益。

采用实际利率法按期计算确定的融资收入，借记本科目，贷记“租赁收入”科目。

采用递延方式分期收款、实质上具有融资性质的销售商品或提供劳务等经营活动产生的长期应收款，满足收入确认条件的，按应收的合同或协议价款，借记“长期应收款”科目，按应收的合同或协议价款的公允价值，贷记“主营业务收入”等科目，按其差额，贷记未实现融资收益。涉及增值税的，还应进行相应的处理。

采用实际利率法按期计算确定的利息收入，借记本科目，贷记“财务费用”科目。

7.34.2 如何使用“未实现融资收益”科目

本科目核算企业分期计入租赁收入或利息收入的未实现融资收益。

本科目可按未实现融资收益项目进行明细核算。本科目期末贷方余额，反映企业尚未转入当期收益的未实现融资收益。

7.34.3 如何设置明细科目

“未实现融资收益”科目的明细科目设置如表 7-38 所示。

表 7-38 1532 未实现融资收益

顺序号	编号	会计科目名称	二级科目名称	三级科目名称	是否辅助核算	辅助核算类别
一、资产类						
	1532	未实现融资收益	按承租人	按项目	是	部门

7.34.4 会计处理分录与案例解析

业务 1：出租人融资租赁

相关内容在“长期应收款”小节已详述，在此不赘述。

业务 2：采用分期收款方式销售商品或提供劳务

相关内容在“长期应收款”小节已详述，在此不赘述。

7.35 固定资产

7.35.1 什么是固定资产

固定资产是指同时具有以下特征的有形资产：（1）为生产商品、提供劳务、出租或经营管理而持有；（2）使用寿命超过一个会计年度。

从这一定义可以看出，作为企业的固定资产应具备以下两个特征。

（1）企业持有固定资产，是为了满足生产商品、提供劳务、出租或经营管理的需要。这一特征是固定资产区别于商品等流动资产的重要标志。

（2）企业使用固定资产的期限较长，固定资产使用寿命一般超过一个会计年度。这一特征表明企业固定资产的收益期超过一年，能在一年以上的时间里为企业创造经济利益。

7.35.2　如何使用“固定资产”科目

本科目核算企业持有的固定资产原价。建造承包商的临时设施，以及企业购置计算机硬件所附带的、未单独计价的软件，也通过本科目核算。

本科目可按固定资产类别和项目进行明细核算。融资租入的固定资产，可在本科目通过设置“融资租入固定资产”明细科目进行核算。

本科目期末借方余额，反映企业固定资产的原价。

7.35.3　如何设置明细科目

“固定资产”科目的明细科目设置如表 7-39 所示。

表 7-39　1601 固定资产

顺序号	编号	会计科目名称	二级科目名称	三级科目名称	是否辅助核算	辅助核算类别
一、资产类						
	1601	固定资产				
	1601 01	固定资产	房屋及建筑物	项目	是	部门
	1601 02	固定资产	机械设备	项目	是	部门
	1601 03	固定资产	交通运输工具	项目	是	部门
	1601 04	固定资产	家具	项目	是	部门
	1601 05	固定资产	电器电子影视设备	项目	是	部门
	1601 06	固定资产	文体娱乐设备	项目	是	部门
	1601 07	固定资产	融资租入固定资产	项目	是	部门
	1601 08	固定资产	其他	项目	是	部门

7.35.4 会计处理分录与案例解析

业务 1：购入不需要安装的固定资产

企业购入不需要安装的固定资产，按应计入固定资产成本的金额，借记“固定资产”科目，贷记“银行存款”等科目，如图 7-97 所示。购入固定资产的价款超过正常信用条件延期支付，实质上具有融资性质的，固定资产的成本以购买价款的现值为基础确定，借记“固定资产”或“在建工程”科目，按应支付的金额，贷记“长期应付款”科目，按其差额，借记“未确认融资费用”科目。涉及增值税的，还应进行相应的处理。

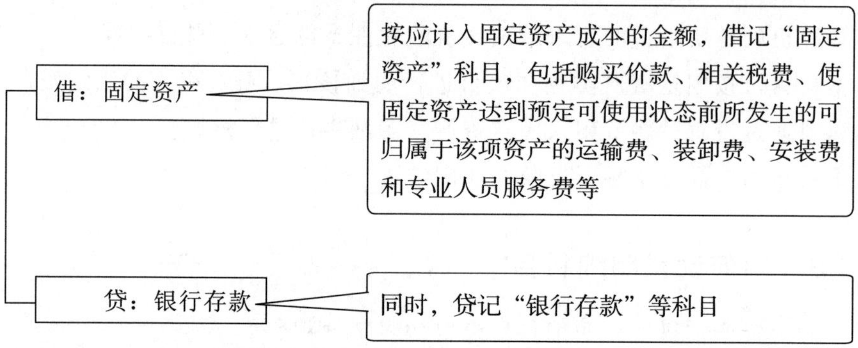

图 7-97　购入不需安装的固定资产时的会计分录

* 案例解析

【例 7-89】2×19 年 9 月 12 日，甲公司购入一台不需要安装就可投入使用的设备，取得的增值税专用发票上注明的设备价款为 800 000 元，增值税税额为 104 000 元，发生的保险费为 5 000 元，以银行存款转账支付。假定不考虑其他相关税费。甲公司的账务处理如下。

借：固定资产	805 000	
应交税费——应交增值税（进项税额）	104 000	
贷：银行存款		909 000

业务 2：自建固定资产并达到预定可使用状态

自行建造固定资产，借记“固定资产”科目，贷记“在建工程”科目。已达到预定可使用状态但尚未办理竣工决算手续的固定资产，应按暂估价值入账，待办理竣工决算手续后再调整原来的暂估价值。会计分录如图 7-98 所示。

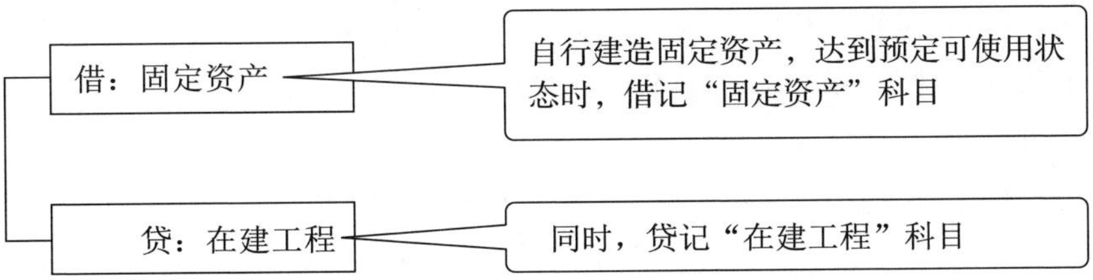

图 7–98　自建固定资产达到预定可使用状态时的会计分录

* 案例解析

【例 7–90】某企业自建厂房一幢，购入工程物资 500 000 元，支付的增值税税额为 65 000 元，全部用于工程建设。领用本企业生产的水泥一批，实际成本为 80 000 元，税务部门确定的计税价格为 100 000 元，增值税税率 13%；工程人员应计工资 100 000 元；支付其他费用 30 000 元。工程完工并达到预定可使用状态。该企业应做如下会计分录。

（1）购入工程物资时。

借：工程物资　　565 000

　　贷：银行存款　　565 000

（2）工程领用工程物资时。

借：在建工程　　565 000

　　贷：工程物资　　565 000

（3）工程领用本企业生产的水泥，确定应计入在建工程成本的金额为：

80 000+100 000×13%=93 000（元）

借：在建工程　　93 000

　　贷：库存商品　　80 000

　　　　应交税费——应交增值税（销项税额）　　13 000

（4）支付工程人员工资时。

借：在建工程　　100 000

　　贷：应付职工薪酬　　100 000

（5）支付工程发生的其他费用时。

借：在建工程　　30 000

　　贷：银行存款　　30 000

（6）工程完工转入固定资产的成本为：

565 000+93 000+100 000+30 000=788 000（元）

借：固定资产　　788 000

　　贷：在建工程　　788 000

业务3：融资租入固定资产

一、直接融资租赁

1.按设备价款、运输费、安装调试费、保险费等之和与应付租赁款的现值较低者作为资产入账价值，借记“固定资产－融资租入固定资产”，按应付未付租息等，借记“未确认融资费用”；按融资租赁合同附表中应付租金总额，贷记“长期应付款－应付融资租赁款”；如果租赁资产占企业总资产额的比例≤30%，可按应付租金总额确认资产账面价值，借记“固定资产－融资租入固定资产”，按融资租赁合同附表中应付租金总额，贷记“长期应付款－应付融资租赁款”。

2.支付租赁保证金，借记“其他应收款”，贷记“银行存款”。保证金用于支付最后一期或几期租金借记“长期应付款－应付融资租赁款”，贷记“其他应收款”。

3.在租赁期内，按期支付租金，借记“长期应付款－应付融资租赁款”，贷记“银行存款”。将租金中所含租息部分确认为当期费用，借记“财务费用”，贷记“未确认融资费用”。

4.承租人计提折旧

（1）合同约定期末将租赁标的物所有权转移，承租人按正常使用年限计提折旧，借记“制造费用”，“管理费用等”贷记“累计折旧”。

（2）合同签订时不能合理确定期末将租赁标的物所有权转移，承租人按租期与正常使用年限较短计提折旧。

5.租赁期满时，承租人取得租赁标的物所有权，分两种情况：

（1）承租人按正常使用年限折旧，借记“长期应付款－应付融资租赁款”，贷记“银行存款”，将名义货价确认为当期费用，借记“财务费用”，贷记“未确认融资费用”；同时将“融资租入固定资产”转为“自有固定资产”明细。

（2）承租人按租期折旧，资产账面净值（几乎为0）与资产实际价值相差悬殊，承租人以清产核资的名义可对资产价值进行评估，以评估值入账。

①以名义货价取得所有权，借记“长期应付款－应付融资租赁款”，贷记“银行存款”，将名义货价确认为当期费用，借记“财务费用”，贷记“未确认融资费用”。

②以清产核资的评估值入账，借记“固定资产”，贷记“资本公积”。

二、售后租回融资租赁

1. 将拟出售固定资产转为清理，借记“固定资产清理”“累计折旧”，贷记“固定资产”；

（1）售价高于资产账面净值：将资产出售给出租人，借记“银行存款”，贷记“固定资产清理”“递延收益－未实现售后租回收益”，

（2）低于资产账面净值：借记“银行存款”，“递延收益－未实现售后租回收益”，贷记“固定资产清理”。

2. 承租人按资产账面净值与应付租赁款的现值较低者作为资产入账价值，借记“固定资产－融资租入固定资产”，按应付未付租息等，借记“未确认融资费用”；按融资租赁合同附表中应付租金总额，贷记“长期应付款－应付融资租赁款”。

3. 租赁合同签订时，支付租赁保证金，及租赁期内按期支付租金，与直接租赁相同。

4. 承租人计提折旧

（1）合同约定期末将租赁标的物所有权转移，承租人按正常使用年限计提折旧，借记“制造费用”“营业费用”“管理费用”等，贷记“累计折旧”。

（2）合同签订时不能合理确定期末将租赁标的物所有权转移，承租人按租期与正常使用年限较短计提折旧。

5. 未实现售后租回收益的摊销：

（1）出售价高于资产账面净值的未实现售后租回收益摊销，按折旧进度分摊。借记“递延收益－未实现售后租回收益”，贷记“制造费用”等。

（2）出售价低于资产账面净值的做相反分录。

* 案例解析

【例 7–91】2×14 年 12 月 1 日，甲公司与乙租赁公司签订了一份矿泉水生产线融资租赁合同。租赁合同规定：租赁期开始日为 2×15 年 1 月 1 日；租赁期为 3 年，每年年末支付租金 2 000 000 元；租赁期届满，矿泉水生产线的估计残余价值为 400 000 元，其中，甲公司担保余值为 300 000 元，未担保余值为 100 000 元。

该矿泉水生产线于 2×14 年 12 月 31 日运抵甲公司，当日投入使用：甲公司采用年限平均法计提固定折旧，于每年年末一次确认融资费用并计提折旧。假定该矿泉水生产线为全新生产线，租赁开始日的公允价值为 6 000 000 元；租赁内含利率为 6%。2×14 年 12 月 31 日，甲公司将该矿泉水生产线归还给乙租赁公司。甲公司的账务处

理如下：

2×14 年 12 月 31 日，租入固定资产最低租赁付款额现值 =2 000 000×2.6730+300 000×0.8396=5 597 880（元）

融资租入固定资产入账价值 =5 597 880（元）

未确认融资费用 =6 300 000−5 597 880=702 120（元）

借：固定资产——融资租入固定资产　　5 597 880

　　未确认融资费用　　702 120

　　贷：长期应付款　　6 300 000

业务 4：存在弃置义务的固定资产

对于特殊行业的特定固定资产，确定其初始入账成本时还应考虑弃置费用。弃置费用通常是指根据国家法律和行政法规、国际公约等规定，企业承担的环境保护和生态恢复等义务所确定的支出。

一般工商企业的固定资产发生的报废清理费用，不属于弃置费用，应当在发生时作为固定资产处置费用处理。

固定资产存在弃置义务的，应在取得固定资产时，按预计弃置费用的现值，借记“固定资产”科目，贷记“预计负债”科目。在该项固定资产的使用寿命内，计算确定各期应负担的利息费用，借记“财务费用”科目，贷记“预计负债”科目。会计分录如图 7−99 所示。

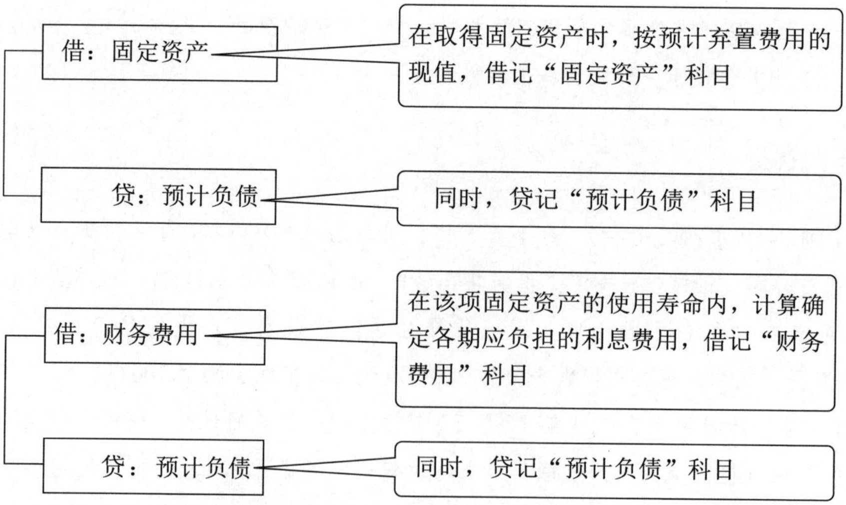

图 7−99　存在弃置义务的固定资产初始入账及后续摊销时的会计分录

* 案例解析

【例 7–92】 甲公司主要从事化工产品的生产和销售。2×14 年 12 月 31 日，甲公司一套化工产品生产线达到预定可使用状态并投入使用，预计使用寿命为 15 年。根据有关法律，甲公司在该生产线使用寿命届满时预计将发生弃置费用 2 000 000 元。甲公司采用的折现率为 10%。甲公司与弃置费用有关的账务处理如下。其中，根据 10% 折现率以及期数为 15 的复利现值系数，得到实际折现率为 0.2394。

（1）2×14 年 12 月 31 日，将弃置费用的现值计入固定资产账面价值。

弃置费用的现值 =2 000 000×0.2394=478 800（元）

借：固定资产　　478 800

　　贷：预计负债　　478 800

（2）2×14 年 12 月 31 日，确认利息费用的账务处理如下。

借：财务费用　　478 800

　　贷：预计负债　　478 800

业务 5：处置固定资产

处置固定资产时，按该项固定资产的账面价值，借记“固定资产清理”科目，按已提的累计折旧，借记“累计折旧”科目，按其账面原值，贷记“固定资产”科目。已计提减值准备的，还应同时结转已计提的减值准备。处置固定资产时的会计分录如图 7–100 所示。

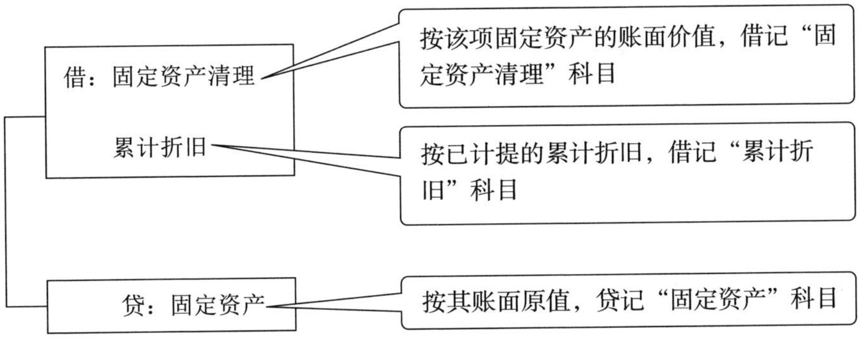

图 7–100　处置固定资产时的会计分录

* 案例解析

【例 7–93】甲公司有一台设备，因使用期满经批准报废。该设备原值为186 700 元，已计提折旧 177 080 元，已计提减值准备 2 500 元。在清理过程中，以银行存款支付清理费用 5 000 元，残料变价收入为 6 500 元。甲公司的账务处理如下。

（1）固定资产转入清理。

借：固定资产清理　7 120

　　累计折旧　177 080

　　固定资产减值准备　2 500

　　贷：固定资产　186 700

（2）支付清理费用。

借：固定资产清理　5 000

　　贷：银行存款　5 000

（3）收到残料变价收入。

借：银行存款　6 500

　　贷：固定资产清理　6 500

（4）结转固定资产净损益。

借：营业外支出——非流动资产报废　5 620

　　贷：固定资产清理　5 620

7.36　累计折旧

7.36.1　什么是累计折旧

“累计折旧”账户属于资产类的备抵账户，其结构与一般资产类账户的结构刚好相反，贷方登记增加，借方登记减少，余额在贷方。

固定资产的价值在使用的过程中，会因为种种因素（磨损、陈旧等）不断地减少，称之为折旧。每一个会计期间都应计算这一期间应计提的折旧金额。固定资产的折旧方法有很多种，具体分为年限平均法、双倍余额递减法、年数总和法等。

7.36.2　如何使用“累计折旧”科目

本科目核算企业固定资产的累计折旧。本科目可按固定资产的类别或项目进行明细核算。本科目期末贷方余额，反映企业固定资产的累计折旧额。

7.36.3　如何设置明细科目

“累计折旧”科目的明细科目设置如表 7-40 所示。

表 7-40　1602 累计折旧

顺序号	编号	会计科目名称	二级科目名称	三级科目名称	是否辅助核算	辅助核算类别
一、资产类						
	1602	累计折旧				
	1602 01	累计折旧	房屋及建筑物	项目	是	部门
	1602 02	累计折旧	机械设备	项目	是	部门
	1602 03	累计折旧	交通运输工具	项目	是	部门
	1602 04	累计折旧	家具	项目	是	部门
	1602 05	累计折旧	电器电子影视设备	项目	是	部门
	1602 06	累计折旧	文体娱乐设备	项目	是	部门
	1602 07	累计折旧	其他	项目	是	部门

7.36.4　会计处理分录与案例解析

按期（月）计提的固定资产累计折旧，借记“制造费用”“销售费用”“管理费用”“研发支出”“其他业务成本”等科目，贷记“累计折旧”科目。处置固定资产时应同时结转累计折旧。计提固定资产折旧时的会计分录如图 7-101 所示。

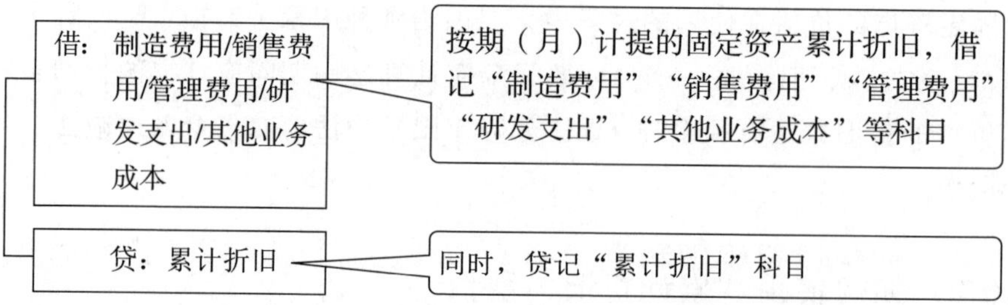

图 7-101　计提固定资产折旧时的会计分录

* 案例解析

【**例 7-94**】某企业采用年限平均法对固定资产计提折旧。2×15 年 1 月，该企业根据固定资产折旧计算表确定的各车间及厂部管理部门应分配的折旧额为：一车间 1 500 000 元，二车间 2 400 000 元，三车间 3 000 000 元，厂部管理部门 600 000 元。该企业应做如下会计处理。

借：制造费用——一车间	1 500 000	
——二车间	2 400 000	
——三车间	3 000 000	
管理费用	600 000	
贷：累计折旧		7 500 000

7.37　固定资产减值准备

7.37.1　什么是固定资产减值准备

固定资产市价持续下跌，或技术陈旧、损坏、长期闲置等原因导致其可收回金额低于账面价值的，应当将可收回金额低于账面价值的差额作为固定资产减值准备。

7.37.2　如何使用“固定资产减值准备”科目

本科目核算企业固定资产的减值准备。本科目期末贷方余额，反映企业已计提但尚未转销的固定资产减值准备。

7.37.3　如何设置明细科目

“固定资产减值准备”科目的明细科目设置如表 7-41 所示。

表 7-41　1603 固定资产减值准备

顺序号	编号	会计科目名称	二级科目名称	三级科目名称	是否辅助核算	辅助核算类别
一、资产类						
	1603	固定资产减值准备				
	1603 01	固定资产减值准备	房屋及建筑物	项目	是	部门
	1603 02	固定资产减值准备	机械设备	项目	是	部门
	1603 03	固定资产减值准备	交通运输工具	项目	是	部门
	1603 04	固定资产减值准备	家具	项目	是	部门
	1603 05	固定资产减值准备	电器电子影视设备	项目	是	部门
	1603 06	固定资产减值准备	文体娱乐设备	项目	是	部门
	1603 07	固定资产减值准备	其他	项目	是	部门

7.37.4　会计处理分录与案例解析

资产负债表日，固定资产发生减值的，按应减记的金额，借记“资产减值损失——计提的固定资产减值准备”科目，贷记“固定资产减值准备”科目。企业处置固定资产时还应同时结转减值准备。固定资产发生减值时的会计分录如图 7-102 所示。

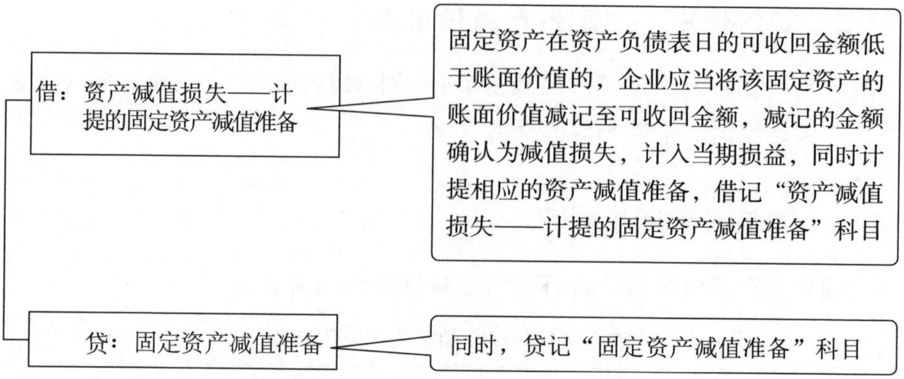

图 7-102　固定资产发生减值时的会计分录

* 案例解析

【例 7-95】2×14 年 12 月 31 日，丁公司的某生产线可能存在减值的迹象。经计算，该生产线的可收回金额为 1 230 000 元，账面价值为 1 400 000 元，以前年度未对该生产线计提过减值准备。

由于该生产线的可收回金额低于账面价值，应按两者之间的差额 170 000（1 400 000−1 230 000）元计提固定资产减值准备。丁公司应做以下会计分录。

借：资产减值损失——计提的固定资产减值准备　　170 000

　　贷：固定资产减值准备　　170 000

7.38　在建工程

7.38.1　什么是在建工程

在建工程是指企业固定资产的新建、改建、扩建，或技术改造、设备更新和大修理工程等尚未完工的工程支出。

7.38.2　如何使用“在建工程”科目

本科目核算企业固定资产基建、更新改造等发生的支出。在建工程发生减值的，可以单独设置“在建工程减值准备”科目，比照“固定资产减值准备”科目进行处理。

企业（石油天然气开采类企业）发生的油气勘探支出和油气开发支出，可以通过单独设置“油气勘探支出”“油气开发支出”科目进行核算。

本科目可按“建筑工程”“安装工程”“在安装设备”“待摊支出”“单项工程”等进行明细核算。

本科目的期末借方余额，反映企业尚未达到预定可使用状态的在建工程的成本。

7.38.3　如何设置明细科目

“在建工程”科目的明细科目设置如表 7-42 所示。

表 7-42　1604 在建工程

顺序号	编号	会计科目名称	二级科目名称	三级科目名称	是否辅助核算	辅助核算类别
一、资产类						
	1604	在建工程	类别	明细	是	
	1604 01	在建工程	自营		是	项目
	1604 01 01	在建工程	自营	建筑工程	是	项目
	1604 01 02	在建工程	自营	安装工程	是	项目
	1604 01 03	在建工程	自营	在安装设备	是	项目
	1604 01 04	在建工程	自营	待摊支出	是	项目
	1604 01 05	在建工程	自营	单项工程	是	项目
	1604 01 06	在建工程	自营	其他	是	项目
	1604 02	在建工程	出包		是	项目
	1604 03	在建工程	其他		是	项目

7.38.4 会计处理分录与案例解析

业务 1：自营的在建工程领用工程物资、原材料或库存商品及计提职工薪酬

自营的在建工程领用工程物资、原材料或库存商品的，借记“在建工程”科目，贷记“工程物资”“原材料”“库存商品”等科目。采用计划成本核算的，应同时结转应分摊的成本差异。涉及增值税的，还应进行相应的处理。在建工程应负担的职工薪酬，借记“在建工程”科目，贷记“应付职工薪酬”科目。会计分录如图 7-103 所示。

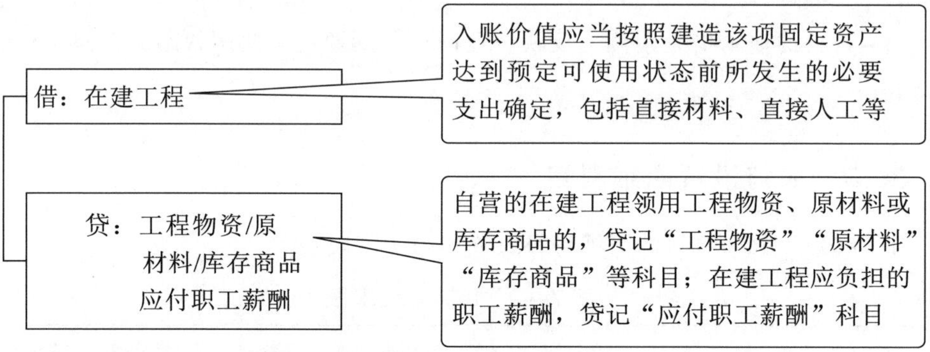

图 7-103 自营的在建工程领用工程物资、原材料或库存商品及计提职工薪酬时的会计分录

业务 2：结转在建工程成本

在建工程达到预定可使用状态时，借记“固定资产”等科目，贷记“在建工程”科目。结转在建工程成本时的会计分录如图 7-104 所示。

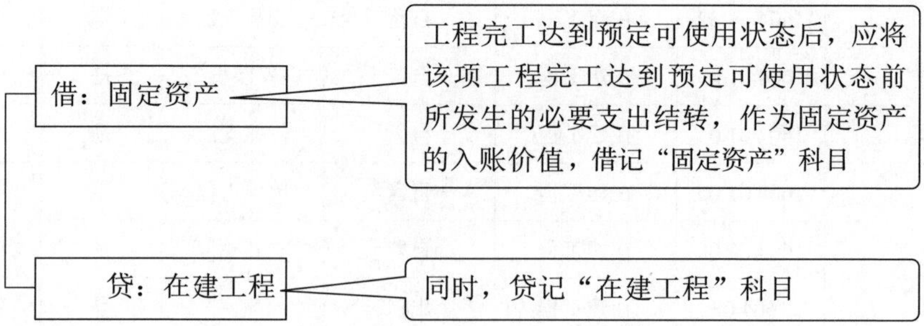

图 7-104 结转在建工程成本时的会计分录

* 案例解析

【例 7-96】承【例 7-95】，该设备 5 月安装完毕并达到预定可使用状态。

借：固定资产　　2 030

　　贷：在建工程　　2 030

借：专项储备——安全生产费　　2 030

　　贷：累计折旧　　2 030

7.39　工程物资

7.39.1　什么是工程物资

工程物资是指用于固定资产建造的建筑材料，如钢材、水泥、玻璃等。

7.39.2　如何使用“工程物资”科目

本科目核算企业为在建工程准备的各种物资的成本，包括工程用材料、尚未安装的设备以及为生产准备的工器具等。本科目可按“专用材料”“专用设备”“工器具”等明细科目进行明细核算。

工程物资发生减值的，可以单独设置“工程物资减值准备”科目核算，比照“固定资产减值准备”科目进行处理。

本科目期末借方余额，反映企业为在建工程准备的各种物资的成本。

7.39.3　如何设置明细科目

“工程物资”科目的明细科目设置如表 7-43 所示。

表 7-43　1605 工程物资

顺序号	编号	会计科目名称	二级科目名称	三级科目名称	是否辅助核算	辅助核算类别
一、资产类						
	1605	工程物资	类别	项目明细	是	存放地点

续表

顺序号	编号	会计科目名称	二级科目名称	三级科目名称	是否辅助核算	辅助核算类别
	1605 01	工程物资	专用材料	项目明细	是	存放地点
	1605 02	工程物资	专用设备	项目明细	是	存放地点
	1605 03	工程物资	工具器	项目明细	是	存放地点
	1605 04	工程物资	其他	项目明细	是	存放地点
	1605 05	工程物资	减值准备	项目明细	是	存放地点

7.39.4 会计处理分录与案例解析

业务 1：购入工程物资

购入为工程建设准备的物资，借记“工程物资”科目，贷记“银行存款”“其他应付款”等科目。

购入工程物资时的会计分录如图 7-105 所示。

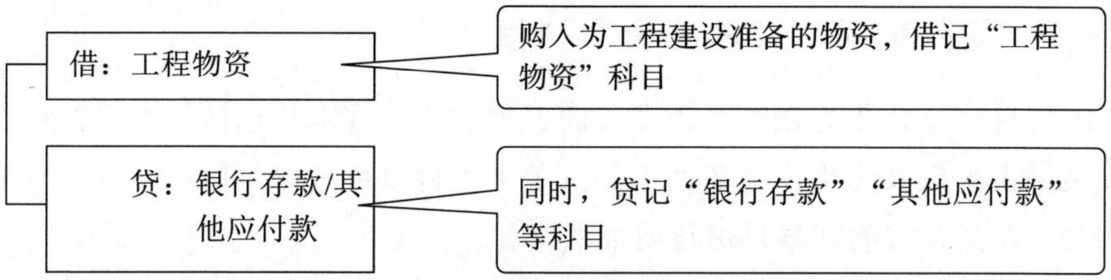

图 7-105 购入为工程建设准备的物资时的会计分录

* 案例解析

【例 7-97】C 企业购入一批基建工程所用物资，价款及运输保险费等合计 100 000 元，增值税专用发票上注明的增值税税额为 13 000 元，物资已验收入库，款项尚未支付。该事项的有关会计分录如下。

借：工程物资　　113 000

　　贷：应付账款　　113 000

业务 2：领用工程物资

领用工程物资，借记“在建工程”科目，贷记“工程物资”科目。工程完工后将领出的剩余物资退库时，做相反的会计分录。已计提减值准备的，还应同时结转减值准备。领用工程物资时的会计分录如图 7-106 所示。

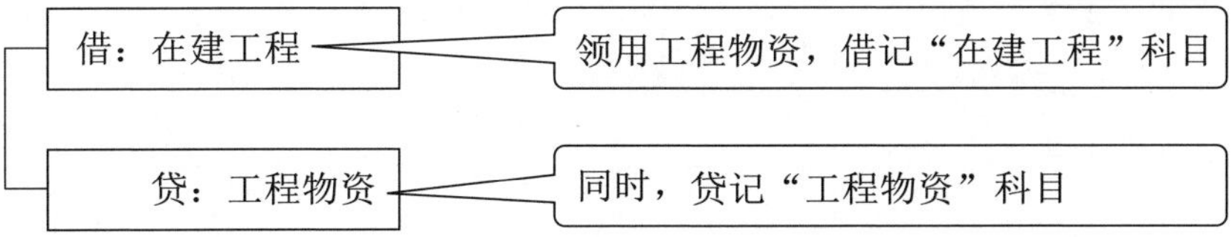

图 7-106　领用工程物资时的会计分录

* 案例解析

【例 7-98】 2×15 年 1 月，丙公司准备自行建造一座厂房，1—6 月，工程先后领用工程物资 272 500 元（含增值税税额）。丙公司的账务处理如下。

借：在建工程　　272 500

　　贷：工程物资　　272 500

业务 3：剩余工程物资转作存货

工程完工后剩余的工程物资转作本企业存货的，借记“原材料”等科目，贷记“工程物资”科目。剩余工程物资转作存货时的会计分录如图 7-107 所示。

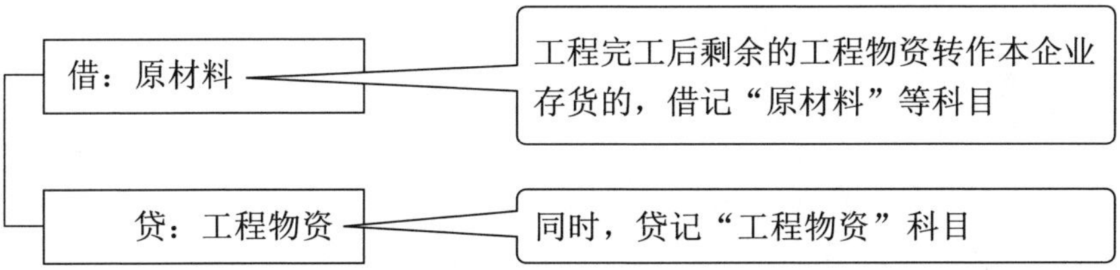

图 7-107　剩余工程物资转作存货时的会计分录

* 案例解析

【例 7-99】 2×19 年 4 月，丙公司准备自行建造一座厂房，为此购入工程物资一批，价款为 250 000 元，支付的增值税进项税额为 32 500 元，款项以银行存款支付。4—9 月，工程先后领用工程物资 272 500 元（含增值税税额）；剩余工程物资转为该公司的存货，其所含的增值税进项税额可以抵扣；领用生产用原材料一批，实际成本为 32 000 元，未计提存货跌价准备，购进该批原材料时支付的增值税进项税额为 4 160 元；辅助生产车间为工程提供有关劳务，支出 35 000 元；应支付工程人员薪酬

65 800元。9月底，工程达到预定可使用状态并交付使用。假定丙公司适用的增值税税率为13%，不考虑其他相关税费。

丙公司的账务处理如下。

（1）购入工程物资。

借：工程物资　　282 500

　　贷：银行存款　　282 500

（2）领用工程物资。

借：在建工程　　272 500

　　贷：工程物资　　272 500

（3）工程领用原材料。

借：在建工程　　36 160

　　贷：原材料　　32 000

　　　　应交税费——应交增值税（进项税额转出）　　4 160

（4）辅助生产车间为工程提供劳务。

借：在建工程　　35 000

　　贷：生产成本——辅助生产成本　　35 000

（5）计提工程人员薪酬。

借：在建工程　　65 800

　　贷：应付职工薪酬　　65 800

（6）9月底，工程达到预定可使用状态并交付使用。

借：固定资产　　409 460

　　贷：在建工程　　409 460

（7）剩余工程物资转作存货。

借：原材料　　8 849.56

　　应交税费——应交增值税（进项税额）　　1 150.44

　　贷：工程物资　　10 000

7.40　固定资产清理

7.40.1　什么是固定资产清理

固定资产清理是指企业因出售、报废和毁损等原因转入清理的固定资产价值及其在清理过程中所发生的清理费用和取得的清理收入等。

7.40.2　如何使用“固定资产清理”科目

本科目核算企业因出售、报废、毁损、对外投资、非货币性资产交换、债务重组等原因转出的固定资产价值以及在清理过程中发生的费用和取得的清理收入。

本科目可按被清理的固定资产项目进行明细核算。本科目期末借方余额，反映企业尚未清理完毕的固定资产清理净损失。

7.40.3　如何设置明细科目

“固定资产清理”科目的明细科目设置如表 7-44 所示。

表 7-44　1606 固定资产清理

顺序号	编号	会计科目名称	二级科目名称	三级科目名称
一、资产类				
	1606	固定资产清理		项目
	1606 01	固定资产清理	房屋及建筑物	项目
	1606 02	固定资产清理	机械设备	项目
	1606 03	固定资产清理	交通运输工具	项目
	1606 04	固定资产清理	家具	项目
	1606 05	固定资产清理	电器电子影视设备	项目
	1606 06	固定资产清理	文体娱乐设备	项目
	1606 07	固定资产清理	其他	项目

7.40.4 会计处理分录与案例解析

业务 1：固定资产转清理

企业因出售、报废、毁损、对外投资、非货币性资产交换、债务重组等转出的固定资产，按该项固定资产的账面价值，借记“固定资产清理”科目，按已计提的累计折旧，借记“累计折旧”科目，按其账面原价，贷记“固定资产”科目。已计提减值准备的，还应同时结转减值准备。固定资产转清理的会计分录如图 7-108 所示。

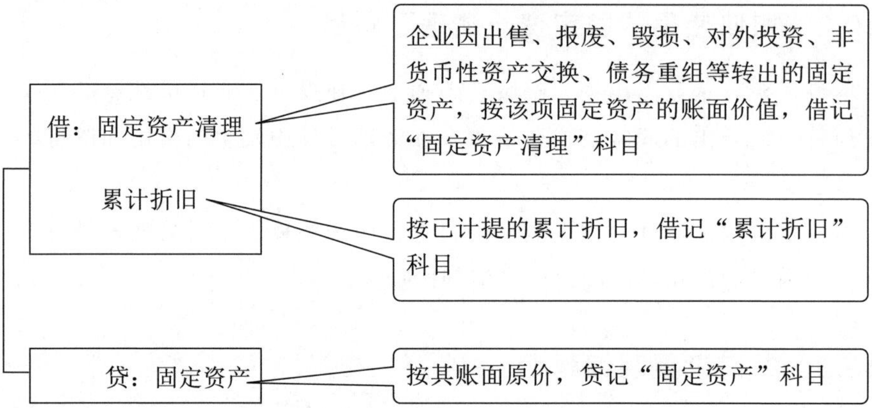

图 7-108 固定资产转清理的会计分录

* 案例解析

【例 7-100】 甲公司出售一座建筑物，原价为 2 000 000 元，已计提折旧 1 000 000 元，未计提减值准备。将出售固定资产转入清理时，甲公司应做如下会计分录。

借：固定资产清理	1 000 000	
累计折旧	1 000 000	
贷：固定资产		2 000 000

业务 2：清理过程中发生相关支出

清理过程中应支付的相关税费及其他费用，借记“固定资产清理”科目，贷记“银行存款”等科目。

收回出售固定资产的价款、残料价值和变价收入等，借记“银行存款”“原材料”等科目，贷记“固定资产清理”科目。

应由保险公司或过失人赔偿的损失，借记“其他应收款”等科目，贷记“固定资产清理”科目。

清理过程中发生相关支出时的会计分录如图 7–109 所示。

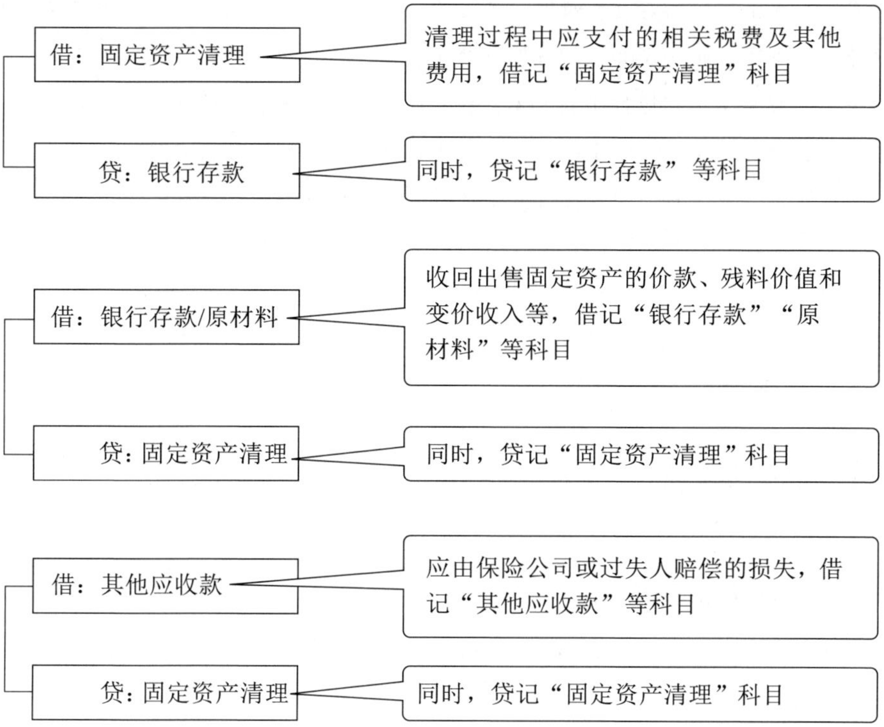

图 7–109　清理过程中发生相关支出时的会计分录

* 案例解析

【例 7–101】承【例 7–100】，该建筑物实际出售价格为 1 200 000 元，增值税销项税额为 156 000 元，款项已收回，并存入银行，甲公司应做以下会计处理。

借：银行存款　　1 356 000

　　贷：固定资产清理　　1 200 000

　　　　应交税费——应交增值税（销项税额）　　156 000

业务 3：固定资产清理完成

新准则下固定资产处置的会计处理流程：

在固定资产的处置中，除固定资产盘亏是按其账面价值，借记“待处理财产损益”，借记“固定资产减值准备”借记“累计折旧”，贷记“固定资产”，其余的固定资产处置包括出售、报废、投资、捐赠、抵债、调拨都通过“固定资产清理”科目核算。即借记“固定资产清理”，借记“固定资产减值准备”借记“累计折旧”，贷记“固定资产”，然后将“固定资产清理”科目的余额进行转出，而新准则将不再像旧准则一样全部按账面价值分别转入“营业外收（支）”（出售、报废、捐赠）、“长期股权投资”（投资）、“应付账款”（抵债）、“资本公积”（调拨）等科目，对一些特殊事项，例如，将以固定资产抵债、用固定资产投资等事项，在符合一定条件下采用“公允价值”转入相关的科目。由此将产生会计与税法上新的差异。

7.41 无形资产

7.41.1 什么是无形资产

无形资产是指企业拥有或者控制的没有实物形态的可辨认非货币性资产。无形资产具有以下 3 个主要特征。

（1）不具有实物形态。

（2）具有可辨认性。资产满足下列条件之一的，符合无形资产定义中的可辨认性标准。

①能够从企业中分离或者划分出来，并能单独或者与相关合同、资产或负债一起，用于出售、转移、授予许可、租赁或者交换。

②源自合同性权利或其他法定权利，无论这些权利是否可以从企业或其他权利和义务中转移或者分离。

商誉的存在无法与企业自身分离，不具有可辨认性，不在本节讲解。

（3）属于非货币性长期资产。无形资产属于非货币性资产且能够在多个会计期间为企业带来经济利益。无形资产的使用年限在一年以上，其价值将在各个受益期间被逐渐摊销。

7.41.2　如何使用“无形资产”科目

本科目核算企业持有的无形资产成本，包括专利权、非专利技术、商标权、著作权、土地使用权等。

本科目可按无形资产项目进行明细核算。本科目期末借方余额，反映企业无形资产的成本。

7.41.3　如何设置明细科目

“无形资产”科目的明细科目设置如表 7-45 所示。

表 7-45　1701 无形资产

顺序号	编号	会计科目名称	二级科目名称	三级科目名称
一、资产类				
	1701	无形资产		
	1701 01	无形资产	专利权	项目
	1701 02	无形资产	非专利技术	项目
	1701 03	无形资产	商标权	项目
	1701 04	无形资产	著作权	项目
	1701 05	无形资产	土地使用权	项目
	1701 06	无形资产	其他	项目

7.41.4　会计处理分录与案例解析

业务 1：购入或自行开发无形资产

（1）企业外购的无形资产，按应计入无形资产成本的金额，借记“无形资产”科目，贷记“银行存款”等科目。购入无形资产时的会计分录如图 7-110 所示。

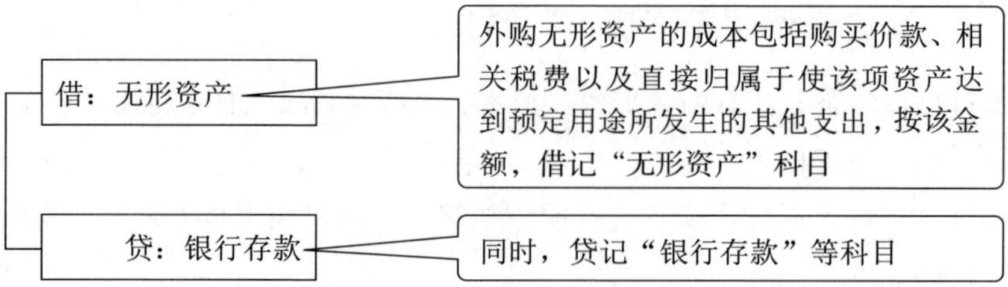

图 7-110　购入无形资产时的会计分录

* 案例解析

【例 7-102】甲公司购入一项非专利技术，支付的买价和有关费用合计 900 000 元，以银行存款支付。甲公司应做如下会计分录。

借：无形资产——非专利技术　　900 000

　　贷：银行存款　　900 000

（2）企业内部研究开发项目所发生的支出应区分研究阶段支出和开发阶段支出，企业自行开发无形资产发生的研发支出，不满足资本化条件的，借记“研发支出——费用化支出”科目（满足资本化条件的，借记“研发支出——资本化支出”科目），贷记“原材料”“银行存款”“应付职工薪酬”等科目。会计分录如图 7-111 所示。

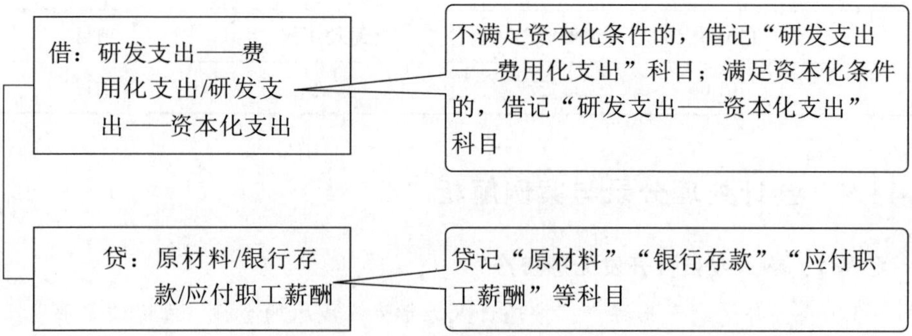

图 7-111　与企业内部研究开发项目所发生的支出相关的会计分录

研究开发项目达到预定用途形成无形资产的，应按“研发支出——资本化支出”科目的余额，借记“无形资产”科目，贷记“研发支出——资本化支出”科目。期（月）末，应将“研发支出——费用化支出”科目归集的金额转入“管理费用”科目，借记“管理费用”科目，贷记“研发支出——费用化支出”科目。会计分录如图 7-112 所示。

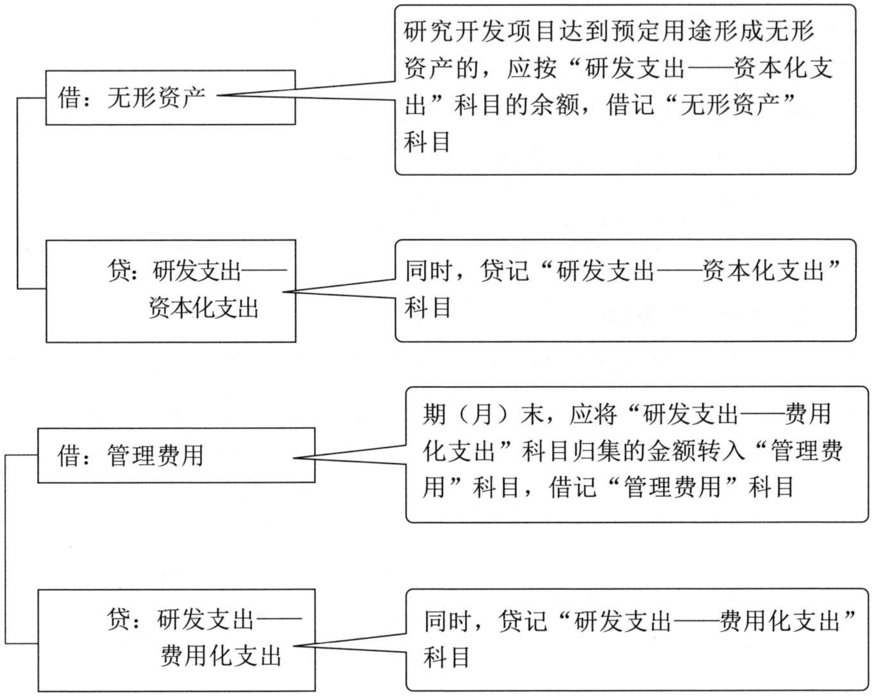

图 7–112　研究开发项目达到预定用途形成无形资产时的会计分录

* 案例解析

【例 7–103】甲公司自行研究、开发一项技术，截至 2×14 年 12 月 31 日，发生研发支出合计 2 000 000 元，以银行存款支付。经测试，该项研发活动完成了研究阶段，从 2×15 年 1 月 1 日开始进入开发阶段。2×15 年发生研发支出 300 000 元，以银行存款支付，该项研发支出假定符合《企业会计准则第 6 号——无形资产》规定的开发支出资本化的条件。2×15 年 6 月 30 日，该项研发活动结束，最终开发出一项非专利技术。甲公司应做如下会计分录。

① 2×14 年发生的研发支出。

借：研发支出——费用化支出	2 000 000	
贷：银行存款		2 000 000

② 2×14 年 12 月 31 日，发生的研发支出全部属于研究阶段的支出。

借：管理费用	2 000 000	
贷：研发支出——费用化支出		2 000 000

③2×15年，发生开发支出并满足资本化确认条件。

借：研发支出——资本化支出　　300 000

　　贷：银行存款　　300 000

④2×15年6月30日，该研发活动完成并形成无形资产。

借：无形资产　　300 000

　　贷：研发支出——资本化支出　　300 000

业务2：无形资产摊销

（1）使用寿命有限的无形资产应当在使用寿命内，采用合理的方法进行摊销。摊销时，企业应当考虑该项无形资产所服务的对象，并以此为基础将其摊销额计入相关资产的成本或者当期损益。摊销时，借记“制造费用”“管理费用”等科目，贷记“累计摊销”科目。无形资产摊销时的会计分录如图7-113所示。

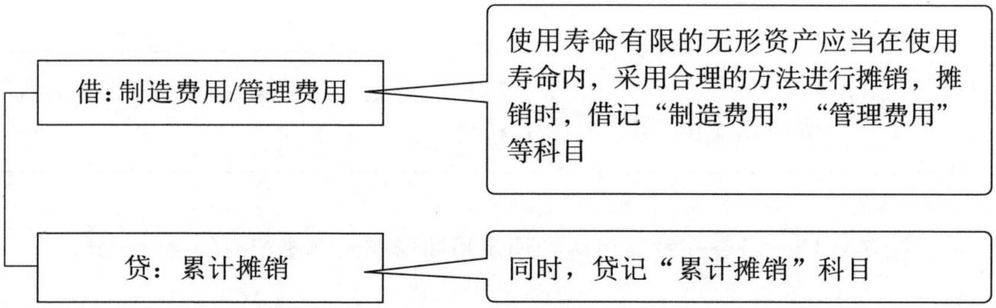

图7-113　无形资产摊销时的会计分录

* 案例解析

【例7-104】甲公司购买了一项特许权，成本为4 800 000元，合同规定受益年限为10年，甲公司每月应摊销40 000（4 800 000÷10÷12）元。每月摊销时，甲公司应做如下会计分录。

借：管理费用　　40 000

　　贷：累计摊销　　40 000

（2）根据可获得的相关信息，如果无法合理估计某项无形资产的使用寿命，则企业应将其作为使用寿命不确定的无形资产进行核算。对于使用寿命不确定的无形资产，在持有期间不需要进行摊销，但应当在每个会计期间进行减值测试。

业务3：处置无形资产

处置无形资产时，企业应按实际收到的金额，借记“银行存款”等科目，按已计提的累计摊销，借记“累计摊销”科目，按应支付的相关税费及其他费用，贷记“应交税费”“银行存款”等科目，按其账面余额，贷记“无形资产”科目，按其差额，借记或贷记“资产处置损益”科目。已计提减值准备的，企业还应同时结转减值准备。处置无形资产时的会计分录如图 7-114 所示。

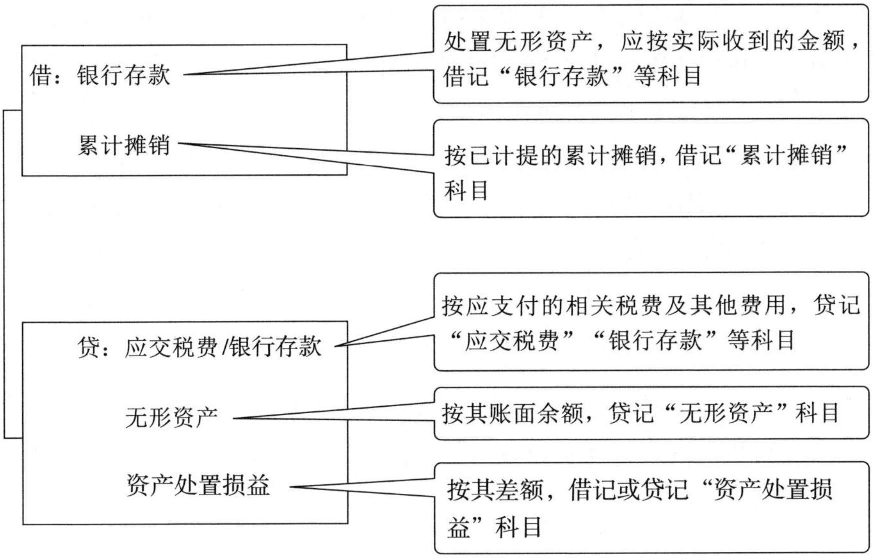

图 7-114　处置无形资产时的会计分录

* 案例解析

【例 7-105】甲公司所拥有的某项商标权的成本为 5 000 000 元，已摊销金额为 3 000 000 元，已计提的减值准备为 500 000 元。该公司于当期出售该商标权，取得出售收入 2 000 000 元，增值税销项税额 120 000 元。

据此，甲公司的账务处理如下。

借：银行存款	2 120 000	
累计摊销	3 000 000	
无形资产减值准备	500 000	
贷：无形资产		5 000 000
应交税费——应交增值税（销项税额）		120 000
资产处置损益		500 000

7.42 累计摊销

7.42.1 什么是累计摊销

无形资产的应摊销金额为其成本扣除预计残值后的金额，已计提减值准备的无形资产，还应扣除已计提的无形资产减值准备。使用寿命有限的无形资产，其残值应当视为零，但以下情况除外。

（1）有第三方承诺在无形资产使用寿命结束时购买该无形资产。

（2）可以根据活跃市场信息得到预计残值信息，并且该市场在无形资产使用寿命结束时很可能存在。

7.42.2 如何使用“累计摊销”科目

本科目核算企业对使用寿命有限的无形资产计提的累计摊销。

本科目可按无形资产项目进行明细核算。本科目期末贷方余额，反映企业无形资产的累计摊销额。

7.42.3 如何设置明细科目

“累计摊销”科目的明细科目设置如表 7-46 所示。

表 7-46 1702 累计摊销

顺序号	编号	会计科目名称	二级科目名称	三级科目名称
一、资产类				
	1702	累计摊销		
	1702 01	累计摊销	专利权	项目
	1702 02	累计摊销	非专利技术	项目
	1702 03	累计摊销	商标权	项目
	1702 04	累计摊销	著作权	项目
	1702 05	累计摊销	土地使用权	项目
	1702 06	累计摊销	其他	项目

7.42.4 会计处理分录与案例解析

企业按期（月）计提的无形资产摊销额，借记“管理费用”“其他业务成本”等科目，贷记本科目。处置无形资产时应同时结转累计摊销。

相关内容在“无形资产”小节已详述，在此不赘述。

7.43 无形资产减值准备

7.43.1 什么是无形资产减值准备

无形资产减值准备，是指企业对在期末因技术陈旧、损坏、长期闲置等原因导致无形资产可收回金额低于其账面价值而计提的减值准备。

7.43.2 如何使用“无形资产减值准备”科目

本科目核算企业无形资产的减值准备。

本科目可按无形资产项目进行明细核算。本科目期末贷方余额，反映企业已计提但尚未转销的无形资产减值准备。

7.43.3 如何设置明细科目

“无形资产减值准备”科目的明细科目设置如表 7-47 所示。

表 7-47　1703 无形资产减值准备

顺序号	编号	会计科目名称	二级科目名称	三级科目名称
一、资产类				
	1703	无形资产减值准备		
	1703 01	无形资产减值准备	专利权	项目
	1703 02	无形资产减值准备	非专利技术	项目

续表

顺序号	编号	会计科目名称	二级科目名称	三级科目名称
	1703 03	无形资产减值准备	商标权	项目
	1703 04	无形资产减值准备	著作权	项目
	1703 05	无形资产减值准备	土地使用权	项目
	1703 06	无形资产减值准备	其他	项目

7.43.4 会计处理分录与案例解析

资产负债表日，无形资产发生减值的，按应减记的金额，借记“资产减值损失——计提的无形资产减值准备”科目，贷记“无形资产减值准备”科目。处置无形资产时应同时结转减值准备。无形资产发生减值时的会计分录如图7-115所示。

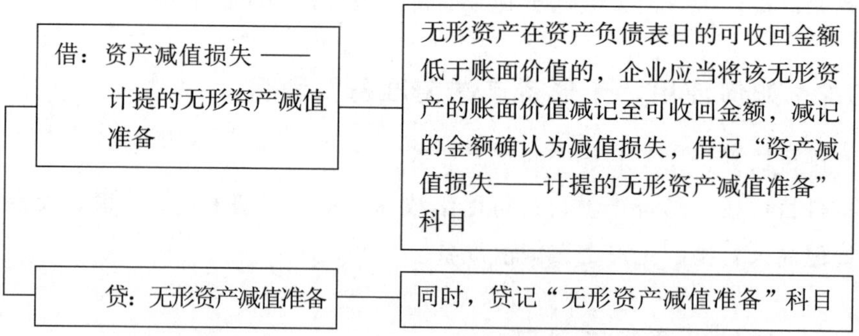

图7-115 无形资产发生减值时的会计分录

* 案例解析

【例7-106】2×14年12月31日，市场上利用某项技术生产的产品销售势头较好，已对甲公司产品的销售产生重大不利影响。因此，甲公司外购了一项类似的专利技术用于本企业产品的生产。甲公司外购的类似专利技术的账面价值为800 000元，剩余使用寿命为4年。经减值测试，该专利技术的可收回金额为750 000元。

由于该专利技术在资产负债表日的账面价值为800 000元，可收回金额为750 000元，可收回金额低于账面价值，应按其差额50 000（800 000−750 000）元计提减值准备。

甲公司应做如下会计分录。

借：资产减值损失——计提的无形资产减值准备　　50 000

　　贷：无形资产减值准备　　50 000

7.44　商誉

7.44.1　什么是商誉

商誉是指能在未来期间为企业经营带来超额利润的潜在经济价值，或一家企业预期的盈利能力超过可辨认资产正常盈利能力（如社会平均投资回报率）的资本化价值。商誉是企业整体价值的组成部分。在非同一控制下企业合并时，它是购买方投资成本超过被购买方净资产公允价值的差额，代表的是合并中取得的由于不符合资产确认条件未予确认的资产以及被购买方有关资产产生的协同效应或合并盈利能力。

7.44.2　如何使用“商誉”科目

本科目核算企业合并中形成的商誉价值。商誉发生减值的，可以单独设置“商誉减值准备”科目，比照“无形资产减值准备”科目进行处理。商誉在确认以后，持有期间不要求摊销，应当于每年年度终了按照《企业会计准则第 8 号——资产减值》的规定对其进行减值测试，按照账面价值与可收回金额孰低的原则计量，对于可收回金额低于账面价值的部分，计提减值准备，有关减值准备在提取以后，不能转回。

本科目期末借方余额，反映企业商誉的价值。

7.44.3　如何设置明细科目

“商誉”科目的明细科目设置如表 7-48 所示。

表 7-48　1711 商誉

顺序号	编号	会计科目名称	二级科目名称	三级科目名称
一、资产类				
	1711	商誉	项目	被合并企业

7.44.4　会计处理分录与案例解析

非同一控制下企业合并中确定的商誉价值，借记“商誉”科目，贷记有关科目。非同一控制下企业合并中确定商誉时的会计分录如图 7-116 所示。

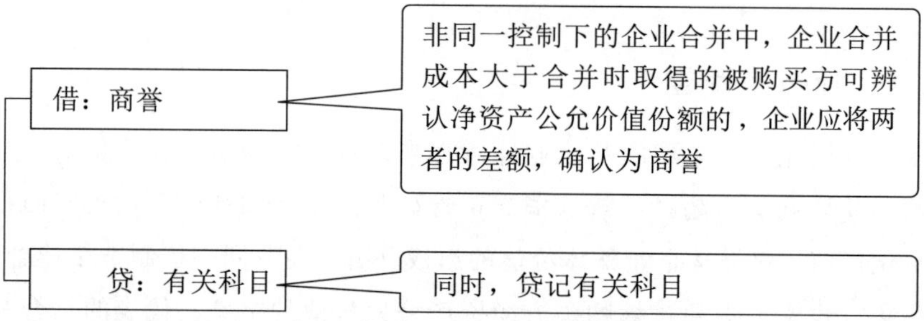

图 7-116　非同一控制下企业合并中确定商誉时的会计分录

* 案例解析

【例 7-107】甲公司和乙公司均为独立的集团公司，以前无关联关系，甲公司于 2×08 年 1 月 1 日以 10 000 000 元货币资金购买乙公司 90% 的股份，合并后乙公司继续存在。2×08 年 1 月 1 日乙公司可辨认净资产的公允价值为 10 100 000 元。购买日甲公司的账务处理为：

借：长期股权投资（10 100 000×90%）　　10 000 000

　　贷：银行存款　　10 000 000

7.45　长期待摊费用

7.45.1　什么是长期待摊费用

长期待摊费用是指企业已经支出，但摊销期限在 1 年以上（不含 1 年）的各项费用，包括开办费、租入固定资产的改良支出以及固定资产大修理支出、股票发行费用等。应当由本期负担的借款利息、租金等，不得作为长期待摊费用处理。

7.45.2　如何使用“长期待摊费用”科目

本科目核算企业已经发生但应由本期和以后各期负担的分摊期限在 1 年以上的各项费用，如以经营租赁方式租入的固定资产发生的改良支出等。

本科目可按费用项目进行明细核算。本科目期末借方余额，反映企业尚未摊销完毕的长期待摊费用。

7.45.3　如何设置明细科目

“长期待摊费用”科目的明细科目设置如表 7-49 所示。

表 7-49　1801 长期待摊费用

顺序号	编号	会计科目名称	二级科目名称	三级科目名称
一、资产类				
	1801	长期待摊费用	明细	项目
	1801 01	长期待摊费用	经营租赁方式租入固定资产的改良支出	项目
	1801 02	长期待摊费用	摊销期限在 1 年以上的固定资产大修理支出	项目
	1801 03	长期待摊费用	股票发行费用	项目
	1801 04	长期待摊费用	开办费	项目
	1801 05	长期待摊费用	其他	项目

7.45.4　会计处理分录与案例解析

业务 1：发生长期待摊费用

企业发生的长期待摊费用，借记“长期待摊费用”科目，贷记“银行存款”“原材料”等科目。

发生长期待摊费用时的会计分录如图 7-117 所示。

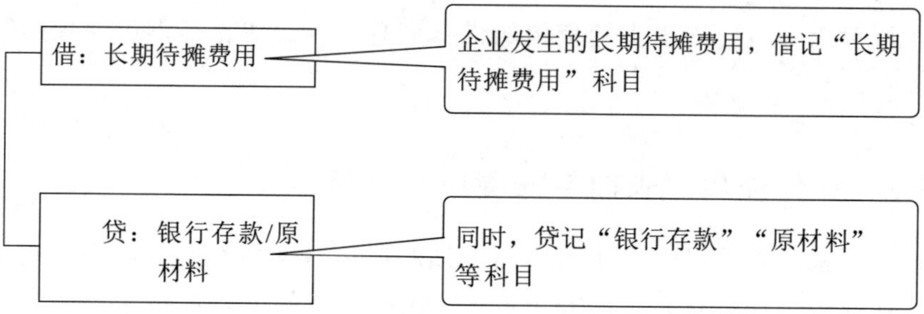

图 7-117　发生长期待摊费用时的会计分录

* 案例解析

【例 7-108】企业在筹建期间发生开办费 48 000 元，其中，应付相关人员的工资 20 000 元，以银行存款支付其他各项开办费 28 000 元。企业应做分录如下。

借：长期待摊费用——开办费　　48 000

　贷：应付职工薪酬　　20 000

　　　银行存款　　28 000

业务 2：摊销长期待摊费用

摊销长期待摊费用，借记“管理费用”“销售费用”等科目，贷记“长期待摊费用”科目。摊销长期待摊费用时的会计分录如图 7-118 所示。

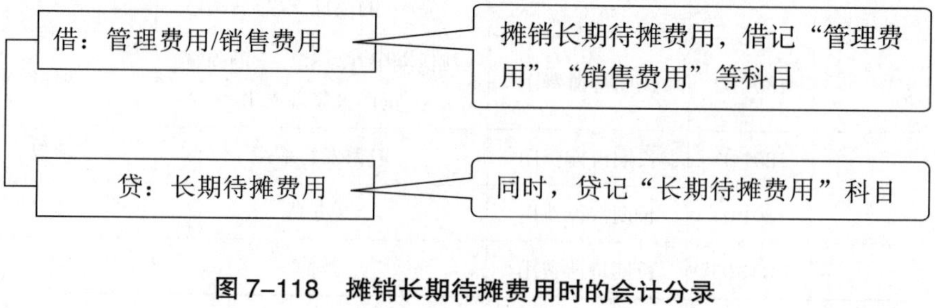

图 7-118　摊销长期待摊费用时的会计分录

* 案例解析

【例 7–109】承【例 7–108】，企业本月正式投入生产经营，一次摊销开办费 48 000 元，分录如下。

借：管理费用　　48 000

　　贷：长期待摊费用——开办费　　48 000

7.46 递延所得税资产

7.46.1 什么是递延所得税资产

递延所得税资产是指以未来期间很可能取得用来抵扣可抵扣暂时性差异的应纳税所得额为限确认的一项资产。

7.46.2 如何使用“递延所得税资产”科目

本科目核算企业确认的可抵扣暂时性差异产生的递延所得税资产。

本科目应按可抵扣暂时性差异等项目进行明细核算。根据税法规定可用以后年度税前利润弥补的亏损及税款抵减产生的所得税资产，也在本科目核算。

本科目期末借方余额，反映企业确认的递延所得税资产。

7.46.3 如何设置明细科目

“递延所得税资产”科目的明细科目设置如表 7–50 所示。

表 7–50　1811 递延所得税资产

顺序号	编号	会计科目名称	二级科目名称	三级科目名称
一、资产类				
	1811	递延所得税资产		

续表

顺序号	编号	会计科目名称	二级科目名称	三级科目名称
	1811 01	递延所得税资产	资产减值准备	项目
	1811 02	递延所得税资产	以前年度亏损	项目
	1811 03	递延所得税资产	商誉	项目
	1811 04	递延所得税资产	预计负债	项目
	1811 05	递延所得税资产	公允价值变动	项目
	1811 06	递延所得税资产	其他	项目

7.46.4 会计处理分录与案例解析

（1）资产负债表日递延所得税资产的余额大于其账面余额的，应按其差额，借记“递延所得税资产”科目，贷记“所得税费用——递延所得税费用”等科目；资产负债表日递延所得税资产的余额小于其账面余额的，按其差额做相反的会计分录。会计分录如图 7-119 所示。

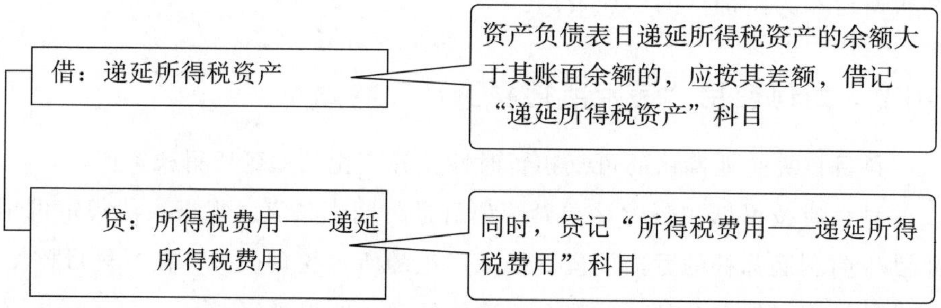

图 7-119 确认递延所得税资产的会计分录

（2）企业合并中取得资产、负债的入账价值与其计税基础之间形成可抵扣暂时性差异的，应于购买日确认递延所得税资产，并调整合并中应予确认的商誉，借记“递延所得税资产”科目，贷记“商誉”等科目。与直接计入所有者权益的交易或事项相关的可抵扣暂时性差异，相应的递延所得税资产应计入所有者权益，借记“递延所得税资产”科目，贷记“其他综合收益”科目。会计分录如图 7-120 所示。

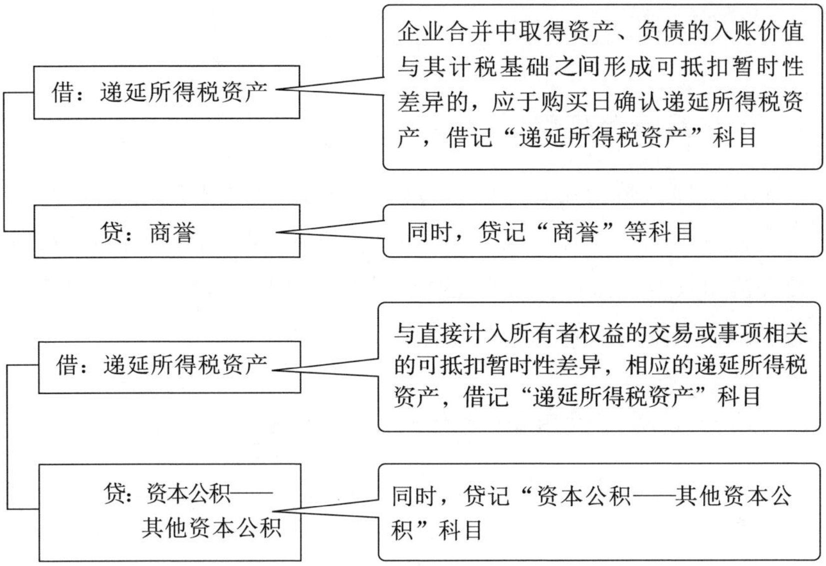

图 7–120　企业合并中确认递延所得税资产时的会计分录

* 案例解析

【例 7–110】A 企业除筹建费用的会计处理与税务处理存在差异外，不存在其他会计和税收之间的差异。

资产负债表日，筹建费用的账面价值与其计税基础之间形成可抵扣暂时性差异 4 000 000 元，假定该企业适用的所得税税率为 25%，其估计未来期间能够产生足够的应纳税所得额以利用该可抵扣暂时性差异，则企业应确认相关的递延所得税资产，会计分录为：

借：递延所得税资产　　1 000 000

　　贷：所得税费用　　1 000 000

7.47 待处理财产损溢

7.47.1 什么是待处理财产损溢

待处理财产损溢是指在财产清查过程中查明的各种财产盘盈、盘亏、毁损的价值。待处理财产损溢经常设置两个明细科目，即“待处理固定资产损溢”和“待处理流动资产损溢”。待处理财产损溢在未报经批准前与资产直接相关，在报经批准后与当期损益直接相关。

7.47.2 如何使用“待处理财产损溢”科目

本科目核算企业在财产清查过程中查明的各种财产盘盈、盘亏和毁损的价值。物资在运输途中发生的非正常损耗，也通过本科目核算。企业如有盘盈固定资产，应作为前期差错记入“以前年度损益调整”科目。

本科目可按盘盈、盘亏的资产种类和项目进行明细核算。

企业的财产损溢，应查明原因，在期末结账前处理完毕，处理后本科目应无余额。

7.47.3 如何设置明细科目

“待处理财产损溢”科目的明细科目设置如表 7-51 所示。

表 7-51 1901 待处理财产损溢

顺序号	编号	会计科目名称	二级科目名称	三级科目名称	四级科目名称
一、资产类					
	1901	待处理财产损溢			
	1901 01	待处理财产损溢	盘盈		项目
	1901 01 01	待处理财产损溢	盘盈	以前年度损益调整	项目
	1901 01 02	待处理财产损溢	盘盈	待处理流动资产损溢	项目
	1901 02	待处理财产损溢	盘亏		项目
	1901 02 01	待处理财产损溢	盘亏	待处理固定资产损溢	项目
	1901 02 02	待处理财产损溢	盘亏	待处理流动资产损溢	项目
	1901 03	待处理财产损溢	其他		

7.47.4　会计处理分录与案例解析

业务 1：盘盈 / 盘亏各种材料、产成品、商品、生物资产

（1）盘盈各种材料、产成品、商品、生物资产等，借记“原材料”“库存商品”“消耗性生物资产”等科目，贷记“待处理财产损溢”科目。盘盈各种材料、产成品、商品、生物资产时的会计分录如图 7-121 所示。

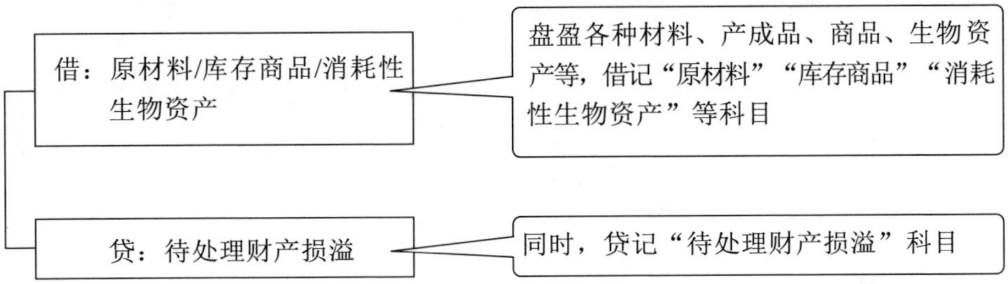

图 7-121　盘盈各种材料、产成品、商品、生物资产时的会计分录

（2）盘亏、毁损各种材料、产成品、商品、生物资产以及固定资产，借记“待处理财产损溢”科目，贷记“原材料”“库存商品”“消耗性生物资产”“固定资产”等科目；材料、产成品、商品采用计划成本（或售价）核算的，还应同时结转材料成本差异（或商品进销差价）。涉及增值税的，还应进行相应处理。会计分录如图 7-122 所示。

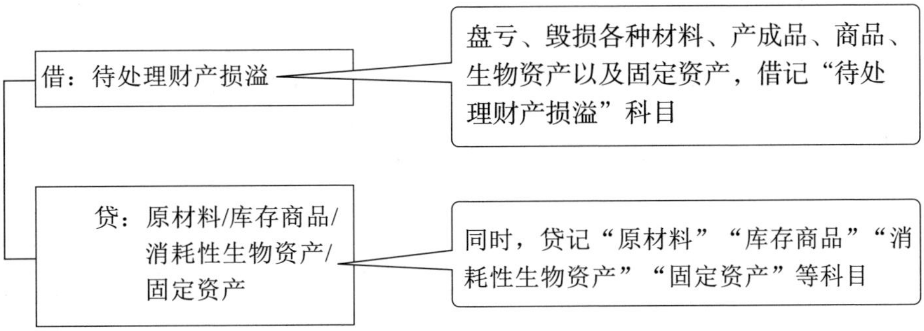

图 7-122　盘亏、毁损各种材料、产成品、商品、生物资产及固定资产时的会计分录

* 案例解析

【例 7-111】2×15 年 3 月 4 日，企业在进行现金清查时，发现库存现金较账面余额多出 500 元。经查，其中 300 元为应付给乙企业的货款，其余 200 元无法查明原因，该 200 元经批准转入营业外收入。发现现金溢余时，企业应做如下账务处理。

借：库存现金　　500

　　贷：待处理财产损溢　　500

业务 2：查明盘盈 / 盘亏原因

（1）盘盈的除固定资产以外的其他财产，借记“待处理财产损溢”科目，贷记“管理费用”“营业外收入”等科目。查明盘盈原因时的会计分录见图 7-123。

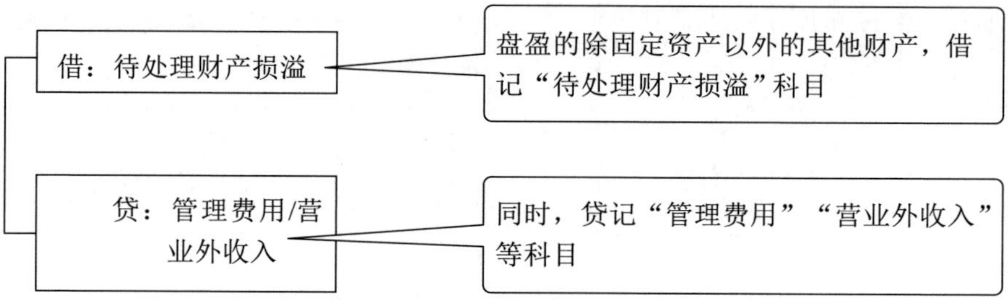

图 7-123　查明盘盈原因时的会计分录

（2）盘亏、毁损的各项资产，按管理权限报经批准后，按残料价值，借记“原材料”等科目，按可收回的保险赔偿或过失人赔偿，借记“其他应收款”科目，按本科目余额，贷记“待处理财产损溢”科目，按其借方差额，借记“管理费用”“营业外支出”等科目。会计分录如图 7-124 所示。

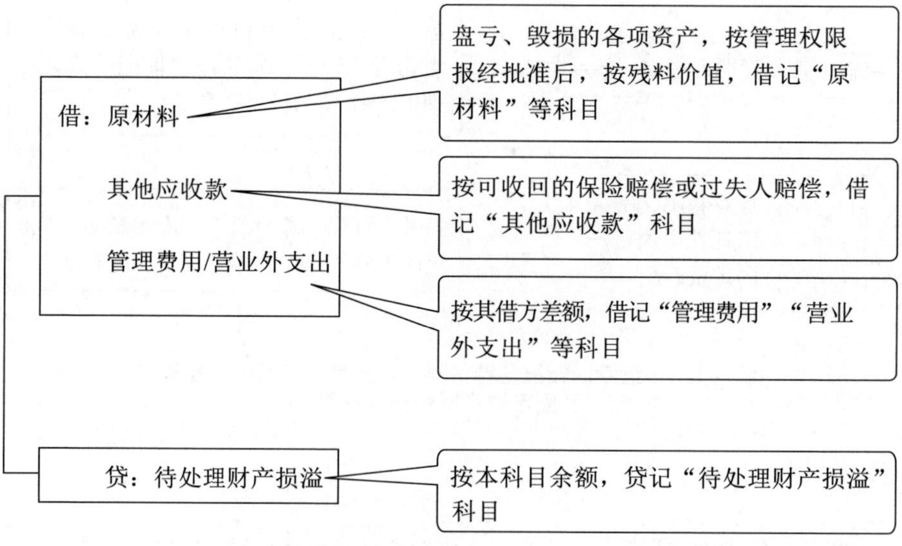

图 7-124　查明盘亏、毁损原因经批准处理时的会计分录

* 案例解析

【例 7-112】甲公司在财产清查中盘盈 J 材料 1 000 千克，实际单位成本 60 元，经查属于材料收发计量方面的错误。甲公司应做如下会计分录。

①批准处理前。

借：原材料　　60 000

　　贷：待处理财产损溢　　60 000

②批准处理后。

借：待处理财产损溢　　60 000

　　贷：管理费用　　60 000

【例 7-113】甲公司在财产清查中发现毁损 L 材料 300 千克，实际单位成本 100 元，经查由材料保管员的过失造成，按规定由其个人赔偿 20 000 元，残料已办理入库手续，价值 2 000 元。甲公司应做如下会计分录。

①批准处理前。

借：待处理财产损溢　　30 000

　　贷：原材料　　30 000

②批准处理后。

a. 由过失人赔偿部分。

借：其他应收款　　20 000

　　贷：待处理财产损溢　　20 000

b. 残料入库。

借：原材料　　2 000

　　贷：待处理财产损溢　　2 000

c. 材料毁损净损失。

借：管理费用　　8 000

　　贷：待处理财产损溢　　8 000

第8章 负债类科目的设置与账务处理

本章导读

负债对企业来说是一个“包袱”，对于企业而言，长远的发展离不开“包袱”的合理存在。企业既要保证能够承受“包袱”的重量，又要使得“包袱”能够为企业提供动力。会计人员要想做好企业的财务工作，离不开对负债业务的详细了解。本章我们将从以下几个方面学习。

（1）短期借款等负债类科目的定义。

（2）短期借款等负债类科目的适用范围。

（3）短期借款等负债类科目明细科目的设置。

（4）短期借款等负债类科目在实务中的具体业务操作。

8.1 短期借款

8.1.1 什么是短期借款

短期借款是指企业向银行或其他金融机构等借入的期限在 1 年以下（含 1 年）的各种借款，通常是为了满足企业正常生产经营的需要。无论借入款项的来源如何，企业均需要按期向债权人偿还借款的本金及利息。在会计核算上，企业要及时如实地反映短期借款的借入、利息的发生和本金及利息的偿还情况。

8.1.2　如何使用“短期借款”科目

本科目核算企业向银行或其他金融机构等借入的期限在 1 年以下（含 1 年）的各种借款。

本科目可按借款种类、贷款人和币种进行明细核算。本科目期末贷方余额，反映企业尚未偿还的短期借款。

8.1.3　如何设置明细科目

“短期借款”科目的明细科目设置如表 8-1 所示。

表 8-1　2001 短期借款

顺序号	编号	会计科目名称	二级科目名称	三级科目名称	四级科目名称
二、负债类					
	2001	短期借款			
	2001 01	短期借款	人民币		
	2001 01 01	短期借款	人民币	经营周转借款	贷款人
	2001 01 02	短期借款	人民币	临时借款	贷款人
	2001 01 03	短期借款	人民币	结算借款	贷款人
	2001 01 04	短期借款	人民币	票据贴现借款	贷款人
	2001 01 05	短期借款	人民币	卖方信贷	贷款人
	2001 01 06	短期借款	人民币	预购定金借款	贷款人
	2001 01 07	短期借款	人民币	专项储备借款	贷款人
	2001 02	短期借款	外币		贷款人
	2001 02 01	短期借款	外币	美元	贷款人
	2001 02 02	短期借款	外币	欧元	贷款人
	2001 02 03	短期借款	外币	其他	贷款人

8.1.4　会计处理分录与案例解析

业务 1：借入短期借款

企业借入的各种短期借款，借记“银行存款”科目，贷记“短期借款”科目；归还借款时，做相反的会计分录。借入短期借款时的会计分录如图 8-1 所示。

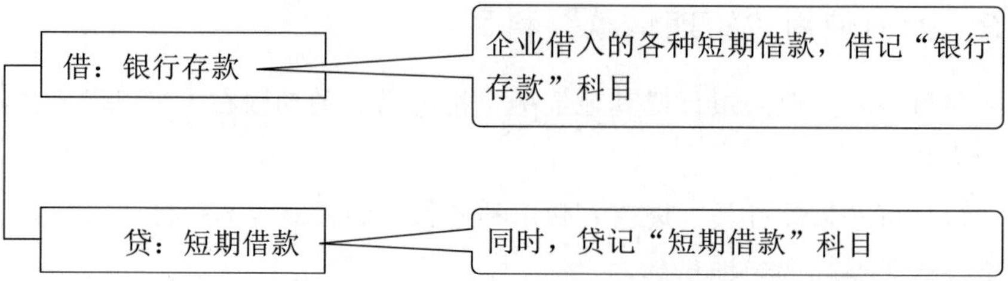

图 8-1　借入短期借款时的会计分录

＊ 案例解析

【例 8-1】A股份有限公司于2×14年1月1日向银行借入一笔生产经营用短期借款，共计120 000元，期限为9个月，年利率为8%。根据与银行签署的借款协议，该项借款的本金到期后一次归还；利息分月计提，按季支付。1月1日借入短期借款时，A股份有限公司的账务处理如下。

借：银行存款　　120 000

　　贷：短期借款　　120 000

业务 2：计提短期借款利息

（1）资产负债表日，应按计算确定的短期借款利息费用，借记“财务费用”等科目，贷记“应付利息”科目。计提短期借款利息时的会计分录如图8-2所示。

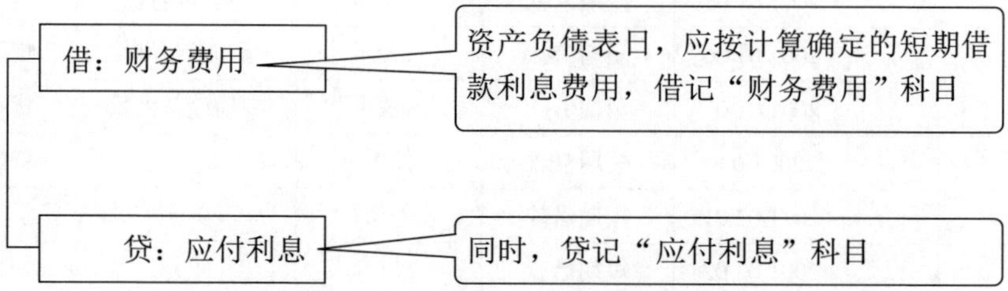

图 8-2　计提短期借款利息时的会计分录

＊ 案例解析

【例 8-2】承【例8-1】，1月月末，计提1月利息费用时，A股份有限公司的会计处理如下。

借：财务费用　　800

　　贷：应付利息　　800

（2）实际支付利息时，借记“应付利息”科目，贷记“银行存款”科目。会计分录如图 8-3 所示。

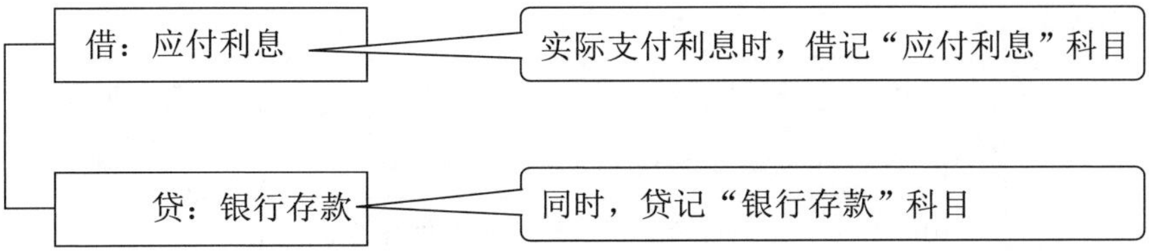

图 8-3　支付利息时的会计分录

8.2　交易性金融负债

8.2.1　什么是交易性金融负债

交易性金融负债是指企业采用短期获利模式进行融资所形成的负债，例如应付短期债券。作为交易双方来说，甲方的金融债权就是乙方的金融负债。

交易性金融负债反映企业承担的交易性金融负债的公允价值。

8.2.2　如何使用“交易性金融负债”科目

本科目核算企业承担的交易性金融负债的公允价值。企业持有的直接指定为以公允价值计量且其变动计入当期损益的金融负债，也在本科目核算。衍生金融负债在“衍生工具”科目核算。

8.2.3　如何设置明细科目

“交易性金融负债”科目的明细科目设置如表 8-2 所示。

表 8-2　2101 交易性金融负债

顺序号	编号	会计科目名称	二级科目名称	三级科目名称
二、负债类				
	2101	交易性金融负债		项目
	2101 01	交易性金融负债	本金	项目
	2101 02	交易性金融负债	公允价值变动	项目

8.2.4　会计处理分录与案例解析

业务 1：取得交易性金融负债

企业取得的交易性金融负债，应按实际收到的金额，借记“银行存款”“存放中央银行款项”“结算备付金”等科目，按发生的交易费用，借记“投资收益”科目，按交易性金融负债的公允价值，贷记“交易性金融负债——本金”科目。取得交易性金融负债时的会计分录如图 8-4 所示。

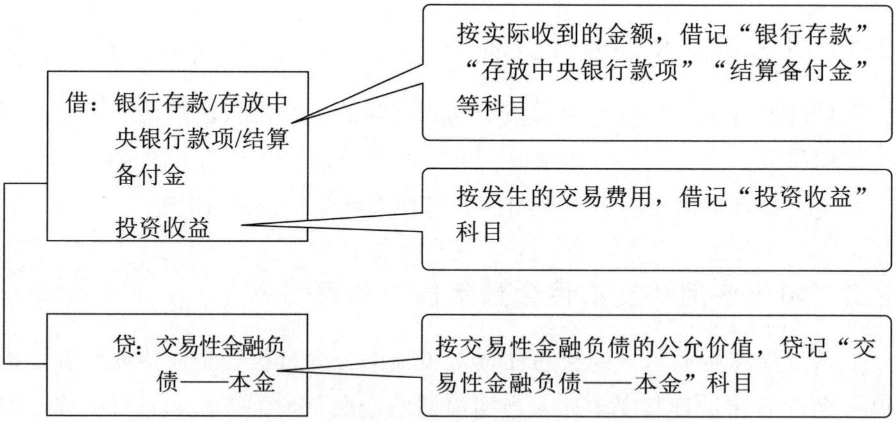

图 8-4　取得交易性金融负债时的会计分录

* 案例解析

【例 8-3】甲公司在 2×14 年 11 月 1 日投资 250 000 元购买乙公司的债券，占乙公司的股份比例为 1%。2×14 年 11 月 1 日乙公司的账务处理如下。

借：银行存款　　250 000

　　贷：交易性金融负债——本金　　250 000

业务 2：计提交易性金融负债利息和公允价值变动

（1）资产负债表日，按交易性金融负债面值和票面利率计算的利息，借记“投资收益”科目，贷记“应付利息”科目。会计分录如图 8–5 所示。

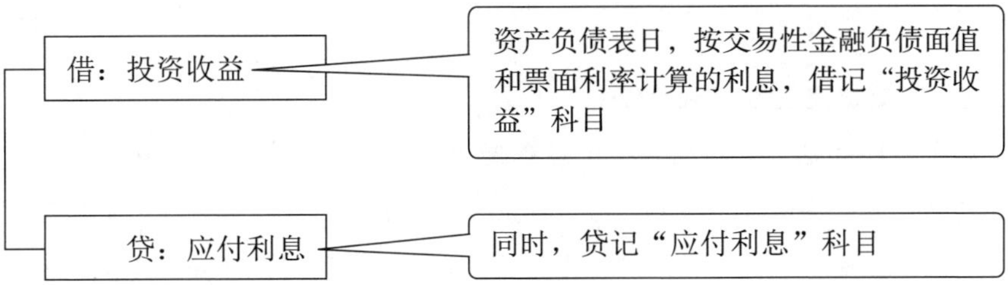

图 8–5　计提交易性金融负债利息时的会计分录

（2）资产负债表日，交易性金融负债的公允价值高于其账面余额的，按两者的差额，借记“公允价值变动损益”科目，贷记“交易性金融负债——公允价值变动”科目；公允价值低于其账面余额的，按两者的差额，做相反的会计分录。会计分录如图 8–6 所示。

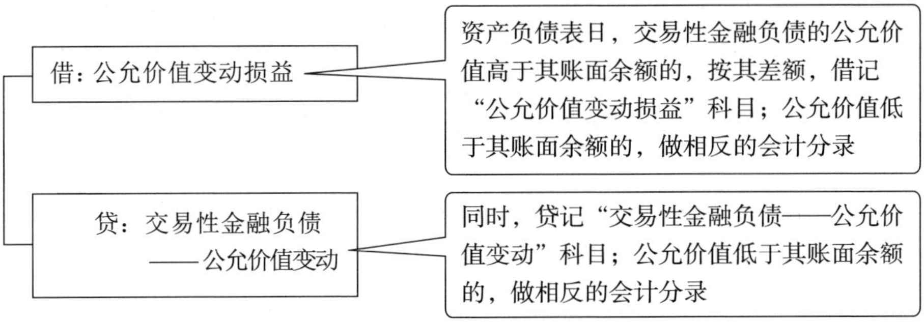

图 8–6　交易性金融负债公允价值变动的会计分录

* 案例解析

【例 8–4】承【例 8–3】，该债券在 2×14 年 12 月 31 日的公允价值为 260 000 元，在 2×15 年 12 月 31 日的公允价值为 245 000 元。乙公司的账务处理如下。

① 2×14 年 12 月 31 日，计公允价值变动。

因为公允价值（260 000 元）大于账面余额（250 000 元），所以会计分录为：

借：公允价值变动损益　　　　10 000

　　贷：交易性金融负债——公允价值变动　　　　10 000

②2×15年12月31日，计公允价值变动。

因为公允价值（245 000元）小于账面余额（260 000元），所以会计分录为：

借：交易性金融负债——公允价值变动　　15 000

　　贷：公允价值变动损益　　15 000

业务3：处置交易性金融负债

处置交易性金融负债，应按该金融负债的账面余额，借记“交易性金融负债”科目，按实际支付的金额，贷记“银行存款”“存放中央银行款项”“结算备付金”等科目，按其差额，贷记或借记“投资收益”科目。处置交易性金融负债时的会计分录如图8-7所示。

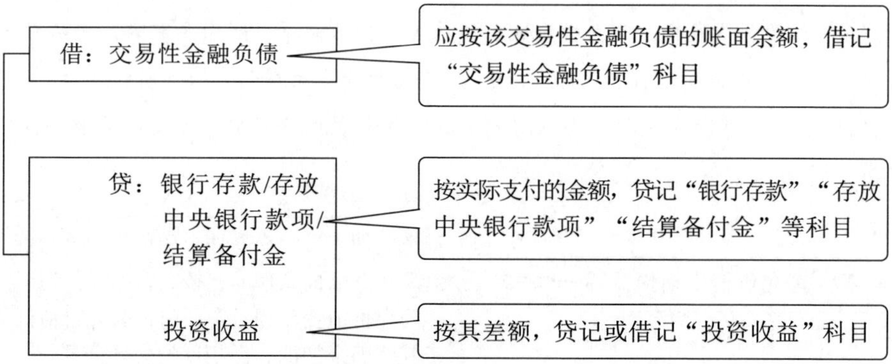

图8-7　处置交易性金融负债时的会计分录

* 案例解析

【例8-5】承【例8-4】，2×16年1月5日甲公司以244 000的价格将该债券卖给丙公司。丙公司的账务处理如下。

借：交易性金融负债——本金　　250 000

　　贷：银行存款　　244 000

　　　　交易性金融负债——公允价值变动　　5 000

　　　　投资收益　　1 000

8.3　应付票据

8.3.1　什么是应付票据

应付票据是指企业因购买材料、商品和接受劳务供应等而开出、承兑的商业汇票，包括商业承兑汇票和银行承兑汇票。

8.3.2　如何使用“应付票据”科目

本科目核算企业因购买材料、商品和接受劳务供应等而开出、承兑的商业汇票，包括银行承兑汇票和商业承兑汇票。本科目可按债权人进行明细核算。

企业应当设置应付票据备查簿，详细登记商业汇票的种类、号数和出票日期、到期日、票面金额、交易合同号和收款人姓名或单位名称以及付款日期和金额等资料。应付票据到期结清时，在备查簿中应予注销。

本科目期末贷方余额，反映企业尚未到期的商业汇票的票面金额。

8.3.3　如何设置明细科目

“应付票据”科目的明细科目设置如表 8-3 所示。

表 8-3　2201 应付票据

顺序号	编号	会计科目名称	二级科目名称	三级科目名称	是否辅助核算	辅助核算类别
二、负债类						
	2201	应付票据			是	债权人
	2201 01	应付票据	银行承兑汇票		是	债权人
	2201 01 01	应付票据	银行承兑汇票	带息	是	债权人
	2201 01 02	应付票据	银行承兑汇票	不带息	是	债权人
	2201 02	应付票据	商业承兑汇票		是	债权人
	2201 02 01	应付票据	商业承兑汇票	带息	是	债权人
	2201 02 02	应付票据	商业承兑汇票	不带息	是	债权人
	2201 03	应付票据	其他		是	债权人

8.3.4 会计处理分录与案例解析

业务 1：开出、承兑商业汇票或以承兑商业汇票抵付货款、应付账款等

企业开出、承兑商业汇票或以承兑商业汇票抵付货款、应付账款等，借记“材料采购”“库存商品”等科目，贷记“应付票据”科目。涉及增值税进项税额的，还应进行相应的处理。会计分录如图 8-8 所示。

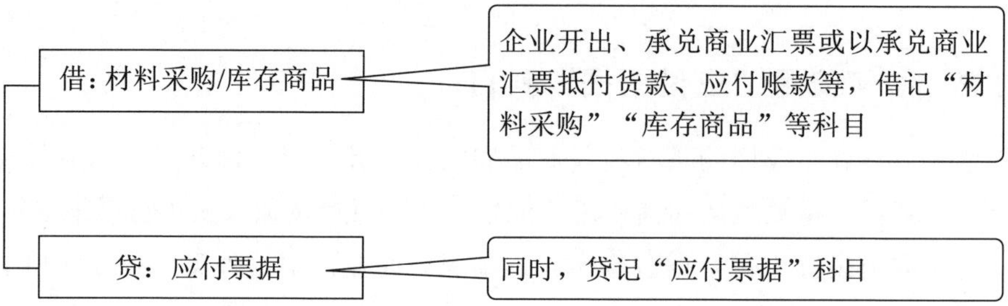

图 8-8　开出、承兑商业汇票或以承兑商业汇票抵付货款、应付账款等时的会计分录

* 案例解析

【例 8-6】甲企业为增值税一般纳税人。该企业于 2×19 年 4 月 6 日开出一张面值为 56 500 元、期限 5 个月的不带息商业汇票，用于采购一批材料。增值税专用发票上注明的材料价款为 50 000 元，增值税税额为 6 500 元。该企业的有关会计分录如下。

借：材料采购　　50 000

　　应交税费——应交增值税（进项税额）　　6 500

　　贷：应付票据　　56 500

业务 2：支付手续费及票款

支付银行承兑汇票的手续费，借记“财务费用”科目，贷记“银行存款”科目。支付票款，借记“应付票据”科目，贷记“银行存款”科目。会计分录如图 8-9 所示。

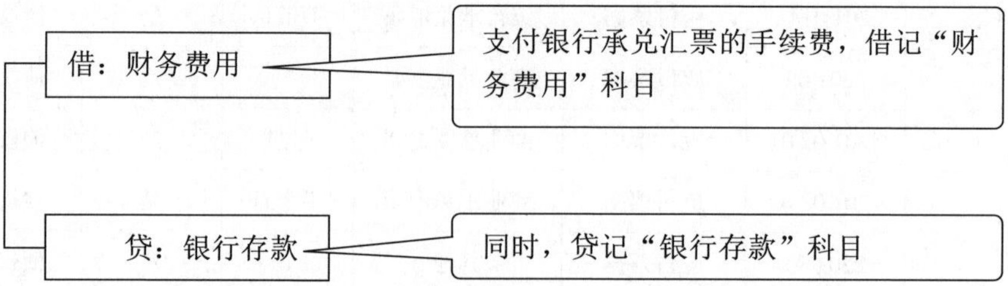

图 8-9　支付银行承兑汇票的手续费及票款时的会计分录

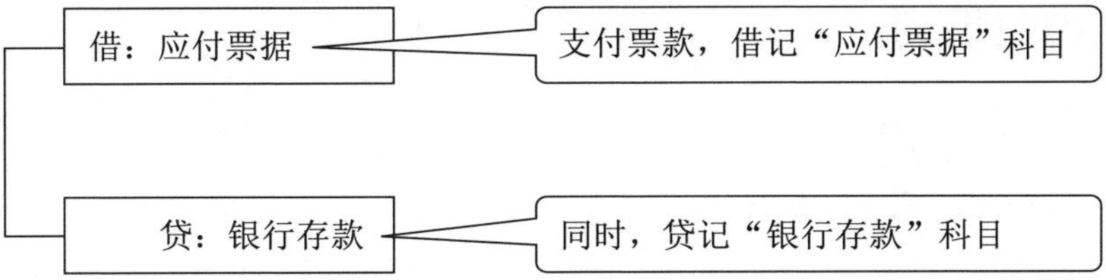

图 8–9　支付银行承兑汇票的手续费及票款时的会计分录（续）

【例 8–7】接【例 8–6】，假设商业汇票为银行承兑汇票，甲企业已交纳承兑手续费 29.25 元。甲企业的有关会计分录如下。

借：财务费用　　29.25

　贷：银行存款　　29.25

【例 8–8】接【例 8–7】，2×19 年 9 月 6 日，甲企业于 4 月 6 日开出的商业汇票到期。甲企业通知其开户银行以银行存款支付票款。该企业的有关会计分录如下。

借：应付票据　　56 500

　贷：银行存款　　56 500

业务 3：到期无力支付票据

银行承兑汇票到期，企业无力支付票款的，按应付票据的票面金额，借记“应付票据”科目，贷记“短期借款”科目。到期无力支付票据时的会计分录如图 8–10 所示。

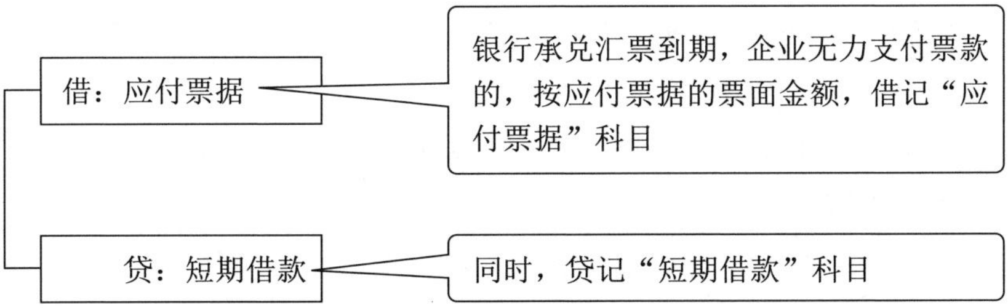

图 8–10　到期无力支付票据时的会计分录

＊ 案例解析

【例 8–9】接【例 8–8】，假设商业汇票为银行承兑汇票。该汇票到期时甲企业无力支付票款。该企业的有关会计分录如下。

借：应付票据　　56 500

　贷：短期借款　　56 500

8.4 应付账款

8.4.1 什么是应付账款

应付账款是指企业因购买材料、商品或接受劳务供应等经营活动应支付的款项，一般应在与所购买材料、商品所有权相关的主要风险和报酬已经转移，或者劳务已经接受时确认。

在实务工作中，为了使所购入物资的金额、品种、数量和质量等与合同规定的条款相符，避免因验收时发现所购物资存在数量或质量问题而对入账的物资或应付账款金额进行改动，企业在物资和发票账单同时到达的情况下，应在所购物资验收入库后，再根据发票账单登记入账，确认应付账款。所购物资已经验收入库，即使发票账单还未到达，企业应付物资供应单位的债务也已经成立。在会计期末，为了反映企业的负债情况，企业需要将所购物资和相关的应付账款暂估入账，待下月初做相反分录予以冲回。

8.4.2 如何使用“应付账款”科目

应付账款是指企业因购买材料、商品或接受劳务供应等业务而应支付给供应者的账款。应付账款是在购销活动中取得物资与支付货款在时间上的不一致而产生的负债。企业的其他应付账款，如应付赔偿款、应付租金、存入保证金等，不属于应付账款的核算内容。

企业（保险类企业）应支付但尚未支付的赔付款项，可以单独设置“应付赔付款”科目进行核算。

本科目可按债权人进行明细核算。本科目期末贷方余额，反映企业尚未支付的应付账款余额。

8.4.3 如何设置明细科目

“应付账款”科目的明细科目设置如表 8-4 所示。

表 8-4　2202 应付账款

顺序号	编号	会计科目名称	二级科目名称	三级科目名称	是否辅助核算	辅助核算类别
二、负债类						
	2202	应付账款				
	2202 01	应付账款	人民币	类别	是	债权人
	2202 02	应付账款	外币	类别	是	债权人

8.4.4　会计处理分录与案例解析

业务 1：发生需计提应付账款的业务

（1）企业购入材料、商品等验收入库，但货款尚未支付，根据有关凭证（发票账单、随货同行发票上记载的实际价款或暂估价值），借记“材料采购”“在途物资”等科目，按应付的款项，贷记“应付账款”科目。购入材料、商品等货款尚未支付时的会计分录如图 8-11 所示。

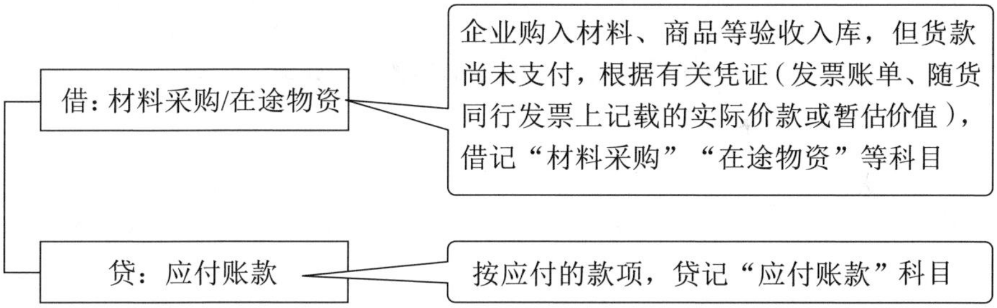

图 8-11　购入材料、商品等货款尚未支付时的会计分录

接受供应单位提供劳务而发生的应付未付款项，根据供应单位的发票账单，借记“生产成本”“管理费用”等科目，贷记“应付账款”科目。会计分录如图 8-12 所示。

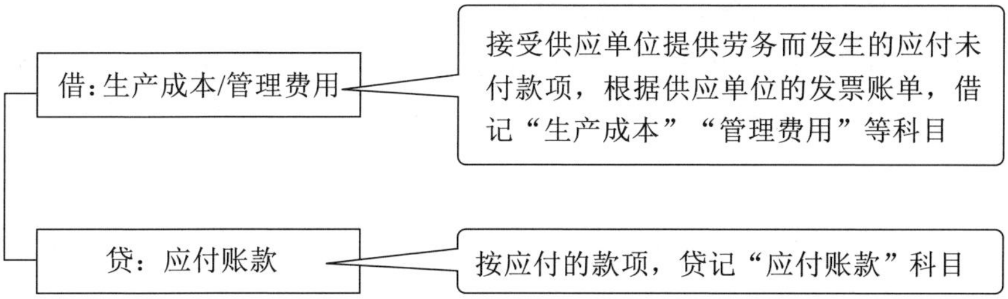

图 8-12　接受供应单位提供劳务，款项尚未支付时的会计分录

* 案例解析

【例 8-10】甲企业为增值税一般纳税人。2×19 年 9 月 1 日，甲企业从 A 公司购入一批材料，货款为 100 000 元，增值税税款为 13 000 元，对方代垫运杂费 1 000 元。材料已运到并验收入库（该企业材料按实际成本计价核算），款项尚未支付。甲企业的有关会计分录如下。

借：材料采购　　101 000

　　应交税费——应交增值税（进项税额）　　13 000

　　贷：应付账款——A 公司　　114 000

（2）支付应付账款，借记“应付账款”科目，贷记“银行存款”等科目。会计分录如图 8-13 所示。

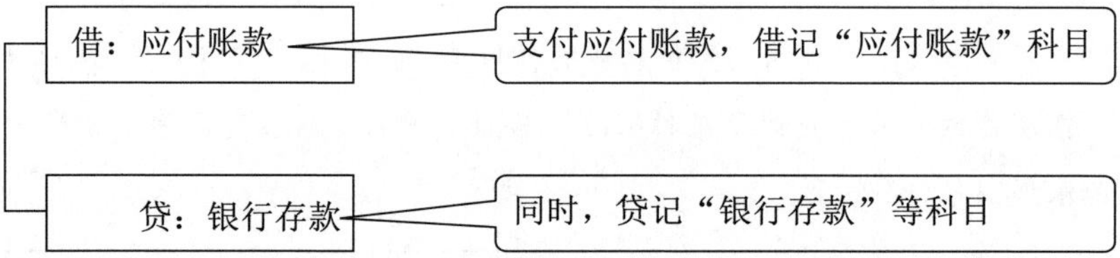

图 8-13　支付应付账款时的会计分录

* 案例解析

【例 8-11】接【例 8-10】，9 月 31 日，甲企业用银行存款支付应付账款。该企业的有关会计分录如下。

借：应付账款——A 公司　　114 000

　　贷：银行存款　　114 000

业务 2：债务重组

（1）以低于重组债务账面价值的款项清偿债务的，应按应付账款的账面余额，借记“应付账款”科目，按实际支付的金额，贷记“银行存款”科目，按其差额，贷记“其他收益——债务重组收益”科目。会计分录如图 8-14 所示。

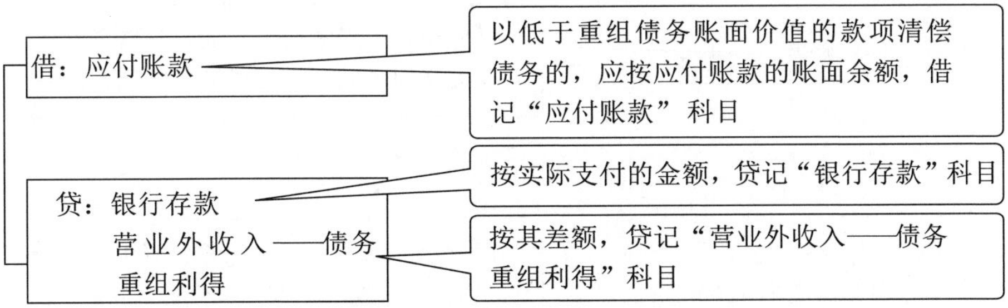

图 8-14　以低于重组债务账面价值的款项进行债务重组时的会计分录

* 案例解析

【例 8-12】甲企业于 2×19 年 4 月 20 日销售一批材料给乙企业，不含税价格为 200 000 元，增值税税率为 13%。合同规定，乙企业应于 2×19 年 7 月 1 日前偿付货款。由于乙企业发生财务困难，无法按合同规定的期限偿付货款，经双方协议于 10 月 1 日进行债务重组。债务重组协议规定，甲企业同意减免乙企业 30 000 元债务，余额立即用现金偿清。乙企业于当日通过银行转账的方式支付了该笔剩余款项。甲企业已为该项应收债权计提了 20 000 元的坏账准备。乙企业的账务处理如下。

①计算债务重组利得。

应付账款账面余额 = 226 000（元）

支付的现金 = 196 000（元）

债务重组利得 = 226 000−196 000 = 30 000（元）

②乙企业应做会计分录。

借：应付账款	226 000	
贷：银行存款		196 000
营业外收入——债务重组利得		30 000

（2）以非现金资产清偿债务的，应按应付账款的账面余额，借记“应付账款”科目，按用于清偿债务的非现金资产的公允价值，贷记“主营业务收入”“其他业务收入”“固定资产清理”“无形资产”“长期股权投资”等科目，按应支付的相关税费和其他费用，贷记“应交税费”“银行存款”等科目，按其差额，贷记“营业外收入——债务重组利得”科目。会计分录如图 8-15 所示。

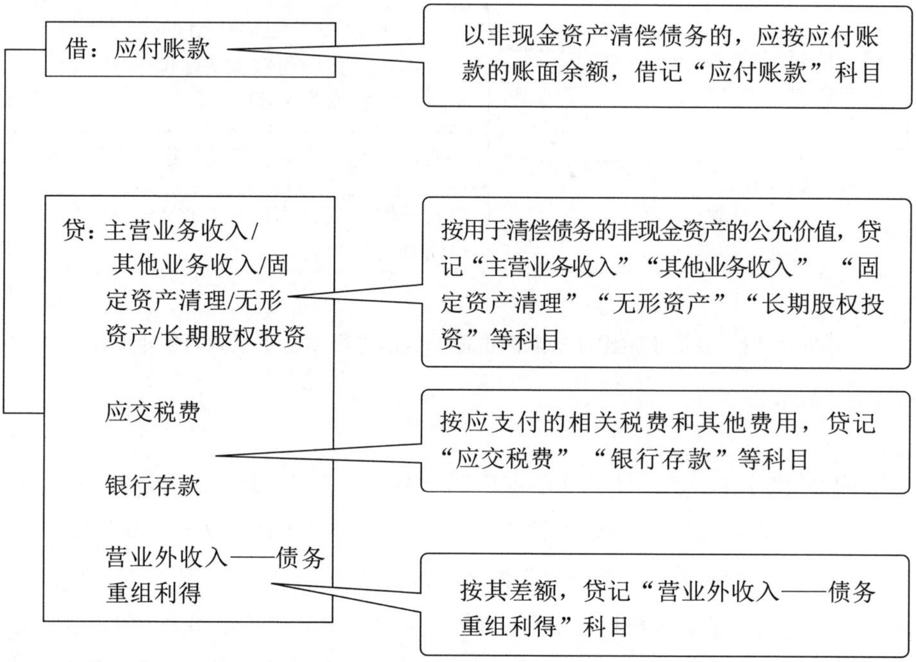

图 8-15　以非现金资产清偿债务时的会计分录

抵债资产为存货的，还应同时结转成本，记入“主营业务成本”“其他业务成本”等科目；抵债资产为固定资产、无形资产的，其公允价值和账面价值的差额，记入“营业外收入——处置非流动资产利得”或“营业外支出——处置非流动资产损失”科目。

* 案例解析

【例 8-13】甲公司尚未支付乙公司购货款 350 000 元。2×19 年 5 月 1 日，该货款到期，由于甲公司财务发生困难，短期内不能支付该笔货款。2×19 年 7 月 1 日，经双方协商，乙公司同意甲公司以其生产的产品偿还债务。该产品的公允价值为 200 000 元，实际成本为 120 000 元。甲公司为增值税一般纳税人，适用的增值税税率为 13%。乙公司于 2×19 年 8 月 1 日收到甲公司抵债的产品，并作为库存商品入库。乙公司对该项应收账款计提了 50 000 元的坏账准备。甲公司的账务处理如下。

①计算债务重组利得。

应付账款的账面余额 = 350 000（元）

抵债产品的公允价值 = 200 000（元）

增值税销项税额 = 200 000×13% = 26 000（元）

债务重组利得 = 350 000−200 000−26 000 = 124 000（元）

②应做会计分录如下。

借：应付账款　　350 000

　　贷：主营业务收入　　200 000

　　　　应交税费——应交增值税（销项税额）　　26 000

　　　　营业外收入——债务重组利得　　124 000

借：主营业务成本　　120 000

　　贷：库存商品　　120 000

（3）以债务转为资本的，应按应付账款的账面余额，借记“应付账款”科目，按债权人因放弃债权而享有债务人股权的公允价值，贷记“实收资本 / 股本”“资本公积——资本溢价 / 股本溢价”科目，按其差额，贷记“营业外收入——债务重组利得”科目。会计分录如图 8-16 所示。

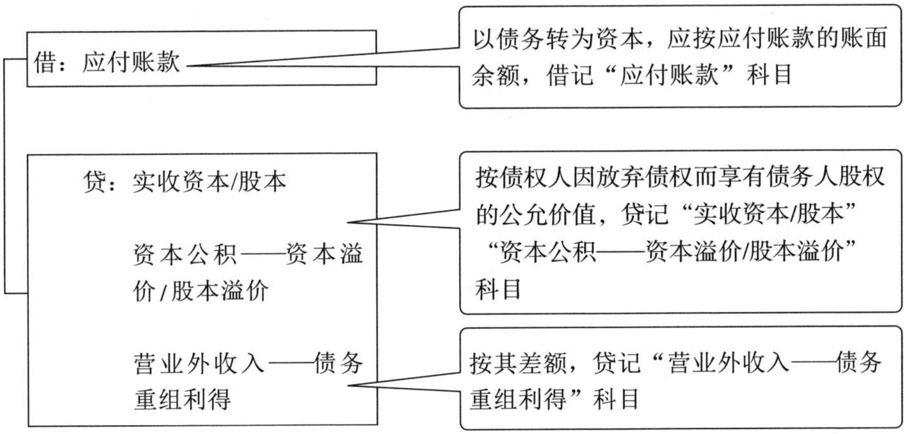

图 8-16　以债务转为资本时的会计分录

* 案例解析

【例 8-14】甲公司于 2×13 年 7 月 1 日向乙公司销售一批产品，价值 450 000 元（包括应收取的增值税税额），乙公司于 2×13 年 7 月 1 日开出六个月的承兑商业汇票。2×13 年 12 月 31 日，该汇票已到期。由于乙公司发生财务困难，该汇票不能支付。经与甲公司协商，甲公司同意乙公司以其所拥有并作为以公允价值计量且其变动计入当期损益的某公司股票抵偿债务。乙公司持有的该股票的账面价值为 400 000

元（假定该资产公允价值变动额为零），当日的公允价值为 380 000 元。假定甲公司为该项应收账款提取了坏账准备 40 000 元。用于抵债的股票于当日即办理相关转让手续，甲公司将取得的股票作为以公允价值计量且其变动计入当期损益的金融资产处理。债务重组前甲公司已将该项应收票据转入应收账款；乙公司已将应付票据转入应付账款。假定不考虑与商业汇票或者应付款项有关的利息。乙公司的账务处理如下。

①计算债务重组利得。

应付账款的账面余额 = 450 000（元）

股票的公允价值 = 380 000（元）

债务重组收益 = 450 000−380 000 = 70 000（元）

②计算转让股票损益。

股票的公允价值 = 380 000（元）

股票的账面价值 = 400 000（元）

转让股票损益 = 380 000−400 000 = −20 000（元）

③应做会计分录如下。

借：应付账款　　450 000

　　投资收益　　20 000

　　贷：交易性金融资产　　400 000

　　　　营业外收入——债务重组利得　　70 000

（4）以修改其他债务条件进行清偿的，应按重组债务的账面余额与重组后债务的公允价值的差额，借记“应付账款”科目，贷记“其他收益——债务重组收益”科目。会计分录如图 8-17 所示。

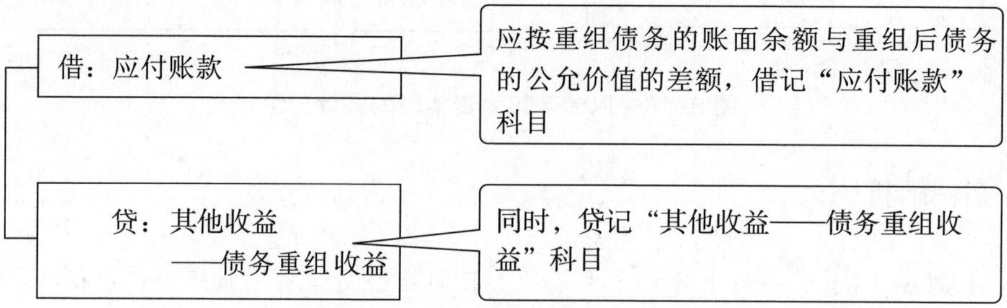

图 8-17　以修改其他债务条件进行清偿的会计分录

* 案例解析

【例 8–15】甲公司 2×14 年 12 月 31 日应收乙公司票据的账面余额为 65 400 元，其中，5 400 元为累计未付的利息，票面年利率 4%。由于乙公司连年亏损，资金周转困难，不能偿付应于 2×14 年 12 月 31 日前支付的应付票据。经协商，双方于 2×15 年 1 月 5 日进行债务重组。甲公司同意将债务本金减至 50 000 元；免去债务人所欠的全部利息；将年利率从 4% 降到 2%（等于实际利率），并将债务到期日延至 2×14 年 12 月 31 日，利息按年支付。该项债务重组协议从协议签订日起开始实施。甲、乙公司已分别将应收、应付票据转入应收、应付账款。甲公司已为该项应收款项计提了 5 000 元坏账准备。

乙公司的账务处理为：

①计算债务重组利得。

应付账款的账面余额 = 65 400（元）

重组后债务公允价值 = 50 000（元）

债务重组利得 = 65 400−50 000 = 15 400（元）

②债务重组时的会计分录为：

借：应付账款　　15 400

　　贷：其他收益——债务重组收益　　15 400

8.5　预收账款

8.5.1　什么是预收账款

预收账款是指企业按照合同规定向购货单位预收的款项。与应付账款不同，预收账款所形成的负债不是以货币偿付，而是以货物偿付。有些购销合同规定，销货企业可向购货企业预先收取一部分货款，待发货后再收取其余货款。企业在发货前收取的货款，表明企业承担了在未来会导致经济利益流出企业的应履行的义务，就成为企业的一项负债。

8.5.2 如何使用“预收账款”科目

本科目核算企业按照合同规定预收的款项。预收账款不多的企业，也可以不设置本科目，将预收的款项直接记入“应收账款”科目。本科目可按购货单位进行明细核算。

企业应通过“预收账款”科目，核算预收账款的取得、偿付等情况。该科目贷方登记发生的预收账款的数额和购货单位补付账款的数额，借方登记企业向购货单位发货后冲销的预收账款数额和退回购货单位多付账款的数额，余额一般在贷方，反映企业向购货单位预收的款项，如为借方余额，反映企业尚未转销的款项。企业应当按照购货单位设置明细科目进行明细核算。

8.5.3 如何设置明细科目

“预收账款”科目的明细科目设置如表 8-5 所示。

表 8-5　2203 预收账款

顺序号	编号	会计科目名称	二级科目名称	三级科目名称	是否辅助核算	辅助核算类别
二、负债类						
	2203	预收账款				
	2203 01	预收账款	预收货款	商品、劳务类别	是	购货单位、个人
	2203 02	预收账款	预收购货定金	商品、劳务类别	是	购货单位、个人
	2203 03	预收账款	预收工程款	商品、劳务类别	是	购货单位、个人
	2203 04	预收账款	预收备料款	商品、劳务类别	是	购货单位、个人
	2203 05	预收账款	其他	商品、劳务类别	是	购货单位、个人

8.5.4　会计处理分录与案例解析

业务 1：收到预收账款

企业向购货单位预收的款项，借记“银行存款”等科目，贷记“预收账款”科目。收到预收账款时的会计分录如图 8-18 所示。

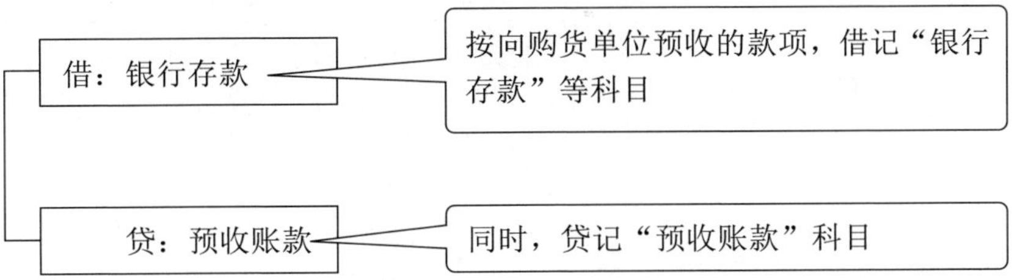

图 8-18　收到预收账款时的会计分录

＊ 案例解析

【例 8-16】D 公司为增值税一般纳税人。2×19 年 6 月 3 日，D 公司与甲企业签订供货合同，向其出售一批设备，货款金额共计 100 000 元，应缴纳的增值税税额为 13 000 元。购货合同规定，甲企业在购货合同签订一周内应当向 D 公司预付货款 60 000 元，剩余货款在交货后付清。2×19 年 6 月 8 日，D 公司收到甲企业交来的预付款 60 000 元并存入银行。6 月 18 日，D 公司将货物发到甲企业并开出增值税专用发票；甲企业验收合格后付清了剩余货款。6 月 8 日，收到甲企业交来的预付款 60 000 元时，D 公司的账务处理如下。

借：银行存款　　　　　　　　　　　　60 000

　　贷：预收账款——甲企业　　　　　　　　60 000

业务 2：销售实现

销售实现时，按实现的收入和应交的增值税销项税额，借记“预收账款”科目，按照实现的营业收入，贷记“主营业务收入”科目，按照增值税专用发票上注明的增值税税额，贷记“应交税费——应交增值税（销项税额）”等科目。企业收到购货单位补付的款项，借记“银行存款”科目，贷记“预收账款”科目。向购货单位退回其多付的款项时，借记“预收账款”科目，贷记“银行存款”科目。

销售实现时的会计分录如图 8-19 所示。

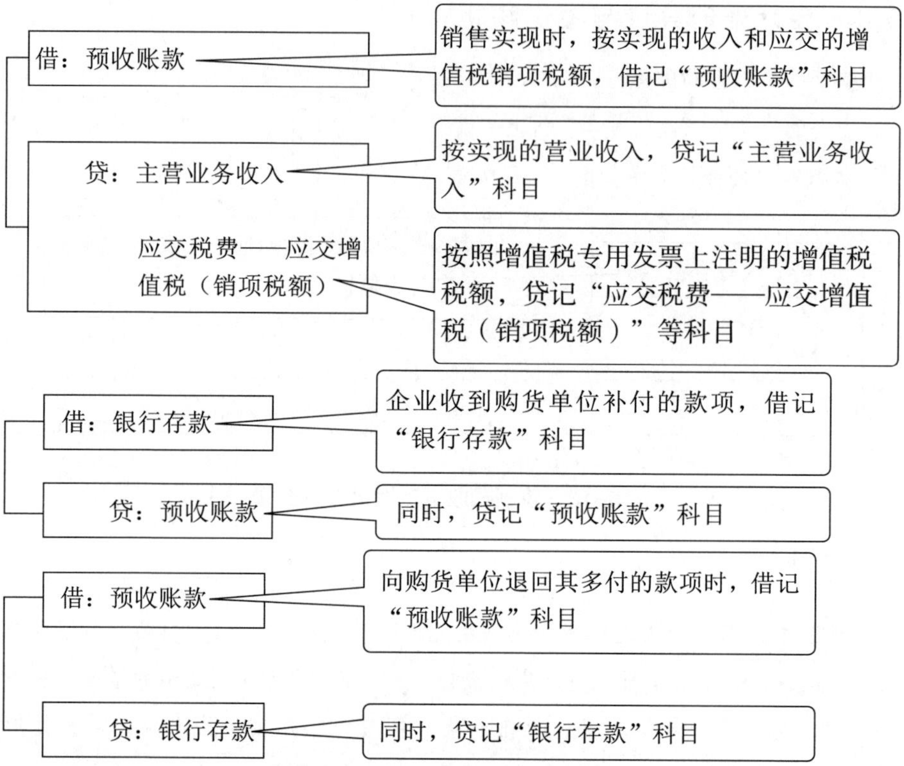

图 8-19　销售实现时的会计分录

* 案例解析

【例 8-17】接【例 8-16】，6 月 18 日，D 公司发货后收到甲企业支付的剩余货款，D 公司的账务处理如下。

借：预收账款——甲企业　　113 000

　　贷：主营业务收入　　100 000

　　　　应交税费——应交增值税（销项税额）　　13 000

甲企业补付的货款 =113 000 - 60 000 = 53 000（元）

借：银行存款　　53 000

　　贷：预收账款——甲企业　　53 000

【例 8-18】接【例 8-17】，假若 D 公司只能向甲企业供 40 000 元的货，则 D 公司应退回预收款 14 800 元，有关会计分录如下。

借：预收账款——甲企业　　60 000

　　贷：主营业务收入　　40 000

　　　　应交税费——应交增值税（销项税额）　　5 200

　　　　银行存款　　14 800

8.6 合同负债

8.6.1 什么是合同负债

合同负债，是指企业已收或应收客户对价而应向客户转让商品的义务。合同负债是企业在转让承诺的商品之前已收取的款项。

8.6.2 如何使用“合同负债”科目

在企业向客户转让商品之前，客户已经支付了合同对价或企业已经取得了无条件收取合同对价权利的，企业应当在客户实际支付款项与到期应支付款项孰早时点，按照该已收或应收的金额，借记“银行存款”“应收账款”“应收票据”等科目，贷记本科目；企业向客户转让相关商品时，借记本科目，贷记“主营业务收入”“其他业务收入”等科目。涉及增值税的，还应进行相应的处理。

企业因转让商品收到的预收款适用《企业会计准则第 14 号——收入》进行会计处理时，不再使用“预收账款”科目及“递延收益”科目。

本科目期末贷方余额，反映企业在向客户转让商品之前，已经收到的合同对价或已经取得的无条件收取合同对价权利的金额。

8.6.3 如何设置明细科目

“合同负债”科目的明细科目设置如表 8-6 所示。

表 8–6　合同负债

顺序号	会计科目名称	二级科目名称	明细科目名称	是否辅助核算	辅助核算类别
二、负债类					
	合同负债				
	合同负债	甲项目	种类	是	部门
	合同负债	乙项目	种类	是	部门

8.6.4　会计处理分录与案例解析

业务 1：企业向客户转让商品之前

在企业向客户转让商品之前，客户已经支付了合同对价或企业已经取得了无条件收取合同对价权利的，会计分录如图 8–20 所示。

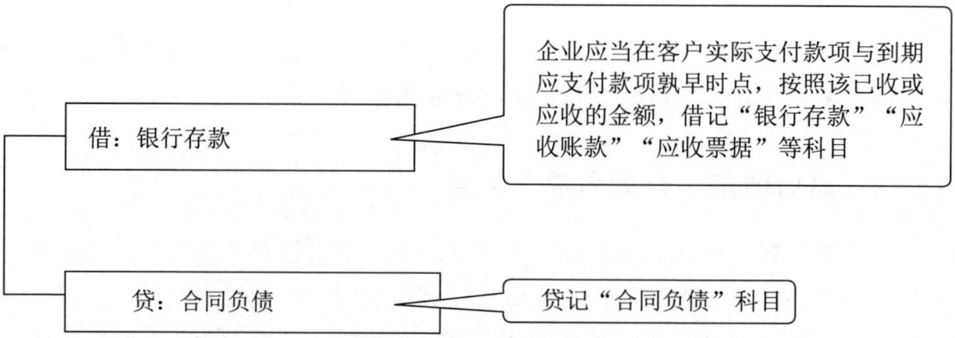

图 8–20　企业向客户转让商品之前的会计分录

业务 2：企业向客户转让相关商品时

企业向客户转让商品时的会计分录如图 8–21 所示。

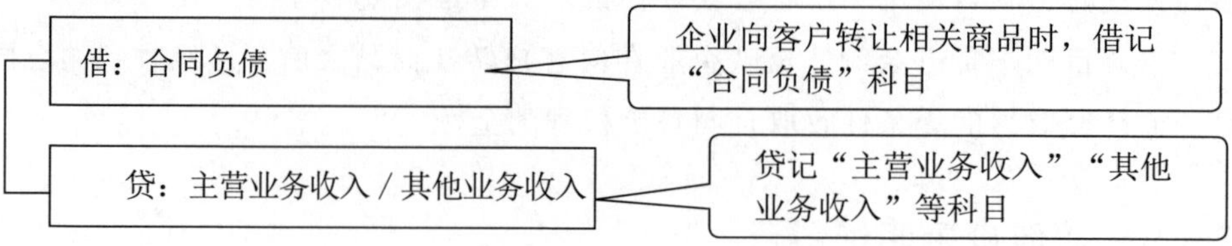

图 8–21　企业向客户转让商品时的会计分录

* 案例解析

【例 8-19】20×7 年 1 月 1 日，甲公司开始推行一项奖励积分计划。根据该计划，客户在甲公司每消费 10 元可获得 1 个积分，每个积分从次月开始在购物时可以抵减 1 元。截至 20×7 年 1 月 31 日，客户共消费 100 000 元，可获得 10 000 个积分。根据历史经验，甲公司估计该积分的兑换率为 95%。假定上述金额均不涉及增值税。

本例中，甲公司认为其授予客户的积分为客户提供了一项重大权利，应当作为一项单独的履约义务。客户购买商品的单独售价合计为 100 000 元。考虑到积分的兑换率，甲公司估计积分的单独售价为 9 500（1×10 000×95%）元。甲公司按照商品和积分单独售价的相对比例对交易价格进行分摊，具体如下。

分摊至商品的交易价格 =[100 000÷（100 000+9 500）]×100 000=91 324（元）

分摊至积分的交易价格 =[9 500÷（100 000+9 500）]×100 000=8 676（元）

因此，甲公司应当在商品的控制权转移时确认收入 91 324 元，同时确认合同负债 8 676 元。

借：银行存款　　100 000

　　贷：主营业务收入　　91 324

　　　　合同负债　　8 676

截至 20×7 年 12 月 31 日，客户共兑换了 4 500 个积分，甲公司对该积分的兑换率重新进行了估计，仍然预计客户总共将会兑换 9 500 个积分。因此，甲公司以客户已兑换的积分数占预期将兑换的积分总数的比例为基础确认收入。

已兑换积分应当确认的收入 =4 500÷9 500×8 676=4 110（元）；剩余未兑换的积分对应的金额 =8 676−4 110=4 566（元），仍然作为合同负债。

借：合同负债　　4 110

　　贷：主营业务收入　　4110

截至 20×8 年 12 月 31 日，客户累计兑换了 8 500 个积分。甲公司对该积分的兑换率重新进行了估计，预计客户总共将会兑换 9 700 个积分。

本次已兑换积分应当确认的收入 =8 500÷9 700×8 676−4 110=3 493（元）；剩余未兑换的积分对应的金额 =8 676−4 110−3 493=1 073（元），仍然作为合同负债。

在企业向客户转让商品之前，如果客户已经支付了合同对价或企业已经取得了无条件收取合同对价的权利，则企业应当在客户实际支付款项与到期应支付款项孰早时点，将该已收或应收的款项列示为合同负债。合同资产和合同负债应当在资产负债表中单独列示，并按流动性分别列示为“合同资产”或“其他非流动资产”以及“合同负债”或“其他非流动负债”。同一合同下的合同资产和合同负债应当以净额列示，不同合同下的合同资产和合同负债不能互相抵销。

8.7 应付职工薪酬

8.7.1 什么是应付职工薪酬

应付职工薪酬是指企业根据有关规定应付给职工的各种薪酬，包括职工工资、奖金、津贴和补贴；职工福利费；医疗、养老、失业、工伤、生育等社会保险费；住房公积金；工会经费；职工教育经费；非货币性福利等因职工提供服务而产生的义务。从广义上讲，职工薪酬是企业必须付出的人力成本，是吸引和激励职工的重要手段。也就是说，职工薪酬既是职工对企业付出劳动而获得的报酬，也是企业的成本费用。

8.7.2 如何使用“应付职工薪酬”科目

本科目核算企业根据有关规定应付给职工的各种薪酬。企业（外商类企业）按规定从净利润中提取的职工奖励及福利基金，也在本科目核算。

本科目可按“工资”“职工福利”“社会保险费”“住房公积金”“工会经费”“职工教育经费”“非货币性福利”“辞退福利”“股份支付”等明细科目进行明细核算。

本科目期末贷方余额，反映企业应付未付的职工薪酬。

8.7.3 如何设置明细科目

“应付职工薪酬”科目的明细科目设置如表 8-7 所示。

表 8-7　2211 应付职工薪酬

顺序号	编号	会计科目名称	二级科目名称	三级科目名称	是否辅助核算	辅助核算类别
二、负债类						
	2211	应付职工薪酬				
	2211 01	应付职工薪酬	工资、奖金、津贴、补贴	项目	是	部门
	2211 02	应付职工薪酬	职工福利	项目	是	部门
	2211 03	应付职工薪酬	社会保险费	项目	是	部门
	2211 04	应付职工薪酬	住房公积金	项目	是	部门
	2211 05	应付职工薪酬	工会经费	项目	是	部门
	2211 06	应付职工薪酬	职工教育经费	项目	是	部门
	2211 07	应付职工薪酬	解除职工劳务关系补偿	项目	是	部门
	2211 08	应付职工薪酬	非货币性福利	项目	是	部门
	2211 09	应付职工薪酬	辞退福利	项目	是	部门
	2211 10	应付职工薪酬	股份支付	项目	是	部门
	2211 11	应付职工薪酬	其他	项目	是	部门

8.7.4　会计处理分录与案例解析

业务 1：发生应付职工薪酬

（1）生产部门人员的职工薪酬，借记“生产成本”“制造费用”“劳务成本”等科目，贷记“应付职工薪酬”科目。应由在建工程、研发项目负担的职工薪酬，借记“在建工程”“研发支出”等科目，贷记“应付职工薪酬”科目。管理部门人员、销售人员的职工薪酬，借记“管理费用”“销售费用”科目，贷记“应付职工薪酬”科目。发生应付职工薪酬时的会计分录如图 8-22 所示。

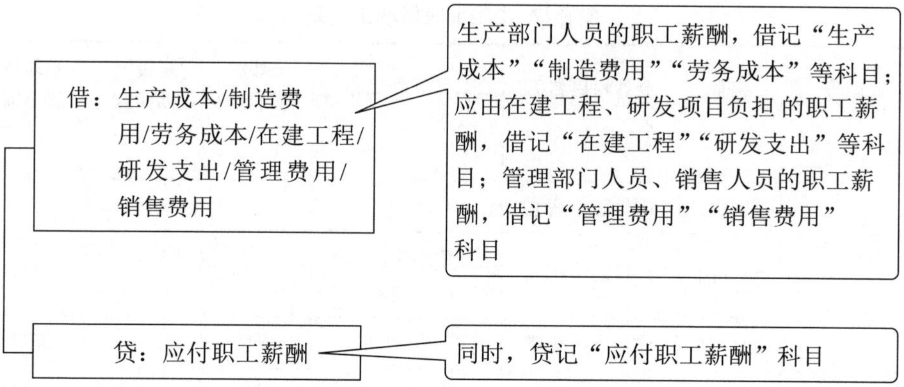

图 8-22　发生应付职工薪酬时的会计分录

* 案例解析

【例 8-20】乙企业本月应付工资总额 462 000 元，工资费用分配汇总表中列示的产品生产人员工资为 320 000 元，车间管理人员工资为 70 000 元，企业行政管理人员工资为 60 400 元，销售人员工资为 11 600 元。乙企业的有关会计分录如下。

借：生产成本——基本生产成本	320 000	
制造费用	70 000	
管理费用	60 400	
销售费用	11 600	
贷：应付职工薪酬——工资		462 000

（2）企业以其自产产品发放给职工作为职工薪酬的，借记“管理费用”“生产成本”“制造费用”等科目，贷记“应付职工薪酬”科目。会计分录如图 8-23 所示。

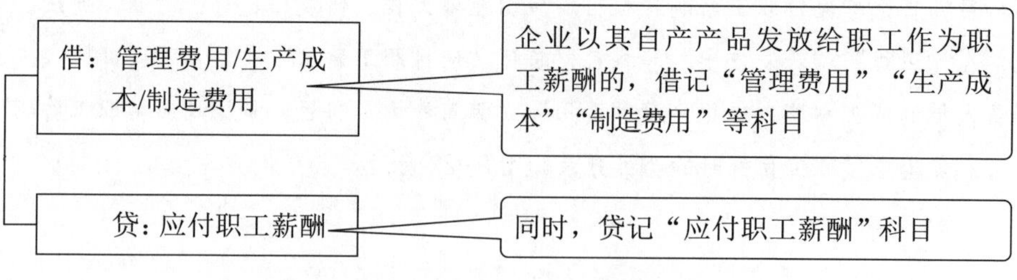

图 8-23　企业以其自产产品发放给职工作为职工薪酬的会计分录

无偿向职工提供住房等固定资产使用的，按应计提的折旧额，借记“管理费用”“生产成本”“制造费用”等科目，贷记“应付职工薪酬”科目；同时，借记“应付职工薪酬”科目，贷记“累计折旧”科目。同时，租赁住房等资产供职工无偿使用的，按每期应支付的租金，借记“管理费用”“生产成本”“制造费用”等科目，贷记“应付职工薪酬”科目。会计分录如图 8-24 所示。

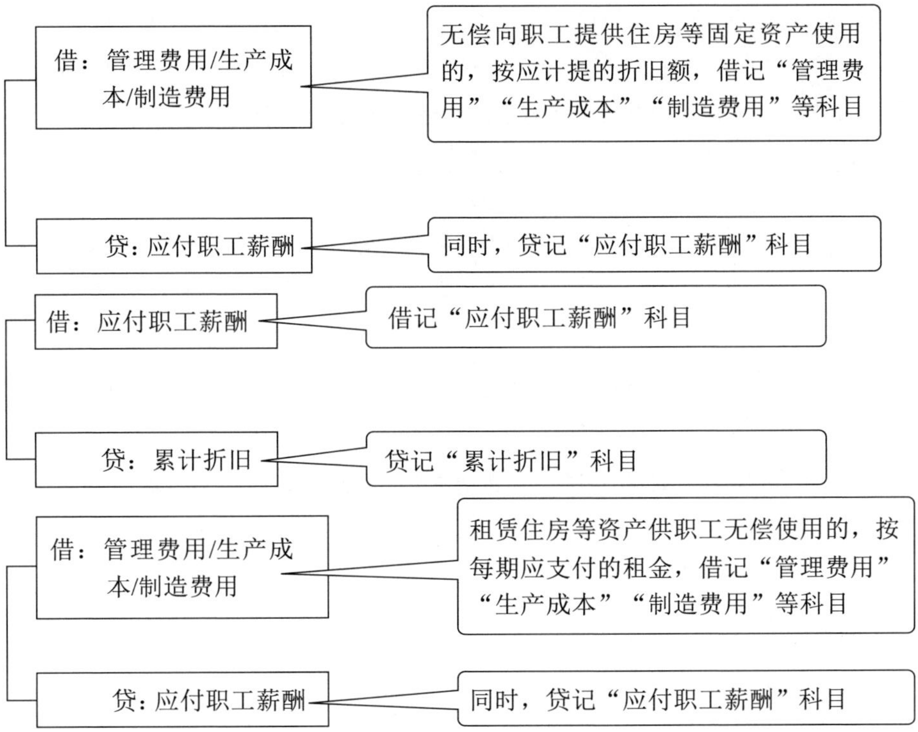

图 8-24　向职工提供住房等固定资产使用时的会计分录

* 案例解析

【例 8-21】乙公司决定为部门经理每人提供一辆轿车免费使用，同时为每位副总裁租赁一套住房免费使用。乙公司部门经理共有 20 名，副总裁共有 5 名。假定每辆轿车月折旧额为 1 000 元，每套住房月租金为 8 000 元。乙公司的账务处理如下。

①每月计提轿车折旧。

借：管理费用　　20 000

　　贷：应付职工薪酬　　20 000

借：应付职工薪酬　　20 000

贷：累计折旧　　20 000

②每月确认住房租金费用。

借：管理费用　　40 000

贷：应付职工薪酬　　40 000

借：应付职工薪酬　　40 000

贷：银行存款　　40 000

（3）因解除与职工的劳动关系给予的补偿，借记“管理费用”科目，贷记“应付职工薪酬”科目。会计分录如图 8-25 所示。

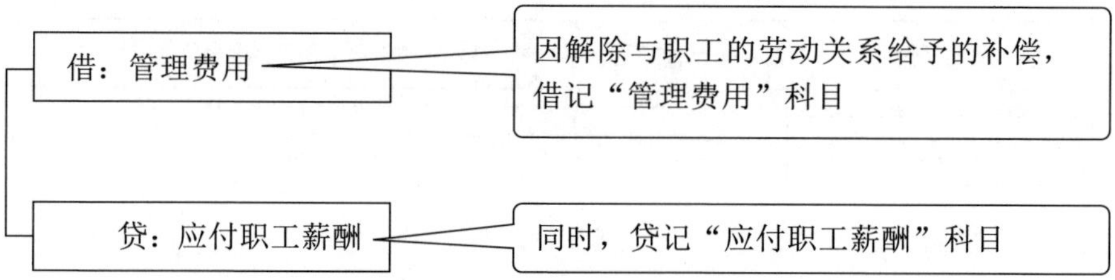

图 8-25　因解除与职工的劳动关系而给予补偿时的会计分录

＊ 案例解析

【例 8-22】丙公司主要从事家用电器的生产和销售。2×14 年 11 月，丙公司为在 2×15 年顺利实施转产，公司管理层制订了一项辞退计划，规定自 2×15 年 1 月 1 日起，以职工自愿的方式，辞退平面直角彩色电视机生产车间职工。2×14 年 12 月 31 日，丙公司预计平面直角彩色电视机生产车间职工接受辞退应支付的补偿金额为 1 400 000 元。丙公司的账务处理如下。

借：管理费用　　1 400 000

贷：应付职工薪酬　　1 400 000

（4）以现金结算的股份支付，企业应当在等待期内每个资产负债表日，按当期应确认的成本费用金额，借记“管理费用”“生产成本”“制造费用”等科目，贷记“应付职工薪酬”科目。会计分录如图 8-26 所示。

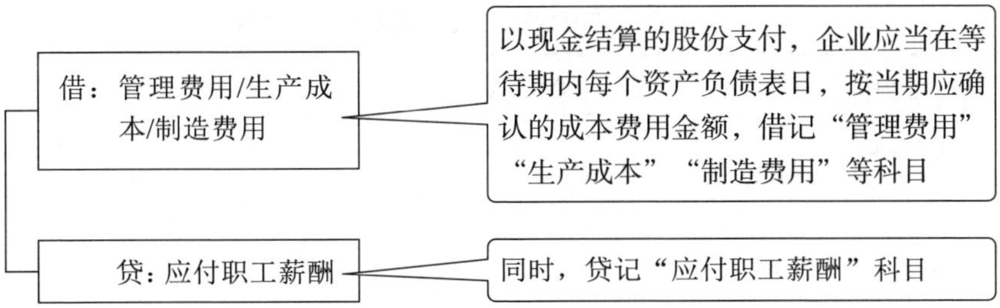

图 8-26　以现金结算的股份支付的会计分录

在可行权日之后，以现金结算的股份支付当期公允价值的变动金额，借记或贷记“公允价值变动损益”科目，贷记或借记“应付职工薪酬”科目。会计分录如图 8-27 所示。

企业（外商类企业）按规定从净利润中提取的职工奖励及福利基金，借记“利润分配——提取的职工奖励及福利基金”科目，贷记“应付职工薪酬”科目。

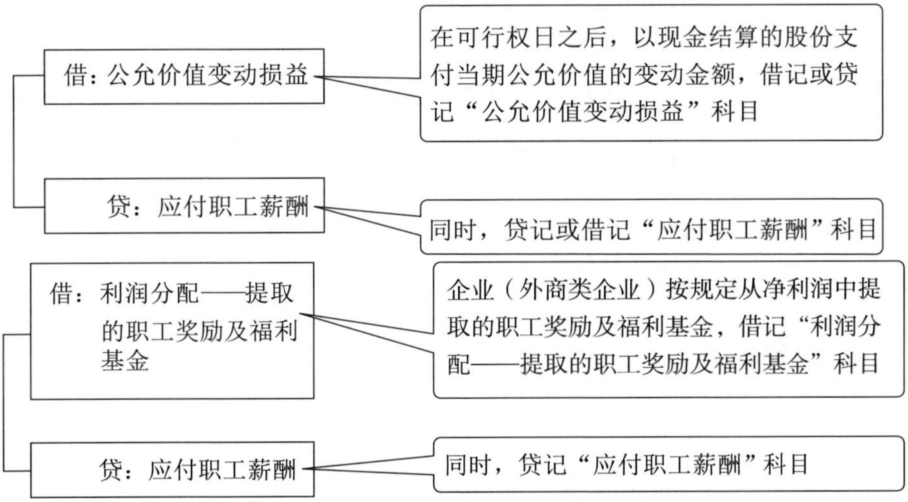

图 8-27　可行权日之后，以现金结算的股份支付公允价值变动及企业（外商类企业）从净利润中提取职工奖励及福利基金时的会计分录

* 案例解析

【例 8-23】2×10 年年初，A 公司为其 200 名中层以上职员每人授予 100 份现金股票增值权。这些职员从 2×10 年 1 月 1 日起在该公司连续服务 3 年，即可按照截至期满当日股价的增长幅度获得现金。该增值权应在 2×15 年 12 月 31 日之前行使。A 公司估计，每份增值权在结算之前的每一资产负债表日和结算日的公允价值以及可行权后的每份增值权现金支出额如表 8-8 所示。

表 8–8　增值权的公允价值和现金支出额　　单位：元

时间	公允价值	现金支出额
2×12–12–31	14	
2×13–12–31	15	
2×14–12–31	18	16
2×15–12–31	21	20
2×16–12–31		25

第一年有 20 名职员离开 A 公司，A 公司估计三年中还将有 15 名职员离开；第二年又有 10 名职员离开公司，A 公司估计未来一年还将有 10 名职员离开；第三年又有 15 名职员离开。第三年年末，有 70 名职员行使股票增值权。第四年年末，有 50 名职员行使了股票增值权。第五年年末，剩余 35 名职员也行使了股票增值权。

费用和资本公积计算过程如表 8–9 所示。

表 8–9　费用和资本公积计算过程　　单位：元

时间	负债计算（1）	支付现金计算（2）	负债（3）	支付现金(4)	当期费用(5)
2×12–12–31	（200–35）×100×14×1/3		77 000		77 000
2×13–12–31	（200–40）×100×15×2/3		160 000		83 000
2×14–12–31	（200–45–70）×100×18	70×100×16	153 000	112 000	105 000
2×15–12–31	（200–45–70–50）×100×21	50×100×20	73 500	100 000	20 500
2×16–12–31	0	35×100×25	0	87 500	14 000
合计				299 500	299 500

其中：（1）计算得（3）；（2）计算得（4）；

当期（3）－上期（3）+ 当期（4）= 当期（5）。

账务处理如下。

① 2×12 年 12 月 31 日。

借：管理费用　　77 000

　　贷：应付职工薪酬——股份支付　　77 000

②2×13 年 12 月 31 日。

借：管理费用　　83 000

　　贷：应付职工薪酬——股份支付　　83 000

③2×14 年 12 月 31 日。

借：管理费用　　105 000

　　贷：应付职工薪酬——股份支付　　105 000

借：应付职工薪酬——股份支付　　112 000

　　贷：银行存款　　112 000

④2×15 年 12 月 31 日。

借：公允价值变动损益　　20 500

　　贷：应付职工薪酬——股份支付　　20 500

借：应付职工薪酬——股份支付　　100 000

　　贷：银行存款　　100 000

⑤2×16 年 12 月 31 日。

借：公允价值变动损益　　14 000

　　贷：应付职工薪酬——股份支付　　14 000

借：应付职工薪酬——股份支付　　87 500

　　贷：银行存款　　87 500

业务 2：发放职工薪酬

（1）按向职工支付工资、奖金、津贴、福利费等以及从应付职工薪酬中扣还的各种款项（代垫的家属药费、个人所得税等），借记“应付职工薪酬”科目，贷记“银行存款”“库存现金”“其他应收款”“应交税费——应交个人所得税”等科目。发放职工薪酬时的会计分录如图 8-28 所示。

* 案例解析

【例 8-24】A 企业根据工资结算汇总表结算本月应付职工工资总额 462 000 元，其中，代扣职工房租 40 000 元，代垫职工家属医药费 2 000 元，实发工资 420 000 元。A 企业的有关会计分录如下。

①向银行提取现金。

借：库存现金　　420 000

　　贷：银行存款　　420 000

②发放工资，支付现金。

借：应付职工薪酬——工资　　420 000

　　贷：银行存款　　420 000

③代扣款项。

借：应付职工薪酬——工资　　42 000

　　贷：其他应收款——职工房租　　40 000

　　　　　　　　　——代垫医药费　　2 000

（2）企业以其自产产品发放给职工的，借记“应付职工薪酬”科目，贷记“主营业务收入”科目；同时，还应结转产品的成本。涉及增值税的，还应进行相应的处理。会计分录如图 8-28 所示。

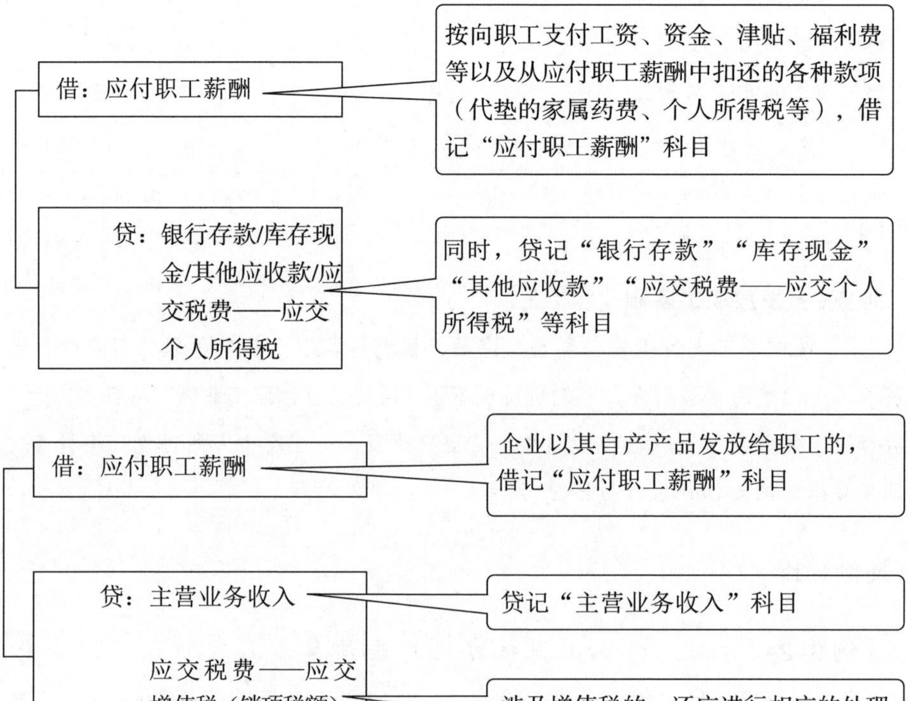

图 8-28　发放职工薪酬的会计分录

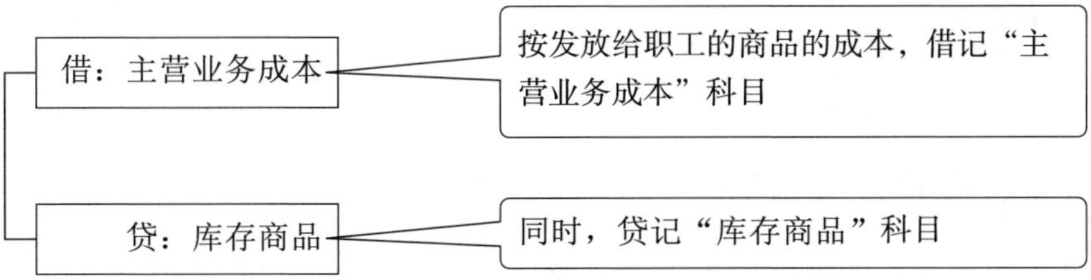

图 8-28　发放职工薪酬的会计分录（续）

* 案例解析

【例 8-25】B 公司为小家电生产企业，共有职工 200 名，其中，170 名为直接参加生产的职工，30 名为总部管理人员。2×19 年 9 月，B 公司以其生产的每台成本为 900 元的电暖器作为春节福利发放给职工。该型号的电暖器市场售价为每台 1 000 元，B 公司适用的增值税税率为 13%。B 公司的有关会计分录如下。

①计提应付职工薪酬。

借：生产成本　　192 100

　　管理费用　　33 900

　　贷：应付职工薪酬——非货币性福利　　226 000

② B 公司向职工发放电暖器作为福利，同时要根据相关税收规定，视同销售计算增值税销项税额。B 公司的有关会计处理如下。

B 公司应确认的主营业务收入 =200×1 000=200 000（元）

B 公司应确认的增值税销项税额 =200×1 000×13%=26 000（元）

B 公司应结转的销售成本 =200×900=180 000（元）

借：应付职工薪酬——非货币性福利　　226 000

　　贷：主营业务收入　　200 000

　　　　应交税费——应交增值税（销项税额）　　26 000

借：主营业务成本　　180 000

　　贷：库存商品——电暖器　　180 000

8.8 应交税费

8.8.1 什么是应交税费

应交税费是企业根据税法规定应缴纳的各种税费，包括增值税、消费税、城市维护建设税、资源税、企业所得税、土地增值税、房产税、车船税、城镇土地使用税、教育费附加、矿产资源补偿费等。

8.8.2 如何使用“应交税费”科目

本科目核算企业按照税法等规定计算应缴纳的各种税费，包括增值税、消费税、企业所得税、资源税、土地增值税、城市维护建设税、房产税、城镇土地使用税、车船税、教育费附加、矿产资源补偿费等。企业代扣代缴的个人所得税等，也通过本科目核算。

本科目可按应交的税费项目进行明细核算。应交增值税还应分别按“进项税额”“销项税额”“出口退税”“进项税额转出”“已交税金”等明细科目进行核算。

本科目期末贷方余额，反映企业尚未缴纳的税费；期末借方余额，反映企业多交或尚未抵扣的税费。

8.8.3 如何设置明细科目

“应交税费”科目的明细科目设置如表 8-10 所示。

表 8-10　2221 应交税费

顺序号	编号	会计科目名称	二级科目名称	三级科目名称
二、负债类				
	2221	应交税费		
	2221 01	应交税费	应交增值税	
	2221 01 01	应交税费	应交增值税	销项税额
	2221 01 02	应交税费	应交增值税	进项税额
	2221 01 03	应交税费	应交增值税	已交税金
	2221 01 04	应交税费	应交增值税	进项税额转出

续表

顺序号	编号	会计科目名称	二级科目名称	三级科目名称
	2221 01 05	应交税费	应交增值税	出口退税
	2221 02	应交税费	应交城市维护建设税	
	2221 03	应交税费	应交教育费附加	
	2221 04	应交税费	应交地方教育附加	
	2221 05	应交税费	应交文化事业建设费	
	2221 06	应交税费	应交个人所得税	
	2221 07	应交税费	应交企业所得税	
	2221 08	应交税费	应交房产税	
	2221 09	应交税费	应交城镇土地使用税	
	2221 10	应交税费	应交车船税	
	2221 11	应交税费	应交土地增值税	
	2221 12	应交税费	应交残疾人就业保障金	

8.8.4　会计处理分录与案例解析

业务 1：缴纳增值税

（1）所购材料、商品到达并验收入库，借记“原材料”“库存商品”等科目，根据增值税专用发票上注明的可抵扣的增值税税额，借记“应交税费——应交增值税（进项税额）”科目，贷记“在途物资”科目。会计分录如图 8-29 所示。

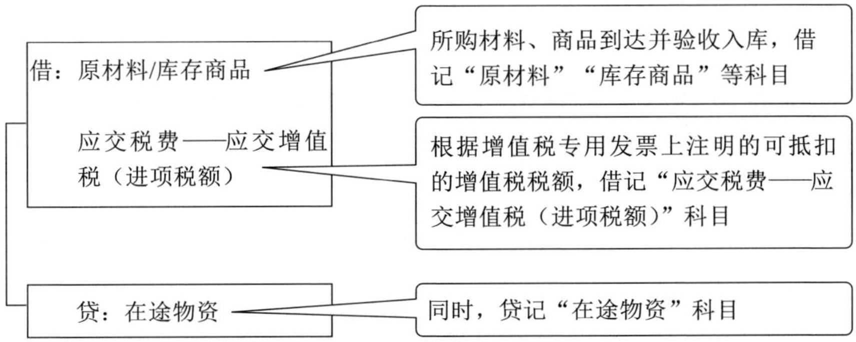

图 8-29　所购材料、商品到达并验收入库时与应交增值税相关的会计分录

* 案例解析

【例 8-26】甲企业购入原材料一批，增值税专用发票上注明货款 60 000 元、增值税进项税额 7 800 元。货款和增值税进项税额已用银行存款支付。所购材料到达并验收入库时，甲企业的有关会计分录如下。

借：原材料　　60 000

　　应交税费——应交增值税（进项税额）　　7 800

　　贷：在途物资　　67 800

（2）销售商品或提供应税劳务，按营业收入和应收取的增值税税额，借记“应收账款”“应收票据”“银行存款”等科目，按增值税专用发票上注明的增值税税额，贷记“应交税费——应交增值税（销项税额）”科目，按确认的营业收入，贷记“主营业务收入”“其他业务收入”等科目。发生销售退回的，做相反的会计分录。会计分录如图 8-30 所示。

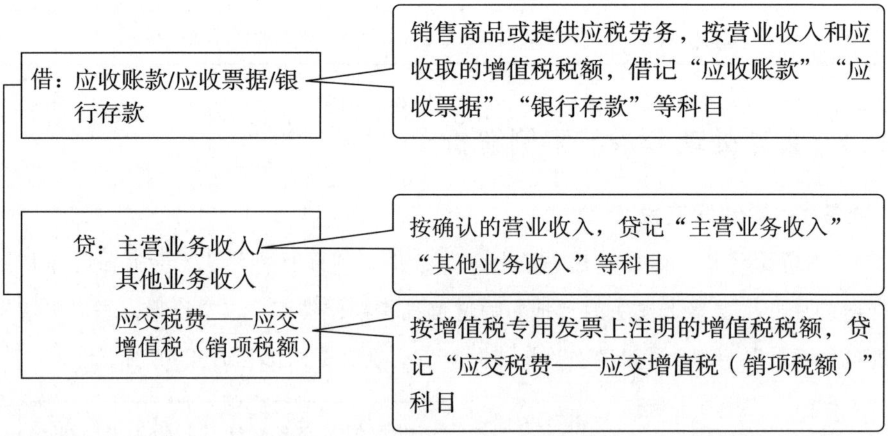

图 8-30　销售商品或提供应税劳务时与应收取增值税相关的会计分录

（3）企业购进的货物发生非常损失，以及将购进货物改变用途（如用于非应税项目、集体福利或个人消费等），应做进项税额转出，借记“待处理财产损溢”“在建工程”“应付职工薪酬”等科目，贷记“应交税费——应交增值税（进项税额转出）”科目；属于转作待处理财产损溢的进项税额，应与遭受非常损失的购进货物、在产品或库存商品的成本一并处理。会计分录如图 8-31 所示。

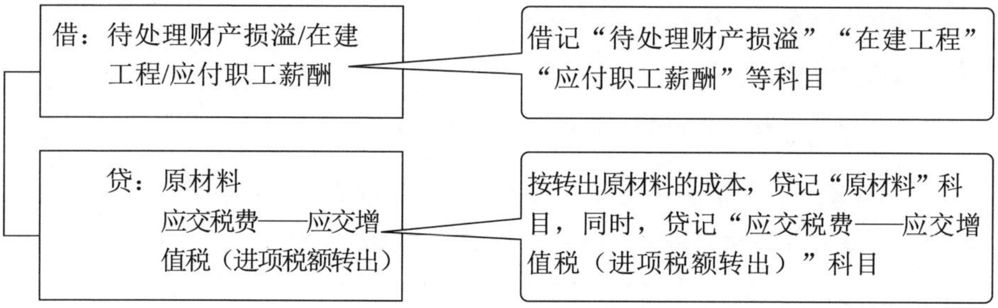

图 8-31　购进的货物发生非常损失和改变用途时的会计分录

* 案例解析

【例 8-27】E 企业库存材料因火灾毁损一批，有关增值税专用发票确认的成本为 10 000 元、增值税税额为 1 300 元。E 企业的有关会计分录如下。

借：待处理财产损溢——待处理流动资产损溢　　11 300

　　贷：原材料　　10 000

　　　　应交税费——应交增值税（进项税额转出）　　1 300

业务 2：计提消费税、资源税、城市维护建设税、教育费附加等

（1）企业按规定计算应交的消费税、资源税、城市维护建设税、教育费附加等，借记“税金及附加”科目，贷记“应交税费”科目。计提消费税、资源税、城市维护建设税、教育费附加等时的会计分录如图 8-32 所示。

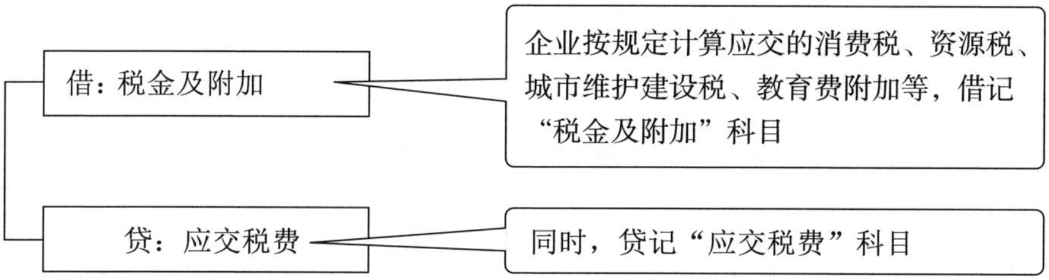

图 8-32　计提消费税、资源税、城市维护建设税、教育费附加等时的会计分录

* 案例解析

【例 8-28】某企业销售所生产的化妆品，价款 2 000 000 元（不含增值税），适用的消费税税率为 30%。甲企业的有关会计分录如下。

应交消费税税额 =2 000 000×30%=600 000（元）

借：税金及附加　　　　600 000

　　贷：应交税费——应交消费税　　　　600 000

（2）出售不动产计算应交的增值税，借记“应收账款”等科目，贷记“应交税费——应交增值税（销项税额）”科目。会计分录如图 8-33 所示。

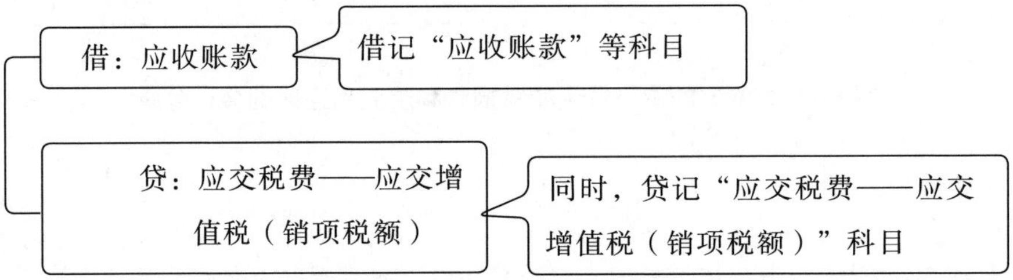

图 8-33　出售不动产时与增值税相关的会计分录

（3）企业转让土地使用权应交的土地增值税，土地使用权与地上建筑物及其附着物一并在“固定资产”等科目核算的，借记“固定资产清理”等科目，贷记“应交税费——应交土地增值税”科目。会计分录如图 8-34 所示。

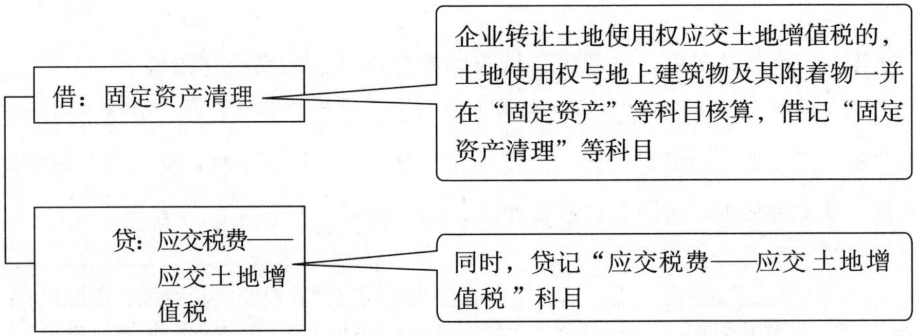

图 8-34　转让土地使用权时与土地增值税相关的会计分录

（4）土地使用权在“无形资产”科目核算的，按实际收到的金额，借记“银行存款”科目，按应交的土地增值税，贷记“应交税费——应交土地增值税”科目，同时冲销土地使用权的账面价值，贷记“无形资产”科目，按其差额，借记“资产处置损益”科目。会计分录如图 8-35 所示。

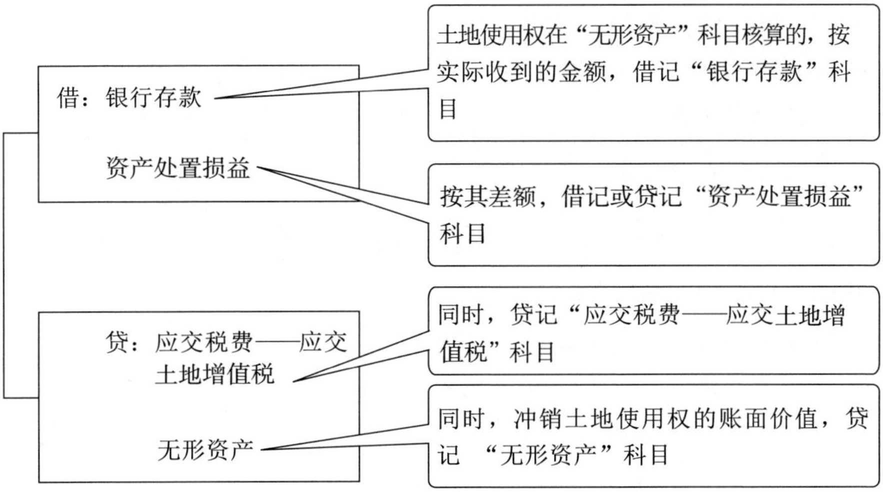

图 8-35　转让在“无形资产”科目核算的土地使用权时与土地增值税相关的会计分录

* 案例解析

【例 8-29】 某企业出售一栋办公楼，销售价款 320 000 元已存入银行。该办公楼的账面原价为 400 000 元，已提折旧 100 000 元，未计提减值准备；出售过程中用银行存款支付清理费用 5 000 元。销售该项固定资产适用增值税简易计税办法，税率为 5%。该企业的有关账务处理如下。

①该固定资产转入清理。

借：固定资产清理	300 000	
累计折旧	100 000	
贷：固定资产		400 000

②收到销售价款 320 000 元。

借：银行存款	336 000	
贷：固定资产清理		320 000
应交税费——应交增值税（销项税额）		16 000

③支付清理费用 5 000 元。

借：固定资产清理	5 000	
贷：银行存款		5 000

④结转销售该固定资产的净损失。

清理该办公楼的损益 =320 000−300 000−5 000=15 000（元）

借：固定资产清理　　15 000

　　贷：资产处置损益　　15 000

【例 8–30】某企业对外转让一栋厂房，根据税法规定计算的应交土地增值税为 27 000 元。有关会计处理如下。

①计算应缴纳的土地增值税。

借：固定资产清理　　27 000

　　贷：应交税费——应交土地增值税　　27 000

②企业用银行存款缴纳应交土地增值税税款。

借：应交税费——应交土地增值税　　27 000

　　贷：银行存款　　27 000

业务 3：缴纳房产税、城镇土地使用税、车船税、矿产资源补偿费

企业按规定计算应交的房产税、城镇土地使用税、车船税、矿产资源补偿费，借记“税金及附加”科目，贷记“应交税费”科目。与应交的房产税、城镇土地使用税、车船税、矿产资源补偿费相关的会计分录如图 8–36 所示。

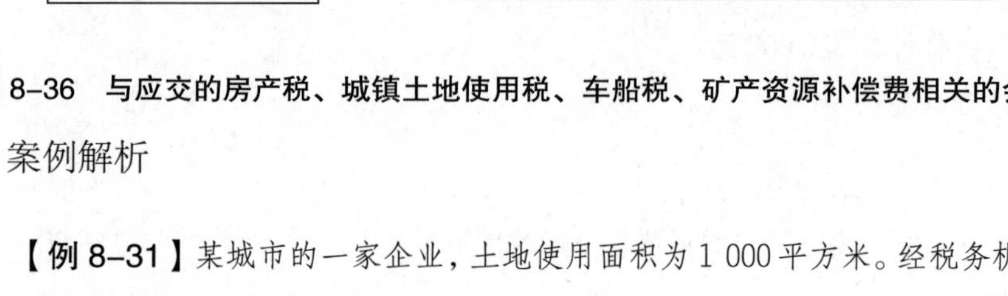

图 8–36　与应交的房产税、城镇土地使用税、车船税、矿产资源补偿费相关的会计分录

* 案例解析

【例 8–31】某城市的一家企业，土地使用面积为 1 000 平方米。经税务机关核定，该土地为应税土地，每平方米年城镇土地使用税税额为 12 元。根据该项经济业务，企业应做的账务处理如下。

城镇土地使用税税额 =1 000×12=12 000（元）

借：税金及附加　　12 000

　　贷：应交税费——应交城镇土地使用税　　12 000

8.9　应付利息

8.9.1　什么是应付利息

应付利息是指企业按照合同约定应支付的利息，包括吸收存款、分期付息到期还本的长期借款、企业债券等应支付的利息。

8.9.2　如何使用“应付利息”科目

本科目核算企业按照合同约定应支付的利息，包括吸收存款、分期付息到期还本的长期借款、企业债券等应支付的利息。

本科目可按存款人或债权人进行明细核算。本科目期末贷方余额，反映企业应付未付的利息。

8.9.3　如何设置明细科目

“应付利息”科目的明细科目设置如表 8-11 所示。

表 8-11　2231 应付利息

顺序号	编号	会计科目名称	二级科目名称	三级科目名称	是否辅助核算	辅助核算类别
二、负债类						
	2231	应付利息			是	存款人或债权人
	2231 01	应付利息	吸收存款	项目	是	存款人或债权人
	2231 02	应付利息	分期付息到期还本的长期借款	项目	是	存款人或债权人
	2231 03	应付利息	企业债券	项目	是	存款人或债权人
	2231 04	应付利息	其他	项目	是	存款人或债权人

8.9.4 会计处理分录与案例解析

业务 1：发生应付利息

资产负债表日，应按摊余成本和实际利率计算确定的利息费用，借记“利息支出”“在建工程”“财务费用”“研发支出”等科目，按面值和合同利率计算确定的应付未付利息，贷记“应付利息”科目，按其差额，借记或贷记“长期借款——利息调整”“吸收存款——利息调整”等科目。合同利率与实际利率差异较小的，也可以采用合同利率计算确定利息费用。发生应付利息时的会计分录如图 8-37 所示。

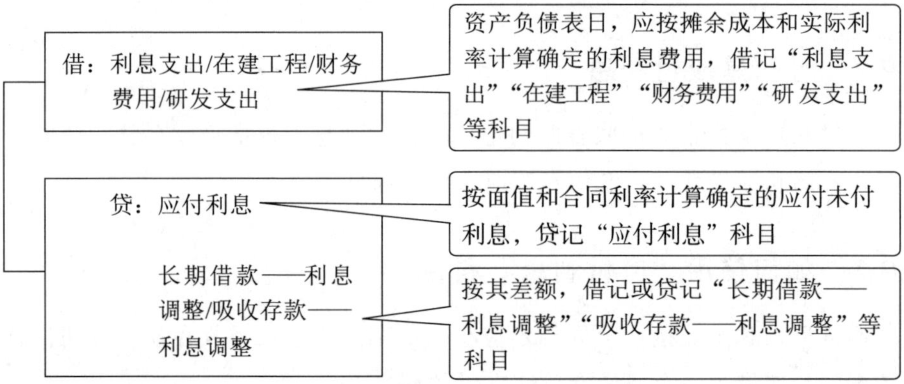

图 8-37 发生应付利息时的会计分录

* 案例解析

【例 8-32】企业借入 5 年期按期付息、到期还本的长期借款 5 000 000 元，合同约定年利率为 3.5%，假定不符合资本化条件。每年计算确定利息费用时，该企业的账务处理如下。

企业每年应支付的利息 =5 000 000×3.5%=175 000（元）

借：财务费用　　175 000

　　贷：应付利息　　175 000

业务 2：支出利息

实际支付利息时，借记“应付利息”科目，贷记“银行存款”等科目。支出利息时的会计分录如图 8-38 所示。

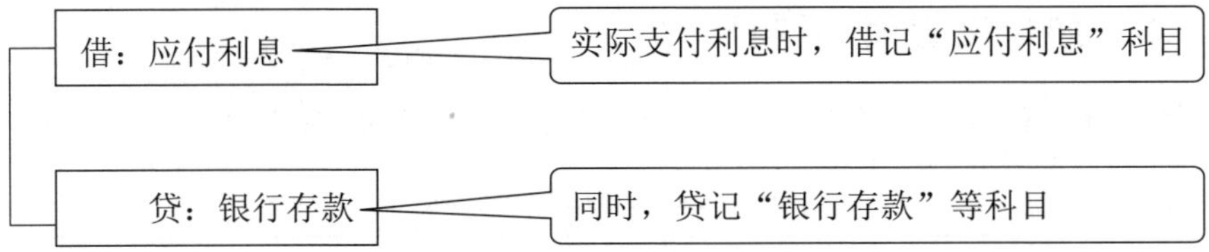

图 8-38　支出利息时的会计分录

* 案例解析

【例 8-33】接**【**例 8-32**】**，每年实际支付利息时，该企业的有关账务处理如下。

借：应付利息　　175 000

　　贷：银行存款　　175 000

8.10　应付股利

8.10.1　什么是应付股利

应付股利是指企业经董事会、股东大会或类似机构决议确定分配的现金股利或利润。企业在宣告给投资者分配现金股利或利润时，一方面冲减企业的所有者权益，另一方面形成应付股利；随着企业向投资者实际支付股利，该项负债消失。

8.10.2　如何使用“应付股利”科目

本科目核算企业分配的现金股利或利润。

董事会或类似机构通过的利润分配方案中拟分配的现金股利或利润，不做账务处理，但应在附注中披露。

本科目可按投资者进行明细核算。本科目期末贷方余额，反映企业应付未付的现金股利或利润。

8.10.3 如何设置明细科目

“应付股利”科目的明细科目设置如表 8-12 所示。

表 8-12 2232 应付股利

顺序号	编号	会计科目名称	二级科目名称	三级科目名称
二、负债类				
	2232	应付股利	按投资者	投资者

8.10.4 会计处理分录与案例解析

业务 1：发生现金股利

企业根据股东大会或类似机构审议批准的利润分配方案，按应支付的现金股利或利润，借记“利润分配”科目，贷记“应付股利”科目。发生现金股利时的会计分录如图 8-39 所示。

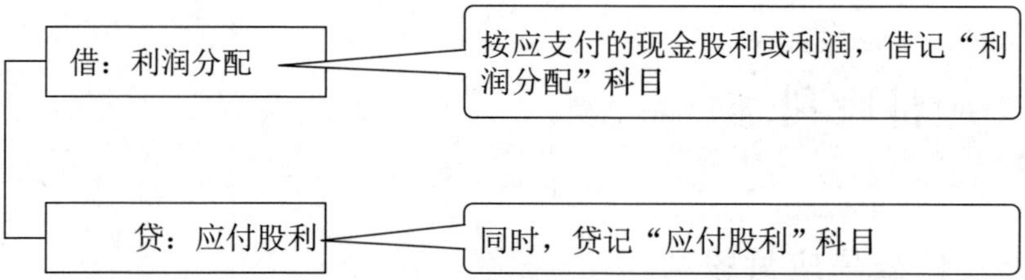

图 8-39 发生现金股利时的会计分录

* 案例解析

【例 8-34】A 股份有限公司 2×14 年度实现净利润 8 000 000 元，经过股东大会批准，决定 2×14 年度分配现金股利 5 000 000 元。A 股份有限公司的会计分录如下。

借：利润分配——应付现金股利或利润 5 000 000

贷：应付股利 5 000 000

业务 2：支付现金股利

实际支付现金股利或利润时，借记“应付股利”科目，贷记“银行存款”等科目。支付现金股利的会计分录如图 8-40 所示。

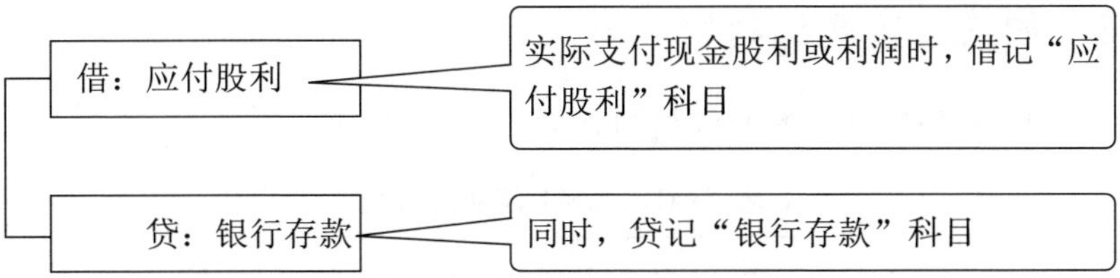

图 8-40　支付现金股利时的会计分录

* 案例解析

【例 8-35】接【例 8-34】，股利已经用银行存款支付。A 股份有限公司的会计分录如下。

借：应付股利　　5 000 000

　　贷：银行存款　　5 000 000

8.11　其他应付款

8.11.1　什么是其他应付款

其他应付款是指企业除应付票据、应付账款、预收账款、应付职工薪酬、应付利息、应付股利、应交税费、长期应付款等经营活动以外的其他各项应付、暂收的款项，如应付包装物租金、存入保证金等。

8.11.2　如何使用“其他应付款”科目

本科目核算企业除应付票据、应付账款、预收账款、应付职工薪酬、应付利息、应付股利、应交税费、长期应付款等以外的其他各项应付、暂收的款项。企业（保险企业）应交纳的保险保障基金，也通过本科目核算。

本科目可按其他应付款的项目和对方单位（或个人）进行明细核算。本科目期末贷方余额，反映企业应付未付的其他应付款项。

8.11.3 如何设置明细科目

“其他应付款”科目的明细科目设置如表 8-13 所示。

表 8-13 2241 其他应付款

顺序号	编号	会计科目名称	二级科目名称	三级科目名称	是否辅助核算	辅助核算类别
二、负债类						
	2241	其他应付款				
	2241 01	其他应付款	职工医药费	项目	是	项目或对方单位（或个人）
	2241 02	其他应付款	职工结余分配	项目	是	项目或对方单位（或个人）
	2241 03	其他应付款	个人往来	项目	是	项目或对方单位（或个人）
	2241 04	其他应付款	代收款项	项目	是	项目或对方单位（或个人）
	2241 05	其他应付款	单位往来	项目	是	项目或对方单位（或个人）
	2241 06	其他应付款	总公司内部企业往来款	项目	是	项目或对方单位（或个人）
	2241 07	其他应付款	押金	项目	是	项目或对方单位（或个人）
	2241 08	其他应付款	合同履约保证金	项目	是	项目或对方单位（或个人）
	2241 09	其他应付款	应付租入固定资产和包装物的租金	项目	是	项目或对方单位（或个人）
	2241 10	其他应付款	存入保证金	项目	是	项目或对方单位（或个人）
	2241 11	其他应付款	管辖区内业主和物业管户装修存入保证金	项目	是	项目或对方单位（或个人）
	2241 12	其他应付款	预提费用	项目	是	项目或对方单位（或个人）

8.11.4　会计处理分录与案例解析

业务 1：采用售后回购方式融入资金

（1）企业采用售后回购方式融入资金的，应按实际收到的金额，借记“银行存款”科目，贷记“其他应付款”科目。售后回购方式下，与其他应付款相关的会计分录如图 8-41 所示。

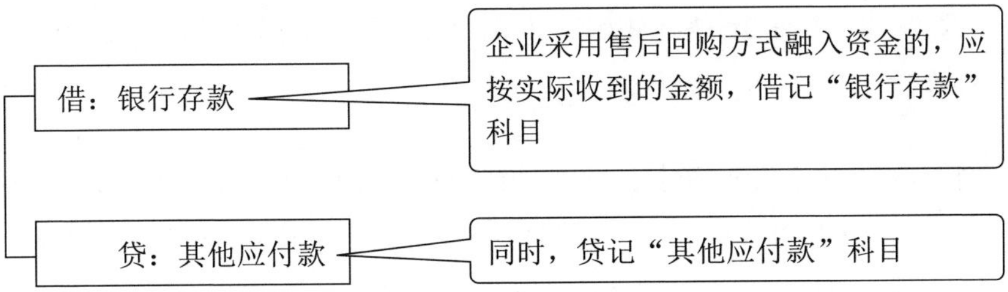

图 8-41　售后回购方式下与其他应付款相关的会计分录

＊ 案例解析

【例 8-36】2×19 年 5 月 1 日，甲公司向乙公司销售一批商品，开出的增值税专用发票上注明的销售价款为 1 000 000 元，增值税税额为 130 000 元。该批商品成本为 800 000 元。商品已经发出，款项已经收到。协议约定，甲公司应于 9 月 30 日将所售商品购回，回购价为 1 100 000 元（不含增值税税额）。5 月 1 日，发出商品时，甲公司的账务处理如下。

借：银行存款	1 130 000	
贷：其他应付款		1 000 000
应交税费——应交增值税（销项税额）		130 000
借：发出商品	800 000	
贷：库存商品		800 000

（2）回购价格与原销售价格之间的差额，应在售后回购期内按期计提利息费用，借记“财务费用”科目，贷记“其他应付款”科目。会计分录如图 8-42 所示。

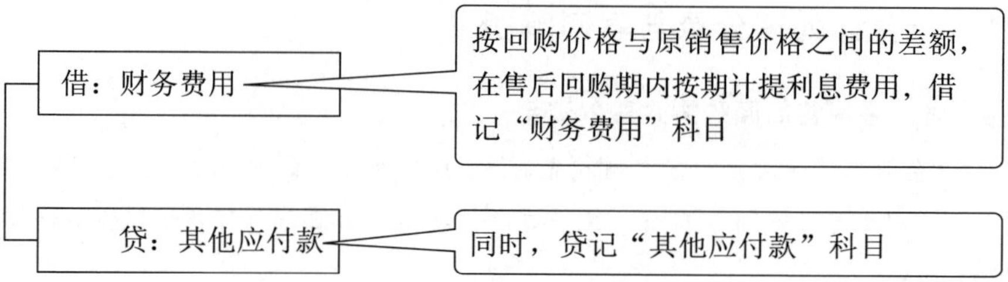

图 8-42　按回购价格与原销售价格之间的差额计提利息费用的会计分录

＊ 案例解析

【例 8-37】接【例 8-36】，回购价大于原售价的差额，应在回购期内按期计提利息费用，计入当期财务费用。由于回购期为 5 个月，货币时间价值影响不大，采用直线法计提利息费用，每月计提的利息费用为 20 000（100 000÷5）元。甲公司的账务处理如下。

借：财务费用　　20 000

　　贷：其他应付款　　20 000

（3）按照合同约定进行回购时，应按实际支付的金额，借记“其他应付款”科目，贷记“银行存款”科目。会计分录如图 8-43 所示。

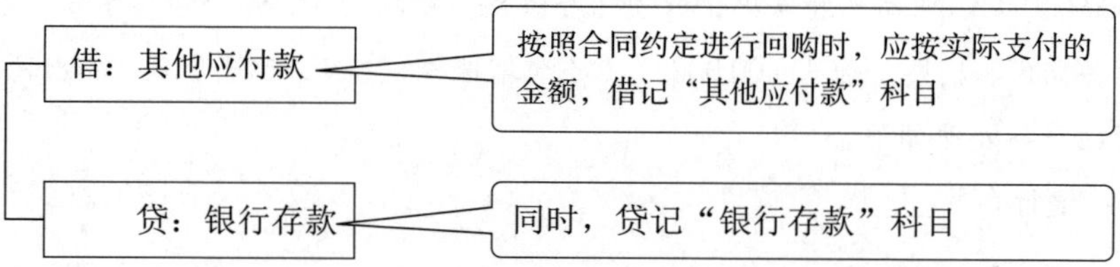

图 8-43　按照合同约定进行回购时的会计分录

＊ 案例解析

【例 8-38】接【例 8-37】，9 月 30 日回购商品时，收到的增值税专用发票上注明的商品价格为 1 100 000 元、增值税税额为 143 000 元。假定商品已验收入库，款项已经支付。甲公司的账务处理如下。

借：其他应付款　　1 100 000

　　应交税费——应交增值税（进项税额）　　143 000

　　贷：银行存款　　1 243 000

业务 2：发生其他各种应付、暂收款项

（1）企业发生的其他各种应付、暂收款项，借记“管理费用”等科目，贷记“其他应付款”科目。会计分录如图 8-44 所示。

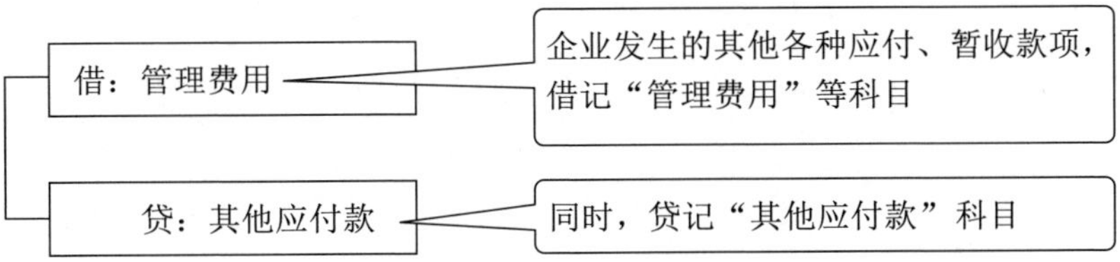

图 8-44　发生其他各种应付、暂收款项时的会计分录

＊ 案例解析

【例 8-39】甲公司从 2×15 年 1 月 1 日起，以经营租赁方式租入管理用办公设备一批，每月租金 5 000 元，按季支付。3 月 31 日，甲公司以银行存款支付应付租金。1 月 31 日，计提应付经营租入固定资产租金时，甲公司的账务处理如下。

借：管理费用　　5 000

　　贷：其他应付款　　5 000

2 月底计提应付经营租入固定资产租金的账务处理同上。

（2）支付其他应付款时，借记“其他应付款”科目，贷记“银行存款”科目。会计分录如图 8-45 所示。

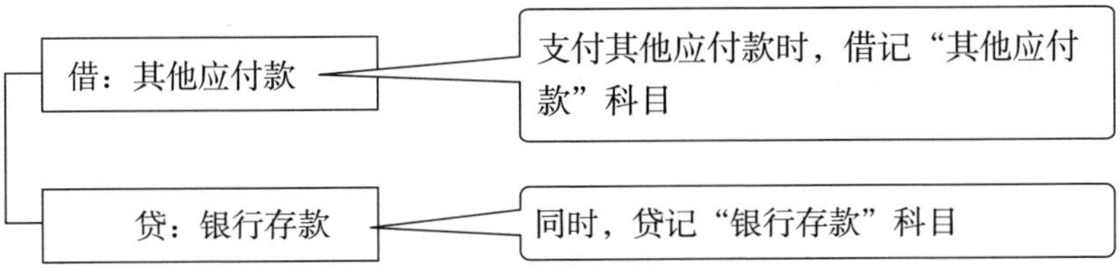

图 8-45　支付其他应付款时的会计分录

＊ 案例解析

【例 8-40】接【例 8-39】，3 月 31 日支付租金，甲公司的会计处理如下。

借：其他应付款　　10 000

　　管理费用　　5 000

贷：银行存款　　15 000

注：3 月 31 日支付租金时不用先计提当月租金，而是将租金直接记入“管理费用”科目。

8.12 递延收益

8.12.1 什么是递延收益

递延收益是指尚待确认的收入或收益，也可以说是暂时未确认的收益。它是权责发生制在收益确认上的运用。递延收益属于负债类科目，在确认相关收入的同时借记“递延收益”科目。

8.12.2 如何使用“递延收益”科目

本科目核算企业确认的应在以后期间计入当期损益的政府补助。

本科目可按政府补助的项目进行明细核算。本科目期末贷方余额，反映企业应在以后期间计入当期损益的政府补助。

8.12.3 如何设置明细科目

“递延收益”科目的明细科目设置如表 8-14 所示。

表 8-14　2401 递延收益

顺序号	编号	会计科目名称	二级科目名称	三级科目名称
二、负债类				
	2401	递延收益	按政府补助项目	项目

8.12.4　会计处理分录与案例解析

业务：政府补助用于补偿以后期间相关费用或损失

（1）与收益相关的政府补助，是用于补偿企业以后期间相关费用或损失的，按收到或应收的金额，借记“银行存款”“其他应收款”等科目，贷记“递延收益”科目。与政府补助相关的会计分录如图 8-46 所示。

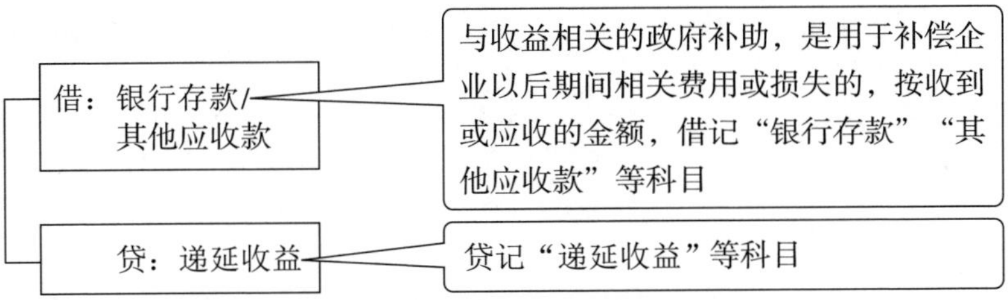

图 8-46　与政府补助相关的会计分录

* 案例解析

【例 8-41】甲企业于 2×14 年 3 月 15 日与企业所在地地方政府签订合作协议，根据协议约定，当地政府将向甲企业提供 1 000 万元奖励资金，用于企业的人才激励和人才引进奖励，甲企业必须按年向当地政府报送详细的资金使用计划并按规定用途使用资金。协议同时还约定，甲企业自获得奖励起 10 年内注册地址不迁离本区，否则政府有权追回奖励资金。甲企业于 2×14 年 4 月 10 日收到 1 000 万元补助资金，分别在 2×14 年 12 月、2×15 年 12 月、2×16 年 12 月使用了 400 万元、300 万元和 300 万元，用于发放给总裁级别类高管年度奖金。

本例中，甲企业应当在实际收到补助资金时应当先判断是否满足递延收益确认条件。如果客观情况表明甲企业在未来 10 年内离开该地区的可能性很小，比如通过成本效益分析认为甲企业迁离该地区的成本大大高于收益，则甲企业在收到补助资金时应当计入“递延收益”科目，实际按规定用途使用补助资金时，再计入当期损益。

甲企业选择净额法对比类补助进行会计处理，其账务处理如下：

（1）2×14 年 4 月 10 日甲企业实际收到补贴资金：

借：银行存款	10 000 000	
贷：递延收益		10 000 000

（2）2×14 年 12 月、2×15 年 12 月、2×16 年 12 月甲企业将补贴资金发放高管奖金，相应结转递延收益：

①2×14年12月

借：递延收益　　4 000 000

　　贷：管理费用　　4 000 000

②2×15年12月

借：递延收益　　3 000 000

　　贷：管理费用　　3 000 000

③2×16年12月

借：递延收益　　3 000 000

　　贷：管理费用　　3 000 000

如果甲企业在收到补助资金时暂时无法确定能否满足政府补助所附条件（即在未来10年内不得离开该地区），则应当将收到的补助资金先记入“其他应付款”科目，待客观情况表明企业能够满足政府补助所附条件后再转入“递延收益”科目。

（2）在未来期间发生相关费用或损失时，按应补偿的金额，借记“递延收益”科目，贷记“营业外收入”科目。会计分录如图8-47所示。

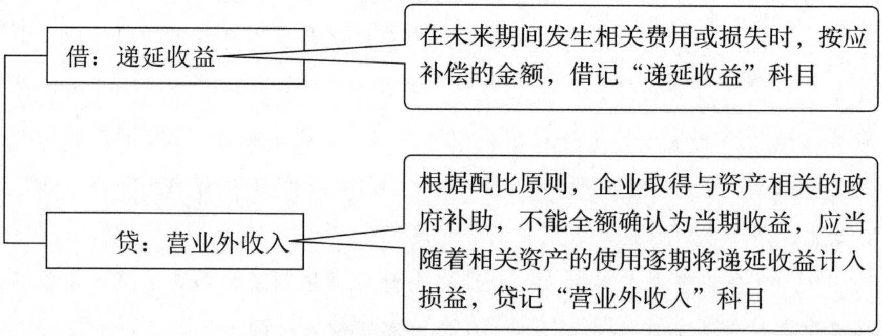

图8-47　补偿发生相关费用或损失金额时的会计分录

* 案例解析

【例8-42】接【例8-41】，A企业的会计处理如下。

①结余的处理。结余需要上交或部分上交的，按需上交的金额冲减“递延收益”科目；不需上交的，计入当期营业外收入。

借：递延收益　　200 000

　　贷：营业外收入　　200 000

②分配递延收益。自 2×14 年 2 月起，每个资产负债表日的会计分录如下。

借：递延收益　　　　　　　　　　　　　　　　　　40 000

　　贷：营业外收入　　　　　　　　　　　　　　　　　　40 000

8.13 长期借款

8.13.1 什么是长期借款

长期借款是指企业向银行或其他金融机构借入的期限在 1 年以上（不含 1 年）的各种借款。长期借款一般用于固定资产的购建、改扩建工程、大修理工程、对外投资以及保持长期经营能力等方面。它是企业长期负债的重要组成部分，必须加强管理与核算。

8.13.2 如何使用“长期借款”科目

本科目核算企业向银行或其他金融机构借入的期限在 1 年以上（不含 1 年）的各项借款。由于长期借款的使用关系到企业的生产经营规模和效益，企业除了要遵守有关的贷款规定，编制借款计划外，还应监督借款的使用、按期支付长期借款的利息以及按规定的期限归还借款本金等。因此，长期借款会计处理的基本要求是反映和监督企业长期借款的借入、借款利息的结算和借款本息的归还情况，促使企业遵守信贷纪律、提高信用等级，同时也要确保长期借款发挥效益。

本科目可按贷款单位和贷款种类，分别设置“本金”“利息调整”等明细科目进行明细核算。本科目期末贷方余额，反映企业尚未偿还的长期借款。

8.13.3 如何设置明细科目

“长期借款”科目的明细科目设置如表 8-15 所示。

表 8–15　2501 长期借款

顺序号	编号	会计科目名称	二级科目名称	三级科目名称	是否辅助核算	辅助核算类别
二、负债类						
	2501	长期借款				
	2501 01	长期借款	本金	贷款种类	是	贷款单位和贷款种类
	2501 02	长期借款	利息调整	贷款种类	是	贷款单位和贷款种类
	2501 03	长期借款	溢 / 折价	贷款种类	是	贷款单位和贷款种类
	2501 04	长期借款	交易费用	贷款种类	是	贷款单位和贷款种类
	2501 05	长期借款	其他	贷款种类	是	贷款单位和贷款种类

8.13.4　会计处理分录与案例解析

业务 1：取得长期借款

企业借入长期借款，应按实际收到的金额，借记“银行存款”科目，贷记“长期借款——本金”科目。如存在差额，还应借记“长期借款——利息调整”科目。取得长期借款时的会计分录如图 8–48 所示。

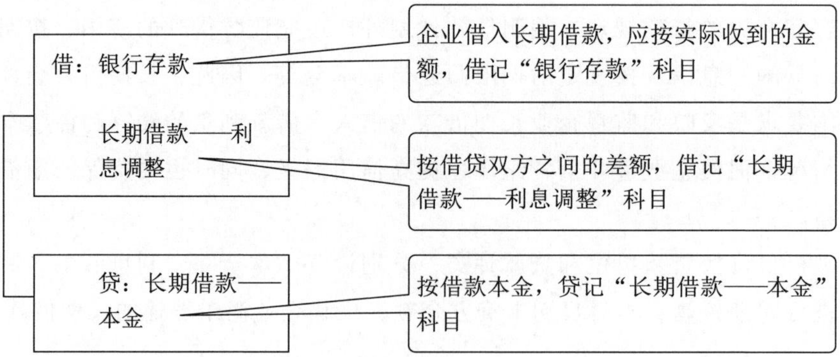

图 8–48　取得长期借款时的会计分录

* 案例解析

【例 8–43】A 企业于 2×14 年 11 月 30 日从银行借入资金 4 000 000 元，借款期限为 3 年，年利率为 8.4%（到期一次还本付息，不计复利）。所借款项已存入银行。A 企业用该借款于当日购买了一台不需安装的设备，价款 3 900 000 元，另支付运杂费及保险等费用 100 000 元，设备已于当日投入使用。A 企业的有关会计分录如下。

（1）取得借款时。

借：银行存款　　4 000 000

　　贷：长期借款——本金　　4 000 000

（2）支付设备款和运杂费、保险费时。

借：固定资产　　4 000 000

　　贷：银行存款　　4 000 000

业务 2：计提长期借款利息

资产负债表日，应按摊余成本和实际利率计算确定的长期借款的利息费用，借记“在建工程”“制造费用”“财务费用”“研发支出”等科目，按面值和合同利率计算确定的应付未付利息，贷记“应付利息”“长期借款——应计利息”科目，按其差额，贷记“长期借款——利息调整”科目。

实际利率与合同利率差异较小的，也可以采用合同利率计算确定利息费用。与计提长期借款利息相关的会计分录如图 8–49 所示。

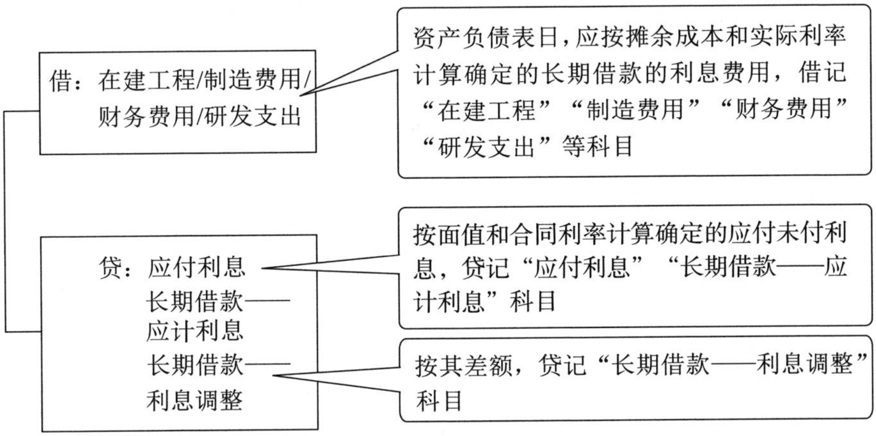

图 8–49　与计提长期借款利息相关的会计分录

＊ 案例解析

【例 8-44】接【例 8-43】，A 企业于 2×14 年 12 月 31 日计提长期借款利息。A 企业的有关会计分录如下。

2×14 年 12 月 31 日计提的长期借款利息 =4 000 000×8.4％ ÷12=28 000（元）

借：财务费用　　28 000

　　贷：长期借款——应计利息　　28 000

2×15 年 1 月至 2×17 年 10 月，每月末计提利息的会计分录同上。

业务 3：归还长期借款

归还长期借款本金，借记“长期借款——本金”科目，贷记“银行存款”科目。同时，存在利息调整余额的，借记或贷记“在建工程”“制造费用”“财务费用”“研发支出”等科目，贷记或借记“长期借款——利息调整”科目。归还长期借款时的会计分录如图 8-50 所示。

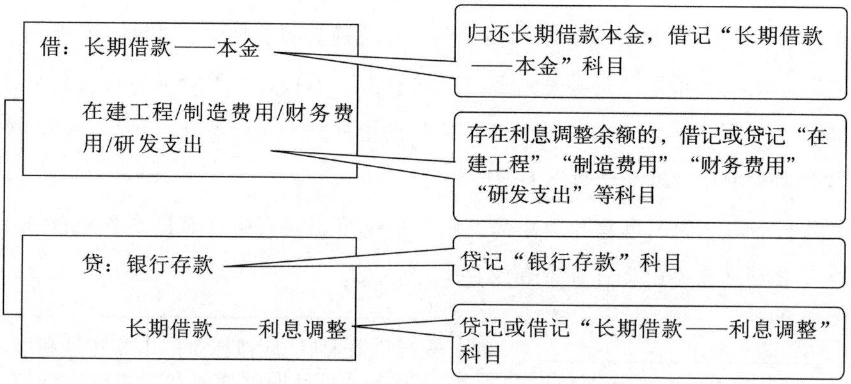

图 8-50　归还长期借款时的会计分录

＊ 案例解析

【例 8-45】接【例 8-44】，2×17 年 11 月 30 日，A 企业偿还该笔银行借款本息。A 企业的有关会计分录如下。

借：财务费用　　28 000

　　长期借款——本金　　4 000 000

　　　　　　——应计利息　　980 000

　　贷：银行存款　　5 008 000

8.14　应付债券

8.14.1　什么是应付债券

应付债券是指企业为筹集长期资金而实际发行的债券及应付的利息。它是企业筹集长期资金的一种重要方式。企业发行债券的价格受同期银行存款利率的影响较大，一般情况下，企业债券可以按面值发行、溢价发行和折价发行。

企业债券的发行价格一般取决于债券的票面金额、票面利率、发行当时的市场利率以及债券期限。债券发行有按面值发行、溢价发行和折价发行三种。企业债券按其面值发行的，称为按面值发行；以低于债券面值价格发行的，称为折价发行；以高于债券面值价格发行的，则称为溢价发行。债券溢价或折价不是债券发行企业的收益或损失，而是债券发行企业在债券存续期内对利息费用的一种调整。

8.14.2　如何使用"应付债券"科目

本科目核算企业为筹集（长期）资金而发行债券的本金和利息。

企业应将自身发行的可转换公司债券分拆为负债成分和权益成分。分拆后形成的负债部分在本科目核算。

企业应当设置企业债券备查簿，详细登记企业债券的票面金额、票面利率、还本付息期限与方式、发行总额、发行日期和编号、委托代售单位、转换股份等资料。企业到期兑付债券，在备查簿中应予注明。

本科目可按"面值""利息调整""应计利息"等明细科目进行明细核算。本科目期末贷方余额，反映企业尚未偿还的长期债券摊余成本。

8.14.3　如何设置明细科目

"应付债券"科目的明细科目设置如表 8-16 所示。

表 8-16　2502 应付债券

顺序号	编号	会计科目名称	二级科目名称	三级科目名称	是否辅助核算	辅助核算类别
二、负债类						
	2502	应付债券				

续表

顺序号	编号	会计科目名称	二级科目名称	三级科目名称	是否辅助核算	辅助核算类别
	2502 01	应付债券	面值	种类	是	购买人
	2502 02	应付债券	利息调整（债券溢价）	种类	是	购买人
	2502 03	应付债券	利息调整（债券折价）	种类	是	购买人
	2502 04	应付债券	应计利息	种类	是	购买人
	2502 05	应付债券	其他	种类	是	购买人

8.14.4 会计处理分录与案例解析

业务 1：发行债券

企业发行债券，应按实际收到的金额，借记“银行存款”等科目，按债券票面金额，贷记“应付债券——面值”科目。存在差额的，还应借记或贷记“应付债券——利息调整”科目。发行债券时的会计分录如图 8-51 所示。

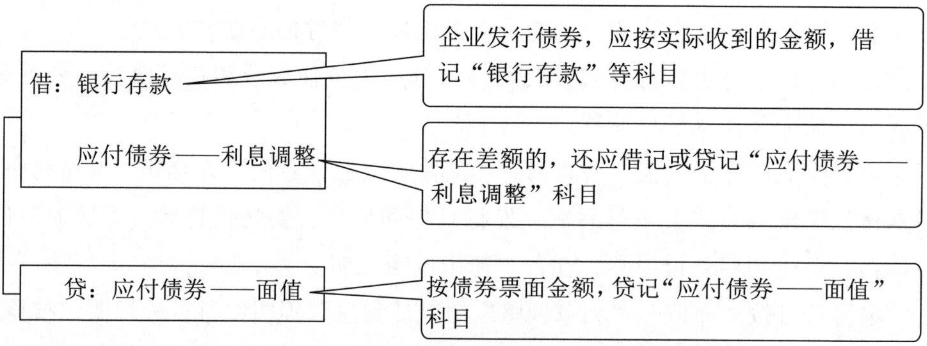

图 8-51 发行债券时的会计分录

* 案例解析

【例 8-46】B 企业于 2×14 年 7 月 1 日发行 3 年期、到期一次还本付息、年利率为 8%（不计复利）的债券，发行面值总额为 40 000 000 元。该债券按面值发行。B 企业的有关会计分录如下。

借：银行存款　　40 000 000

　　贷：应付债券——面值　　40 000 000

业务 2：计提债券利息

（1）资产负债表日，对于分期付息、一次还本的债券，企业应按摊余成本和实际利率计算确定的债券利息费用，借记“在建工程”“制造费用”“财务费用”“研发支出”等科目，按面值和票面利率计算确定的应付未付利息，贷记“应付利息”科目，按其差额，借记或贷记“应付债券——利息调整”科目。会计分录如图 8-52 所示。

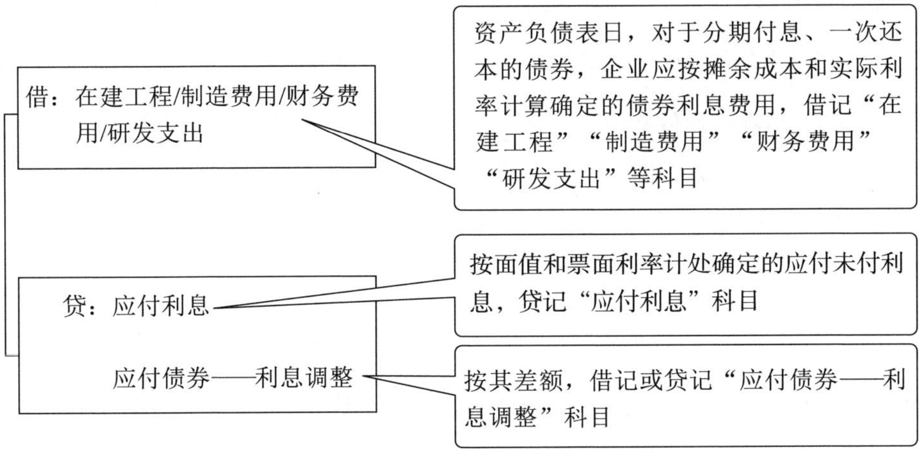

图 8-52　计提分期付息、一次还本债券利息时的会计分录

（2）对于一次还本付息的债券，企业应于资产负债表日按摊余成本和实际利率计算确定的债券利息费用，借记“在建工程”“制造费用”“财务费用”“研发支出”等科目，按面值和票面利率计算确定的应付未付利息，贷记“应付债券——应计利息”科目，按其差额，借记或贷记“应付债券——利息调整”科目。实际利率与票面利率差异较小的，也可以采用票面利率计算确定利息费用。会计分录如图 8-53 所示。

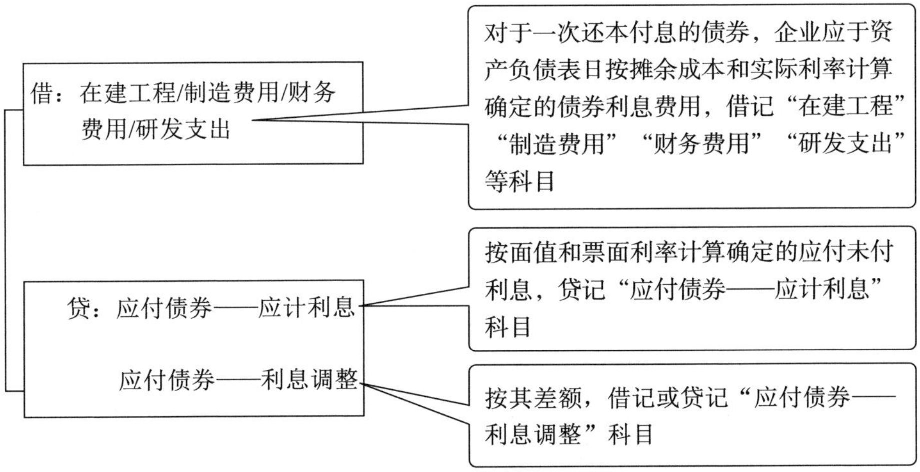

图 8-53　计提一次还本付息债券利息时的会计分录

* 案例解析

【例 8–47】接【例 8–46】，B 企业通过发行债券筹集资金用于建造固定资产，至 2×14 年 12 月 31 日，工程尚未完工，B 企业于当日计提本年债券利息。B 企业的有关会计分录如下。

借：在建工程　　1 600 000

　　贷：应付债券——应计利息　　1 600 000

业务 3：债券还本付息

债券到期，支付债券本息时，借记“应付债券——面值”“应付债券——应计利息”“应付利息”等科目，贷记“银行存款”等科目。债券还本付息时的会计分录如图 8–54 所示。

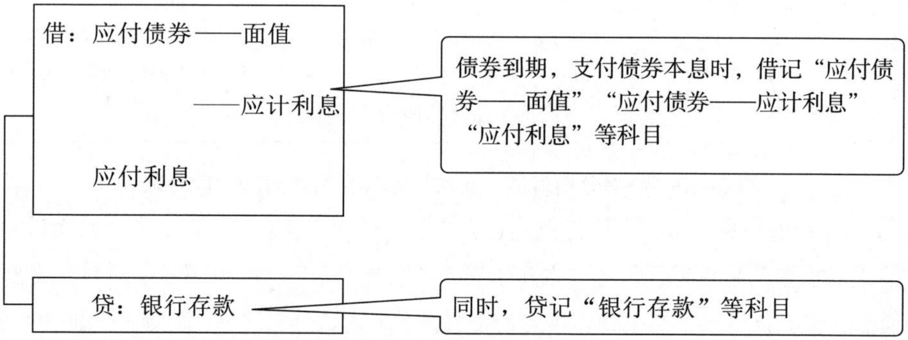

图 8–54　债券还本付息时的会计分录

* 案例解析

【例 8–48】接【例 8–47】，2×17 年 7 月 1 日，B 企业偿还债券本金和利息。B 企业的有关会计分录如下。

2×14 年 7 月 1 日至 2×17 年 7 月 1 日，B 企业债券的应计利息 =40 000 000×8%×3=9 600 000（元）。

借：应付债券——面值　　40 000 000

　　　　　　——应计利息　　9 600 000

　　贷：银行存款　　49 600 000

8.15　长期应付款

8.15.1　什么是长期应付款

长期应付款，是指企业除长期借款和应付债券以外的其他各种长期应付款项，包括应付融资租入固定资产的租赁费、以分期付款方式购入固定资产发生的应付款项等。长期应付款除具有长期负债的一般特点外，还具有款项主要形成固定资产并分期付款的特点。

8.15.2　如何使用“长期应付款”科目

“长期应付款”科目用于核算企业融资租入固定资产和以分期付款方式购入固定资产时应付的款项及偿还情况。该科目贷方反映应付的长期应付款项；借方反映偿还的长期应付款项；期末贷方余额，反映企业应付未付的长期应付款项。本科目可按长期应付款的种类和债权人设置明细科目进行明细核算。

8.15.3　如何设置明细科目

“长期应付款”科目的明细科目设置如表 8-17 所示。

表 8-17　2701 长期应付款

顺序号	编号	会计科目名称	二级科目名称	三级科目名称
二、负债类				
	2701	长期应付款	按种类和债权人	项目

8.15.4　会计处理分录与案例解析

业务 1：融资租入固定资产

企业融资租入的固定资产，在租赁期开始日，按应计入固定资产成本的金额（租赁期开始日租赁资产公允价值与最低租赁付款额现值两者中的较低者，加上初始直接费用），借记“在建工程”或“固定资产”科目，按最低租赁付款额，贷记“长期应付款”科目，按发生的初始直接费用，贷记“银行存款”等科目，按其差额，借记“未确认融资费用”科目。融资租入固定资产时的会计分录如图 8-55 所示。

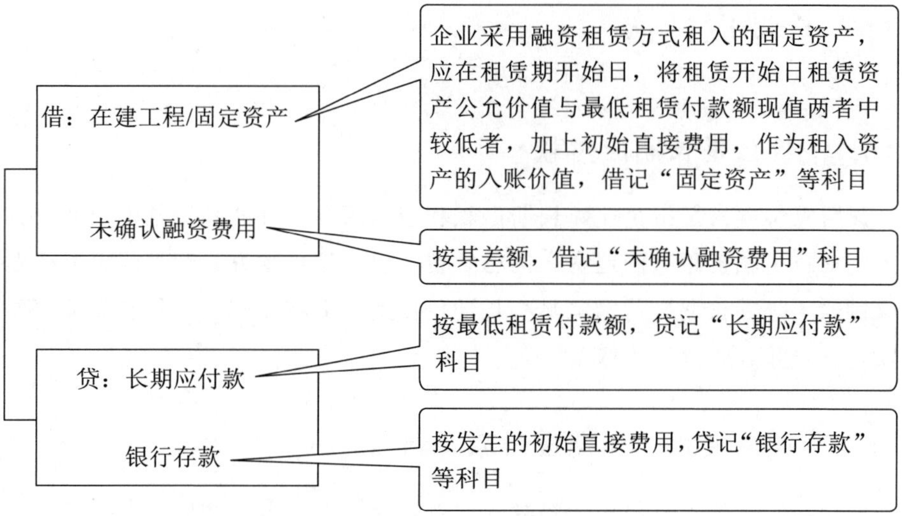

图 8-55　融资租入固定资产时的会计分录

业务 2：购入有关资产超过正常信用条件延期支付价款

购入有关资产超过正常信用条件延期支付价款、实质上具有融资性质的，应按购买价款的现值，借记“固定资产”“在建工程”等科目，按应支付的金额，贷记“长期应付款”科目，按其差额，借记“未确认融资费用”科目。购入有关资产超过正常信用条件延期支付价款的会计分录如图 8-56 所示。

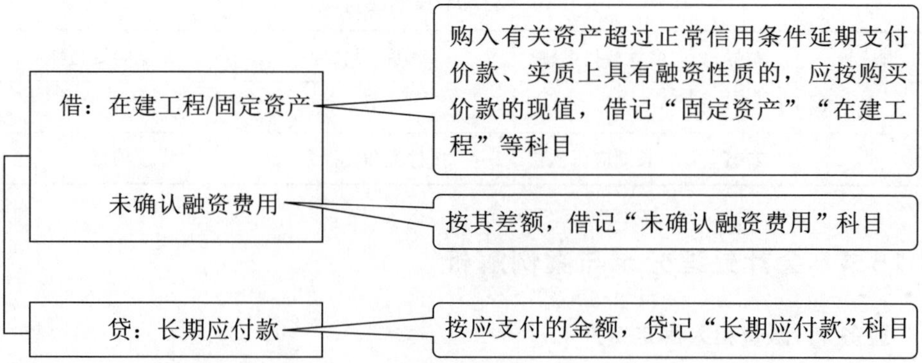

图 8-56　购入超过正常信用条件延期支付价款、实质上具有融资性质的有关资产时的会计分录

* 案例解析

【例 8-49】2×10 年 1 月 1 日，甲公司与乙公司签订一项购货合同，甲公司从乙公司购入一台需要安装的特大型设备。合同约定，甲公司采用分期付款方式支付价款。该设备价款共计 9 000 000 元，在 2×10 年至 2×14 年的 5 年内每半年支付 900 000 元，每年的付款日期分别为当年 6 月 30 日和 12 月 31 日。

2×10 年 1 月 1 日，设备如期运抵甲公司并开始安装，发生运杂费和相关税费 300 860 元，已用银行存款付讫。2×10 年 12 月 31 日，设备达到预定可使用状态，发生安装费 97 670.60 元，已用银行存款付讫。

假定甲公司适用的半年折现率为 10%。

（1）购买价款的现值为：

900 000×(*P/A*,10%,10) =900 000×6.1446=5 530 140（元）

2×12 年 1 月 1 日甲公司的账务处理如下：

借：在建工程　　5 530 140

　　未确认融资费用　　3 469 860

　　贷：长期应付款　　9 000 000

借：在建工程　　300 860

　　贷：银行存款　　300 860

（2）确定信用期间未确认融资费用的分摊额，如表 8-18 所示。

表 8-18　确认融资费用分摊表

2×10 年 1 月 1 日　　单位：元

日期	分期付款额	确认的融资费用	应付本金减少额	应付本金余额
①	②	③ = 期初⑤ ×10%	④ = ② - ③	期末⑤ = 期初⑤ - ④
2×10.01.01				5 530 140.00
2×10.06.30	900 000	553 014.00	346 986.00	5 183 154.00
2×10.12.31	900 000	518 315.40	381 684.60	4 801 469.40
2×11.06.30	900 000	480 146.94	419 853.06	4 381 616.34
2×11.12.31	900 000	438 161.63	461 838.37	3 919 777.97
2×12.06.30	900 000	391 977.80	508 022.20	3 411 755.77
2×12.12.31	900 000	341 175.58	558 824.42	2 852 931.35
2×13.06.30	900 000	285 293.14	614 706.86	2 238 224.47
2×13.12.31	900 000	223 822.45	676 177.55	1 562 046.92

续表

日期	分期付款额	确认的融资费用	应付本金减少额	应付本金余额
2×14.06.30	900 000	156 204.69	743 795.31	818 251.61
2×14.12.31	900 000	81 748.39*	818 251.61	0.00
合计	9 000 000	3 469 860	5 530 140	0.00

*尾数调整：81 748.39=900 000−818 251.61，818 251.61，为最后一期应付本金余额。

（3）2×10年1月1日至2×10年12月31日为设备的安装期间，未确认融资费用的分摊额符合资本化条件，计入固定资产成本。

① 2×10年6月30日，甲公司的账务处理如下：

借：在建工程　553 014

　　贷：未确认融资费用　553 014

借：长期应付款　900 000

　　贷：银行存款　900 000

② 2×10年12月31日，甲公司的账务处理如下：

借：在建工程　518 315.40

　　贷：未确认融资费用　518315.40

借：长期应付款　900 000

　　贷：银行存款　900 000

借：在建工程　97 670.60

　　贷：银行存款　97 670.60

借：固定资产　7 000 000

　　贷：在建工程　7 000 000

固定资产的成本＝5 530 140＋300 860＋553 014＋518 315.40＋97 670.60=7 000 000（元）

（4）2×11年1月1日至2×13年12月31日，该设备已经达到预定可使用状态，未确认融资费用的分摊额不再符合资本化条件。应计入当期损益。

2×11年6月30日：

借：财务费用　　　　480 146.94

　　贷：未确认融资费用　　　　480 146.94

借：长期应付款　　　　900 000

　　贷：银行存款　　　　900 000

以后期间的账务处理与 2×11 年 6 月 30 日相同，此略。

8.16　未确认融资费用

8.16.1　什么是未确认融资费用

未确认融资费用是指最低租赁付款额与最低租赁付款额的现值的差额。

8.16.2　如何使用“未确认融资费用”科目

本科目核算企业应当分期计入利息费用的未确认融资费用。

本科目可按债权人和长期应付款项目进行明细核算。本科目期末借方余额，反映企业未确认融资费用的摊余价值。

8.16.3　如何设置明细科目

“未确认融资费用”科目的明细科目设置如表 8-19 所示。

表 8-19　2702 未确认融资费用

顺序号	编号	会计科目名称	二级科目名称	三级科目名称
二、负债类				
	2702	未确认融资费用	按债权人和项目	债权人或项目

8.16.4 会计处理分录与案例解析

业务 1：融资租入固定资产

（1）融资租入的固定资产，在租赁期开始日，按应计入固定资产成本的金额（租赁开始日租赁资产公允价值与最低租赁付款额现值两者中较低者，加上初始直接费用），借记“在建工程”或“固定资产”科目，按最低租赁付款额，贷记“长期应付款”科目，按发生的初始直接费用，贷记“银行存款”等科目，按其差额，借记“未确认融资费用”科目。

相关内容详见“长期应付款”，在此不赘述。

（2）实际利率法分期摊销未确认融资费用，借记“财务费用”“在建工程”等科目，贷记“未确认融资费用”科目。会计分录如图 8-55 所示。

业务 2：购入有关资产超过正常信用条件

（1）购入有关资产超过正常信用条件延期支付价款、实质上具有融资性质的，应按购买价款的现值，借记“固定资产”“在建工程”等科目，按应支付的金额，贷记“长期应付款”科目，按其差额，借记“未确认融资费用”科目。

相关内容详见“长期应付款”，在此不赘述。

（2）采用实际利率法分期摊销未确认融资费用，借记“在建工程”“财务费用”等科目，贷记“未确认融资费用”科目。会计分录如图 8-57 所示。

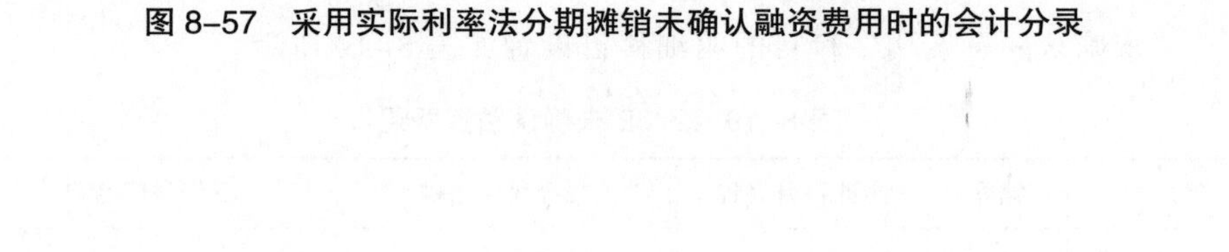

图 8-57 采用实际利率法分期摊销未确认融资费用时的会计分录

8.17　预计负债

8.17.1　什么是预计负债

预计负债是因或有事项可能产生的负债。根据或有事项准则的规定，与或有事项相关的义务同时符合以下三个条件的，企业应将其确认为负债：

一是该义务是企业承担的现时义务；

二是该义务的履行很可能导致经济利益流出企业，这里的“很可能”指发生的可能性为“大于50%，但小于或等于95%”；

三是该义务的金额能够可靠地计量。

8.17.2　如何使用“预计负债”科目

本科目核算企业确认的对外提供担保、未决诉讼、产品质量保证、重组义务、亏损性合同等预计负债。

本科目可按形成预计负债的交易或事项进行明细核算。本科目期末贷方余额，反映企业已确认但尚未支付的预计负债。

8.17.3　如何设置明细科目

“预计负债”科目的明细科目设置如表8-20所示。

表8-20　2801 预计负债

顺序号	编号	会计科目名称	二级科目名称	三级科目名称
二、负债类				
	2801	预计负债	按交易或事项	按债权人或项目

8.17.4　会计处理分录与案例解析

业务1：计提预计负债

企业由对外提供担保、未决诉讼、重组义务产生的预计负债，应按确定的金额，借记“营业外支出”等科目，贷记“预计负债”科目。由产品质量保证计提的预计负债，应按确定的金额，借记“销售费用”科目，贷记“预计负债”科目。由资产弃置义务计提的预计负债，应按确定的金额，借记“固定资产”或“油气资产”科目，贷记“预计负债”科目。在固定资产或油气资产的使用寿命内，计算确定的各期应负担的利息费用，借记“财务费用”科目，贷记“预计负债”科目。计提预计负债时的会计分录如图 8-58 所示。

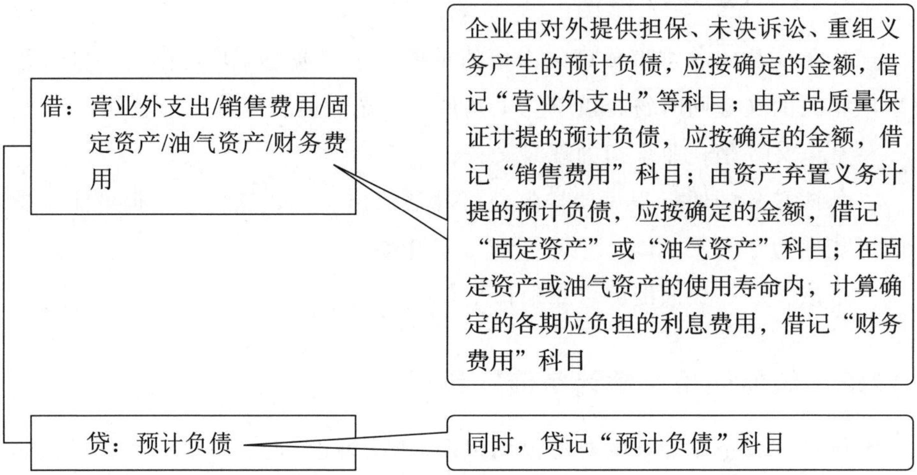

图 8-58　计提预计负债时的会计分录

* 案例解析

【例 8-50】2×14 年 12 月 27 日，甲企业因合同违约而涉及一桩诉讼案。根据企业的法律顾问判断，最终的判决很可能对甲企业不利。2×14 年 12 月 31 日，甲企业尚未接到法院的判决，因诉讼需承担的赔偿金额也无法确定。不过，据专业人士估计，赔偿金额可能在 800 000 元和 1 000 000 元之间，并且这个区间内每个金额的可能性大致相同。

甲企业应在 2×14 年 12 月 31 日的资产负债表中确认一项预计负债，金额为：

（800 000+1 000 000）÷2=900 000（元）

借：营业外支出　　　　900 000

　　贷：预计负债　　　　900 000

业务 2：清偿或冲减预计负债

实际清偿或冲减预计负债时，借记“预计负债”科目，贷记“银行存款”等科目。清偿或冲减预计负债时的会计分录如图 8-59 所示。

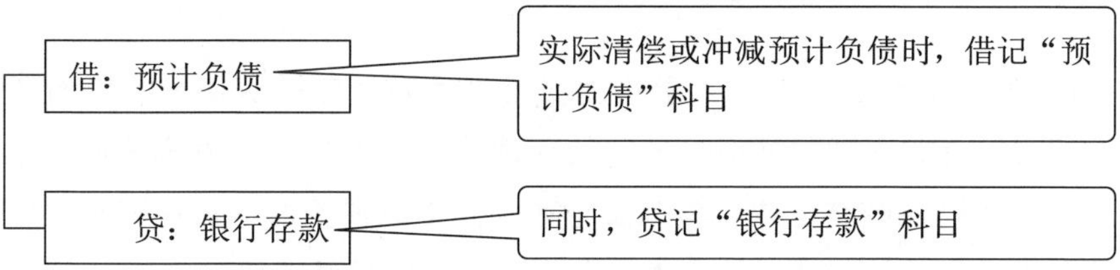

图 8–59　清偿或冲减预计负债时的会计分录

注：企业预期从第三方获得的补偿，是一种潜在资产，其最终是否会转化为企业真正的资产（即企业是否能够收到这项补偿）具有较大的不确定性，企业只能在基本确定能够收到补偿时才能对其进行确认。根据资产和负债不能随意抵销的原则，预期可获得的补偿在基本确定能够收到时应当确认为一项资产，而不能作为预计负债金额的扣减。

* 案例解析

【例 8–51】2×14 年 12 月 31 日，乙股份有限公司因或有事项确认了一笔金额为 1 000 000 元的负债。同时，公司因该或有事项，基本确定可从甲股份有限公司获得 400 000 元的赔偿。

乙股份有限公司应分别确认一项金额为 1 000 000 元的负债和一项金额为 400 000 元的资产，而不能只确认一项金额为 600 000（1 000 000–400 000）元的负债。

8.18　递延所得税负债

8.18.1　什么是递延所得税负债

应纳税暂时性差异在转回期间将增加本期企业的应纳税所得额和应交所得税，导致企业经济利益的流出，从其发生当期看，构成企业应支付税金的义务，应作为递延所得税负债确认。

企业在确认因应纳税暂时性差异产生的递延所得税负债时，应遵循以下原则。

（1）除《企业会计准则》中明确规定可不确认递延所得税负债的情况以外，企业对所有的应纳税暂时性差异均应确认相关的递延所得税负债。除与直接计入所有者权益的交易或事项以及企业合并中取得资产、负债相关的外，在确认递延所得税负债的同时，应增加利润表中的所得税费用。

（2）确认应纳税暂时性差异产生的递延所得税负债时，交易或事项发生时影响到会计利润或应纳税所得额的，相关的所得税影响应作为利润表中所得税费用的组成部分，即递延所得税负债的确认应导致利润表中所得税费用的增加；与直接计入所有者权益的交易或事项相关的，其所得税影响应计入所有者权益；与企业合并中取得资产、负债相关的，递延所得税影响应调整购买日应确认的商誉或计入合并当期损益的金额。

8.18.2 如何使用“递延所得税负债”科目

本科目核算企业确认的应纳税暂时性差异产生的递延所得税负债。

本科目可按应纳税暂时性差异的项目进行明细核算。本科目期末贷方余额，反映企业已确认的递延所得税负债。

8.18.3 如何设置明细科目

“递延所得税负债”科目的明细科目设置如表 8-21 所示。

表 8-21　2901 递延所得税负债

顺序号	编号	会计科目名称	二级科目名称	三级科目名称
二、负债类				
	2901	递延所得税负债	按应纳税暂时性差异的项目	项目

8.18.4 会计处理分录与案例解析

业务 1：确认递延所得税负债

（1）资产负债表日，企业确认的递延所得税负债，借记“所得税费用——递延所得税费用”科目，贷记“递延所得税负债”科目。资产负债表日递延所得税负债的应有余额大于其账面余额的，应按其差额，借记“所得税费用——递延所得税费用”科目，贷记“递延所得税负债”科目；资产负债表日递延所得税负债的应有余额小于其账面余额的，做相反的会计分录。确认递延所得税负债时的会计分录如图 8-60 所示。

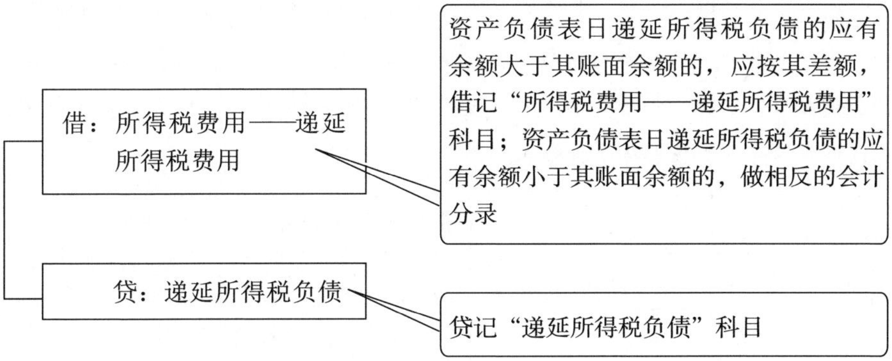

图 8-60　确认递延所得税负债时的会计分录

* 案例解析

【例 8-52】A 企业于 2×14 年 1 月 1 日购入某项环保设备，取得成本为 2 000 000 元，会计上采用直线法计提折旧，使用年限为 10 年，净残值为零，税法上按双倍余额递减法计提折旧，使用年限及净残值与会计上的处理相同。A 企业适用的所得税税率为 25%。假定该企业不存在其他会计与税收处理上的差异，该项固定资产在期末未发生减值。

2×14 年资产负债表日，该项固定资产按照会计规定计提的折旧额为 200 000 元，税法上允许扣除的折旧额为 400 000 元，则该固定资产的账面价值 1 800 000 元与其计税基础 1 600 000 元的差额构成应纳税暂时性差异，企业应确认相关的递延所得税负债。

借：所得税费用——递延所得税费用　　　　（200 000×25%）50 000

　　贷：递延所得税负债　　　　　　　　　　　　　　　　50 000

（2）确认与直接计入所有者权益的交易或事项相关的递延所得税负债，借记“其他综合收益”科目，贷记“递延所得税负债”科目。会计分录如图 8-61 所示。

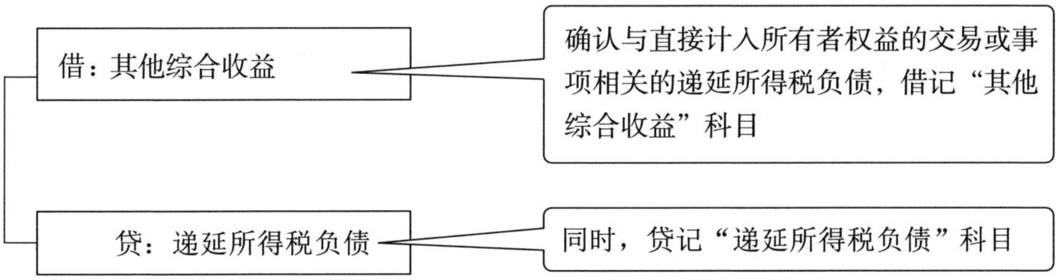

图 8-61　确认与直接计入所有者权益的交易或事项相关的递延所得税负债时的会计分录

业务 2：企业合并形成的递延所得税负债

企业合并中取得的资产、负债的入账价值与其计税基础不同形成应纳税暂时性差异的，应于购买日确认递延所得税负债，同时调整购买日应确认的商誉或计入合并当期损益的金额，借记“商誉”等科目，贷记“递延所得税负债”科目。确认企业合并形成的递延所得税负债时的会计分录如图 8-62 所示。

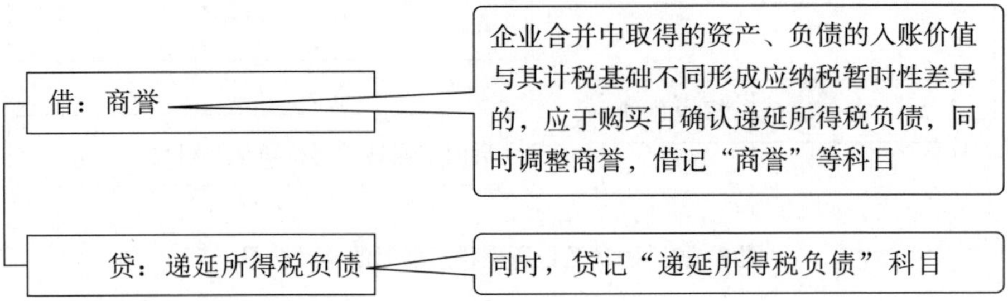

图 8-62　确认企业合并形成的递延所得税负债时的会计分录

第9章 所有者权益类科目的设置与账务处理

本章导读

经济学中有一个重要假设是经济人理论。这个理论在会计领域也同样适用。企业的所有者最关注的莫过于企业的价值增值部分，即为其带来的实实在在的收益。本章我们将从以下几个方面学习。

（1）实收资本、资本公积、盈余公积等权益类科目的定义。

（2）实收资本、资本公积、盈余公积等权益类科目的适用范围。

（3）实收资本、资本公积、盈余公积等权益类科目明细科目的设置。

（4）实收资本、资本公积、盈余公积等权益类科目在实务中的具体业务操作。

9.1　实收资本

9.1.1　什么是实收资本

为了反映和监督投资者投入资本的增减变动情况，企业必须按照国家统一的会计制度的规定进行实收资本的核算，真实地反映所有者投入企业资本的状况，维护所有者在企业的权益。除股份有限公司以外，其他各类企业应通过“实收资本”科目核算所有者投入企业的资本的状况，股份有限公司应通过“股本”科目核算所有者投入企业的资本的状况。

企业收到所有者投入企业的资本后，应根据有关原始凭证（如投资清单、银行通知单等），分别针对不同的出资方式进行会计处理。

9.1.2 如何使用“实收资本”科目

本科目核算企业接受投资者投入的实收资本。股份有限公司应将本科目改为“股本”科目。企业收到投资者出资超过其在注册资本或股本中所占份额的部分，作为资本溢价或股本溢价，在“资本公积”科目核算。

本科目可按投资者进行明细核算。企业（中外合作经营企业）在合作期间归还投资者的投资，应在本科目设置“已归还投资”明细科目进行核算。本科目期末贷方余额，反映企业实收资本或股本总额。

9.1.3 如何设置明细科目

“实收资本”科目的明细科目设置如表 9-1 所示。

表 9-1 4001 实收资本

顺序号	编号	会计科目名称	二级科目名称	三级科目名称
四、所有者权益类				
	4001	实收资本		按股东名称
	4001 01	实收资本	国有资本	按股东名称
	4001 02	实收资本	法人资本	按股东名称
	4001 03	实收资本	集体资本	按股东名称
	4001 04	实收资本	个人资本	按股东名称
	4001 05	实收资本	已归还投资	按股东名称
	4001 06	实收资本	外商资本	按股东名称
	4001 07	实收资本	其他	按股东名称

9.1.4 会计处理分录与案例解析

业务 1：企业接受投资

企业接受投资者投入的资本，借记“银行存款”“其他应收款”“固定资产”“无形资产”“长期股权投资”等科目，按其在注册资本或股本中所占的份额，贷记“实收资本/股本”科目，按其差额，贷记“资本公积——资本溢价/股本溢价”科目。

企业接受投资时的会计分录如图 9-1 所示。

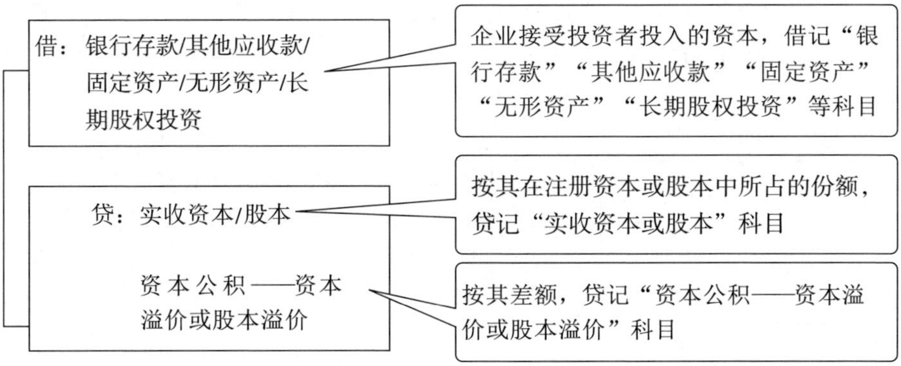

图 9-1　企业接受投资时的会计分录

＊ 案例解析

【例 9-1】甲、乙、丙共同投资设立 A 有限责任公司，注册资本为 2 000 000 元，甲、乙、丙持股比例分别为 60%、25% 和 15%。章程规定，甲、乙、丙投入资本分别为 1 200 000 元、500 000 元和 300 000 元。A 有限责任公司已如期收到各投资者一次缴足的款项。A 有限责任公司在进行账务处理时，应编制会计分录如下。

借：银行存款	2 000 000	
贷：实收资本——甲		1 200 000
——乙		500 000
——丙		300 000

【例 9-2】乙有限责任公司于设立时收到 B 公司作为资本投入的原材料一批。投资合同或协议约定该批原材料的价值（不含可抵扣的增值税进项税额）为 100 000 元，增值税进项税额为 13 000 元。B 公司已开具了增值税专用发票。

假设合同约定的价值与公允价值相符，该进项税额允许抵扣，不考虑其他因素，则乙有限责任公司在进行账务处理时，应编制如下会计分录。

借：原材料	100 000	
应交税费——应交增值税（进项税额）	13 000	
贷：实收资本——B 公司		113 000

业务 2：增资或资本公积转增资本

（1）企业按照股东大会批准的利润分配方案分配的股票股利，应在办理增资手续后，借记“利润分配”科目，贷记“实收资本”科目。增资时的会计分录如图 9-2 所示。

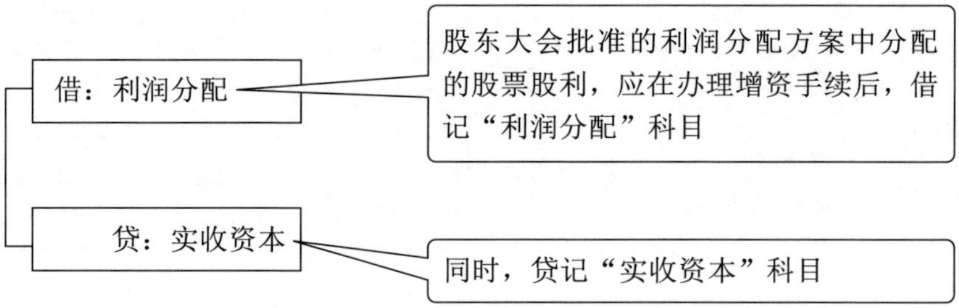

图 9-2　增资时的会计分录

（2）经股东大会或类似机构决议，用资本公积转增资本时，借记“资本公积——资本溢价”科目，贷记“实收资本”科目。会计分录如图 9-3 所示。

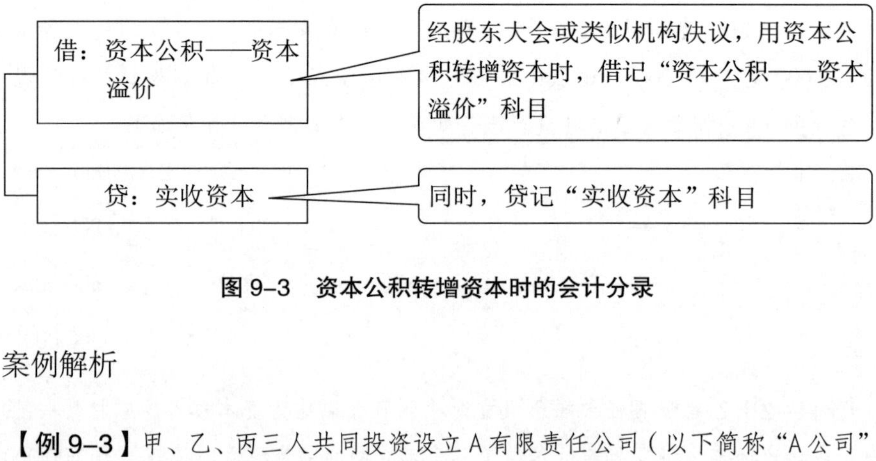

图 9-3　资本公积转增资本时的会计分录

* 案例解析

【例 9-3】甲、乙、丙三人共同投资设立 A 有限责任公司（以下简称“A 公司”），原注册资本为 4 000 000 元，甲、乙、丙分别出资 500 000 元、2 000 000 元和 1 500 000 元。为扩大经营规模，经批准，A 公司注册资本增加到 5 000 000 元，甲、乙、丙按照原出资比例分别追加投资 125 000 元、500 000 元和 375 000 元。A 公司如期收到甲、乙、丙追加的现金投资。A 公司的会计分录如下。

借：银行存款	1 000 000	
贷：实收资本——甲		125 000

——乙　　500 000

——丙　　375 000

【例 9-4】承【例 9-3】，因扩大经营规模需要，经批准，A 公司按原出资比例将资本公积 1 000 000 元转增资本。A 公司会计分录如下。

借：资本公积——资本溢价　　1 000 000

　　贷：实收资本——甲　　125 000

　　　　　　　——乙　　500 000

　　　　　　　——丙　　375 000

本例中，资本公积 1 000 000 元按原出资比例转增实收资本，因此，A 公司应分别按照 125 000 元、500 000 元和 375 000 元的金额贷记“实收资本”科目中甲、乙、丙明细分类账。

业务 3：减少注册资本

（1）企业按法定程序报经批准减少注册资本，通过支付现金或银行存款方式减资的，借记“实收资本”科目，贷记“库存现金”“银行存款”等科目。减少注册资本时的会计分录如图 9-4 所示。

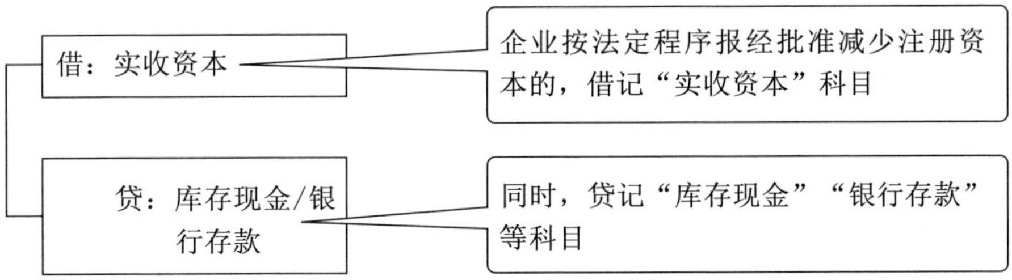

图 9-4　减少注册资本时的会计分录

（2）股份有限公司采用回购本公司股票方式减资的，按股票面值和注销股数计算的股票面值总额，借记“实收资本”科目，按所注销库存股的账面余额，贷记“库存股”科目，按其差额，借记或贷记“资本公积——股本溢价”科目，股本溢价不足冲减的，依次冲减盈余公积和未分配利润。会计分录如图 9-5 所示。

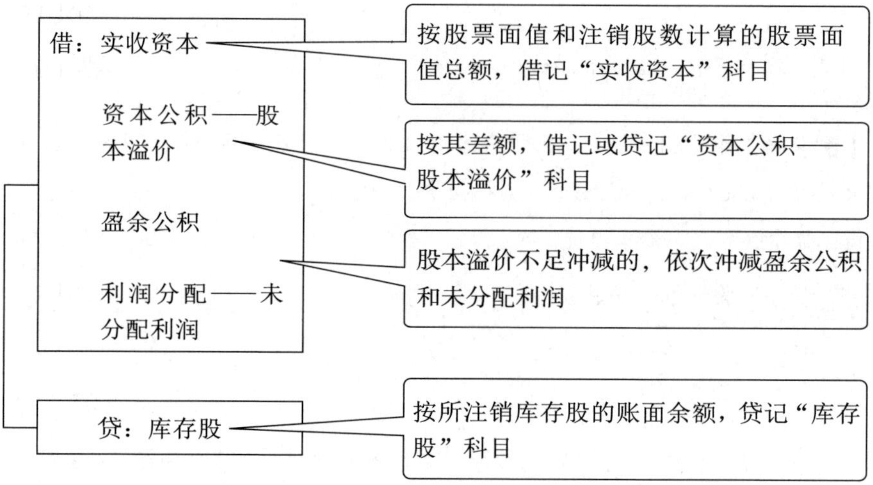

图 9–5　股份有限公司采用回购本公司股票方式减资时的会计分录

＊ 案例解析

【例 9–5】A 公司 2×14 年 12 月 31 日的股本为 100 000 000 股，面值为 1 元，资本公积（股本溢价）为 30 000 000 元，盈余公积为 40 000 000 元。经股东大会批准，A 公司以现金回购本公司股票 20 000 000 股并注销。假定 A 公司按每股 2 元回购股票，不考虑其他因素，A 公司的会计处理如下。

①回购本公司股票时。

库存股成本 =20 000 000×2＝ 40 000 000（元）

借：库存股　　40 000 000

　　贷：银行存款　　40 000 000

②注销本公司股票时。

应冲减的资本公积 =20 000 000×2−20 000 000×1=20 000 000（元）

借：股本　　20 000 000

　　资本公积——股本溢价　　20 000 000

　　贷：库存股　　40 000 000

【例 9–6】承【例 9–5】，假定 A 公司按每股 3 元回购股票，其他条件不变，A 公司的会计处理如下。

①回购本公司股票时。

库存股成本 =20 000 000×3=60 000 000（元）

借：库存股　　　　　　　　　　　　　　　　　60 000 000

　　贷：银行存款　　　　　　　　　　　　　　　　60 000 000

②注销本公司股票时。

应冲减的资本公积 =20 000 000×3−20 000 000×1=40 000 000（元）

由于应冲减的资本公积大于公司现有的资本公积，所以只能冲减资本公积 30 000 000 元，剩余的 10 000 000 元应冲减盈余公积。

借：股本　　　　　　　　　　　　　　　　　　20 000 000

　　资本公积——股本溢价　　　　　　　　　　30 000 000

　　盈余公积　　　　　　　　　　　　　　　　10 000 000

　　贷：库存股　　　　　　　　　　　　　　　　　60 000 000

9.2 资本公积

9.2.1 什么是资本公积

资本公积是企业收到投资者的超出其在企业注册资本（或股本）中所占份额的投资(即资本溢价或股本溢价),以及直接计入所有者权益的利得和损失等。

形成资本溢价（或股本溢价）的原因有溢价发行股票、投资者超额缴入资本等。

直接计入所有者权益的利得和损失是指不应计入当期损益、会导致所有者权益发生增减变动的、与所有者投入资本或者向所有者分配利润无关的利得和损失。

9.2.2 如何使用“资本公积”科目

本科目核算企业收到投资者出资额超出其在注册资本或股本中所占份额的

部分。直接计入所有者权益的利得和损失，也通过本科目核算。

本科目应当分别设置“资本溢价 / 股本溢价”“其他资本公积”明细科目进行明细核算。本科目期末贷方余额，反映企业的资本公积。

9.2.3 如何设置明细科目

“资本公积”科目的明细科目设置如表 9-2 所示。

表 9-2 4002 资本公积

顺序号	编号	会计科目名称	二级科目名称	三级科目名称
四、所有者权益类				
	4002	资本公积		
	4002 01	资本公积	资本溢价 / 股本溢价	
	4002 02	资本公积	其他资本公积	
	4002 02 01	资本公积	其他资本公积	
	4002 02 02	资本公积	其他资本公积	长期股权投资权益法下被投资单位净利润以外的变动
	4002 02 03	资本公积	其他资本公积	其他

9.2.4 会计处理分录与案例解析

业务 1：计提资本溢价（或股本溢价）

企业接受投资者投入的资本，借记“银行存款”“其他应收款”“固定资产”“无形资产”“长期股权投资”等科目，按其在注册资本或股本中所占的份额，贷记“实收资本 / 股本”科目，按其差额，贷记“资本公积——资本溢价 / 股本溢价”科目。计提资本溢价（或股本溢价）时的会计分录如图 9-6 所示。

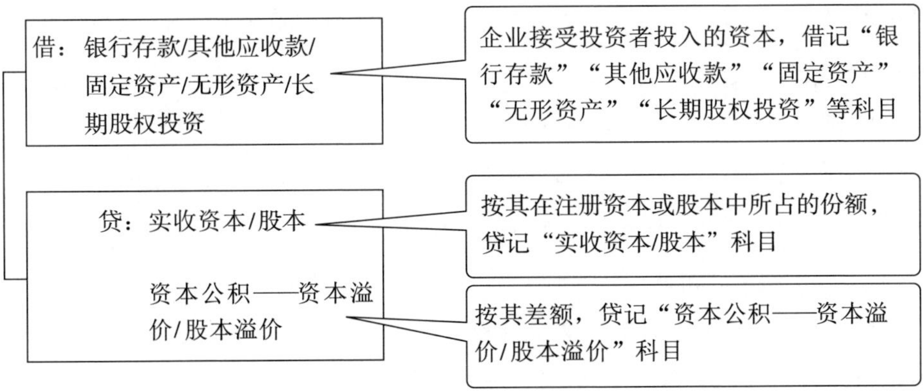

图 9-6　计提资本溢价（或股本溢价）时的会计分录

* 案例解析

【例 9-7】A 有限责任公司由两位投资者共同出资 200 000 元设立，每人各出资 100 000 元。一年后，为扩大经营规模，经批准，A 有限责任公司注册资本增加到 300 000 元，并引入第三位投资者。按照投资协议，新投资者需缴入现金 110 000 元，便可享有该公司三分之一的股份。A 有限责任公司已收到该现金投资。假定不考虑其他因素，A 有限责任公司的会计分录如下。

A 有限责任公司收到的第三位投资者的现金投资 110 000 元中，100 000 元属于第三位投资者在注册资本中所享有的份额，应记入“实收资本”科目，10 000 元属于资本溢价，应记入“资本公积——资本溢价”科目。

借：银行存款　　110 000

　　贷：实收资本　　100 000

　　　　资本公积——资本溢价　　10 000

【例 9-8】B 股份有限公司（以下简称“B 公司”）首次公开发行了普通股 50 000 000 股，每股面值 1 元，每股发行价格为 4 元。B 公司以银行存款支付发行手续费、咨询费等费用共计 6 000 000 元。假定发行收入已全部收到，发行费用已全部支付，不考虑其他因素，B 公司的会计处理如下。

（1）收到发行收入时。

应增加的资本公积 =50 000 000×（4-1）=150 000 000（元）

B 公司溢价发行普通股，发行收入中等于股票面值的部分（50 000 000 元）应记入

“股本”科目，发行收入超出股票面值的部分（150 000 000 元）记入“资本公积——股本溢价”科目。

借：银行存款　　200 000 000

　　贷：股本　　50 000 000

　　　　资本公积——股本溢价　　150 000 000

（2）支付发行费用时。

B 公司的股本溢价 150 000 000 元高于发行过程中发生的交易费用 6 000 000 元，因此，交易费用可从股本溢价中扣除，冲减资本公积。

借：资本公积——股本溢价　　6 000 000

　　贷：银行存款　　6 000 000

业务 2：计入其他资本公积

长期股权投资采用权益法核算的，在持股比例不变的情况下，被投资单位除净损益以外所有者权益的其他变动，企业按持股比例计算应享有的份额，借记或贷记“长期股权投资——其他权益变动”科目，贷记或借记“资本公积——其他资本公积”科目。

处置采用权益法核算的长期股权投资时，应结转原计入资本公积的相关金额，借记或贷记“资本公积——其他资本公积”科目，贷记或借记“投资收益”科目。

相关内容已在“长期股权投资”小节详述，在此不赘述。

9.3 盈余公积

9.3.1 什么是盈余公积

盈余公积是指企业按规定从净利润中提取的企业积累资金。公司制企业的盈余公积包括法定盈余公积和任意盈余公积。

企业提取的盈余公积经批准可用于弥补亏损、转增资本、发放现金股利或利润等。

9.3.2　如何使用“盈余公积”科目

本科目核算企业从净利润中提取的盈余公积。本科目应当分别设置“法定盈余公积”“任意盈余公积”明细科目进行明细核算。

外商投资企业还应分别设置“储备基金”“企业发展基金”明细科目进行明细核算。企业（中外合作经营企业）在合作期间归还投资者的投资，应在本科目设置“利润归还投资”明细科目进行核算。

本科目期末贷方余额，反映企业的盈余公积。

9.3.3　如何设置明细科目

“盈余公积”科目的明细科目设置如表 9-3 所示。

表 9-3　4101 盈余公积

顺序号	编号	会计科目名称	二级科目名称
四、所有者权益类			
	4101	盈余公积	
	4101 01	盈余公积	法定盈余公积
	4101 02	盈余公积	任意盈余公积
	4101 03	盈余公积	储备基金
	4101 04	盈余公积	企业发展基金
	4101 05	盈余公积	利润归还投资

9.3.4　会计处理分录与案例解析

业务 1：提取盈余公积

企业按规定提取的盈余公积，借记“利润分配——提取法定盈余公积、提取任意盈余公积”科目，贷记“盈余公积——法定盈余公积、任意盈余公积”科目。提取盈余公积时的会计分录如图 9-7 所示。

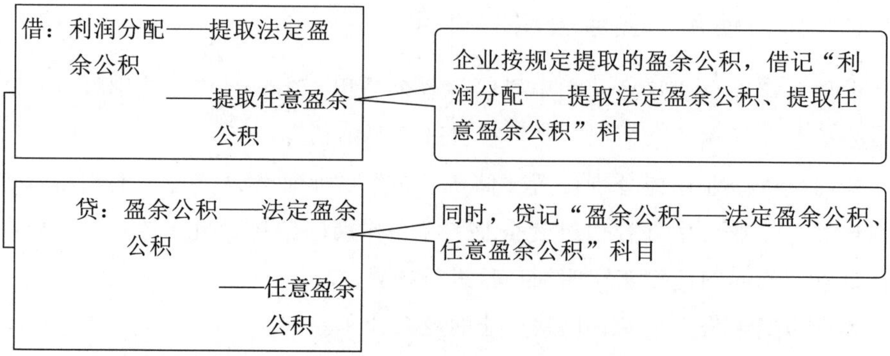

图 9-7　提取盈余公积时的会计分录

* 案例解析

【例 9-9】E 股份有限公司本年实现净利润 5 000 000 元，年初无未分配利润。经股东大会批准，E 股份有限公司按当年净利润的 10% 提取法定盈余公积。假定不考虑其他因素，E 股份有限公司的会计分录如下。

本年提取盈余公积金额 =5 000 000×10%=500 000（元）

借：利润分配——提取法定盈余公积　　　　500 000

　　贷：盈余公积——法定盈余公积　　　　　500 000

业务 2：使用盈余公积

（1）企业经股东大会或类似机构决议，用盈余公积弥补亏损的，借记“盈余公积”科目，贷记“利润分配——盈余公积补亏”科目。使用盈余公积弥补亏损时的会计分录如图 9-8 所示。

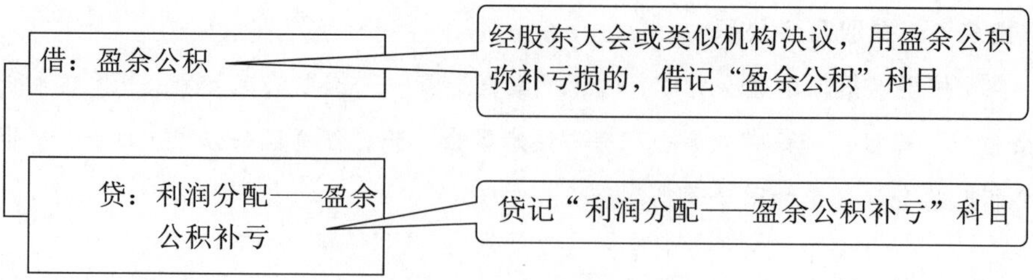

图 9-8　使用盈余公积弥补亏损时的会计分录

* 案例解析

【例 9-10】经股东大会批准，F 股份有限公司用以前年度提取的盈余公积弥补当年亏损，当年弥补亏损的金额为 600 000 元。假定不考虑其他因素， E 股份有限公司的会计分录如下。

借：盈余公积　　　　600 000

　　贷：利润分配——盈余公积补亏　　　　600 000

（2）企业用盈余公积转增资本或股本，借记“盈余公积”科目，贷记“实收资本”或“股本”科目。会计分录如图 9–9 所示。

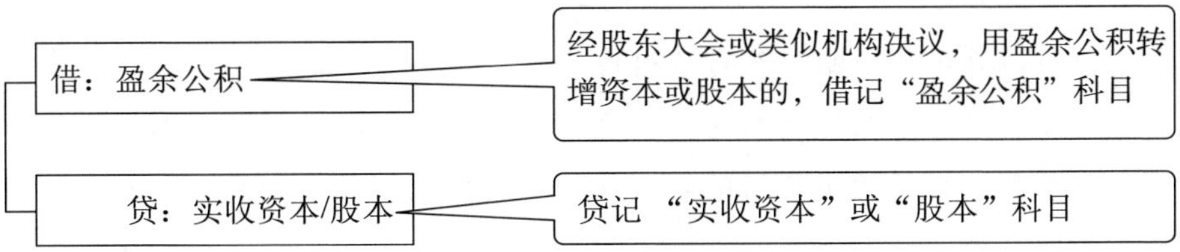

图 9–9　使用盈余公积转增资本时的会计分录

* 案例解析

【例 9–11】因扩大经营规模需要，经股东大会批准，G 股份有限公司将盈余公积 400 000 元转增股本。假定不考虑其他因素，G 股份有限公司的会计分录如下。

借：盈余公积　　　　400 000

　　贷：股本　　　　400 000

9.4　本年利润

9.4.1　什么是本年利润

本年利润是指企业某个会计年度的净利润（或净亏损）。它是由企业利润组成内容计算确定的，是企业从公历年 1 月至 12 月逐步累计而形成的一个动态指标。

利润是指企业在一定会计期间的经营成果。它是企业在一定会计期间内实现的收入减去发生的费用后的余额。会计制度规定各种费用的结转在期末进行。期末结转费用的方法有两种：一是表结法，二是账结法。账结法的优点是各月均可通过“本年利润”科目提供当期利润额，记账业务程序完整，但增加了编制结转损益分录的工作量。

9.4.2 如何使用“本年利润”科目

本科目核算企业当期实现的净利润（或发生的净亏损）。

企业期（月）末结转利润时，应将各损益类科目的金额转入本科目，结平各损益类科目。结转后本科目的贷方余额为当期实现的净利润，借方余额为当期发生的净亏损。

9.4.3 如何设置明细科目

“本年利润”科目的明细科目设置如表 9-4 所示。

表 9-4 4103 本年利润

顺序号	编号	会计科目名称	二级科目名称	三级科目名称
四、所有者权益类				
	4103	本年利润		
	4103 01	本年利润	主营业务收入	项目
	4103 02	本年利润	其他业务收入	项目
	4103 03	本年利润	主营业务成本	项目
	4103 04	本年利润	其他业务成本	项目
	4103 05	本年利润	税金及附加	项目
	4103 06	本年利润	销售费用	项目
	4103 07	本年利润	管理费用	项目
	4103 08	本年利润	财务费用	项目
	4103 09	本年利润	投资收益	项目
	4103 10	本年利润	资产减值损失	项目
	4103 11	本年利润	营业外收入	项目

续表

顺序号	编号	会计科目名称	二级科目名称	三级科目名称
	4103 12	本年利润	营业外支出	项目
	4103 13	本年利润	所得税费用	项目

9.4.4　会计处理分录与案例解析

业务：结转本年利润

年度终了，企业应将本年收入和支出相抵后结出的本年实现的净利润，转入“利润分配”科目，借记“本年利润”科目，贷记“利润分配——未分配利润”科目；如为净亏损，则做相反的会计分录。结转后本科目应无余额。结转本年利润时的会计分录如图 9-10 所示。

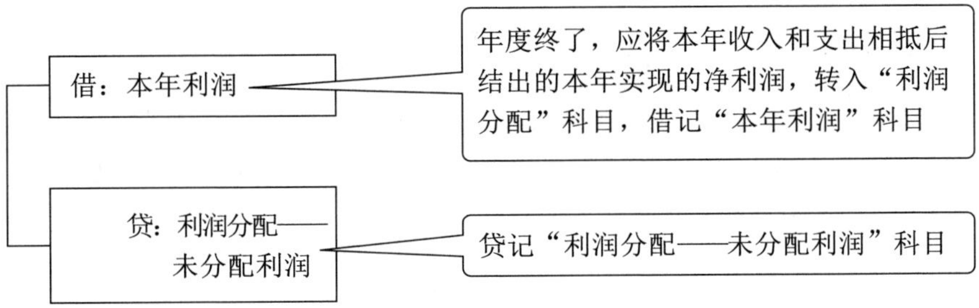

图 9-10　结转本年利润时的会计分录

* 案例解析

【例 9-12】乙公司 2×14 年有关损益类科目的年末余额如下（该企业采用表结法年末一次结转损益类科目，企业所得税税率为 25%）。

科目名称及结账前余额与借贷方向如下。

主营业务收入	6 000 000 元（贷）
其他业务收入	700 000 元（贷）
公允价值变动损益	150 000 元（贷）
投资收益	600 000 元（贷）
营业外收入	50 000 元（贷）
主营业务成本	4 000 000 元（借）
其他业务成本	400 000 元（借）

税金及附加　　80 000 元（借）

销售费用　　500 000 元（借）

管理费用　　770 000 元（借）

财务费用　　200 000 元（借）

资产减值损失　　100 000 元（借）

营业外支出　　250 000 元（借）

乙公司 2×14 年末结转本年利润的会计分录如下。

（1）将各损益类科目的年末余额结转至“本年利润”科目。

①结转各项收入、利得类科目。

借：主营业务收入　　6 000 000

　　其他业务收入　　700 000

　　公允价值变动损益　　150 000

　　投资收益　　600 000

　　营业外收入　　50 000

　　贷：本年利润　　7 500 000

②结转各项费用、损失类科目。

借：本年利润　　6 300 000

　　贷：主营业务成本　　4 000 000

　　　　其他业务成本　　400 000

　　　　税金及附加　　80 000

　　　　销售费用　　500 000

　　　　管理费用　　770 000

　　　　财务费用　　200 000

　　　　资产减值损失　　100 000

　　　　营业外支出　　250 000

（2）经过上述结转后，“本年利润”科目的贷方发生额合计 7 500 000 元，借方发生额合计 6 300 000 元，差额即为税前会计利润 1 200 000 元。假设将该税前会计利润进行纳税调整后，应纳税所得额为 1 000 000 元，则应交所得税税额 = 1 000 000×25％ =250 000（元）。假定将该应交所得税按照企业会计准则进行调整后计算确认的所得税费用为280 000元。

①确认所得税费用，会计分录略。

②将所得税费用结转入“本年利润”科目。

借：本年利润　　280 000

　　贷：所得税费用　　280 000

9.5　利润分配

9.5.1　什么是利润分配

利润分配是指企业根据国家有关规定和企业章程、投资者协议等，对企业当年可供分配的利润所进行的分配。

可供分配的利润 = 当年实现的净利润 + 年初未分配利润（或 – 年初未弥补亏损）+ 其他转入利润。分配的顺序是：（1）提取法定盈余公积；（2）提取任意盈余公积；（3）向投资者分配利润。

未分配利润是企业经过弥补亏损、提取法定盈余公积、提取任意盈余公积和向投资者分配利润等之后剩余的利润。它是企业留待以后年度进行分配的历年结存的利润。相对于所有者权益的其他部分来说，企业对未分配利润的使用有较大的自主权。

9.5.2　如何使用“利润分配”科目

本科目核算企业本年利润的分配（或亏损的弥补）和历年利润的分配（或亏损的弥补）后的余额。

本科目应当分别设置“提取法定盈余公积”“提取任意盈余公积”“应付现金股利或利润”“转作股本的股利”“盈余公积补亏”“未分配利润”等明细科目进行明细核算。本科目年末余额，反映企业的未分配利润（或未弥补亏损）。

9.5.3 如何设置明细科目

“利润分配”科目的明细科目设置如表 9-5 所示。

表 9-5 4104 利润分配

顺序号	编号	会计科目名称	二级科目名称
四、所有者权益类			
	4104	利润分配	
	4104 01	利润分配	提取法定盈余公积
	4104 02	利润分配	提取任意盈余公积
	4104 03	利润分配	应付现金股利或利润
	4104 04	利润分配	转作股本的股利
	4104 05	利润分配	盈余公积补亏
	4104 06	利润分配	未分配利润

9.5.4 会计处理分录与案例解析

业务 1：提取盈余公积

在“盈余公积”小节的业务 1 中已详述，在此不赘述。

业务 2：分配股利

（1）企业经股东大会或类似机构决议，分配给股东或投资者的现金股利或利润，借记“利润分配——应付现金股利或利润”科目，贷记“应付股利”科目。会计分录如图 9-11 所示。

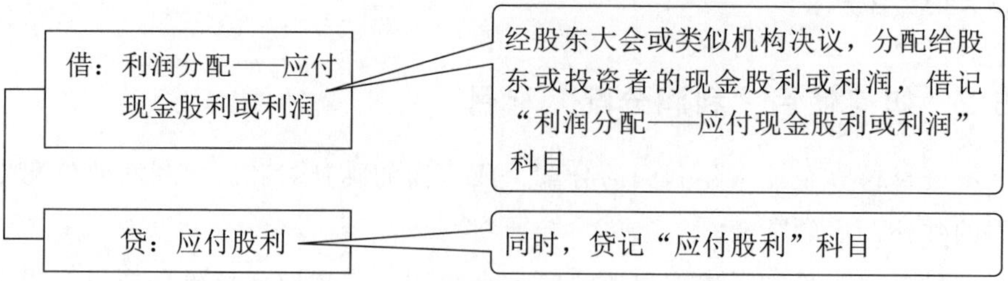

图 9-11 分配给股东或投资者现金股利或利润时的会计分录

* 案例解析

【例 9-13】 D 股份有限公司年初无未分配利润，本年实现净利润 2 000 000 元，本年提取法定盈余公积 200 000 元，宣告发放现金股利 800 000 元。假定不考虑其他因素，D 股份有限公司的会计处理如下。

①结转本年利润。

借：本年利润　　　　　　　　　　　　　　2 000 000

　　贷：利润分配——未分配利润　　　　　　　　2 000 000

如企业当年发生亏损，则应借记“利润分配——未分配利润”科目，贷记“本年利润”科目。

②提取法定盈余公积、宣告发放现金股利。

借：利润分配——提取法定盈余公积　　　　　　200 000

　　　　　　——应付现金股利或利润　　　　　800 000

　　贷：盈余公积　　　　　　　　　　　　　　　200 000

　　　　应付股利　　　　　　　　　　　　　　　800 000

同时，

借：利润分配——未分配利润　　　　　　　　1 000 000

　　贷：利润分配——提取法定盈余公积　　　　　200 000

　　　　　　　　——应付现金股利或利润　　　　800 000

（2）经股东大会或类似机构决议，分配给股东的股票股利，应在办理增资手续后，借记“利润分配——转作股本的股利”科目，贷记“股本”科目。会计分录如图 9-12 所示。

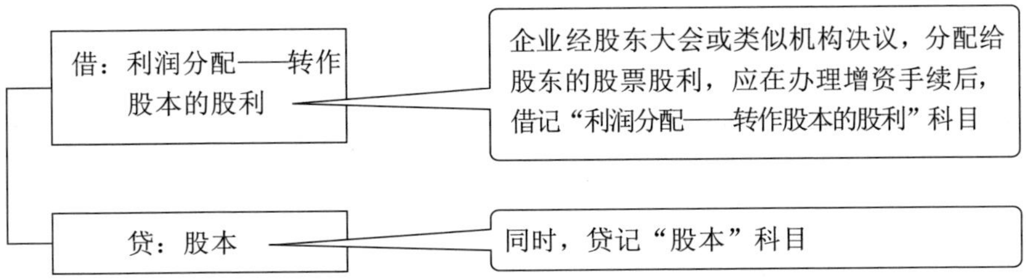

图 9-12　分配给股东股票股利时的会计分录

* 案例解析

【例 9-14】 H 股份有限公司 2×14 年 12 月 31 日普通股股本为 50 000 000 股，每股面值 1 元，可供投资者分配的利润为 5 000 000 元，盈余公积为 20 000 000 元。2×15 年 3 月 20 日，股东大会批准了 2×14 年度利润分配方案，以 2×14 年 12 月 31 日为登记日，按每股 0.2 元发放现金股利。H 股份有限公司共需要分派 10 000 000 元现金股利，其中动用可供投资者分配的利润 5 000 000 元、盈余公积 5 000 000 元。假定不考虑其他因素，H 股份有限公司会计处理如下。

①宣告分派股利时。

借：利润分配——应付现金股利或利润　　5 000 000

　　盈余公积　　5 000 000

　　贷：应付股利　　10 000 000

②支付股利时。

借：应付股利　　10 000 000

　　贷：银行存款　　10 000 000

业务 3：用盈余公积弥补亏损

在“盈余公积”小节的业务 2 中已详述，在此不赘述。

业务 4：“本年利润”科目余额转入“利润分配”科目

年度终了，企业应将本年实现的净利润，自“本年利润”科目转入本科目，借记“本年利润”科目，贷记“利润分配——未分配利润”科目，为净亏损的，则做相反的会计分录，同时，将“利润分配”科目所属其他明细科目的余额转入“利润分配——未分配利润”科目。结转后，本科目除“未分配利润”明细科目外，其他明细科目应无余额。“本年利润”科目余额转入“利润分配”科目时的会计分录如图 9-13 所示。

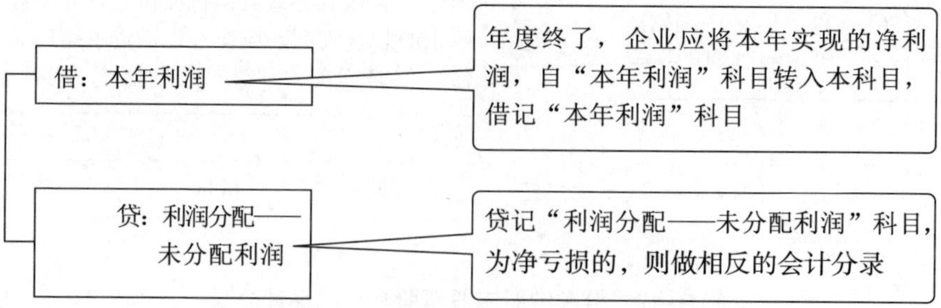

图 9-13　“本年利润”科目余额转入“利润分配”科目时的会计分录

* 案例解析

【例 9-15】承【例 9-12】，将“本年利润”科目年末余额 920 000（7 500 000-6 300 000-280 000）元转入“利润分配——未分配利润”科目。

借：本年利润　　920 000

　　贷：利润分配——未分配利润　　920 000

9.6　库存股

9.6.1　什么是库存股

库存股是用来核算企业回购的尚未转让或注销的该企业股份金额，是权益类科目。它的特性和未发行的股票类似，没有投票权或分配股利的权利，而企业解散时也不能变现。

按照财务理论，库存股亦称库藏股，是指由企业回购而没有注销并由该企业持有的已发行股份。库存股在回购后可不注销，由企业自己持有，在适当的时机再向市场出售或用于激励员工。

库存股是所有者权益类科目的备抵科目，跟坏账准备是资产类科目的备抵科目类似，它的增减幅度和方向跟所有者权益类科目相反。

9.6.2　如何使用“库存股”科目

本科目核算企业收购、转让或注销的本企业股份金额。

本科目期末借方余额，反映企业持有尚未转让或注销的本企业股份金额。

9.6.3　会计处理分录与案例解析

业务 1：企业为减少注册资本而回购本企业股份

在“实收资本”小节的业务 3 中已详述，在此不赘述。

业务 2：奖励本企业职工而回购本企业股份

为奖励本企业职工而回购本企业股份的，应按实际支付的金额，借记本科目，贷记“银行存款”等科目，同时做备查登记。为奖励本企业职工而回购本企业股份时的会计分录如图 9–14 所示。

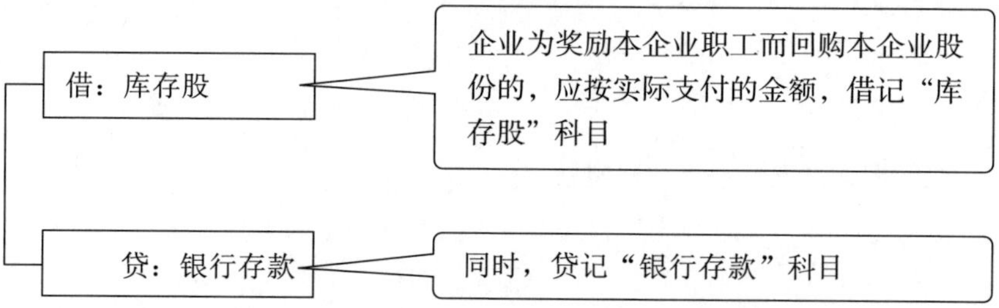

图 9–14　为奖励本企业职工而回购本企业股份时的会计分录

将回购的股份奖励给本企业职工属于以权益结算的股份支付的，按实际收到的金额，借记“银行存款”科目，按职工获取奖励股份的实际情况确定的金额，借记“资本公积——其他资本公积”科目，按奖励库存股的账面余额，贷记本科目，按其差额，贷记或借记“资本公积——股本溢价”科目。会计分录如图 9–15 所示。

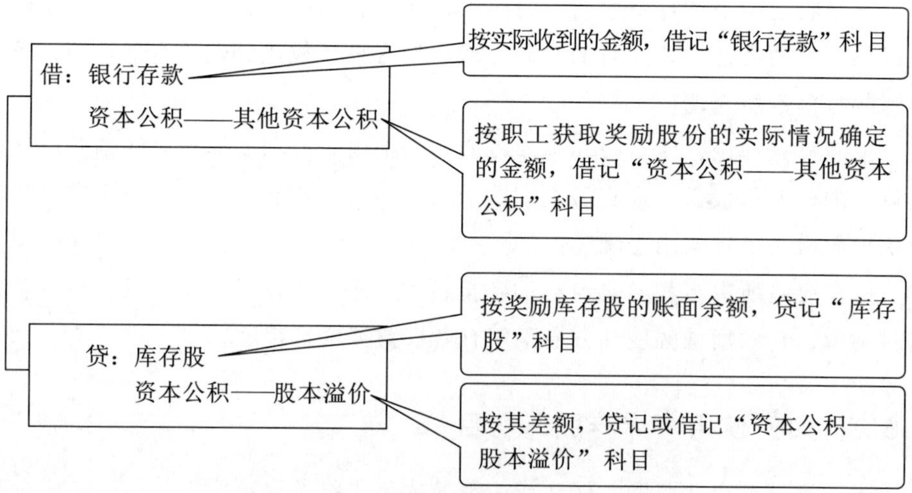

图 9–15　将回购的股份奖励给本企业职工属于以权益结算的股份支付时的会计分录

业务 3：转让库存股

在“实收资本”小节的业务 3 中已详述，在此不赘述。

第 10 章 成本类科目的设置与账务处理

本章导读

企业自成立的那一刻开始，成本就与之同行。对于企业而言，成本是企业的耗费，影响企业经营管理的绩效。对成本的合理计量于企业而言，具有两个方面的重要意义：一是可以了解企业各个商品的定价基础以及范围，二是为企业改善管理提供思路。本章我们将从以下几个方面学习。

（1）生产成本、制造费用、劳务成本、研发支出等成本类科目的定义。

（2）生产成本、制造费用、劳务成本、研发支出等成本类科目的适用范围。

（3）生产成本、制造费用、劳务成本、研发支出等成本类科目明细科目的设置。

（4）生产成本、制造费用、劳务成本、研发支出等成本类科目在实务中的具体业务操作。

10.1　生产成本

10.1.1　什么是生产成本

生产成本亦称制造成本，是指生产活动的成本，即企业为生产产品而发生的成本。生产成本是生产过程中各种资源利用情况的货币表示，是衡量企业技术水平和管理水平的重要指标。

生产成本是生产单位为生产产品或提供劳务而发生的各项费用，包括各项直接支出和制造费用。直接支出包括直接材料（原材料、辅助材料、备品备件、燃料及动力等）、直接人工（生产人员的工资、补贴）、其他直接支出（如福利费等）；制造费用是指企业内的分厂、车间为组织和管理生产所发生的各项费用，包括分厂、车间管理人员工资，折旧费，修理费及其他制造费用（办公费、差旅费、劳保费等）。

10.1.2　如何使用“生产成本”科目

本科目核算企业进行工业性生产发生的各项生产成本，包括生产各种产品（产成品、自制半成品等）、自制材料、自制工具、自制设备等产生的成本。

本科目可按基本生产成本和辅助生产成本进行明细核算。基本生产成本应当分别按照基本生产车间和成本核算对象（产品的品种、类别、订单、批别、生产阶段等）设置明细账（或成本计算单，下同），并按照规定的成本项目设置专栏。

本科目期末借方余额，反映企业尚未加工完成的在产品成本或尚未收获的农产品成本。

10.1.3　如何设置明细科目

“生产成本”科目的明细科目设置如表 10-1 所示。

表 10-1　5001 生产成本

顺序号	编号	会计科目名称	二级科目名称	三级科目名称
四、成本类	5001	生产成本		
	5001 01	生产成本	基本生产成本	产品的品种、类别、订单、批别、生产阶段等
	5001 02	生产成本	辅助生产成本	产品的品种、类别、订单、批别、生产阶段等
	5001 03	生产成本	其他	

10.1.4　会计处理分录与案例解析

业务 1：发生生产成本

（1）企业发生的各项直接生产成本，借记“生产成本——基本生产成本、辅助生产成本”科目，贷记“原材料”“库存现金”“银行存款”“应付职工薪酬”等科目。发生直接生产成本时的会计分录如图 10-1 所示。

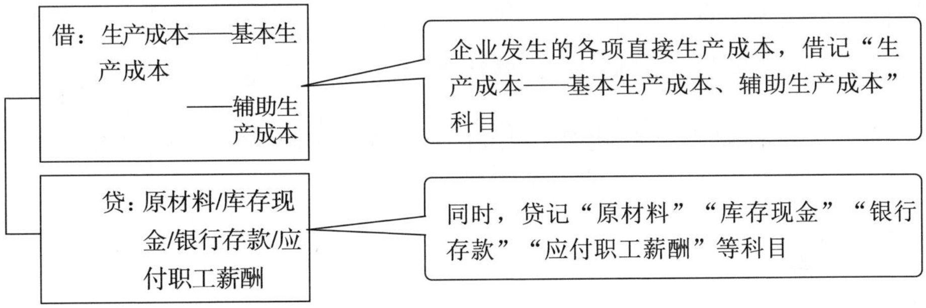

图 10-1　发生直接生产成本时的会计分录

（2）各生产车间应负担的制造费用，借记“生产成本——基本生产成本、辅助生产成本”科目，贷记“制造费用”科目。会计分录如图 10-2 所示。

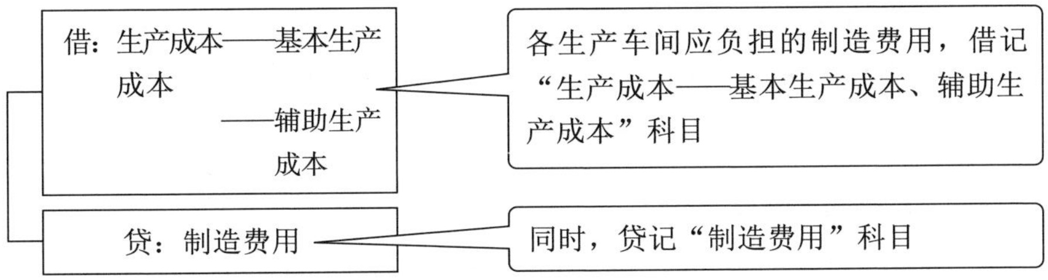

图 10-2　各生产车间负担制造费用时的会计分录

（3）辅助生产车间为基本生产车间、企业管理部门和其他部门提供的劳务和产品，期（月）末按照一定的分配标准分配给各受益对象，借记“生产成本——基本生产成本”“管理费用”“销售费用”“其他业务成本”“在建工程”等科目，贷记“生产成本——辅助生产成本”科目。会计分录如图 10-3 所示。

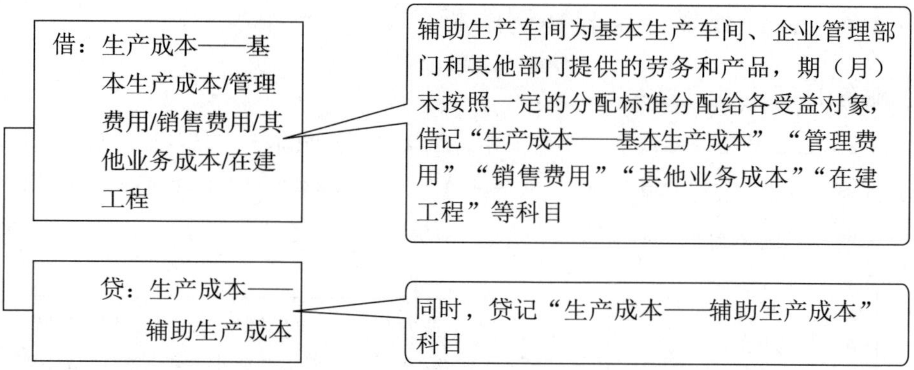

图 10-3　辅助生产车间为基本生产车间、企业管理部门和其他部门提供劳务和产品时的会计分录

* 案例解析

【例 10-1】丙公司基本生产车间领用某种材料 4 000 千克，单价 100 元，材料成本合计 400 000 元。该基本生产车间生产 A 产品 4 000 件，B 产品 2 000 件。A 产品消耗定额为 12 千克，B 产品消耗定额为 26 千克。分配结果如下。

分配率 =400 000÷（4 000×12+2 000×26）=400 000÷（48 000+52 000）=4

A、B 产品应分配的材料成本为：

A 产品材料成本 =48 000×4=192 000（元）

B 产品材料成本 =52 000×4=208 000（元）

业务 2：产品完工入库

企业已经生产完成并已验收入库的产成品以及入库的自制半成品，应于期（月）末，借记“库存商品”等科目，贷记“生产成本——基本生产成本”科目。产品完工入库时的会计分录如图 10-4 所示。

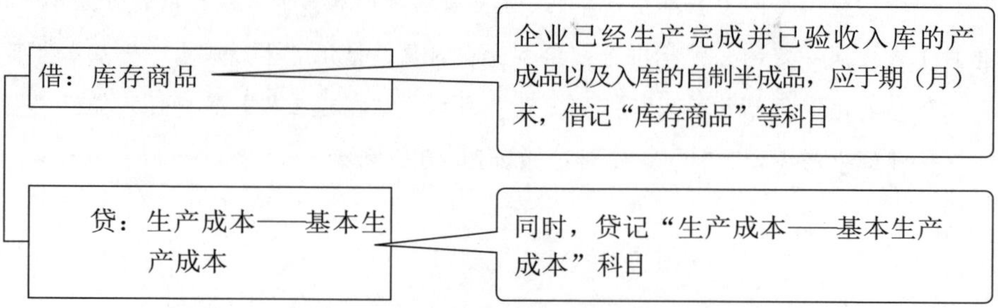

图 10-4　产品完工入库时的会计分录

10.2　制造费用

10.2.1　什么是制造费用

制造费用是企业生产单位为生产产品或提供劳务而发生的，应计入产品或劳务成本但没有专设成本项目的各项生产费用。

10.2.2　如何使用“制造费用”科目

本科目核算企业生产车间（部门）为生产产品和提供劳务而发生的各项间接费用。企业行政管理部门为组织和管理生产经营活动而发生的管理费用，在“管理费用”科目核算。

本科目可按不同的生产车间、部门和费用项目进行明细核算。除季节性的生产性企业外，其他企业本科目期末应无余额。

10.2.3　如何设置明细科目

“制造费用”科目的明细科目设置如表 10-2 所示。

表 10-2　5101 制造费用

顺序号	编号	会计科目名称	二级科目名称	三级科目名称	是否辅助核算	辅助核算类别
五、成本类						
	5101	制造费用				
	5101 01	制造费用	固定费用		是	生产车间、部门
	5101 01 01	制造费用	固定费用	工资	是	生产车间、部门
	5101 01 02	制造费用	固定费用	折旧费	是	生产车间、部门
	5101 01 03	制造费用	固定费用	修理费	是	生产车间、部门

续表

顺序号	编号	会计科目名称	二级科目名称	三级科目名称	是否辅助核算	辅助核算类别
	5101 01 04	制造费用	固定费用	机物料消耗	是	生产车间、部门
	5101 01 05	制造费用	固定费用	办公费	是	生产车间、部门
	5101 01 06	制造费用	固定费用	低值易耗品摊销	是	生产车间、部门
	5101 01 07	制造费用	固定费用	租赁费	是	生产车间、部门
	5101 01 08	制造费用	固定费用	保险费	是	生产车间、部门
	5101 01 09	制造费用	固定费用	差旅费	是	生产车间、部门
	5101 02	制造费用	变动费用		是	
	5101 02 01	制造费用	变动费用	职工福利费	是	生产车间、部门
	5101 02 02	制造费用	变动费用	水电费	是	生产车间、部门
	5101 02 03	制造费用	变动费用	职工教育经费	是	生产车间、部门
	5101 02 04	制造费用	变动费用	工会经费	是	生产车间、部门
	5101 02 05	制造费用	变动费用	外部加工费	是	生产车间、部门
	5101 02 06	制造费用	变动费用	设计制图费	是	生产车间、部门
	5101 02 07	制造费用	变动费用	劳动保护费	是	生产车间、部门
	5101 02 08	制造费用	变动费用	其他	是	生产车间、部门

10.2.4　会计处理分录与案例解析

业务 1：发生制造费用

生产车间发生的机物料消耗，借记“制造费用”科目，贷记“原材料”等科目。发生的生产车间管理人员的工资等职工薪酬，借记“制造费用”科目，贷记“应付职工薪酬”科目。生产车间计提的固定资产折旧，借记“制造费用”科目，贷记“累计折旧”科目。生产车间支付的办公费、水电费等，借记“制造费用”科目，贷记“银行存款”等科目。发生季节性的停工损失，借记“制造费用”科目，贷记“原材料”“应付职工薪酬”“银行存款”等科目。发生制造费用时的会计分录如图 10-5 所示。

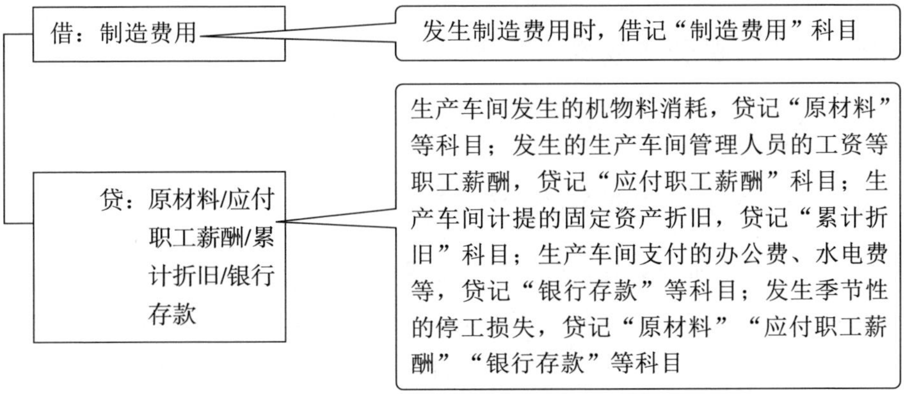

图 10-5　发生制造费用时的会计分录

* 案例解析

【例 10-2】某公司基本生产车间生产的 M 产品的机器工时为 40 000 小时，N 产品的机器工时为 30 000 小时，本月发生制造费用 630 000 元。要求：在 M、N 产品之间分配制造费用，并编制会计分录。

制造费用分配率 =630 000÷（40 000+30 000）= 9

M 产品应负担的制造费用 =40 000×9=360 000（元）

N 产品应负担的制造费用 =30 000×9=270 000（元）

会计处理如下。

借：生产成本——基本生产成本——M 产品　　360 000

　　　　　　　　　　　　　　——N 产品　　270 000

　贷：制造费用　　630 000

业务 2：将制造费用计入成本对象

在“生产成本”小节的业务 1 中已详述，在此不赘述。

10.3 劳务成本

10.3.1 什么是劳务成本

劳务成本是指企业提供劳务作业而发生的成本，是相对于劳务收入而言的。

10.3.2 如何使用“劳务成本”科目

本科目核算企业对外提供劳务发生的成本。

企业（证券类企业）在核算为上市公司进行承销业务发生的各项相关支出时，可将本科目改为“待转承销费用”科目，并按照客户进行明细核算。

本科目可按提供劳务种类进行明细核算。本科目期末借方余额，反映企业尚未完成或尚未结转的劳务成本。

10.3.3 如何设置明细科目

“劳务成本”科目的明细科目设置如表 10-3 所示。

表 10-3　5201 劳务成本

顺序号	编号	会计科目名称	二级科目名称	三级科目名称	是否辅助核算	辅助核算类别
五、成本类						
	5201	劳务成本				
	5201 01	劳务成本	按提供劳务种类			
	5201 01 01	劳务成本	按提供劳务种类	人工工资	是	项目
	5201 01 02	劳务成本	按提供劳务种类	福利	是	项目

续表

顺序号	编号	会计科目名称	二级科目名称	三级科目名称	是否辅助核算	辅助核算类别
	5201 01 03	劳务成本	按提供劳务种类	劳保	是	项目
	5201 01 04	劳务成本	按提供劳务种类	相关费用	是	项目

10.3.4　会计处理分录与案例解析

业务 1：发生劳务成本

企业发生的各项劳务成本，借记“劳务成本”科目，贷记“银行存款”“应付职工薪酬”“原材料”等科目。发生劳务成本时的会计分录如图 10-6 所示。

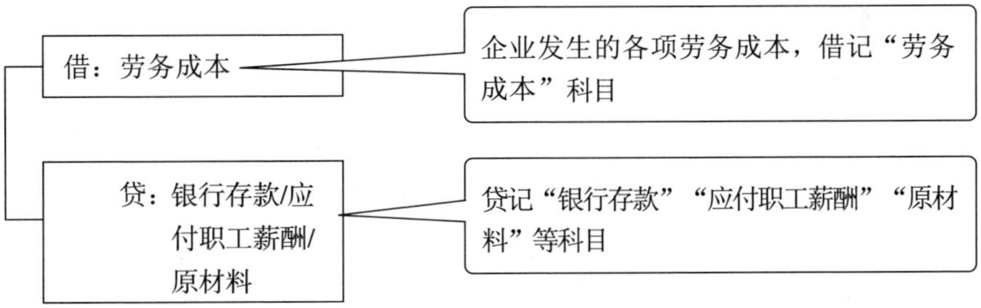

图 10-6　发生劳务成本时的会计分录

业务 2：结转劳务成本

结转劳务成本，借记“主营业务成本”“其他业务成本”等科目，贷记“劳务成本”科目。会计分录如图 10-7 所示。

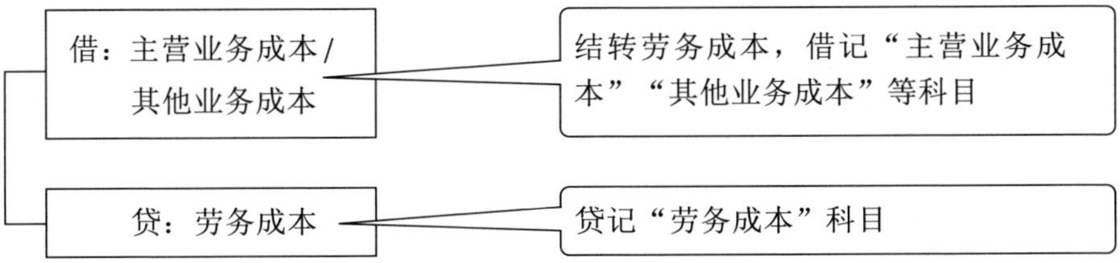

图 10-7　结转劳务成本时的会计分录

* 案例解析

【**例 10-3**】甲公司于 2×15 年 3 月 10 日承接一项设备安装任务。该安装任务可一次完成，合同总价款为9 000元，款项尚未收到，实际发生安装成本5 000元，以银行存款支付。假定安装业务属于甲公司的主营业务。甲公司应在安装完成时做如下会计分录。

借：应收账款　　9 000

　　贷：主营业务收入　　9 000

借：主营业务成本　　5 000

　　贷：银行存款　　5 000

若上述安装任务需花费一段时间（不超过本会计期间）才能完成，则为提供劳务发生有关支出时的分录为：

借：劳务成本

　　贷：银行存款

注：以上分录未写明金额，主要是因为实际发生成本5 000元是总计数，而每笔归集劳务成本的分录的金额可能不同。

待安装完成确认所提供劳务的收入并结转该项劳务总成本时。

借：主营业务成本　　5 000

　　贷：劳务成本　　5 000

10.4 研发支出

10.4.1 什么是研发支出

研发支出是指在研究与开发过程中所使用资产的折旧、消耗的原材料、直接参与开发人员的工资及福利费、开发过程中发生的租金以及借款费用等。研发活动从广义上来讲也是一种投资行为，但较一般的投资活动具有更大的收益不确定性和风险性，因而增加了研发支出在会计确认与计量上的困难。

10.4.2 如何使用“研发支出”科目

本科目核算企业研究与开发无形资产过程中发生的各项支出。

本科目可按研究开发项目，分别设置“费用化支出”“资本化支出”明细科目进行明细核算。本科目期末借方余额，反映企业正在进行的无形资产研究开发项目满足资本化条件的支出。

10.4.3 如何设置明细科目

“研发支出”科目的明细科目设置如表 10-4 所示。

表 10-4　5301 研发支出

顺序号	编号	会计科目名称	二级科目名称	三级科目名称	四级科目名称
五、成本类					
	5301	研发支出			
	5301 01	研发支出	资本化支出		
	5301 01 01	研发支出	资本化支出	人员工资	
	5301 01 01 01	研发支出	资本化支出	人员工资	工资薪金
	5301 01 01 02	研发支出	资本化支出	人员工资	津贴、补贴
	5301 01 01 03	研发支出	资本化支出	人员工资	加班工资、奖金
	5301 01 01 04	研发支出	资本化支出	人员工资	其他
	5301 01 02	研发支出	资本化支出	直接投入	
	5301 01 02 01	研发支出	资本化支出	直接投入	材料、燃料、动力费
	5301 01 02 02	研发支出	资本化支出	直接投入	检验、测试费
	5301 01 02 03	研发支出	资本化支出	直接投入	模具费、工装费
	5301 01 02 04	研发支出	资本化支出	直接投入	租赁费
	5301 01 02 05	研发支出	资本化支出	直接投入	维修、维护费
	5301 01 02 06	研发支出	资本化支出	直接投入	其他

续表

顺序号	编号	会计科目名称	二级科目名称	三级科目名称	四级科目名称
	5301 01 03	研发支出	资本化支出	折旧、无形资产摊销、长期待摊费用摊销	
	5301 01 03 01	研发支出	资本化支出	折旧、无形资产摊销、长期待摊费用摊销	设备折旧费
	5301 01 03 02	研发支出	资本化支出	折旧、无形资产摊销、长期待摊费用摊销	无形资产摊销
	5301 01 03 03	研发支出	资本化支出	折旧、无形资产摊销、长期待摊费用摊销	长期待摊费用摊销
	5301 01 04	研发支出	资本化支出	设计费	
	5301 01 04 01	研发支出	资本化支出	设计费	新产品设计费
	5301 01 04 02	研发支出	资本化支出	设计费	新规程制定费
	5301 01 05	研发支出	资本化支出	其他费用	
	5301 01 05 01	研发支出	资本化支出	其他费用	图书资料费
	5301 01 05 02	研发支出	资本化支出	其他费用	现场试验费
	5301 01 05 03	研发支出	资本化支出	其他费用	论证、鉴定、评审、验收费
	5301 01 05 04	研发支出	资本化支出	其他费用	会议费、差旅费、办公费等
	5301 02	研发支出	费用化支出		
	5301 02 01	研发支出	费用化支出	人员工资	
	5301 02 01 01	研发支出	费用化支出	人员工资	工资薪金
	5301 02 01 02	研发支出	费用化支出	人员工资	津贴、补贴
	5301 02 01 03	研发支出	费用化支出	人员工资	加班工资、奖金
	5301 02 01 04	研发支出	费用化支出	人员工资	其他
	5301 02 02	研发支出	费用化支出	直接投入	

续表

顺序号	编号	会计科目名称	二级科目名称	三级科目名称	四级科目名称
	5301 02 02 01	研发支出	费用化支出	直接投入	材料、燃料、动力费
	5301 02 02 02	研发支出	费用化支出	直接投入	检验、测试费
	5301 02 02 03	研发支出	费用化支出	直接投入	模具费、工装费
	5301 02 02 04	研发支出	费用化支出	直接投入	租赁费
	5301 02 02 05	研发支出	费用化支出	直接投入	维修、维护费
	5301 02 02 06	研发支出	费用化支出	直接投入	其他
	5301 02 03	研发支出	费用化支出	折旧、无形资产摊销、长期待摊费用摊销	
	5301 02 03 01	研发支出	费用化支出	折旧、无形资产摊销、长期待摊费用摊销	设备折旧
	5301 02 03 02	研发支出	费用化支出	折旧、无形资产摊销、长期待摊费用摊销	无形资产摊销
	5301 02 03 03	研发支出	费用化支出	折旧、无形资产摊销、长期待摊费用摊销	长期待摊费用摊销
	5301 02 04	研发支出	费用化支出	设计费	
	5301 02 04 01	研发支出	费用化支出	设计费	新产品设计费
	5301 02 04 02	研发支出	费用化支出	设计费	新规程制定费
	5301 02 05	研发支出	费用化支出	其他费用	
	5301 02 05 01	研发支出	费用化支出	其他费用	图书资料费
	5301 02 05 02	研发支出	费用化支出	其他费用	现场试验费
	5301 02 05 03	研发支出	费用化支出	其他费用	论证、鉴定、评审、验收费
	5301 02 05 04	研发支出	费用化支出	其他费用	会议费、差旅费、办公费等

10.4.4 会计处理分录与案例解析

业务 1：发生研发支出

企业自行开发无形资产发生的研发支出，不满足资本化条件的，借记“研发支出——费用化支出”科目，满足资本化条件的，借记“研发支出——资本化支出”科目，贷记“原材料”“银行存款”“应付职工薪酬”等科目。发生研发支出时的会计分录如图10-8所示。

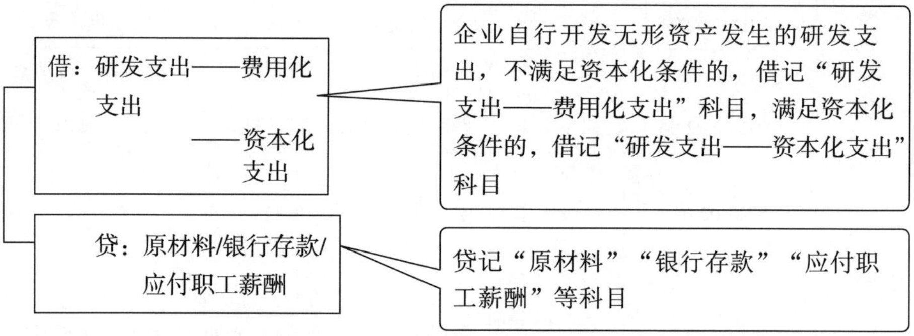

图 10-8 发生研发支出时的会计分录

* 案例解析

【例 10-4】甲公司自行研究、开发一项技术，截至 2×14 年 12 月 31 日，发生研发支出合计 2 000 000 元，以银行存款支付。经测试，该项研发活动完成了研究阶段，从 2×15 年 1 月 1 日开始进入开发阶段。2×15 年发生研发支出 300 000 元，以银行存款支付，假定符合《企业会计准则第 6 号——无形资产》规定的研发支出资本化的条件。2×15 年 6 月 30 日，该项研发活动结束，最终开发出一项非专利技术。甲公司应做如下会计分录。

（1）2×14 年发生研发支出。

借：研发支出——费用化支出　　2 000 000

　　贷：银行存款　　2 000 000

（2）2×14 年 12 月 31 日，发生的研发支出全部属于研究阶段的支出。

借：管理费用　　2 000 000

　　贷：研发支出——费用化支出　　2 000 000

（3）2×15 年，发生研发支出并满足资本化确认条件。

借：研发支出——资本化支出　　300 000

　　贷：银行存款　　300 000

业务 2：研究开发项目达到预定用途形成无形资产

研究开发项目达到预定用途形成无形资产的，应按“研发支出——资本化支出”科目的余额，借记“无形资产”科目，贷记“研发支出——资本化支出”科目。

研究开发项目达到预定用途形成无形资产时的会计分录如图 10-9 所示。

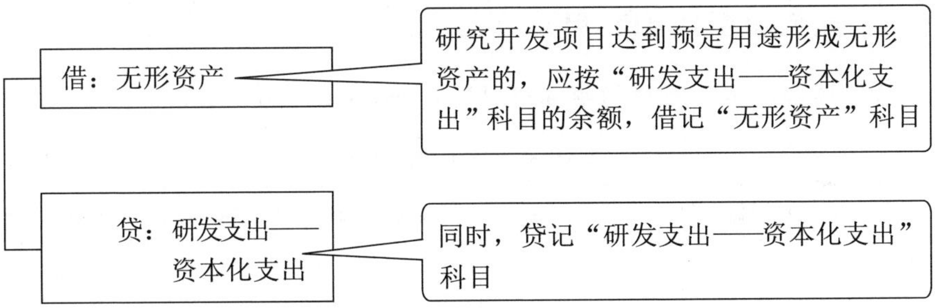

图 10-9　研究开发项目达到预定用途形成无形资产时的会计分录

＊ 案例解析

【例 10-5】承【例 10-4】，2×15 年 6 月 30 日，该技术研发完成并形成无形资产。甲公司应做以下会计分录。

借：无形资产　　300 000

　　贷：研发支出——资本化支出　　300 000

10.5　合同履约成本

10.5.1　什么是合同履约成本

合同履约成本，核算企业为履行当前或预期取得的合同所发生的、不属于其他企业会计具体准则规范范围且按照《企业会计准则第 14 号——收入》应当确认为一项资产的成本。企业因履行合同而产生的毛利不在本科目核算。

10.5.2 如何使用“合同履约成本”科目

企业发生合同履约成本时，借记本科目，贷记“银行存款”“应付职工薪酬”“原材料”等科目；对合同履约成本进行摊销时，借记“主营业务成本”“其他业务成本”等科目，贷记本科目。涉及增值税的，还应进行相应的处理。

10.5.3 如何设置明细科目

“合同履约成本”科目的明细科目设置如表 10-5 所示。

表 10-5 合同履约成本

顺序号	会计科目名称	二级科目名称	明细科目名称	是否辅助核算	辅助核算类别
五、损益类					
	合同履约成本				
	合同履约成本	服务成本	种类	是	部门
	合同履约成本	工程施工	种类	是	部门

10.5.4 会计处理分录与案例解析

业务 1：发生合同履约成本

发生合同履约成本时的会计分录如图 10-10 所示。

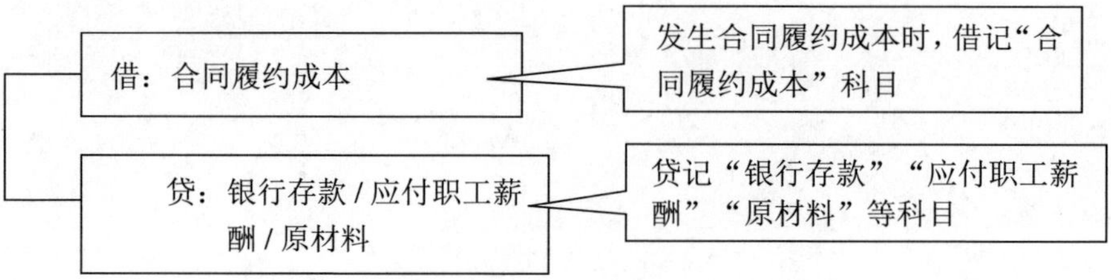

图 10-10 发生合同履约成本时的会计分录

业务 2：对合同履约成本进行摊销

对合同履约成本进行摊销时的会计分录如图 10-11 所示。

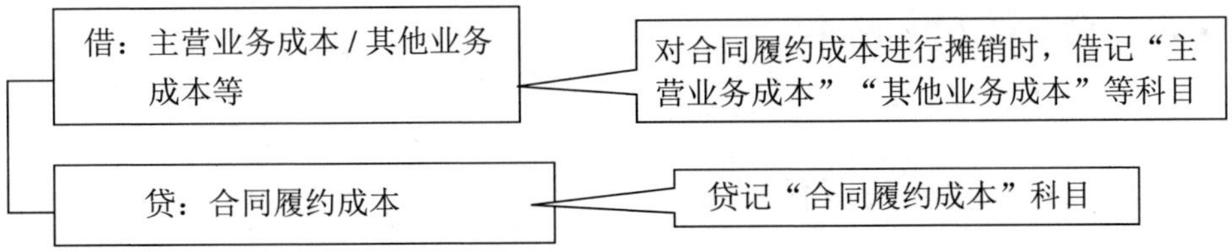

图 10-11　对合同履约成本进行摊销时的会计分录

* 案例解析

【例 10-6】甲公司于 2×19 年 12 月 1 日承接一项设备安装任务，安装期为 3 个月，合同总收入 600 000 元。至年底，已预收安装费用 440 000 元，实际发生安装费用为 280 000 元（假定均为安装人员薪酬），估计还将发生安装费用 120 000 元。假定甲公司按实际发生的成本占估计总成本的比例确定安装的履约进度，不考虑增值税等其他因素。甲公司的账务处理如下。

实际发生的成本占估计总成本的比例 = 280 000 ÷（280 000 +120 000）×100%= 70%

2×19 年 12 月 31 日，确认的劳务收入 =600 000×70%−0=420 000（元）

（1）实际发生劳务成本。

借：合同履约成本——设备安装　　280 000

　　贷：应付职工薪酬　　280 000

（2）预收安装费用。

借：银行存款　　440 000

　　贷：合同负债——×× 公司　　440 000

（3）2×19 年 12 月 31 日，确认劳务收入并结转劳务成本。

借：合同负债——×× 公司　　420 000

　　贷：主营业务收入——设备安装　　420 000

借：主营业务成本——设备安装　　280 000

　　贷：合同履约成本——设备安装　　280 000

10.6 合同取得成本

10.6.1 什么是合同取得成本

企业为取得合同发生的增量成本预期能够收回的，应当作为合同取得成本确认为一项资产。增量成本，是指企业不取得合同就不会发生的成本，例如销售佣金等。为简化实务操作，该资产摊销期限不超过一年的，可以在发生时计入当期损益。企业采用该简化处理方法的，应当对所有类似合同采用一致的处理方法。企业为取得合同发生的、除预期能够收回的增量成本之外的其他支出，例如，无论是否取得合同均会发生的差旅费、投标费、为准备投标资料发生的相关费用等，应当在发生时计入当期损益，除非这些支出明确由客户承担。

10.6.2 如何使用“合同取得成本”科目

企业发生合同取得成本时，借记本科目，贷记“银行存款”“其他应付款”等科目；对合同取得成本进行摊销时，按照其相关性，借记“销售费用”等科目，贷记本科目。涉及增值税的，还应进行相应的处理。

本科目期末借方余额，反映企业尚未结转的合同取得成本。

10.6.3 如何设置明细科目

“合同取得成本”科目的明细科目设置如表 10-6 所示。

表 10-6　合同取得成本

顺序号	会计科目名称	二级科目名称	明细科目名称	是否辅助核算	辅助核算类别
五、损益类					
	合同取得成本				
	合同取得成本	甲合同	种类	是	部门
	合同取得成本	乙合同	种类	是	部门

10.6.4　会计处理分录与案例解析

业务 1：发生合同取得成本

发生合同取得成本时的会计分录如图 10-12 所示。

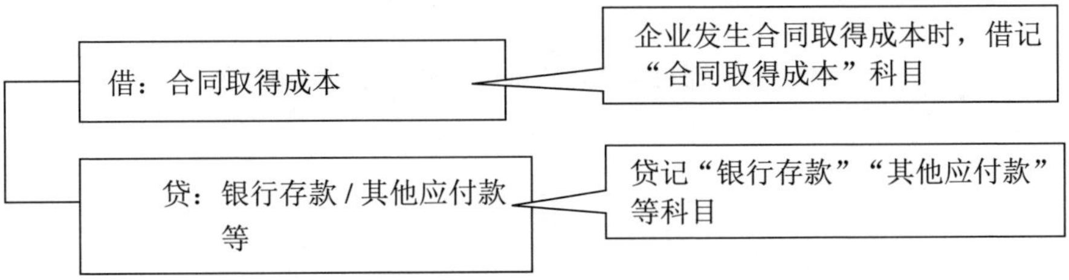

图 10-12　发生合同取得成本时的会计分录

＊ 案例解析

【例 10-7】甲公司是一家咨询公司，其通过竞标赢得了一个新客户，为取得和该客户的合同，甲公司发生下列支出：（1）聘请外部律师进行尽职调查的支出为 15 000 元；（2）因投标发生的差旅费为 10 000 元；（3）销售人员佣金为 5 000 元。甲公司预期这些支出未来能够收回。此外，甲公司根据其年度销售目标、整体盈利情况及个人业绩等，向销售部门经理支付年度奖金 10 000 元。

甲公司向销售人员支付的佣金属于为取得合同发生的增量成本，应当将其作为合同取得成本确认为一项资产。甲公司聘请外部律师进行尽职调查发生的支出、为投标发生的差旅费，无论是否取得合同都会发生，不属于增量成本，因此，应当于发生时直接计入当期损益。甲公司向销售部门经理支付的年度奖金也不是为取得合同发生的增量成本，这是因为该奖金发放与否以及发放金额多少还取决于其他因素（包括公司的盈利情况和个人业绩），其并不能直接归属于可识别的合同。

实务中，涉及合同取得成本的安排可能会比较复杂，例如，合同续约或合同变更时需要支付额外的佣金、企业支付的佣金金额取决于客户未来的履约情况或者累计取得的合同数量或金额等，企业需要进行判断，对发生的合同取得成本进行恰当的会计处理。企业因现有合同续约或发生合同变更需要支付的额外佣金，也属于为取得合同发生的增量成本。

业务 2：对合同取得成本进行摊销

对合同取得成本进行摊销时的会计分录如图 10-13 所示。

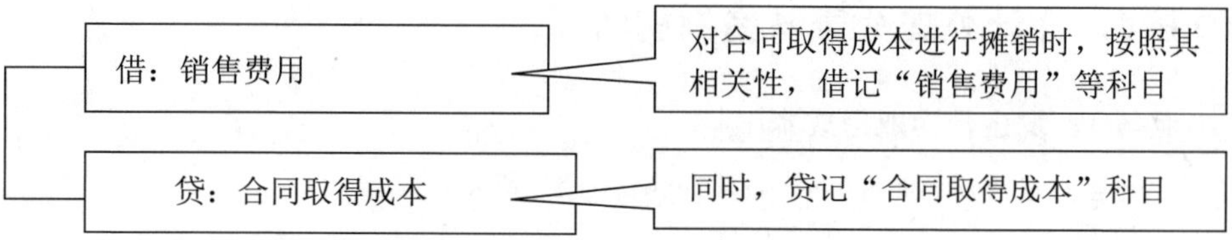

图 10-13 对合同取得成本进行摊销时的会计分录

10.7 应收退货成本

10.7.1 什么是应收退货成本

应收退货成本，是核算企业销售商品时预期将退回商品的账面价值，扣除收回该商品预计发生的成本（包括退回商品的价值减损）后的余额。

10.7.2 如何使用“应收退货成本”科目

企业发生附有销售退回条款的销售的，应在客户取得相关商品控制权时，按照已收或应收合同价款，借记“银行存款”“应收账款”“应收票据”“合同资产”等科目，按照因向客户转让商品而预期有权收取的对价金额（即不包含预期因销售退回将退还的金额），贷记“主营业务收入”“其他业务收入”等科目，按照预期因销售退回将退还的金额，贷记“预计负债——应付退货款”等科目；结转相关成本时，按照预期将退回的商品转让时的账面价值，扣除收回该商品预计发生的成本（包括退回商品的价值减损）后的余额，借记本科目，按照已转让商品转让时的账面价值，贷记“库存商品”等科目，按其差额，借记“主营业务成本”“其他业务成本”等科目。涉及增值税的，还应进行相应处理。

本科目期末借方余额，反映企业预期将退回的商品转让时的账面价值，扣除收回该商品预计发生的成本（包括退回商品的价值减损）后的余额，在资产负债表中按其流动性记入“其他流动资产”或“其他非流动资产”项目。

10.7.3　如何设置明细科目

“应收退货成本”科目的明细科目设置如表 10-7 所示。

表 10-7　应收退货成本

顺序号	会计科目名称	二级科目名称	明细科目名称	是否辅助核算	辅助核算类别
五、成本类					
	应收退货成本				
	应收退货成本		按种类	是	部门
	应收退货成本		按种类	是	部门

10.7.4　会计处理分录与案例解析

业务 1：发生附有销售退回条款的销售

发生附有销售退回条款的销售时的会计分录如图 10-14 所示。

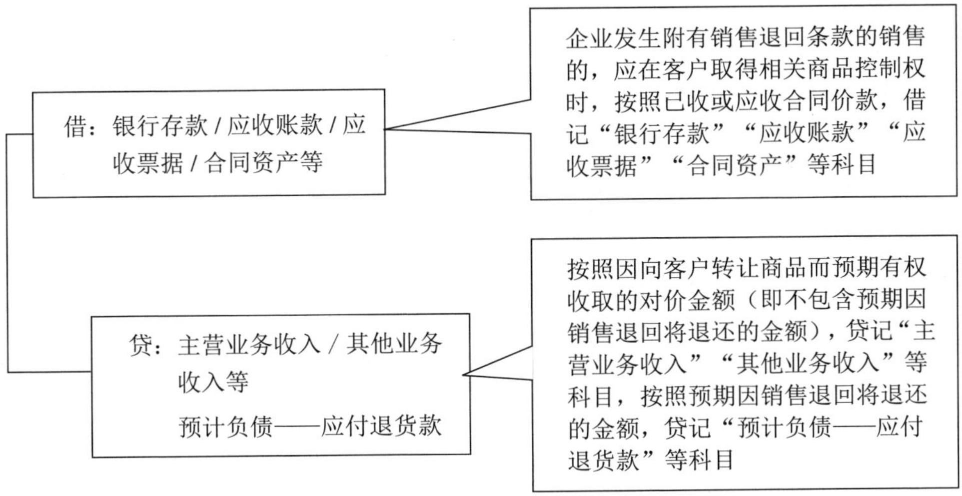

图 10-14　发生附有销售退回条款的销售时的会计分录

业务 2：结转相关成本

在销售退回中，结转相关成本时的会计分录如图 10-15 所示。

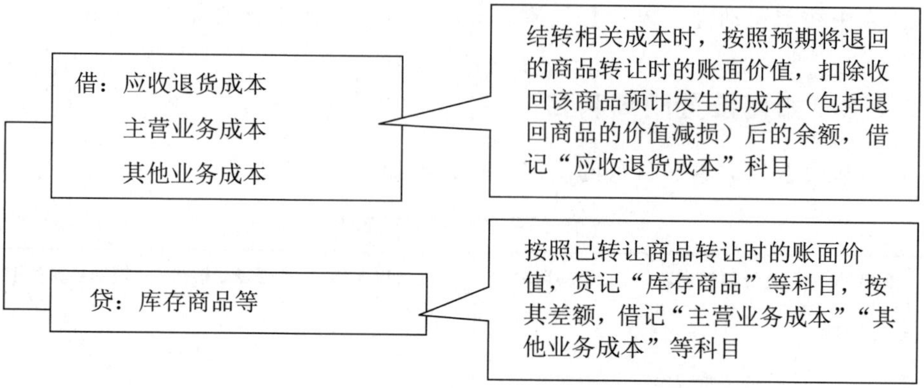

图 10-15　结转相关成本时的会计分录

* 案例解析

【例 10-8】甲公司是一家健身器材销售公司。2×19 年 11 月 1 日，甲公司向乙公司销售 5 000 件健身器材，单位销售价格为 500 元，单位成本为 400 元，增值税税率为 13%，开出的增值税专用发票上注明的销售价格为 250 万元、增值税税额为 32.5 万元。健身器材已经发出，但款项尚未收到。

协议约定，乙公司应于 2×19 年 12 月 31 日之前支付货款，在 2×20 年 3 月 31 日之前有权退还健身器材。甲公司根据过去的经验，估计该批健身器材的退货率约为 20%。在 2×19 年 12 月 31 日，甲公司对退货率重新进行了评估，认为只有 10% 的健身器材会被退回。甲公司为增值税一般纳税人，健身器材发出时纳税义务已经发生，实际发生退回时取得税务机关开具的红字增值税专用发票。假定健身器材发出时控制权已转移给乙公司。甲公司的账务处理如下。

（1）2×19 年 11 月 1 日，发出健身器材时。

借：应收账款　　2 825 000

　　贷：主营业务收入　　2 000 000

　　　　预计负债——应付退货款　　500 000

　　　　应交税费——应交增值税（销项税额）　　325 000

借：主营业务成本　　1 600 000

　　应收退货成本　　400 000

　　贷：库存商品　　2 000 000

（2）2×19 年 12 月 31 日前收到货款时。

借：银行存款	2 825 000	
贷：应收账款		2 825 000

（3）2×19 年 12 月 31 日，甲公司对退货率重新进行评估。

借：预计负债——应付退货款	250 000	
贷：主营业务收入		250 000
借：主营业务成本	200 000	
贷：应收退货成本		200 000

（4）2×20 年 3 月 31 日发生销售退回，实际退货量为 400 件，退货款项已经支付。

借：库存商品	160 000	
应交税费——应交增值税（销项税额）	26 000	
预计负债——应付退货款	250 000	
贷：应收退货成本		160 000
主营业务收入		50 000
银行存款		226 000
借：主营业务成本	40 000	
贷：应收退货成本		40 000

第 11 章 损益类科目的设置与账务处理

本章导读

企业的业务核算始于权益类科目，终于损益类科目。损益类科目是企业本期净权益“一进一出”的体现，企业最终的业务结果通过损益类科目诠释。该类科目相关内容也是企业所有者和潜在投资人关注的焦点之一。本章我们将从以下几个方面学习。

（1）主营业务收入、主营业务成本等损益类科目的定义。

（2）主营业务收入、主营业务成本等损益类科目的适用范围。

（3）主营业务收入、主营业务成本等损益类科目明细科目的设置。

（4）主营业务收入、主营业务成本等损益类科目在实务中的具体业务操作。

11.1 主营业务收入

11.1.1 什么是主营业务收入

主营业务收入是指企业为完成其经营目标所从事的经常性活动实现的收入。主营业务收入一般占企业总收入的比重较大，对企业的经济效益产生的影响较大。不同行业的企业的主营业务收入所包括的内容不同，如工业企业的主营业务收入主要包括销售商品、自制半成品、代制品、代修品，提供工业性劳务等实现的收入；商业企业的主营业务收入主要包括销售商品实现的收入；咨询公司的主营业务收入主要包括提供咨询服务实现的收入；安装公司的主营业务收入主要包括提供安装服务实现的收入等。

11.1.2　如何使用“主营业务收入”科目

本科目核算企业确认的销售商品、提供劳务等主营业务的收入。

本科目可按主营业务的种类进行明细核算。

11.1.3　如何设置明细科目

“主营业务收入”科目的明细科目设置如表 11-1 所示。

表 11-1　6001 主营业务收入

顺序号	编号	会计科目名称	二级科目名称	三级科目名称	是否辅助核算	辅助核算类别
六、损益类						
	6001	主营业务收入	按主营业务的种类	按种类	是	客商、部门
	6001 01	主营业务收入	销售货物	按种类	是	客商、部门
	6001 02	主营业务收入	提供劳务	按种类	是	客商、部门
	6001 03	主营业务收入	让渡资产使用权	按种类	是	客商、部门
	6001 04	主营业务收入	建造合同	按种类	是	客商、部门
	6001 05	主营业务收入	其他	按种类	是	客商、部门

11.1.4　会计处理分录与案例解析

业务 1：销售商品或提供劳务

企业销售商品或提供劳务实现的收入，应按实际收到或应收的金额，借记“银行存款”“应收账款”“应收票据”等科目，按确认的营业收入，贷记“主营业务收入”科目。按应缴纳的增值税税额，贷记“应交税费——应交增值税（销项税额）”科目。销售商品或提供劳务并实现收入时的会计分录如图 11-1 所示。

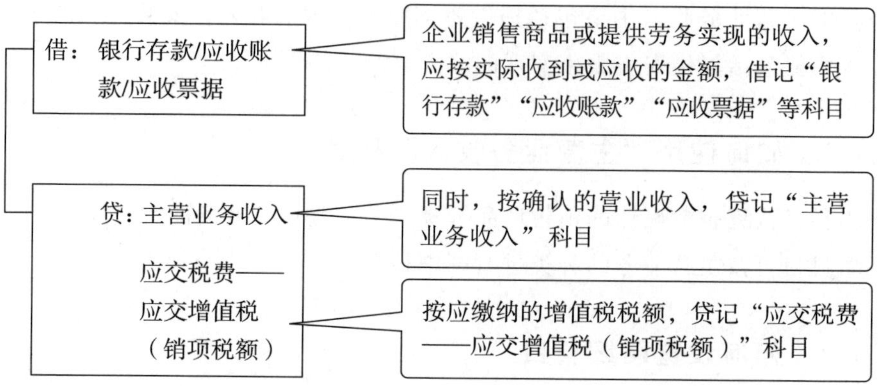

图 11-1　销售商品或提供劳务并实现收入时的会计分录

＊ 案例解析

【例 11-1】甲公司向乙公司销售一批产品，开出的增值税专用发票上注明的销售价格为 200 000 元、增值税税额为 26 000 元，产品已经发出，款项尚未收到。该批产品成本为 160 000 元。乙公司已将该批产品验收入库。假定不考虑其他因素。甲公司的账务处理如下。

借：应收账款　　226 000

　　贷：主营业务收入　　200 000

　　　　应交税费——应交增值税（销项税额）　　26 000

借：主营业务成本　　160 000

　　贷：库存商品　　160 000

业务 2：分期收款、实质上具有融资性质的销售商品业务

相关内容在“长期应收款”小节已详述，在此不赘述。

业务 3：发生销售退回或销售折让

本期（月）发生的销售退回或销售折让，按应冲减的营业收入，借记“主营业务收入”科目，按实际支付或应退还的金额，贷记“银行存款”“应收账款”等科目。发生销售退回或销售折让时的会计分录如图 11-2 所示。

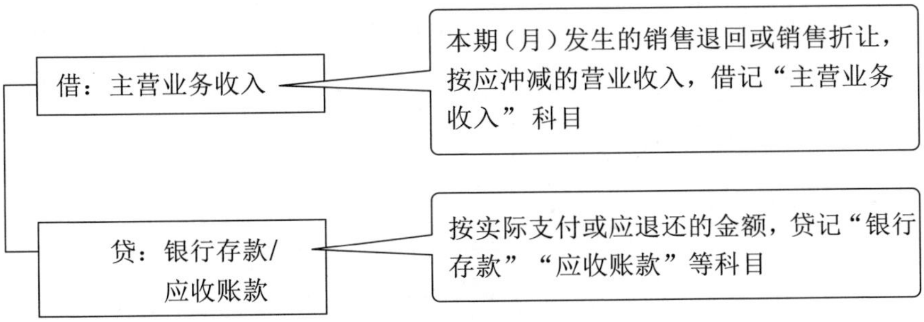

图 11-2　发生销售退回或销售折让时的会计分录

* 案例解析

【例 11-2】甲公司在 2×19 年 12 月 18 日向乙公司销售一批商品，开出的增值税专用发票上注明的销售价格为 50 000 元、增值税税额为 6 500 元。该批商品成本为 26 000 元。为及早收回货款，甲公司和乙公司约定的现金折扣条件为：2/10，1/20，*n*/30。乙公司在 2×19 年 12 月 27 日支付货款。2×20 年 5 月 25 日，该批商品因质量问题被乙公司退回，甲公司当日支付有关款项。假定计算现金折扣时不考虑增值税及其他因素，销售退回不属于资产负债表日后事项。甲公司的账务处理如下。

（1）2×19 年 12 月 18 日销售实现时，按销售总价确认收入。

借：应收账款　　56 500

　　贷：主营业务收入　　50 000

　　　　应交税费——应交增值税（销项税额）　　6 500

借：主营业务成本　　26 000

　　贷：库存商品　　26 000

（2）在 2×19 年 12 月 27 日收到货款时，按销售总价 50 000 元的 2% 计提现金折扣 1 000（50 000×2%）元，实际收款 55 500（56 500−1 000）元。

借：银行存款　　55 500

　　财务费用　　1 000

　　贷：应收账款　　56 500

（3）2×20 年 5 月 25 日发生销售退回时。

借：主营业务收入　　50 000

　　应交税费——应交增值税（销项税额）　　6 500

贷：银行存款　　55 500

　　账务费用　　1 000

借：库存商品　　26 000

　　贷：主营业务成本　　26 000

11.2 租赁收入

11.2.1 什么是租赁收入

租赁收入又称租金收入，是指纳税人出租固定资产、包装物以及其他财产而取得的收入。企业租金收入，包括企业出租固定资产、包装物和其他特许权以外的资产使用权取得的收入，应全额计入收入总额，按以下原则确认收入。

（1）收入时间确认的原则。企业租金收入同时满足下列条件的，应当确认收入，计入收入总额：① 相关的经济利益预计将流入企业；② 收入的金额能够可靠地计量。一次收到多年租金的情况下，企业应当在租赁期内各个期间按照直线法确认收入的实现。

（2）收入金额确认的原则。企业租金收入金额，按照有关租赁合同或协议约定的租金全额确定。

11.2.2 如何使用“租赁收入”科目

本科目核算企业（租赁企业）确认的租赁收入。

本科目可按租赁资产类别进行明细核算。

11.2.3 如何设置明细科目

“租赁收入”科目的明细科目设置如表 11-2 所示。

表 11-2　6041 租赁收入

顺序号	编号	会计科目名称	二级科目名称	三级科目名称
六、损益类				
	6041	租赁收入		
	6041 01	租赁收入	固定资产	按租赁资产名称
	6041 02	租赁收入	包装物	按租赁资产名称
	6041 03	租赁收入	其他	按租赁资产名称

11.2.4　会计处理分录与案例解析

业务 1：企业确认租赁收入

相关内容在“融资租赁资产”小节已详述，在此不赘述。

业务 2：取得或有租金

企业取得或有租金时，借记“银行存款”等科目，贷记本科目。取得或有租金时的会计分录如图 11-3 所示。

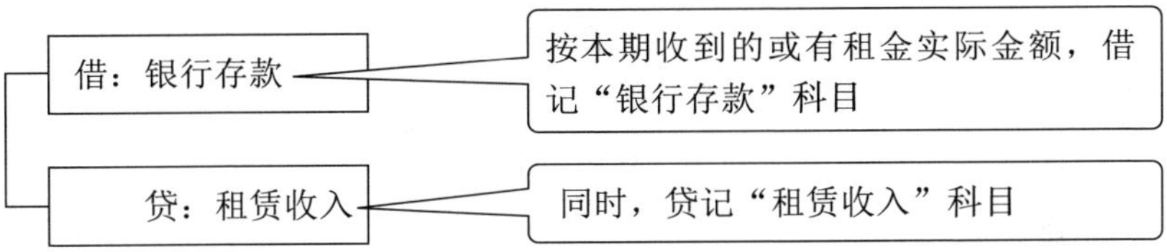

图 11-3　取得或有租金时的会计分录

11.3　其他业务收入

11.3.1　什么是其他业务收入

其他业务收入是指企业为完成其经营目标所从事的与经常性活动相关的活动实现的收入。其他业务收入属于企业日常活动中的次要交易实现的收入，一般占企业总收入的比重较小。不同行业的企业的其他业务收入所包括的内容不同，如工业企业的其他业务收入主要包括对外销售材料，对外出租包装物、商品或固定资产，对外转让无形资产使用权，对外进行权益性投资（取得现金股利）或债权性投资（取得利息），提供非工业性劳务等实现的收入。

11.3.2　如何使用“其他业务收入”科目

本科目核算企业确认的除主营业务活动以外的其他经营活动实现的收入，包括出租固定资产、出租无形资产、出租包装物和商品、销售材料、用材料进行非货币性资产交换（非货币性资产交换具有商业实质且公允价值能够可靠计量）或债务重组等实现的收入。

企业（保险类企业）经营受托管理业务收取的管理费收入，也通过本科目核算。

本科目可按其他业务收入种类进行明细核算。期末，应将本科目余额转入“本年利润”科目，结转后本科目无余额。

11.3.3　如何设置明细科目

“其他业务收入”科目的明细科目设置如表 11-3 所示。

表 11-3　6051 其他业务收入

顺序号	编号	会计科目名称	二级科目名称	三级科目名称	是否辅助核算	辅助核算类别
六、损益类						
	6051	其他业务收入				
	6051 01	其他业务收入	材料物资及包装物销售	项目	是	部门
	6051 02	其他业务收入	代购代销	项目	是	部门
	6051 03	其他业务收入	包装物出租	项目	是	部门
	6051 04	其他业务收入	无形资产转让	项目	是	部门
	6051 05	其他业务收入	运输	项目	是	部门
	6051 06	其他业务收入	固定资产出租	项目	是	部门
	6051 07	其他业务收入	其他	项目	是	部门

11.3.4　会计处理分录与案例解析

业务：确认其他业务收入

企业确认的其他业务收入，借记“银行存款”“其他应收款”等科目，贷记“其他业务收入”科目。确认其他业务收入时的会计分录如图 11-4 所示。

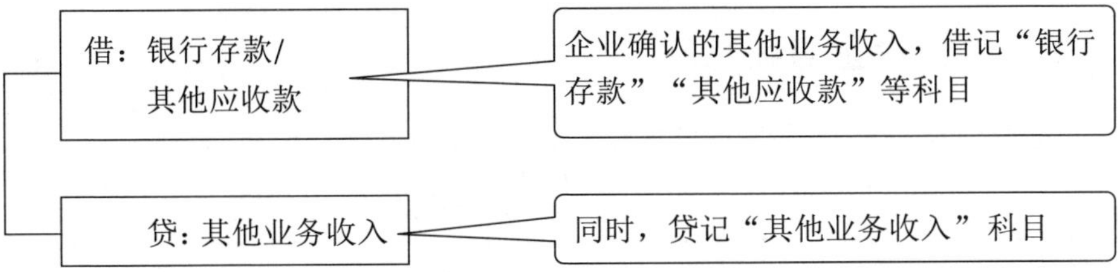

图 11-4　确认其他业务收入时的会计分录

* 案例解析

【例 11-3】甲公司向乙公司转让某软件的使用权，一次性收取使用费 60 000 元，不提供后续服务，款项已经收到。甲公司确认使用费收入时的会计分录如下。

借：银行存款　　60 000

　　贷：其他业务收入　　60 000

11.4　汇兑损益

11.4.1　什么是汇兑损益

汇兑损益亦称汇兑差额。企业在发生外币交易、兑换业务和期末账户调整及外币报表换算时，由于采用不同货币，或同一货币不同比价的汇率核算时产生的、按记账本位币折算的差额。简单地讲，汇兑损益是在各种外币业务的会计处理过程中，采用不同的汇率而产生的会计记账本位币金额的差异。

11.4.2 如何使用“汇兑损益”科目

本科目核算企业（金融类企业）发生的外币交易因汇率变动而产生的汇兑损益。

期末，企业应将本科目的余额转入“本年利润”科目，结转后本科目无余额。

11.4.3 如何设置明细科目

“汇兑损益”科目的明细科目设置如表 11-4 所示。

表 11-4 6061 汇兑损益

顺序号	编号	会计科目名称	二级科目名称	三级科目名称
六、损益类				
	6061	汇兑损益		
	6061	汇兑损益	美元	按货币
	6061	汇兑损益	英镑	按货币

11.4.4 会计处理分录与案例解析

业务：确认汇兑损益

采用统账制核算的，各外币货币性项目的外币期（月）末余额，应当按照期（月）末汇率折算为记账本位币金额。按照期（月）末汇率折算的记账本位币金额与原账面记账本位币金额之间的差额，如为汇兑收益，借记有关科目，贷记“汇兑损益”科目；如为汇兑损失，则做相反的会计分录。

采用分账制核算的，期（月）末将所有以外币表示的“货币兑换”科目余额按期（月）末汇率折算为记账本位币金额，折算后的记账本位币金额与“货币兑换——记账本位币”科目余额进行比较，为贷方差额的，借记“货币兑换——记账本位币”科目，贷记“汇兑损益”科目；为借方差额的，则做相反的会计分录。确认汇兑损益时的会计分录如图 11-5 所示。

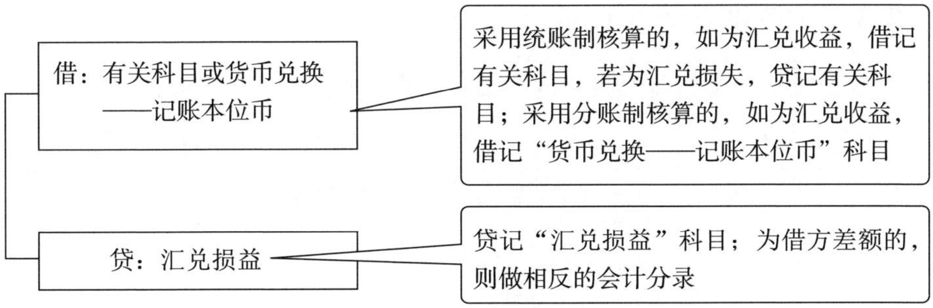

图 11-5　确认汇兑损益时的会计分录

11.5　公允价值变动损益

11.5.1　什么是公允价值变动损益

公允价值变动损益是指一项资产后续计量采用公允价值模式时，期末资产账面价值与其公允价值之间的差额。公允价值变动对上市公司的净利润与应交所得税的影响需要根据持有期间与处置期间分别确定。

11.5.2　如何使用“公允价值变动损益”科目

本科目核算企业交易性金融资产、交易性金融负债，以及采用公允价值模式计量的投资性房地产、衍生工具、套期保值业务等公允价值变动形成的应计入当期损益的利得或损失。

指定为以公允价值计量且其变动计入当期损益的金融资产或金融负债公允价值变动形成的应计入当期损益的利得或损失，也在本科目核算。

本科目可按“交易性金融资产”“交易性金融负债”“投资性房地产”等明细科目进行明细核算。

期末，应将本科目余额转入“本年利润”科目，结转后本科目无余额。

11.5.3 如何设置明细科目

“公允价值变动损益”科目的明细科目设置如表 11-5 所示。

表 11-5 6101 公允价值变动损益

顺序号	编号	会计科目名称	二级科目名称	三级科目名称
六、损益类				
	6101	公允价值变动损益		
	6101 01	公允价值变动损益	交易性金融资产	种类
	6101 02	公允价值变动损益	交易性金融负债	种类
	6101 03	公允价值变动损益	投资性房地产	种类
	6101 04	公允价值变动损益	其他	种类

11.5.4 会计处理分录与案例解析

业务：确认公允价值变动损益

（1）资产负债表日，企业交易性金融资产的公允价值高于账面余额的，按两者的差额，借记“交易性金融资产——公允价值变动”科目，贷记“公允价值变动损益”科目；公允价值低于账面余额的，按两者的差额，做相反的会计分录。确认公允价值变动损益时的会计分录见图 11-6。

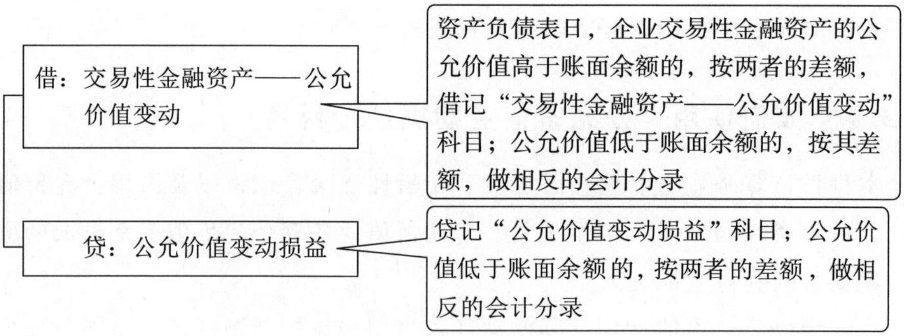

图 11-6 确认公允价值变动损益时的会计分录

* 案例解析

【例 11-4】2×14 年 1 月 8 日，甲公司购入丙公司发行的公司债券。该笔债券于 2×13 年 7 月 1 日发行，面值为 25 000 000 元，票面利率为 4%，债券利息按年支付。甲公司将其划分为以公允价值计量且其变动计入当期损益的金融资产，支付价款 26 000 000 元（其中包含已宣告发放的债券利息 500 000 元），另支付交易费用 300 000 元。2×14 年 2 月 5 日，甲公司收到该笔债券利息 500 000 元。2×15 年 2 月 10 日，甲公司收到债券利息 1 000 000 元。

2×14 年 6 月 30 日，甲公司购买的该笔债券的市价为 25 800 000 元；2×14 年 12 月 31 日，甲公司购买的该笔债券的市价为 25 600 000 元。甲公司的会计分录如下。

① 2×14 年 6 月 30 日，确认该笔债券的公允价值变动损益时。

借：交易性金融资产——公允价值变动　　300 000

　　贷：公允价值变动损益　　300 000

② 2×14 年 12 月 31 日，确认该笔债券的公允价值变动损益时。

借：公允价值变动损益　　200 000

　　贷：交易性金融资产——公允价值变动　　200 000

（2）企业出售交易性金融资产时，应按实际收到的金额，借记“银行存款”“存放中央银行款项”等科目，按该金融资产的账面余额，贷记“交易性金融资产”科目，按其差额，借记或贷记“投资收益”科目。会计分录如图 11-7 所示。

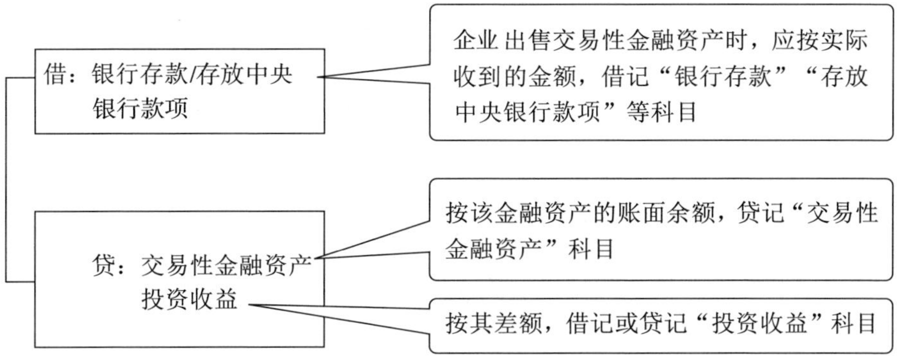

图 11-7　出售交易性金融资产时的会计分录

＊ 案例解析

【例 11-5】 承【例 11-4】，假定 2×19 年 1 月 15 日，甲公司出售了所持有的丙公司的公司债券，售价为 25 650 000 元，应做如下会计分录。

借：银行存款　　25 650 000

贷：交易性金融资产——成本　　25 500 000

——公允价值变动　　100 000

投资收益　　50 000

11.6　投资收益

11.6.1　什么是投资收益

投资收益是企业对外投资所取得的利润、股利和债券利息等减去投资损失后的净收益。企业根据《企业会计准则第 3 号——投资性房地产》确认的采用公允价值模式计量的投资性房地产的租金收入和处置损益，通过“公允价值变动损益”科目核算。

企业处置交易性金融资产、交易性金融负债实现的损益，在本科目核算。

企业的买入返售金融资产在持有期间取得的投资收益和处置损益，也在本科目核算。

证券公司自营证券所取得的买卖价差收入，也在本科目核算。

11.6.2　如何使用“投资收益”科目

本科目核算企业确认的投资收益或投资损失。企业（金融类企业）债券投资持有期间取得的利息收入，也可在“利息收入”科目核算。

本科目可按投资项目进行明细核算。

11.6.3　如何设置明细科目

“投资收益”科目的明细科目设置如表 11-6 所示。

表 11-6　6111 投资收益

顺序号	编号	会计科目名称	二级科目名称	三级科目名称
六、损益类				
	6111	投资收益		
	6111 01	投资收益	交易性金融资产	按投资项目
	6111 02	投资收益	交易性金融负债	按投资项目
	6111 03	投资收益		按投资项目
	6111 04	投资收益		按投资项目
	6111 05	投资收益	买入返售金融资产	按投资项目
	6111 06	投资收益	其他	按投资项目

11.6.4　会计处理分录与案例解析

业务 1：企业持有金融资产期间取得的投资收益

企业持有交易性金融资产、期间取得的投资收益以及处置交易性金融资产、交易性金融负债、指定为以公允价值计量且其变动计入当期损益的金融资产或金融负债实现的损益等都属于投资收益。

相关内容在“交易性金融资产”等小节已详述，在此不赘述。

业务 2：长期股权投资采用成本法核算，被投资单位宣告发放现金股利

长期股权投资采用成本法核算，企业应按被投资单位宣告发放的现金股利或利润中确认属于本企业的部分，借记“应收股利”科目，贷记“投资收益”科目。长期股权投资采用权益法核算的，应按根据被投资单位实现的净利润或经调整的净利润计算应享有的份额，借记“长期股权投资——损益调整”科目，贷记“投资收益”科目。相关内容在“长期股权投资”小节已详述，在此不赘述。

11.7　营业外收入

11.7.1　什么是营业外收入

营业外收入

营业外收入是指企业发生的营业利润以外的收益。营业外收入并不是由企业经营资金耗费所产生的，不需要企业付出代价，实际上是一种纯收入：不可能也不需要与有关费用进行配比。因此，在会计处理上，应当严格区分营业外收入与营业收入的界限。营业外收入主要包括：非流动资产毁损报废利得、与企业日常活动无关的政府补助、盘盈利得、捐赠利得等。

非流动资产毁损报废损失，指因自然灾害等发生毁损、已丧失使用功能而报废非流动资产所产生的清理产生的收益。

盘盈利得，指企业对于现金等资产清查盘点中盘盈的资产，报经批准后计入营业外收入的金额。

政府补助，指企业与企业日常活动无关的、从政府无偿取得货币性资产或非货币性资产形成的利得。

捐赠利得，指企业接受捐赠产生的利得。企业接受的捐赠和债务豁免，按照会计准则规定符合确认条件的，通常应当确认为当期收益。但是，企业接受控股股东（或控制股东的子公司）或非控股股东（或非控股股东的子公司）直接或间接代为偿债、债务豁免或捐赠，经济实质表明属于控股股东或非控股股东对企业的资本性投入，应当将相关利得计入所有者权益（资本公积）。

企业发生破产重整，其非控股股东因执行人民法院批准的破产重整计划，通过让渡所持有的该企业部分股份向企业债权人偿债的，企业应将非控股股东所让渡股份按照其在让渡之日的公允价值计入所有者权益（资本公积），减少所豁免债务的账面价值，并将让渡股份公允价值与被豁免的债务账面价值之间的差额计入当期损益。控股股东按照破产重整计划让渡了所持有的部分该企业股权向企业债权人偿债的，该企业也按此原则处理。

企业应当通过“营业外收入”科目，核算营业外收入的取得和结转情况。该科目可按营业外收入项目进行明细核算。期末，应将该科目余额转入“本年利润”科目，结转后该科目无余额。

11.7.2　如何使用“营业外收入”科目

本科目核算企业发生的各项营业外收入，主要包括非流动资产处置利得、非货币性资产交换利得、债务重组利得、政府补助利得、捐赠利得等。

本科目可按营业外收入项目进行明细核算。

企业确认非流动资产处置利得、非货币性资产交换利得、债务重组利得，比照“固定资产清理”“无形资产”“原材料”“库存商品”“应付账款”等科目的相关规定进行处理。

期末，应将本科目余额转入“本年利润”科目，结转后本科目无余额。

11.7.3　如何设置明细科目

“营业外收入”科目的明细科目设置如表 11–7 所示。

表 11–7　6301 营业外收入

顺序号	编号	会计科目名称	二级科目名称	三级科目名称
六、损益类				
	6301	营业外收入		
	6301 01	营业外收入	处置非流动资产收益	项目
	6301 01 01	营业外收入	处置非流动资产收益	固定资产处置利得
	6301 01 02	营业外收入	处置非流动资产收益	无形资产出售利得
	6301 02	营业外收入	非货币性资产交换利得	项目
	6301 03	营业外收入	债务重组收益	项目
	6301 04	营业外收入	捐赠收入	项目
	6301 05	营业外收入	物资盘盈	项目
	6301 06	营业外收入	罚款收入	项目
	6301 07	营业外收入	赔偿收入	项目
	6301 08	营业外收入	其他	项目

11.7.4　会计处理分录与案例解析

相关内容在“融资租赁资产”“应付账款”“长期股权投资”小节已详述，在此不赘述。

11.8 主营业务成本

11.8.1 什么是主营业务成本

主营业务成本是指企业销售商品、提供劳务等经常性活动所发生的成本。企业一般在确认销售商品、提供劳务等主营业务收入时，或在月末，将已销售商品、已提供劳务的成本结转入主营业务成本。

11.8.2 如何使用“主营业务成本”科目

本科目核算企业确认销售商品、提供劳务等主营业务收入时应结转的成本。

本科目可按主营业务的种类进行明细核算。

期末，企业应将本科目的余额转入“本年利润”科目，结转后本科目无余额。

11.8.3 如何设置明细科目

“主营业务成本”科目的明细科目设置如表 11-8 所示。

表 11-8 6401 主营业务成本

顺序号	编号	会计科目名称	二级科目名称	三级科目名称	是否辅助核算	辅助核算类别
六、损益类						
	6401	主营业务成本				
	6401 01	主营业务成本	销售货物成本	按种类	是	部门
	6401 02	主营业务成本	提供劳务成本	按种类	是	部门
	6401 03	主营业务成本	让渡资产使用权成本	按种类	是	部门
	6401 04	主营业务成本	建造合同成本	按种类	是	部门
	6401 05	主营业务成本	其他	按种类	是	部门

11.8.4　会计处理分录与案例解析

业务 1：结转主营业务成本

期（月）末，企业应根据本期（月）销售商品、提供劳务等的实际成本，计算应结转的主营业务成本，借记“主营业务成本”科目，贷记“库存商品”“劳务成本”等科目。

采用计划成本或售价核算库存商品的，营业成本按计划成本或售价结转，月末，还应结转本月销售商品应分摊的产品成本差异或商品进销差价。结转主营业务成本时的会计分录如图 11-8 所示。

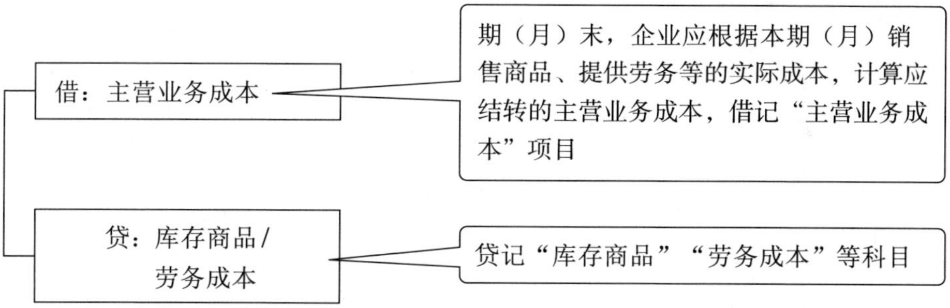

图 11-8　结转主营业务成本时的会计分录

业务 2：确认建造合同收入

确认建造合同收入，按应确认的合同费用，借记“主营业务成本”科目，按应确认的合同收入，贷记“主营业务收入”科目，按其差额，借记或贷记“工程施工——合同毛利”科目。合同完工时，已计提存货跌价准备的，还应结转跌价准备。确认建造合同收入时的会计分录如图 11-9 所示。

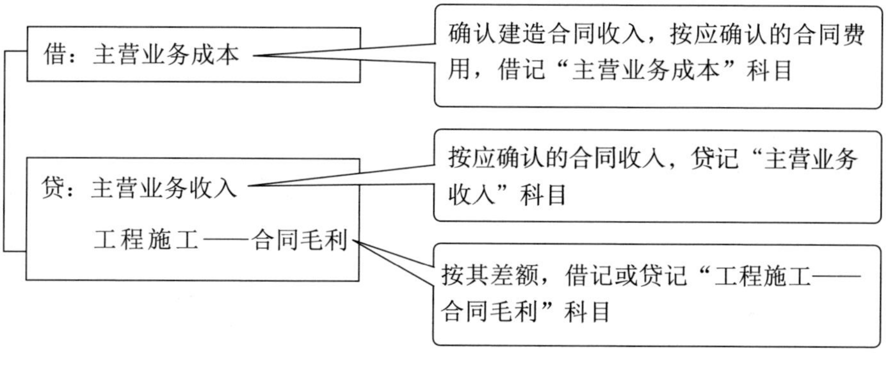

图 11-9　确认建造合同收入时的会计分录

* 案例解析

【例 11-6】某建筑公司签订了一项合同总金额为10 000 000元的固定造价合同，合同规定的工期为3年。假定经计算，第一年完工进度为30%，第二年完工进度已达80%。经测定，前两年的合同预计总成本均为8 000 000元。第三年工程全部完成，累计发生合同成本7 500 000元。根据上述资料计算确认各期的合同收入和费用如下。

第一年确认的合同收入 =10 000 000×30% =3 000 000（元）

第一年合同费用 =8 000 000×30% =2 400 000

合同毛利 =3 000 000-2 400 000=600 000

相关账务处理如下。

借：主营业务成本　　2 400 000

　　工程施工——合同毛利　　600 000

　　贷：主营业务收入　　3 000 000

第二年确认的合同收入 =（10 000 000×80%）-3 000 000=5 000 000（元）

第二年合同费用 =800 000×（80% -30%）=4 000 000

合同毛利 =5 000 000-4 000 000=1 000 000

相关账务处理如下。

借：主营业务成本　　4 000 000

　　工程施工——合同毛利　　1 000 000

　　贷：主营业务收入　　5 000 000

第三年确认的合同收入 =10 000 000-（3 000 000+5 000 000）=2 000 000（元）

第三年合同费用 =7 500 000-4 000 000-2 400 000=1 100 000

合同毛利：2 000 000-1 100 000=900 000

相关账务处理如下。

借：主营业务成本　　1 100 000

　　工程施工——合同毛利　　900 000

　　贷：主营业务收入　　2 000 000

11.9 其他业务成本

11.9.1 什么是其他业务成本

其他业务成本是指企业除主营业务活动以外的其他经营活动所发生的成本。

11.9.2 如何使用“其他业务成本”科目

本科目核算企业确认的除主营业务活动以外的其他经营活动所发生的支出，包括销售材料的成本、出租固定资产的折旧额、出租无形资产的摊销额、出租包装物的成本或摊销额等。

除主营业务活动以外的其他经营活动发生的相关税费，在“税金及附加”科目核算。

采用成本模式计量投资性房地产的，其投资性房地产计提的折旧额或摊销额，也通过本科目核算。

本科目可按其他业务成本的种类进行明细核算。

期末，企业应将本科目余额转入“本年利润”科目，结转后本科目无余额。

11.9.3 如何设置明细科目

“其他业务成本”科目的明细科目设置如表 11-9 所示。

表 11-9　6402 其他业务成本

顺序号	编号	会计科目名称	二级科目名称	三级科目名称	是否辅助核算	辅助核算类别
六、损益类						
	6402	其他业务成本				
	6402 01	其他业务成本	材料销售成本	种类	是	部门
	6402 02	其他业务成本	代购代销费用	种类	是	部门
	6402 03	其他业务成本	包装物出租成本	种类	是	部门
	6402 04	其他业务成本	出租固定资产的折旧额	种类	是	部门
	6402 05	其他业务成本	出租无形资产的摊销额	种类	是	部门

续表

顺序号	编号	会计科目名称	二级科目名称	三级科目名称	是否辅助核算	辅助核算类别
	6402 06	其他业务成本	投资性房地产计提折旧或摊销	种类	是	部门
	6402 07	其他业务成本	其他	种类	是	部门

11.9.4 会计处理分录与案例解析

业务：发生其他业务成本

企业发生的其他业务成本，借记“其他业务成本”科目，贷记“原材料”“周转材料”“累计折旧”“累计摊销”“应付职工薪酬”“银行存款”等科目。发生其他业务成本时的会计分录如图 11-10 所示。

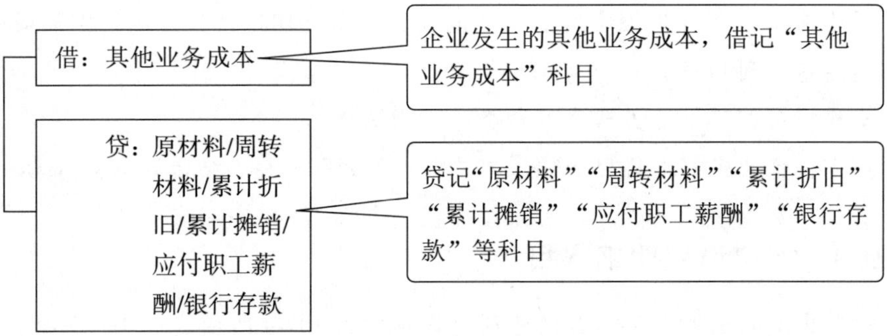

图 11-10　发生其他业务成本时的会计分录

* 案例解析

【例 11-7】甲公司销售一批原材料，开出的增值税专用发票上注明的售价为 10 000 元，增值税税额为 1300 元，款项已由银行收妥。该批原材料的实际成本为 9 000 元。甲公司会计处理如下。

（1）取得原材料销售收入。

借：银行存款	11 300	
贷：其他业务收入		10 000
应交税费——应交增值税（销项税额）		1 300

（2）结转已销原材料的实际成本。

借：其他业务成本　　9 000

　贷：原材料　　9 000

11.10　税金及附加

11.10.1　什么是税金及附加

税金及附加用于核算企业经营活动应负担的相关税费。

11.10.2　如何使用“税金及附加”科目

本科目核算企业经营活动发生的消费税、城市维护建设税、资源税、教育费附加、房产税、城镇土地使用税、车船税、印花税等。

消费税是对生产、委托加工及进口应税消费品（主要指烟、酒、高档化妆品等）征收的一种税。消费税的计税方法主要有从价定率、从量定额及从价定率和从量定额复合计税 3 种。从价定率是根据商品销售价格和规定的税率计算应交消费税的计税方法；从量定额是根据商品销售数量和规定的单位税额计算应交消费税的计税方法；复合计税是结合从价定率和从量定额的计税方法。

城市维护建设税（以下简称“城建税”）和教育费附加是对从事生产经营活动的单位和个人，以其实际缴纳的增值税、消费税为依据，按纳税人所在地适用的税率计算征收的税费。

资源税是对在我国境内开采国家规定的矿产资源和生产用盐的单位、个人征收的一种税，按应税数量和规定的单位税额计算。如开采石油、煤炭、天然气的企业需按开采的数量计算缴纳资源税。

期末，应将本科目余额转入“本年利润”科目，结转后本科目无余额。

11.10.3　如何设置明细科目

“税金及附加”科目的明细科目设置如表 11-10 所示。

表 11-10　6403 税金及附加

顺序号	编号	会计科目名称	二级科目名称	三级科目名称
六、损益类				
	6403	税金及附加		
	6403 01	税金及附加	消费税	项目
	6403 02	税金及附加	城市维护建设税	项目
	6403 03	税金及附加	资源税	项目
	6403 04	税金及附加	教育费附加	项目
	6403 05	税金及附加	地方教育附加	项目
	6403 06	税金及附加	房产税	项目
	6403 07	税金及附加	城镇土地使用税	项目

11.10.4　会计处理分录与案例解析

企业按规定计算确定的与经营活动相关的税费，借记“税金及附加”科目，贷记“应交税费”科目。确定税金及附加时的会计分录如图 11-11 所示。

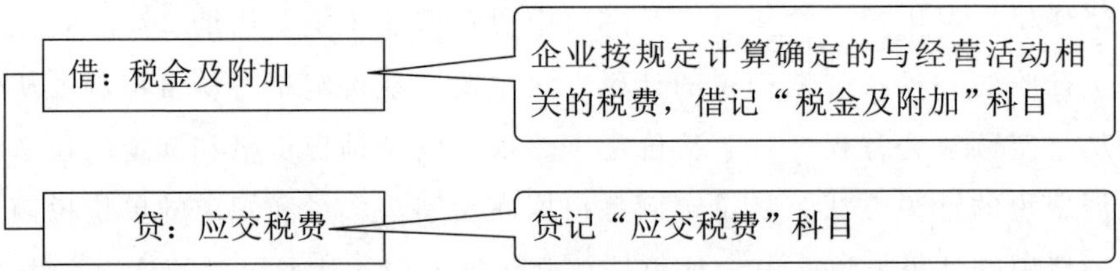

图 11-11　确定税金及附加时的会计分录

* 案例解析

【例 11-8】某企业销售所生产的高档化妆品，价款 2 000 000 元（不含增值税），适用的消费税税率为 30%。甲企业的有关会计分录如下。

应交消费税 =2 000 000×30%=600 000（元）

借：税金及附加　　600 000

　　贷：应交税费——应交消费税　　600 000

11.11　销售费用

11.11.1　什么是销售费用

销售费用是指企业在销售商品和材料、提供劳务过程中发生的各项费用。

11.11.2　如何使用“销售费用”科目

本科目核算企业销售商品和材料、提供劳务的过程中发生的各种费用，包括保险费、包装费、展览费和广告费、商品维修费、预计产品质量保证损失、运输费、装卸费等以及为销售本企业商品而专设的销售机构（含销售网点、售后服务网点等）的职工薪酬、业务费、折旧费等。

企业发生的与专设销售机构相关的固定资产修理费用等后续支出，也在本科目核算。

企业（金融类企业）应将本科目改为“业务及管理费”科目，核算企业（金融类企业）在业务经营和管理过程中所发生的各项费用，包括折旧费、业务宣传费、业务招待费、电子设备运转费、钞币运送费、安全防范费、邮电费、劳动保护费、外事费、印刷费、低值易耗品摊销、职工工资及福利费、差旅费、水电费、职工教育经费、工会经费、会议费、诉讼费、公证费、咨询费、无形资产摊销、长期待摊费用摊销、取暖降温费、聘请中介机构费、技术转让费、绿化费、董事会费、财产保险费、劳动保险费、待业保险费、住房公积金、物业管理费、研究费用、提取保险保障基金等。

企业（金融类企业）不应设置“管理费用”科目。

本科目可按费用项目进行明细核算。期末，企业应将本科目余额转入“本年利润”科目，结转后本科目无余额。

11.11.3　如何设置明细科目

“销售费用”科目的明细科目设置如表11-11所示。

表 11-11　6601 销售费用

顺序号	编号	会计科目名称	二级科目名称	三级科目名称	四级科目名称	五级科目名称
六、损益类						
	6601	销售费用				部门
	6601 01	销售费用	职工薪酬			部门
	6601 01 01	销售费用	职工薪酬	基本工资		部门
	6601 01 01 01	销售费用	职工薪酬	基本工资	在册职工工资	部门
	6601 01 01 02	销售费用	职工薪酬	基本工资	非在册职工工资	部门
	6601 01 02	销售费用	职工薪酬	劳务费		部门
	6601 01 02 01	销售费用	职工薪酬	劳务费	劳务派遣费	部门
	6601 01 02 02	销售费用	职工薪酬	劳务费	保安服务费	部门
	6601 01 02 03	销售费用	职工薪酬	劳务费	其他	部门
	6601 01 03	销售费用	职工薪酬	工会经费		部门
	6601 01 04	销售费用	职工薪酬	职工教育经费		部门
	6601 01 05	销售费用	职工薪酬	社会保险费		
	6601 01 05 01	销售费用	职工薪酬	社会保险费	养老保险	
	6601 01 05 02	销售费用	职工薪酬	社会保险费	工伤保险	
	6601 01 05 03	销售费用	职工薪酬	社会保险费	失业保险	
	6601 01 05 04	销售费用	职工薪酬	社会保险费	医疗保险	部门

续表

顺序号	编号	会计科目名称	二级科目名称	三级科目名称	四级科目名称	五级科目名称
	6601 01 05 05	销售费用	职工薪酬	社会保险费	生育保险	部门
	6601 01 06	销售费用	职工薪酬	住房公积金	大额互助金	部门
	6601 01 07	销售费用	职工薪酬	职工福利		部门
	6601 01 08	销售费用	职工薪酬	辞退福利		部门
	6601 02	销售费用	折旧费			部门
	6601 03	销售费用	长期待摊费用			部门
	6601 04	销售费用	无形资产摊销			部门
	6601 05	销售费用	费用摊销			部门
	6601 06	销售费用	能源费用			部门
	6601 06 01	销售费用	能源费用	水费		部门
	6601 06 02	销售费用	能源费用	电费		部门
	6601 06 03	销售费用	能源费用	燃料费		部门
	6601 06 04	销售费用	能源费用	其他		部门
	6601 07	销售费用	车辆费用			部门
	6601 07 01	销售费用	车辆费用	修理费		部门
	6601 07 02	销售费用	车辆费用	燃油费		部门
	6601 07 03	销售费用	车辆费用	保险费		部门
	6601 08	销售费用	印刷费用			部门
	6601 09	销售费用	邮电费			部门
	6601 10	销售费用	业务招待费			部门
	6601 11	销售费用	会议费			部门
	6601 12	销售费用	接待费用			部门
	6601 13	销售费用	服装费			部门
	6601 14	销售费用	洗涤费			部门
	6601 15	销售费用	物料消耗			部门

续表

顺序号	编号	会计科目名称	二级科目名称	三级科目名称	四级科目名称	五级科目名称
	6601 16	销售费用	劳动保护费			部门
	6601 17	销售费用	修理费			部门
	6601 18	销售费用	招待费			部门
	6601 19	销售费用	绿化及植物租摆费			部门
	6601 20	销售费用	排污及环卫费用			部门
	6601 21	销售费用	消防费			部门
	6601 22	销售费用	广告宣传费			部门
	6601 23	销售费用	销售佣金			部门
	6601 24	销售费用	业务推广费			部门
	6601 25	销售费用	音乐娱乐			部门
	6601 26	销售费用	电视收视费			部门
	6601 27	销售费用	包装费			部门
	6601 28	销售费用	差旅费			部门
	6601 29	销售费用	运输及装卸费			部门
	6601 30	销售费用	员工招聘及培训费			部门
	6601 31	销售费用	咨询审计及诉讼费			部门
	6601 32	销售费用	财产保险费			部门
	6601 33	销售费用	租赁费			部门
	6601 34	销售费用	其他			部门

11.11.4 会计处理分录与案例解析

业务：发生销售费用

（1）企业在销售商品过程中发生的包装费、保险费、展览费和广告费、运输费、装卸费等费用，借记“销售费用”科目，贷记“库存现金”“银行存款”等科目。发生销售费用时的会计分录如图11-12所示。

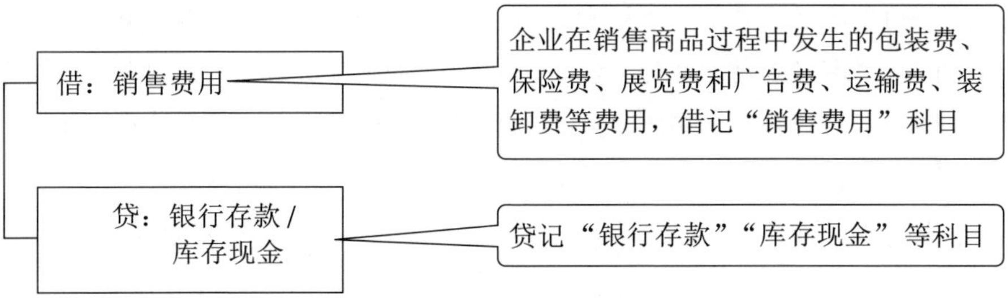

图 11-12　发生销售费用时的会计分录

（2）企业为销售本企业商品而专设的销售机构发生的职工薪酬、业务费等经营费用，借记“销售费用”科目，贷记“应付职工薪酬”“银行存款”“累计折旧”等科目。会计分录如图 11-13 所示。

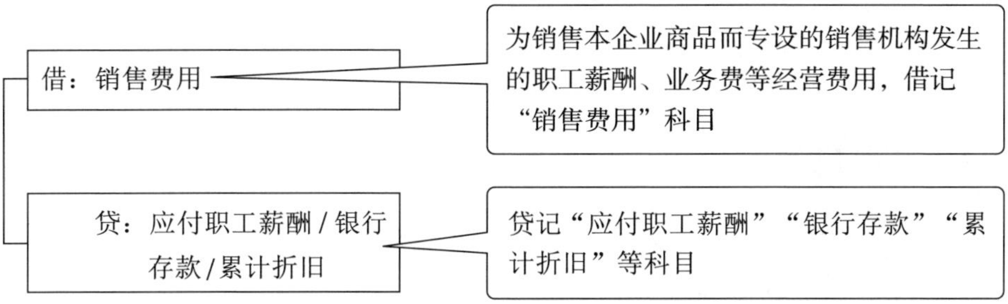

图 11-13　计提为销售商品而专设的销售机构发生的经营费用时的会计分录

* 案例解析

【例 11-9】甲公司某月销售商品使用的不单独计价包装物的计划成本为 50 000 元，材料成本差异率为 -3%。

借：销售费用　　48 500

　　材料成本差异　　1 500

　　贷：周转材料——包装物　　50 000

【例 11-10】乙公司 2×14 年 6 月固定资产计提折旧情况如下。一车间厂房计提折旧 3 800 000 元，机器设备计提折旧 4 500 000 元；管理部门房屋建筑物计提折旧 6 500 000 元，运输工具计提折旧 2 400 000 元；销售部门房屋建筑物计提折旧 3 200 000 元，运输工具计提折旧 2 630 000 元。当月新购置机器设备一台，价值为 5 400 000 元，预计使用寿命为 10 年，该企业同类设备计提折旧采用年限平均法。

新购置的机器设备本月不计提折旧。本月计提的折旧费用中，车间使用的固定资产计提的折旧费用计入制造费用，管理部门使用的固定资产计提的折旧费用计入管理费用，销售部门使用的固定资产计提的折旧费用计入销售费用。乙公司应做如下会计分录。

借：制造费用——一车间 8 300 000

管理费用 8 900 000

销售费用 5 830 000

贷：累计折旧 23 030 000

11.12 管理费用

11.12.1 什么是管理费用

管理费用是指企业为组织和管理生产经营活动而发生的各种费用。

11.12.2 如何使用“管理费用”科目

本科目核算企业为组织和管理企业生产经营所发生的费用，包括企业在筹建期间内发生的开办费、董事会和行政管理部门在企业的经营管理中发生的或者应由企业统一负担的经费（包括行政管理部门职工工资及福利费、物料消耗、低值易耗品摊销、办公费和差旅费等）、工会经费、董事会费（包括董事会成员津贴、会议费和差旅费等）、聘请中介机构费、咨询费（含顾问费）、诉讼费、业务招待费、技术转让费、研究费用、排污费等。

企业（商品流通企业）管理费用不多的，可不设置本科目，可将本科目的核算内容并入“销售费用”科目核算。

企业生产车间（部门）和行政管理部门等发生的固定资产修理费用等后续支出，也在本科目核算。

本科目可按费用项目进行明细核算。期末，企业应将本科目的余额转入“本年利润”科目，结转后本科目无余额。

11.12.3　如何设置明细科目

“管理费用”科目的明细科目设置如表 11–12 所示。

表 11–12　6602 管理费用

顺序号	编号	会计科目名称	二级科目名称	三级科目名称	四级科目名称	五级科目名称
六、损益类						
	6602	管理费用				部门
	6602 01	管理费用	职工薪酬			部门
	6602 01 01	管理费用	职工薪酬	基本工资		部门
	6602 01 01 01	管理费用	职工薪酬	基本工资	在册职工	部门
	6602 01 01 02	管理费用	职工薪酬	基本工资	非在册职工	部门
	6602 01 02	管理费用	职工薪酬	劳务费		部门
	6602 01 02 01	管理费用	职工薪酬	劳务费	劳务派遣费	部门
	6602 01 02 02	管理费用	职工薪酬	劳务费	保安服务费	部门
	6602 01 02 03	管理费用	职工薪酬	劳务费	其他	部门
	6602 01 03	管理费用	职工薪酬	工会经费		部门
	6602 01 04	管理费用	职工薪酬	职工教育经费		部门
	6602 01 05	管理费用	职工薪酬	社会保险费		
	6602 01 05 01	管理费用	职工薪酬	社会保险费	养老保险	

续表

顺序号	编号	会计科目名称	二级科目名称	三级科目名称	四级科目名称	五级科目名称
	6602 01 05 02	管理费用	职工薪酬	社会保险费	工伤保险	
	6602 01 05 03	管理费用	职工薪酬	社会保险费	失业保险	
	6602 01 05 04	管理费用	职工薪酬	社会保险费	医疗保险	部门
	6602 01 05 05	管理费用	职工薪酬	社会保险费	生育保险	部门
	6602 01 06	管理费用	职工薪酬	住房公积金	大额互助金	部门
	6602 01 07	管理费用	职工薪酬	职工福利		部门
	6602 01 08	管理费用	职工薪酬	辞退福利		部门
	6602 02	管理费用	折旧费			部门
	6602 03	管理费用	长期待摊费用			部门
	6602 04	管理费用	无形资产摊销			部门
	6602 05	管理费用	费用摊销			部门
	6602 06	管理费用	能源费用			部门
	6602 06 01	管理费用	能源费用	水费		部门
	6602 06 02	管理费用	能源费用	电费		部门
	6602 06 03	管理费用	能源费用	燃料费		部门
	6602 06 04	管理费用	能源费用	其他		部门
	6602 07	管理费用	车辆费用			部门
	6602 07 01	管理费用	车辆费用	修理费		部门
	6602 07 02	管理费用	车辆费用	燃油费		部门
	6602 07 03	管理费用	车辆费用	保险费		部门

续表

顺序号	编号	会计科目名称	二级科目名称	三级科目名称	四级科目名称	五级科目名称
	6602 08	管理费用	印刷费用	其他		部门
	6602 09	管理费用	邮电费			部门
	6602 10	管理费用	业务招待费			部门
	6602 11	管理费用	会议费			部门
	6602 12	管理费用	接待费用			部门
	6602 13	管理费用	服装费			部门
	6602 14	管理费用	洗涤费			部门
	6602 15	管理费用	物料消耗			部门
	6602 16	管理费用	劳动保护费			部门
	6602 17	管理费用	修理费			部门
	6602 18	管理费用	招待费			部门
	6602 19	管理费用	绿化及植物租摆费			部门
	6602 20	管理费用	排污及环卫费用			部门
	6602 21	管理费用	消防费			部门
	6602 22	管理费用	广告宣传费			部门
	6602 23	管理费用	销售佣金			部门
	6602 24	管理费用	业务推广费			部门
	6602 25	管理费用	音乐娱乐			部门
	6602 26	管理费用	电视收视费			部门
	6602 27	管理费用	包装费			部门
	6602 28	管理费用	差旅费			部门
	6602 29	管理费用	运输及装卸费			部门
	6602 30	管理费用	员工招聘及培训费			部门

续表

顺序号	编号	会计科目名称	二级科目名称	三级科目名称	四级科目名称	五级科目名称
	6602 31	管理费用	咨询审计及诉讼费			部门
	6602 32	管理费用	财产保险费			部门
	6602 33	管理费用	租赁费			部门
	6602 34	管理费用	盘亏损失			部门
	6602 35	管理费用	技术开发费			部门
	6602 36	管理费用	董事会费			部门
	6602 37	管理费用	退休人员补贴			部门
	6602 38	管理费用	其他			部门

11.12.4 会计处理分录与案例解析

业务：发生管理费用

（1）企业在筹建期间内发生的开办费，包括人员工资、办公费、培训费、差旅费、印刷费、注册登记费以及不计入固定资产成本的借款费用等在实际发生时，借记“管理费用——开办费”科目，贷记“银行存款”等科目。发生开办费时的会计分录如图 11–14 所示。

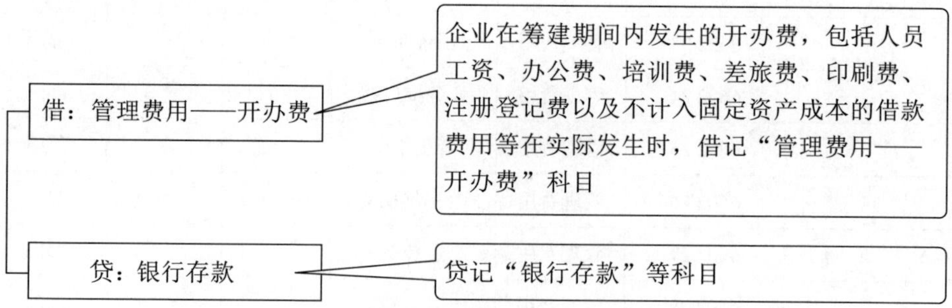

图 11–14 发生开办费时的会计分录

（2）计提行政管理部门人员的职工薪酬，借记“管理费用”科目，贷记“应付职工薪酬”科目。会计分录如图 11–15 所示。

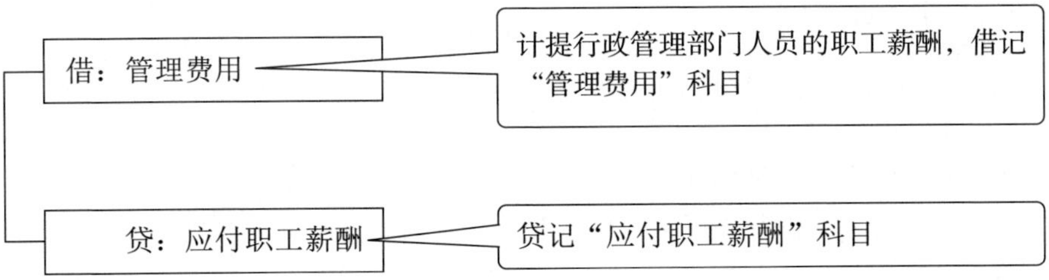

图 11-15　计提行政管理部门人员的职工薪酬时的会计分录

（3）发生的办公费、水电费、业务招待费、聘请中介机构费、咨询费、诉讼费、技术转让费、研究费用，借记“管理费用”科目，贷记“银行存款”“研发支出”等科目。会计分录如图 11-16 所示。

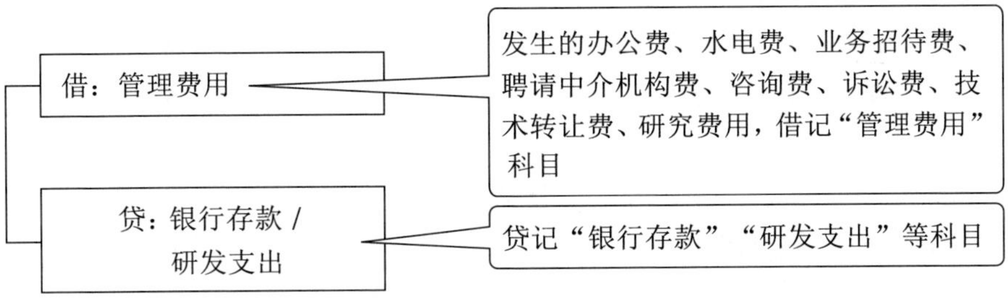

图 11-16　发生办公费等费用时的会计分录

* 案例解析

【例 11-11】2×14 年 8 月 1 日，乙公司对其现有的一台管理部门使用的设备进行修理，修理过程中支付维修人员工资 5 000 元。

乙公司管理用设备的维修费没有满足固定资产的确认条件，因此，其应将该项固定资产后续支出在发生时计入当期损益。由于该项固定资产后续支出属于生产车间（部门）和行政管理部门等发生的固定资产修理费用等，所以应记入“管理费用”科目。乙公司应做如下会计分录。

借：管理费用	5 000	
贷：应付职工薪酬		5 000

【例 11-12】甲公司购买了一项特许权，成本为 4 800 000 元，合同规定受益年限为 10 年，甲公司每月应摊销 40 000（4 800 000÷10÷12）元。每月摊销时，甲公司应做如下会计分录。

借：管理费用　　40 000

　　贷：累计摊销　　40 000

【例 11-13】供电部门通知，丙企业本月应支付电费 48 000 元，其中，生产车间电费 32 000 元，企业行政管理部门电费 16 000 元，款项尚未支付。丙企业的有关会计分录如下。

借：制造费用　　32 000

　　管理费用　　16 000

　　贷：应付账款——× × 电力公司　　48 000

11.13 财务费用

11.13.1 什么是财务费用

财务费用是指企业为筹集生产经营所需资金等而发生的费用，包括利息支出（减利息收入）、汇兑损益以及相关的手续费、企业发生的现金折扣或收到的现金折扣等。

11.13.2 如何使用“财务费用”科目

本科目核算企业为筹集生产经营所需资金等而发生的费用，包括利息支出（减利息收入）、汇兑损益以及相关的手续费、企业发生的现金折扣或收到的现金折扣等。

为购建或生产满足资本化条件的资产发生的应予资本化的借款费用，在“在建工程”“制造费用”等科目核算。

本科目可按费用项目进行明细核算。期末，企业应将本科目余额转入“本年利润”科目，结转后本科目无余额。

11.13.3　如何设置明细科目

“财务费用”科目的明细科目设置如表 11–13 所示。

表 11–13　6603 财务费用

顺序号	编号	会计科目名称	二级科目名称	三级科目名称
六、损益类				
	6603	财务费用		
	6603 01	财务费用	利息支出	按费用项目
	6603 02	财务费用	利息收入	按费用项目
	6603 03	财务费用	汇兑损失	按费用项目
	6603 04	财务费用	汇兑收益	按费用项目
	6603 05	财务费用	手续费	按费用项目
	6603 05 01	财务费用	手续费	信用卡刷卡手续费
	6603 05 02	财务费用	手续费	工本费及汇款手续费
	6603 06	财务费用	往来折现	按费用项目
	6603 07	财务费用	其他	按费用项目

11.13.4　会计处理分录与案例解析

业务 1：发生财务费用

企业发生的财务费用，借记“财务费用”科目，贷记“银行存款”“未确认融资费用”等科目。发生财务费用时的会计分录如图 11–17 所示。

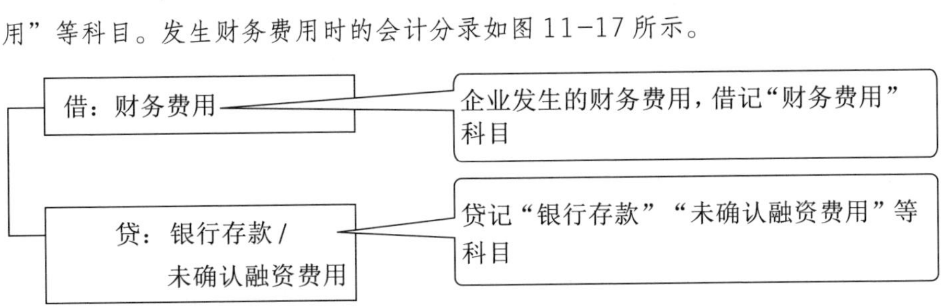

图 11–17　发生财务费用时的会计分录

业务 2：发生应冲减财务费用的利息收入、汇兑损益、现金折扣

发生的应冲减财务费用的利息收入、汇兑损益、现金折扣，借记“银行存款”“应付账款”等科目，贷记“财务费用”科目。会计分录如图 11-18 所示。

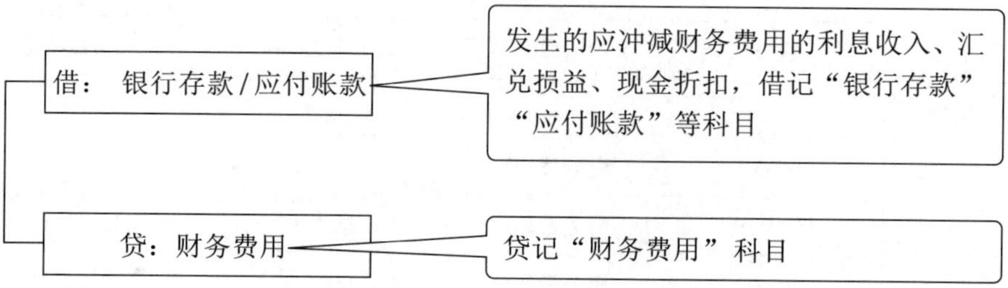

图 11-18　发生应冲减财务费用的利息收入、汇总损益、现金折扣时的会计分录

* 案例解析

【例 11-14】A 股份有限公司于 2×15 年 1 月 1 日向银行借入一笔生产经营用短期借款 120 000 元，期限为 9 个月，年利率为 8%。根据与银行签署的借款协议，该项借款的本金到期后一次归还；利息分月预提，按季支付。A 股份有限公司的有关会计处理如下。

（1）1 月 1 日，借入短期借款时。

借：银行存款　　　　120 000

　　贷：短期借款　　　　120 000

（2）1 月末，计提 1 月应付利息时。

本月应计提的利息金额 =120 000×8%÷12=800（元）

短期借款利息 800 元属于企业的筹资费用，应记入“财务费用”科目。

借：财务费用　　　　800

　　贷：应付利息　　　　800

2 月末计提 2 月利息费用的处理与 1 月末相同。

（3）3 月末支付第一季度银行借款利息时。

1 月和 2 月已经计提的利息为 1 600 元，应借记“应付利息”科目，3 月应当计提的利息为 800 元，应借记“财务费用”科目；实际支付利息 2 400 元，贷记“银行存款”科目。

借：财务费用　　　　800

应付利息 1 600

贷：银行存款 2 400

第二、第三季度的会计处理同上。

11.14 资产减值损失

11.14.1 什么是资产减值损失

资产减值损失是指企业计提各项资产减值准备所形成的损失。

11.14.2 如何使用“资产减值损失”科目

本科目核算企业计提各项资产减值准备所形成的损失。

本科目可按资产减值损失的项目进行明细核算。期末，企业应将本科目余额转入“本年利润”科目，结转后本科目无余额。

11.14.3 如何设置明细科目

“资产减值损失”科目的明细科目设置如表 11-14 所示。

表 11-14 6701 资产减值损失

顺序号	编号	会计科目名称	二级科目名称	三级科目名称
六、损益类				
	6701	资产减值损失		
	6701 01	资产减值损失	存货减值损失	
	6701 01 01	资产减值损失	存货减值损失	原材料
	6701 01 02	资产减值损失	存货减值损失	库存商品
	6701 01 03	资产减值损失	存货减值损失	周转材料
	6701 01 04	资产减值损失	存货减值损失	其他

续表

顺序号	编号	会计科目名称	二级科目名称	三级科目名称
	6701 02	资产减值损失	长期股权投资	
	6701 02 01	资产减值损失	长期股权投资	子公司
	6701 02 02	资产减值损失	长期股权投资	联营企业
	6701 02 03	资产减值损失	长期股权投资	合营企业
	6701 02 04	资产减值损失	长期股权投资	其他长期股权投资
	6701 03	资产减值损失	固定资产	
	6701 03 01	资产减值损失	固定资产	房屋及建筑物
	6701 03 02	资产减值损失	固定资产	运输设备
	6701 03 03	资产减值损失	固定资产	生产设备
	6701 03 04	资产减值损失	固定资产	办公设备
	6701 04	资产减值损失	无形资产	
	6701 04 01	资产减值损失	无形资产	专利
	6701 04 02	资产减值损失	无形资产	软件
	6701 04 03	资产减值损失	无形资产	专有技术
	6701 04 04	资产减值损失	无形资产	土地使用权

11.14.4 会计处理分录与案例解析

业务 1：确认资产减值损失

企业的应收款项、存货、长期股权投资、固定资产、无形资产、贷款等资产发生减值的，按应减记的金额，借记“信用减值损失”科目或“资产减值损失”科目，贷记“坏账准备”“存货跌价准备”“长期股权投资减值准备”“固定资产减值准备”“无形资产减值准备”“贷款损失准备”等科目。

相关内容在各科目相关章节中已详述，在此不赘述。

业务 2：冲销资产减值损失

企业计提坏账准备、存货跌价准备、贷款损失准备等，相关资产的价值又得以恢复的，应在原已计提的减值准备金额内，按恢复增加的金额，借记“坏账准备”“存货跌价准备”“贷款损失准备”等科目，贷记“信用减值损失”或“资产减值损失”科目。冲销资产减值损失时的会计分录如图 11-19 所示。

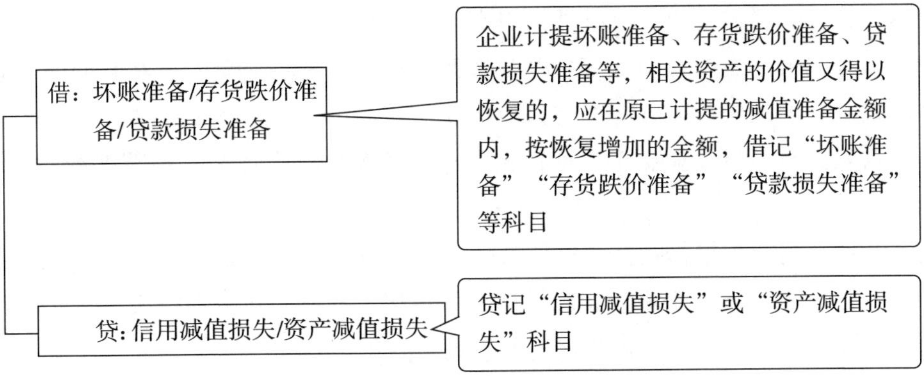

图 11-19　冲销资产减值损失时的会计分录

* 案例解析

【例 11-15】2×14 年 12 月 31 日，甲公司对应收丙公司的账款进行减值测试。应收账款余额合计为 1 000 000 元，甲公司根据丙公司的资信情况确定按 10% 计提坏账准备。甲公司 2×14 年年末计提坏账准备的会计分录为：

借：信用减值损失——计提的坏账准备　　100 000

　　贷：坏账准备　　100 000

【例 11-16】甲公司 2×15 年 4 月 20 日收到 2×14 年已转销的应收账款坏账准备 20 000 元，已存入银行。甲公司应做如下会计分录。

借：应收账款　　20 000

　　贷：坏账准备　　20 000

借：银行存款　　20 000

　　贷：应收账款　　20 000

11.15　营业外支出

11.15.1　什么是营业外支出

营业外支出是指企业发生的与其日常活动无直接关系的各项损失，主要包括盘亏损失、罚款支出、公益性捐赠支出、非常损失等。

盘亏损失，主要指对固定资产清查盘点中盘亏的固定资产，在查明原因处理时按确定的损失计入营业外支出的金额。

罚款支出，指企业由于违反税收法规、经济合同等而支付的各种滞纳金和罚款。

公益性捐赠支出，指企业对外进行公益性捐赠发生的支出。

非常损失，指企业对于客观因素（如自然灾害等）造成的损失，在扣除保险公司赔偿后应计入营业外支出的净损失。

11.15.2 如何使用“营业外支出”科目

本科目核算企业发生的各项营业外支出，包括非货币性资产交换损失、债务重组损失、公益性捐赠支出、非常损失、盘亏损失等。

本科目可按支出项目进行明细核算。期末，企业应将本科目余额转入“本年利润”科目，结转后本科目无余额。

11.15.3 如何设置明细科目

“营业外支出”科目的明细科目设置如表 11-15 所示。

表 11-15 6711 营业外支出

顺序号	编号	会计科目名称	二级科目名称	三级科目名称
六、损益类				
	6711	营业外支出		
	6711 01	营业外支出	处置非流动资产损失	
	6711 02	营业外支出	债务重组损失	
	6711 03	营业外支出	盘亏损失	
	6711 04	营业外支出	捐赠支出	
	6711 04 01	营业外支出	捐赠支出	货币性资产捐赠
	6711 04 02	营业外支出	捐赠支出	非货币性资产捐赠
	6711 05	营业外支出	非常损失	
	6711 06	营业外支出	罚没支出	

续表

顺序号	编号	会计科目名称	二级科目名称	三级科目名称
	6711 07	营业外支出	违约金	
	6711 08	营业外支出	维修费	
	6711 09	营业外支出	赔偿费	
	6711 10	营业外支出	其他支出	

11.15.4　会计处理分录与案例解析

企业确认非货币性资产交换损失、债务重组损失“原材料”“库存商品”“应付账款”等科目的相关规定进行处理。盘亏、毁损的资产发生的净损失，按管理权限报经批准后，借记本科目，贷记“待处理财产损溢”科目。确认营业外支出时的会计分录如图 11-20 所示。

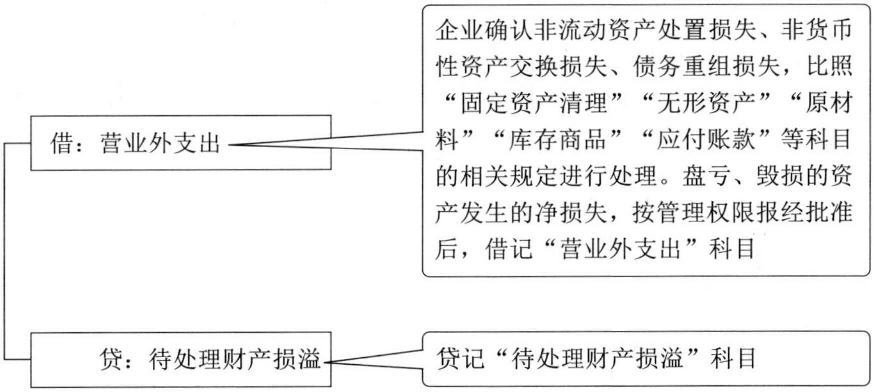

图 11-20　确认营业外支出时的会计分录

* 案例解析

【例 11-17】某企业将已经发生的原材料意外灾害损失 270 000 元转作营业外支出。会计分录如下。

借：营业外支出　　270 000

　　贷：待处理财产损溢　　270 000

【例 11–18】某企业用银行存款支付税款滞纳金 30 000 元。会计分录如下。

借：营业外支出　　30 000

　　贷：银行存款　　30 000

11.16　所得税费用

11.16.1　什么是所得税费用

所得税是根据企业应纳税所得额的一定比例上缴的一种税金。企业在计算确定当期所得税以及递延所得税费用（或收益）时，应将两者之和确认为利润表中的所得税费用（或收益）。公式如下。

所得税费用（或收益）= 当期所得税 + 递延所得税费用（– 递延所得税收益）

递延所得税费用 = 递延所得税负债增加额 + 递延所得税资产减少额

递延所得税收益 = 递延所得税负债减少额 + 递延所得税资产增加额

11.16.2　如何使用“所得税费用”科目

本科目核算企业确认的应从当期利润总额中扣除的所得税费用。

本科目可按“当期所得税费用”“递延所得税费用”明细科目进行明细核算。期末，企业应将本科目的余额转入“本年利润”科目，结转后本科目无余额。

11.16.3　如何设置明细科目

“所得税费用”科目的明细科目设置如表 11–16 所示。

表 11-16　6801 所得税费用

顺序号	编号	会计科目名称	二级科目名称	三级科目名称
六、损益类				
	6801	所得税费用		
	6801 01	所得税费用	当期所得税费用	
	6801 02	所得税费用	递延所得税费用	
	6801 02 01	所得税费用	递延所得税费用	递延所得税资产
	6801 02 02	所得税费用	递延所得税费用	递延所得税负债

11.16.4　会计处理分录与案例解析

（1）资产负债表日，企业按照税法规定计算确定的当期应交所得税，借记“所得税费用——当期所得税费用”科目，贷记“应交税费——应交企业所得税”科目。确认所得税费用时的会计分录如图 11-21 所示。

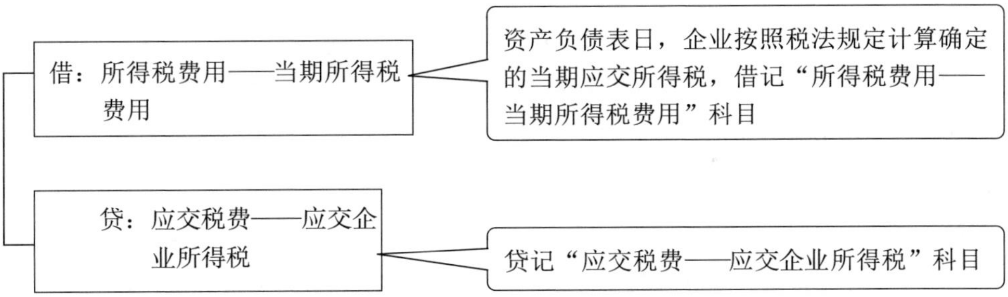

图 11-21　确认所得税费用时的会计分录

（2）资产负债表日，递延所得税资产的应有余额大于“递延所得税资产”科目余额的，按两者的差额，借记“递延所得税资产”科目，贷记“所得税费用——递延所得税费用”“其他综合收益”等科目；递延所得税资产的应有余额小于“递延所得税资产”科目余额的，按两者的差额，做相反的会计分录。会计分录如图 11-22 所示。

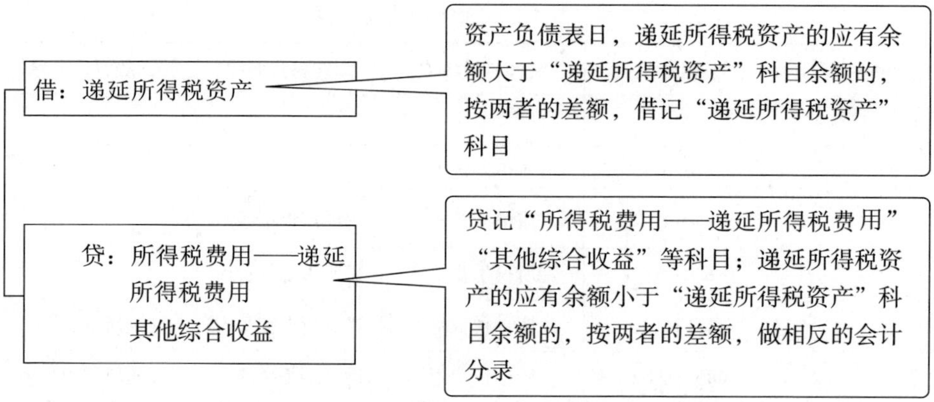

图 11-22　确认递延所得税资产的相关会计分录

* 案例解析

【例 11-19】甲公司 2×14 年度按企业会计准则计算的税前会计利润为 10 000 000 元，所得税税率为 25%。当年按税法核定的全年计税工资为 2 000 000 元，甲公司全年实发工资为 1 800 000 元。假定甲公司全年无其他纳税调整因素。

企业实际支付的工资总额超过计税工资时，超出的部分不得作为纳税扣除项目，应调整增加应纳税所得额。但企业实际支付的工资总额低于计税工资时，应按实际支付的工资总额作为纳税扣除项目，即企业实际支付的工资总额低于计税工资的部分不调整应纳税所得额。

甲公司实际支付的工资总额低于计税工资，不属于纳税调整因素，甲公司又无其他纳税调整因素，因此甲公司 2×14 年度计算的税前会计利润即为应纳税所得额。甲公司当期所得税的计算如下。

当期应交所得税税额 =10 000 000×25% =2 500 000（元）

【例 11-20】承【例 11-19】，甲公司递延所得税负债年初数为 40 000 元，年末数为 55 000 元，递延所得税资产年初数为 250 000 元，年末数为 200 000 元。甲公司的账务处理如下。

甲公司所得税费用的计算如下。

递延所得税费用 =（55 000−40 000）+（250 000−200 000）= 65 000（元）

所得税费用 = 当期所得税 + 递延所得税费用 =2 500 000+65 000=2 565 000（元）

甲公司的会计分录如下。

借：所得税费用　　2 565 000
　　贷：应交税费——应交所得税　　2 500 000
　　　　递延所得税负债　　15 000
　　　　递延所得税资产　　50 000

11.17　以前年度损益调整

11.17.1　什么是以前年度损益调整

以前年度损益调整，是指企业对以前年度多计或少计的盈亏数额所进行的调整。以前年度少计费用或多计收益时，应调整减少本年度利润总额；以前年度少计收益或多计费用时，应调整增加本年度利润总额。

11.17.2　如何使用“以前年度损益调整”科目

本科目核算企业本年度发生的调整以前年度损益的事项以及本年度发现的重要前期差错更正涉及调整以前年度损益的事项。企业在资产负债表日至财务报告批准报出日之间发生的需要调整报告年度损益的事项，也可以通过本科目核算。

本科目结转后应无余额。

11.17.3　如何设置明细科目

“以前年度损益调整”科目的明细科目设置如表 11-17 所示。

表 11-17　6901 以前年度损益调整

顺序号	编号	会计科目名称	二级科目名称	三级科目名称
六、损益类				
	6901	以前年度损益调整		
	6901 01	以前年度损益调整	收益	项目
	6901 02	以前年度损益调整	成本、费用	项目

11.17.4　会计处理分录与案例解析

（1）企业调整增加以前年度利润或减少以前年度亏损，借记有关科目，贷记“以前年度损益调整”科目；调整减少以前年度利润或增加以前年度亏损，做相反的会计分录。调整以前年度利润时的会计分录如图 11-23 所示。

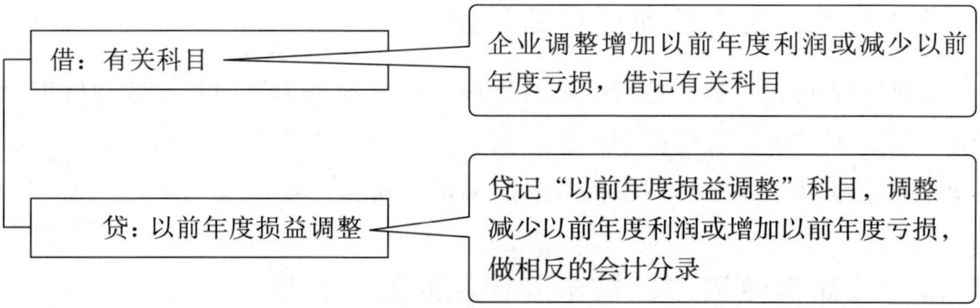

图 11-23　调整以前年度利润时的会计分录

（2）由于以前年度损益调整增加的所得税费用，借记“以前年度损益调整”科目，贷记“应交税费——应交所得税”等科目。由于以前年度损益调整减少的所得税费用，做相反的会计分录。会计分录如图 11-24 所示。

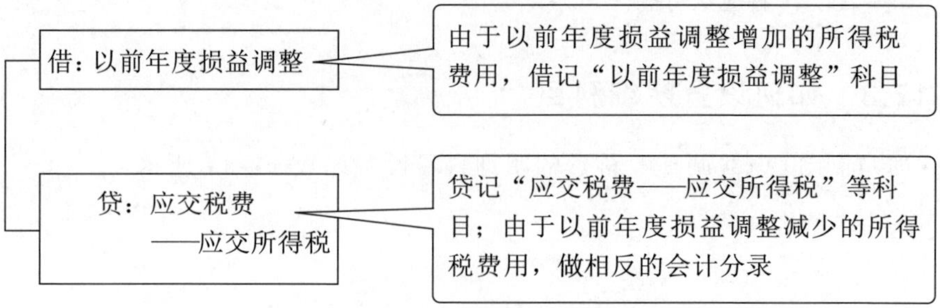

图 11-24　由于以前年度损益调整增加所得税费用的会计分录

（3）经上述调整后，应将本科目的余额转入“利润分配——未分配利润”科目。本科目如为贷方余额，借记“以前年度损益调整”科目，贷记“利润分配——未分配利润”科目；如为借方余额，做相反的会计分录。会计分录如图 11-25 所示。

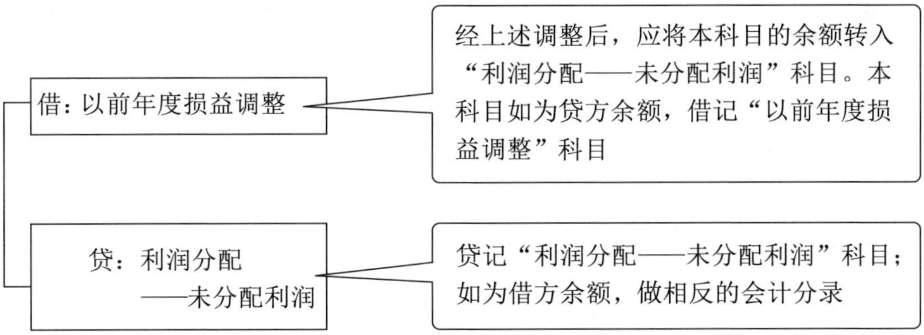

图 11-25　结转以前年度损益调整时的会计分录

* 案例解析

【例 11-21】乙公司在财产清查过程中，发现一台未入账的设备，按同类或类似商品市场价格，减去按该项资产的新旧程度估计的价值损耗后的余额为 30 000 元（假定与其计税基础不存在差异）。根据《企业会计准则第 28 号——会计政策、会计估计变更和差错更正》，该盘盈固定资产作为前期差错进行处理。假定乙公司适用的所得税税率为 25%，按净利润的 10% 计提法定盈余公积。乙公司应做如下会计分录。

①盘盈固定资产时。

借：固定资产　　30 000

　　贷：以前年度损益调整　　30 000

②确定应交所得税时。

借：以前年度损益调整　　7 500

　　贷：应交税费——应交所得税　　7 500

③结转为留存收益时。

借：以前年度损益调整　　22 500

　　贷：盈余公积——法定盈余公积　　2 250

　　　　利润分配——未分配利润　　20 250

第12章 财务报告的编制与分析

本章导读

财务报告，是指企业对外提供的反映企业某一特定日期的财务状况和某一会计期间的经营成果、现金流量等会计信息的文件。财务报告包括财务报表和其他应当在财务报告中披露的相关信息和资料。

12.1 财务报告概述

12.1.1 财务报告的概念及作用

企业财务报告，是指企业对外提供的反映企业某一特定日期的财务状况和某一会计期间的经营成果、现金流量等会计信息的文件，是会计工作的最终产品。正确编制财务报告是企业会计工作的一项重要内容。

企业应定期向投资者、债权人、政府有关部门，以及其他会计报表使用者提供财务报告。其中，上市股份有限公司应当向证券交易机构和证券监管机构等提供财务报告。

企业的财务报告主要有以下三方面作用。

（1）是管理当局了解企业资金、成本、盈利情况及进行经营决策和计划的重要依据。

（2）是投资者和金融机构进行投资决策和贷款决策的信息来源。

（3）是财税部门监督、检查企业财经纪律遵守情况和经济管理部门加强宏观调控的主要依据。

12.1.2　财务报告的内容

企业的财务报告，由会计报表和财务状况说明书等组成。

1. 会计报表

企业的会计报表，是根据日常会计核算资料编制，用以反映企业财务状况和经营成果的综合指标体系。会计报表按其用途，可分为向外提供的会计报表和企业内部管理需要的会计报表。

企业向外提供的会计报表，由财政部统一规定报表的格式及填制指标项目，所有的企业都必须按期编制并提供给有关部门。按照现行会计制度的规定，采用企业会计制度的企业向外提供的会计报表有以下 5 种。

（1）资产负债表。

（2）利润表。

（3）现金流量表。

（4）所有者权益变动表。

（5）会计报表附注。

其中，会计报表附注又叫会计报表注释，它是为帮助会计报表使用者理解会计报表的内容而对报表的有关项目所做的解释。会计报表的组成见表 12-1。

表 12-1　会计报表的组成

会计报表的组成	含义	相关内容
资产负债表	反映企业在某一特定日期所拥有的资产、需偿还的债务以及股东（投资者）拥有的净资产的情况	我国企业资产负债表采用账户式结构，左方为资产，右方为负债和所有者权益。在资产负债表中，资产项目按照流动资产和非流动资产分类列示，负债项目按照流动负债和非流动负债分类列示，在各类别下再按照性质分项列示。资产负债表各项目主要根据总账科目余额填列、根据明细账科目余额计算填列、根据总账科目和明细账科目余额分析计算填列、根据有关科目余额减去其备抵科目余额后的净额填列
利润表	反映企业在一定会计期间的经营成果，即盈利或亏损的情况，表明企业运用所拥有的资产的盈利能力	我国企业利润表采用多步式结构。利润表可反映营业利润、利润总额和净利润金额，利润表项目一般按其发生额填列

续表

会计报表的组成	含义	相关内容
现金流量表	反映企业在一定会计期间现金和现金等价物流入和流出的情况	我国企业现金流量表采用报告式结构，分为经营活动产生的现金流量、投资活动产生的现金流量和筹资活动产生的现金流量三类。企业应当采用直接法编制经营活动产生的现金流量。采用直接法编制经营活动产生的现金流量时，可以采用工作底稿法或T型账户法，也可以根据有关科目记录分析填列
所有者权益变动表	反映构成所有者权益的各组成部分当期的增减变动情况	企业的净利润及其分配情况是所有者权益变动表的组成部分，相关信息已经在所有者权益变动表及其附注中反映，企业不需要再单独编制利润分配表
会计报表附注	会计报表不可或缺的组成部分，为了便于会计报表使用者理解会计报表内容而做出的解释	对资产负债表、利润表、现金流量表和所有者权益变动表等报表中列示项目的文字描述或提供明细资料，以及对未能在这些报表中列示项目的说明等

资产负债表和利润表为月度会计报表，现金流量表和所有者权益变动表为年度会计报表。

企业拥有一个或一个以上子公司，并对子公司拥有控制权的，除了编制企业本身会计报表外，还应编制合并会计报表，以综合反映企业本身和与拥有控制权的子公司所形成的企业集团的经营成果、财务状况及其变动情况。企业合并会计报表包括以下内容。

（1）合并资产负债表。

（2）合并利润表。

（3）合并现金流量表。

（4）合并所有者权益变动表。

（5）合并会计报表附注。

企业内部管理需要的会计报表，由企业根据实际需要自行制定，一般包括在建开发产品成本表、已完开发产品成本表等。

2. 财务状况说明书

财务状况说明书又称财务情况说明书，是对企业的生产经营情况，利润实现分配及亏损情况，资金增减和周转情况，所有者权益（或股东权益）增减变动情况，以后年度的业务发展情况及市场分析等所做的归纳和总结。编写财务状况说明书要求行文简洁、数据充分、条理清晰。

在实际工作中，人们往往将财务报告和会计报表混为一谈。财务报告是用于综合反映企业财务状况和经营成果的书面文件，由会计报表和财务状况说明书两大部分构成，而会计报表是财务报告的主体组成部分。根据我国当前法规的规定，会计报表是指资产负债表、利润表、现金流量表、所有者权益变动表和会计报表附注以及相关附表。

3. 会计报表的分类

会计报表可以按照不同的标准进行分类。

（1）按会计报表编报期间的不同，会计报表可以分为中期会计报表和年度会计报表。中期会计报表是以短于一个完整会计年度的报告期间为基础编制的会计报表，包括月报、季报和半年报等。

（2）按会计报表编报主体的不同，会计报表可以分为个别会计报表和合并会计报表。个别会计报表是由企业在自身会计核算基础上对账簿记录进行加工而编制的会计报表，它主要用以反映企业自身的财务状况、经营成果和现金流量。合并会计报表是以母公司和子公司组成的企业集团为会计主体，根据母公司和所属子公司的会计报表，由母公司编制的综合反映企业集团财务状况、经营成果及现金流量的会计报表。

（3）按会计报表的服务对象不同，会计报表可以分为内部会计报表和外部会计报表。二者的作用是不同的。

会计报表的分类具体见表 12-2。

表 12-2　会计报表的分类

依据	分类项目	具体内容	具体要求
按会计报表编报期间的不同	月报	在月份终了时编制的反映月末或当月情况的会计报表	要求简明扼要，以便及时反映各企业的主要情况和主要问题。常用的月报有资产负债表、利润表、应交增值税明细表等
	季报	在季度终了时编制的反映季末或当季情况的会计报表	所包括的会计报表一般较少
	半年报	在半年终了时编制的反映半年末或上半年情况的会计报表	要求做到全面、完整，能总结上半年的经济活动

续表

依据	分类项目	具体内容	具体要求
按会计报表编报期间的不同	年报	在年度终了时编制的反映年末或当年情况的会计报表	要求做到全面、完整，能总结全年的经济活动。常见的年报有利润分配表、现金流量表和主营业务收支明细表等
按会计报表编报主体的不同	个别会计报表	由独立核算的会计主体编制的，用以反映本会计主体的财务状况和经营成果的报表	—
	合并会计报表	以母公司和子公司组成的企业集团为会计主体，根据母公司和所属子公司的会计报表，由母公司编制的综合反映企业集团财务状况、经营成果及现金流量的会计报表	—
按会计报表的服务对象不同	内部会计报表	适应企业内部经营管理的需要而编制的不对外公开的会计报表，如企业的成本费用明细表、存货明细表等	一般没有规范的格式，不需统一的指标体系，各企业可根据自己的情况和需要自行制定
	外部会计报表	为满足外部会计信息使用者的需要，按照国家财务、会计制度编制的会计报表，如资产负债表、利润表、现金流量表等	外部会计报表的种类、格式、内容及编制方法均有统一规定，任何企业不得随意增减变动

4. 会计报表的编制要求

为了提升会计报表的质量，充分发挥其作用，我国《企业会计准则》规定了编制会计报表的基本要求：会计报表应当根据登记完整、核对无误的会计账簿记录和其他有关资料编制，做到数字真实、计算准确、内容完整、报送及时。

（1）数字真实，计算准确。

为了能够真实准确地反映企业的财务状况和经营成果，会计报表中各项目的数字必须以核对无误的账簿记录和其他资料填写，不得用预计数字、估计数字代替真实数字，更不得弄虚作假，伪造报表数字，同时还要对会计报表中各项目的金额采用正确的计算方法，确保计算结果的准确；为了保证数字真实、准确，在编制会计报表时要按期结账、认真对账和进行财产清查，使会计报表所有记录准确无误。

（2）内容完整。

会计信息的内容必须全面、系统地反映企业经营活动的全部情况，为此要求企业必须按规定的报表种类、格式和内容来进行编制，不得漏编漏报，对不同会计期间应编报的各种会计报表，都必须填列完整；同时要求企业在每种会计报表中应填写的各项指标，不论是表内项目还是表外补充资料，都必须填列齐全，对某些不便列入报表的重要资料，应在括号内说明或以附注等形式加以说明。

（3）报送及时。

如果会计信息的报告期被不适当地拖延，即使是最真实、最完整的会计报表也将失去其效用。所以，会计报表必须按照规定的期限和程序，及时编制、及时报送。

我国会计制度规定：月度中期财务报告应于月度终了后6天内报出；季度中期财务报告应于季度终了后15天内报出；半年度中期财务报告应于年度中期结束后60天内报出；年度财务报告应于年度终了后4个月内报出。法律、法规另有规定者，从其规定。

12.2　资产负债表

12.2.1　资产负债表的概念

企业的资产负债表是反映企业在某一特定日期（月末、季末、年末）财务状况的会计报表，是企业对外编报的主要报表之一。

它反映企业在某一特定日期所拥有或控制的经济资源、所承担的现时义务和所有者对净资产的要求权。资产负债表，可以提供某一日期资产的总额及其结构，表明企业拥有或控制的资源及其分布情况，从而让使用者可以一目了然地从资产负债表上了解企业在某一特定日期所拥有的资产总量及其结构；可以提供某一日期的负债总额及其结构，表明企业未来需要用多少资产或劳务清偿债务以及清偿时间；可以反映所有者所拥有的权益，从而让使用者可以据以判断资本保值、增值的情况以及对负债的保障程度。此外，资产负债表还可以提供进行财务分析的基本资料，如将流动资产与流动负债进行比较，计算出流动比率；将速动资产与流动负债进行比较，计算出速动比率等。通过这些指标，使用者可以了解企业的变现能力、偿债能力和资金周转能力，从而有助于做出经济决策。

12.2.2 资产负债表内容与结构

在我国，资产负债表采用账户式结构，报表分为左右两方，左方列示资产各项目，反映全部资产的分布及存在形态；右方列示负债和所有者权益各项目，反映全部负债和所有者权益的内容及构成情况。资产负债表左右两方平衡，资产总计等于负债和所有者权益总计，即“资产 = 负债 + 所有者权益”。此外，为了使使用者通过比较不同时点资产负债表的数据，掌握企业财务状况的变动情况及发展趋势，企业需要提供比较资产负债表。资产负债表还应就各项目再分为“上年年末余额”和“期末余额”两栏分别填列。资产负债表的具体格式如表 12-3 所示。

表 12-3 资产负债表

会企 01 表

编制单位： 年 月 日 单位：元

资产	期末余额	上年年末余额	负债和所有者权益（或股东权益）	期末余额	上年年末余额
流动资产：			流动负债：		
货币资金			短期借款		
交易性金融资产			交易性金融负债		
衍生金融资产			衍生金融负债		
应收票据			应付票据		
应收账款			应付账款		
应收款项融资			预收款项		
预付款项			合同负债		
其他应收款			应付职工薪酬		
存货			应交税费		

续表

资产	期末余额	上年年末余额	负债和所有者权益（或股东权益）	期末余额	上年年末余额
合同资产			其他应付款		
持有待售资产			持有待售负债		
一年内到期的非流动资产			一年内到期的非流动负债		
其他流动资产			其他流动负债		
流动资产合计			流动负债合计		
非流动资产：			非流动负债：		
债权投资			长期借款		
其他债权投资			应付债券		
长期应收款			其中：优先股		
长期股权投资			永续债		
其他权益工具投资			租赁负债		
其他非流动金融资产			长期应付款		
投资性房地产			预计负债		
固定资产			递延收益		
在建工程			递延所得税负债		
生产性生物资产			其他非流动负债		
油气资产			非流动负债合计		
使用权资产			负债合计		
无形资产			所有者权益（或股东权益）：		
开发支出			实收资本（或股本）		
商誉			其他权益工具		
长期待摊费用			其中：优先股		
递延所得税资产			永续债		
其他非流动资产			资本公积		
非流动资产合计			减：库存股		
			其他综合收益		
			专项储备		

续表

资产	期末余额	上年年末余额	负债和所有者权益（或股东权益）	期末余额	上年年末余额
			盈余公积		
			未分配利润		
			所有者权益（或股东权益）合计		
资产总计			负债和所有者权益（或股东权益）总计		

资产负债表由表首、基本部分和补充资料三部分组成。

1. 表首

表首是报表的基本标志，列有报表名称、编制单位、报表编号、编报日期和金额单位等项目。由于资产负债表是静态报表，所以编报的日期应填写报告期最后一天的日期。

2. 基本部分

基本部分是资产负债表的主体，分为左、右两方。

（1）资产负债表的左方。左方的项目分为以下两大类。

①流动资产。流动资产包括货币资金、交易性金融资产、衍生金融资产、应收票据、应收账款、应收款项融资、预付款项、其他应收款、存货、合同资产、持有待售资产、一年内到期的非流动资产和其他流动资产等项目。

②非流动资产。非流动资产包括债权投资、其他债权投资、长期应收款、长期股权投资、其他权益工具投资、其他非流动金融资产、投资性房地产、固定资产、在建工程、生产性生物资产、油气资产、无形资产、开发支出、商誉、长期待摊费用、递延所得税资产和其他非流动资产等项目。

上述项目，是根据资产变现能力的顺序排列的。货币资金中的库存现金和银行存款排在首位，之后是变现能力较强，在一年内或一个营业周期内可以变现的各种流动资产。长期股权投资、固定资产、无形资产及其他非流动资产等不容易变现，排在后面。按变现能力强弱排列资产项目，可以反映企业的支付能力，与资产负债表右方项目联系起来，可以反映企业的偿债能力。

（2）资产负债表的右方。右方的项目分为如下三大类。

①流动负债。流动负债包括短期借款、交易性金融负债、衍生金融负债、应付票据、应付账款、预收款项、合同负债、应付职工薪酬、应交税费、其他

应付款、持有待售负债、一年内到期的非流动负债、其他流动负债等项目。

②非流动负债。非流动负债包括长期借款、应付债券、租赁负债、长期应付款、预计负债、递延收益、递延所得税负债和其他非流动负债等项目。

③所有者权益（或股东权益）。所有者权益（或股东权益）包括实收资本（或股本）、其他权益工具、资本公积、其他综合收益、专项储备、盈余公积、未分配利润等项目。

右方项目是按照偿还的时间先后顺序排列的。短期借款等需要在一年内或一个营业周期内偿还的流动负债排列在前面，在一年以上或一个营业周期以上才需要偿还的非流动负债排在中间，在企业解散之前不需要偿还的所有者权益排在后面。按偿还的时间先后顺序排列，可以反映企业各种债务偿还的时间，联系该表的左方，可以反映企业的偿债能力。

3. 补充资料

补充资料，也是资产负债表的重要组成部分，列示在资产负债表的下方。补充资料所提供的是使用者需要了解，但在基本部分无法反映或难以单独反映的一些资料。

12.2.3 资产负债表的填列方法

（一）资产负债表项目的填列方法

资产负债表各项目均需填列“期末余额”和“上年年末余额”两栏。

1. 资产负债表“期末余额”栏的填列方法

资产负债表的“期末余额”栏的填列方法主要有以下几种。

（1）根据总账科目余额填列。如“短期借款”“资本公积”等项目，根据“短期借款”“资本公积”各总账科目的余额直接填列；有些项目则需根据几个总账科目的期末余额计算填列，如“货币资金”项目，需根据“库存现金”“银行存款”“其他货币资金”三个总账科目的期末余额的合计数填列。

（2）根据明细账科目余额计算填列。如“预付款项”项目，需要根据“应付账款”科目借方余额和“预付账款”科目借方余额减去与“预付账款”有关的坏账准备贷方余额计算填列；“预收款项”项目，需要根据“应收账款”科目贷方余额和“预收账款”科目贷方余额计算填列；“开发支出”项目，需要根据“研发支出”科目中所属的“资本化支出”明细科目期末余额计算填列；“应付职工薪酬”项目，需要根据“应付职工薪酬”科目的明细科目期末余额计算填列；“一年内到期的非流动资产”“一年内到期的非流动负债”项目，需要根据有关非流动资产和非流动负债项目的明细科目余额计算填列；“未分配利润”项目，需要根据“利润分配”科目中所属的“未分配利润”明细科目期末余额填列。

（3）根据总账科目和明细账科目余额分析计算填列。如“长期借款”项目，需要根据“长期借款”总账科目余额减去“长期借款”科目所属的明细科目中将在一年内到期且企业不能自主地将清偿义务展期的长期借款后的金额计算填列；“其他非流动资产”项目，应根据有关科目的期末余额减去将于一年内（含一年）收回的数后的金额计算填列；“其他非流动负债”项目，应根据有关科目的期末余额减去将于一年内（含一年）偿还的数后的金额计算填列。

（4）根据有关科目余额减去其备抵科目余额后的净额填列。如资产负债表中“长期股权投资”“在建工程”等项目，应当根据“长期股权投资”“在建工程”等科目的期末余额，减去“长期股权投资减值准备”“在建工程减值准备”等备抵科目余额后的净额填列；“投资性房地产”“固定资产”项目，应当根据“投资性房地产”“固定资产”科目的期末余额，减去“投资性房地产累计折旧”“投资性房地产减值准备”“累计折旧”“固定资产减值准备”等备抵科目的期末余额，以及“固定资产清理”科目期末余额后的净额填列；“无形资产”项目，应当根据“无形资产”科目的期末余额，减去“累计摊销”“无形资产减值准备”等备抵科目余额后的净额填列。

（5）综合运用上述填列方法分析填列。如资产负债表中的“存货”项目，需要根据“原材料”“库存商品”“委托加工物资”“周转材料”“材料采购”“在途物资”“发出商品”“材料成本差异”等总账科目期末余额的分析汇总数，再减去“存货跌价准备”科目余额后的净额填列。

2. 资产负债表“上年年末余额”栏的填列方法

资产负债表中的“上年年末余额”栏通常根据上年年末有关项目的期末余额填列，且与上年年末资产负债表“期末余额”栏金额相一致。如果企业发生了会计政策变更、前期差错更正，应当对“上年年末余额”栏中的有关项目进行相应调整。如果企业上年度资产负债表规定的项目名称和内容与本年度的不一致，应当对上年年末资产负债表相关项目的名称和内容按照本年度的规定进行调整，填入“上年年末余额”栏。

（二）资产负债表项目的填列说明

（1）“货币资金”项目，反映企业库存现金、银行结算账户存款、外埠存款、银行汇票存款、银行本票存款、信用卡存款、信用证保证金存款等的合计数。本项目应根据“库存现金”“银行存款”“其他货币资金”科目期末余额的合计数填列。

（2）“交易性金融资产”项目，反映资产负债表日企业分类为以公允价值计量且其变动计入当期损益的金融资产，以及企业持有的指定为以公允价值计量且其变动计入当期损益的金融资产的期末账面价值。该项目应根据“交易性金融资产”科目的相关明细科目的期末余额分析填列。自资产负债表日起超过一年到期且预期持有超过一年的以公允价值计量且其变动计入当期损益的非流动金融资产的期末账面价值，在“其他非流动金融资产”项目中反映。

（3）“应收票据”项目，反映资产负债表日以摊余成本计量的、企业因销售商品、提供服务等收到的商业汇票，包括银行承兑汇票和商业承兑汇票。该项目应根据“应收票据”科目的期末余额，减去“坏账准备”科目中相关坏账准备期末余额后的金额分析填列。

（4）“应收账款”项目，反映资产负债表日以摊余成本计量的、企业因销售商品、提供服务等经营活动应收取的款项。该项目应根据“应收账款”科目的期末余额，减去“坏账准备”科目中相关坏账准备期末余额后的金额分析填列。

（5）“应收款项融资”项目，反映资产负债表日以公允价值计量且其变动计入其他综合收益的应收票据和应收账款等。

（6）“预付款项”项目，反映企业按照购货合同规定预付给供应单位的款项等。本项目应根据“预付账款”和“应付账款”科目所属各明细科目的期末借方余额合计数，减去“坏账准备”科目中有关预付款项计提的坏账准备期末余额后的金额填列。如“预付账款”科目所属明细科目期末有贷方余额，应在资产负债表“应付账款”项目内填列。

（7）“其他应收款”项目，应根据“应收利息”“应收股利”“其他应收款”科目的期末余额合计数，减去“坏账准备”科目中相关坏账准备期末余额后的金额填列。其中的“应收利息”仅反映相关金融工具已到期可收取但于资产负债表日尚未收到的利息。基于实际利率法计提的金融工具的利息应包含在相应金融工具的账面余额中。

（8）“存货”项目，反映企业期末各种存货的可变现净值。房地产开发企业的存货是指企业在日常活动中持有的以备出售的开发产品，处在开发过程中的在建开发产品，在开发过程或提供劳务过程中耗用的材料、物资、设备等。房地产开发企业的存货主要包括各类材料、库存设备、低值易耗品、委托加工物资、在建开发产品、已完工待售开发产品、周围房等。存货属于企业的流动资产。

（9）“持有待售资产”项目，反映资产负债表日划分为持有待售类别的非流动资产及划分为持有待售类别的处置组中的流动资产和非流动资产的期末账面价值。该项目应根据“持有待售资产”科目的期末余额，减去“持有待售资产减值准备”科目的期末余额后的金额填列。

（10）“一年内到期的非流动资产”项目，通常反映预计自资产负债表日起一年内变现的非流动资产。对于按照相关会计准则采用折旧（或摊销、折耗）方法进行后续计量的固定资产、使用权资产、无形资产和长期待摊费用等非流动资产，折旧（或摊销、折耗）年限（或期限）只剩一年或不足一年的，或预计在一年内（含一年）进行折旧（或摊销、折耗）的部分，不得归类为流动资产，仍在该非流动资产项目中填列，不转入“一年内到期的非流动资产”项目。

（11）“债权投资”项目，反映资产负债表日企业以摊余成本计量的长期债权投资的期末账面价值。该项目应根据“债权投资”科目的相关明细科目期末余额，减去“债权投资减值准备”科目中相关减值准备的期末余额后的金额分析填列。自资产负债表日起一年内到期的长期债权投资的期末账面价值，在“一年内到期的非流动资产”项目反映。企业购入的以摊余成本计量的一年内到期的债权投资的期末账面价值，在“其他流动资产”项目反映。

（12）“其他债权投资”项目，反映资产负债表日企业分类为以公允价值计量且其变动计入其他综合收益的长期债权投资的期末账面价值。该项目应根据“其他债权投资”科目的相关明细科目的期末余额分析填列。自资产负债表日起一年内到期的长期债权投资的期末账面价值，在“一年内到期的非流动资产”项目中反映。企业购入的以公允价值计量且其变动计入其他综合收益的一年内到期的债权投资的期末账面价值，在“其他流动资产”项目反映。

（13）“长期股权投资”项目，反映企业持有的对子公司、联营企业和合营企业的长期股权投资。本项目应根据“长期股权投资”科目的期末余额，减去“长期股权投资减值准备”科目的期末余额后的金额填列。

（14）“其他权益工具投资”项目，反映资产负债表日企业指定为以公允价值计量且其变动计入其他综合收益的非交易性权益工具投资的期末账面价值。该项目应根据“其他权益工具投资”科目的期末余额填列。

（15）“固定资产”项目，反映资产负债表日企业固定资产的期末账面价值和企业尚未清理完毕的固定资产清理净损益。该项目应根据“固定资产”科目的期末余额，减去“累计折旧”和“固定资产减值准备”科目的期末余额，以及“固定资产清理”科目的期末余额后的净额填列。

（16）“在建工程”项目，反映资产负债表日企业尚未达到预定可使用状态的在建工程的期末账面价值和企业为在建工程准备的各种物资的期末账面价值。该项目应根据“在建工程”科目的期末余额，减去“在建工程减值准备”科目的期末余额后的金额，以及“工程物资”科目的期末余额，减去“工程物资减值准备”科目的期末余额后的金额填列。

（17）“使用权资产”项目，反映资产负债表日承租人持有的使用权资产的期末账面价值。该项目应根据“使用权资产”科目的期末余额，减去“使用权资产累计折旧”和“使用权资产减值准备”科目的期末余额后的金额填列。

（18）“无形资产”项目，反映企业持有的无形资产，包括专利权、非专利技术、商标权、著作权、土地使用权等。本项目应根据“无形资产”科目的期末余额，减去“累计摊销”和“无形资产减值准备”科目期末余额后的金额填列。

（19）“开发支出”项目，反映企业开发无形资产过程中能够资本化形成无形资产成本的支出部分。本项目应当根据“研发支出”科目中所属的“资本化支出”明细科目期末余额填列。

（20）“长期待摊费用”项目，反映企业已经发生但应由本期和以后各期负担的分摊期限在一年以上的各项费用。长期待摊费用中在一年内（含一年）摊销的部分，在资产负债表“一年内到期的非流动资产”项目填列。本项目应根据“长期待摊费用”科目的期末余额减去将于一年内（含一年）摊销的数额后的金额填列。

（21）“其他非流动资产”项目，反映企业除长期股权投资、固定资产、在建工程、工程物资、无形资产等以外的其他非流动资产。本项目应根据有关科目的期末余额填列。

（22）“短期借款”项目，反映企业向银行或其他金融机构等借入的期限在一年以内（含一年）的各种借款。本项目应根据“短期借款”科目的期末余额填列。

（23）“交易性金融负债”项目，反映资产负债表日企业承担的交易性金融负债，以及企业持有的指定为以公允价值计量且其变动计入当期损益的金融负债的期末账面价值。该项目应根据“交易性金融负债”科目的相关明细科目的期末余额填列。

（24）“应付票据”项目，反映资产负债表日以摊余成本计量的、企业因购买材料、商品和接受服务等开出、承兑的商业汇票，包括银行承兑汇票和商业承兑汇票。该项目应根据“应付票据”科目的期末余额填列。

（25）“应付账款”项目，反映资产负债表日以摊余成本计量的，企业因购买材料、商品和接受服务等经营活动应支付的款项。该项目应根据“应付账款”和“预付账款”科目所属的相关明细科目的期末贷方余额合计数填列。

（26）“预收款项”项目，核算企业按照合同规定或交易双方约定，而向购买单位或接受劳务的单位在未发出商品或提供劳务时预收的款项。本项目应根据“应收账款”和“预收账款”科目所属各明细科目的期末贷方余额合计数填列。如“预收账款”科目所属明细科目期末有借方余额，应在资产负债表“应收账款”项目内填列。

（27）“应付职工薪酬”项目，反映企业根据有关规定应付给职工的工资、职工福利、社会保险费、住房公积金、工会经费、职工教育经费、非货币性福利、辞退福利等各种薪酬。外商投资企业按规定从净利润中提取的职工奖励及福利基金，也在本项目中列示。

（28）“应交税费”项目，反映企业按照税法规定计算应缴纳的各种税费，包括增值税、消费税、所得税、资源税、土地增值税、城市维护建设税、房产税、城镇土地使用税、车船税、教育费附加、矿产资源补偿费等。企业代扣代缴的个人所得税，也通过本项目列示。企业所缴纳的税金，如印花税、耕地占用税等不需要预计应交数的，不在本项目中列示。本项目应根据“应交税费”科目的期末贷方余额填列；如“应交税费”科目期末为借方余额，应以“-”号填列。

（29）“其他应付款”项目，应根据“应付利息”“应付股利”“其他应付款”科目的期末余额合计数填列。其中的“应付利息”仅反映相关金融工具已到期应支付但于资产负债表日尚未支付的利息。基于实际利率法计提的金融工具的利息应包含在相应金融工具的账面余额中。

（30）“持有待售负债”项目，反映资产负债表日处置组中与划分为持有待售类别的资产直接相关的负债的期末账面价值。该项目应根据“持有待售负债”科目的期末余额填列。

（31）“一年内到期的非流动负债”项目，反映企业非流动负债中将于资产负债表日后一年内到期部分的金额，如将于一年内偿还的长期借款。本项目应根据有关科目的期末余额填列。

（32）“长期借款”项目，反映企业向银行或其他金融机构借入的期限在一年以上（不含一年）的各项借款。本项目应根据“长期借款”科目的期末余额填列。

（33）“应付债券”项目，反映企业为筹集长期资金而发行的债券本金和利息。本项目应根据“应付债券”科目的期末余额填列。

（34）“租赁负债”项目，反映资产负债表日承租人尚未支付的租赁付款额的期末账面价值。该项目应根据“租赁负债”科目的期末余额填列。自资产负债表日起一年内到期应予以清偿的租赁负债的期末账面价值，在“一年内到期的非流动负债”项目中反映。

（35）“长期应付款”项目，反映资产负债表日企业除长期借款和应付债券以外的其他各种长期应付款项的期末账面价值。该项目应根据“长期应付款”科目的期末余额，减去相关的“未确认融资费用”科目的期末余额，以及“专项应付款”科目的期末余额后的金额填列。

（36）“递延收益”项目中摊销期限只剩一年或不足一年的，或预计在一年内（含一年）进行摊销的部分，不得归类为流动负债，仍在该项目中填列，不转入“一年内到期的非流动负债”项目。

（37）“其他非流动负债”项目，反映企业除长期借款、应付债券等项目以外的其他非流动负债。本项目应根据有关科目期末余额减去将于一年内（含一年）到期偿还数后的余额填列。非流动负债各项目中将于一年内（含一年）到期的非流动负债，应在“一年内到期的非流动负债”项目内单独反映。

（38）“合同资产”和“合同负债”项目。企业应按照《企业会计准则第14号——收入》（财会〔2017〕22号）的相关规定，根据本企业履行履约义务与客户付款之间的关系在资产负债表中列示合同资产或合同负债。“合同资产”项目、“合同负债”项目，应分别根据“合同资产”科目、“合同负债”科目的相关明细科目的期末余额分析填列。同一合同下的合同资产和合同负债应当以净额列示，其中净额为借方余额的，应当根据其流动性在“合同资产”或“其他非流动资产”项目中填列，已计提减值准备的，以减去“合同资产减值准备”科目中相关的期末余额后的金额填列；其中净额为贷方余额的，应当根据其流动性在“合同负债”或“其他非流动负债”项目中填列。

由于同一合同下的合同资产和合同负债应当以净额列示，企业也可以设置“合同结算”科目（或其他类似科目），以核算同一合同下属于在某一时段内履行履约义务涉及与客户结算对价的合同资产或合同负债，并在此科目下设置“合同结算——价款结算”科目反映定期与客户进行结算的金额，设置“合同结算——收入结转”科目反映按履约进度结转的收入金额。资产负债表日，“合同结算”科目的期末余额在借方的，根据其流动性在“合同资产”或“其他非流动资产”项目中填列；期末余额在贷方的，根据其流动性在“合同负债”或“其他非流动负债”项目中填列。

（39）按照《企业会计准则第 14 号——收入》（财会〔2017〕22 号）的相关规定确认为资产的合同取得成本，应当根据“合同取得成本”科目的明细科目初始确认时摊销期限是否超过一年或一个正常营业周期，在“其他流动资产”或“其他非流动资产”项目中填列，已计提减值准备的，以减去“合同取得成本减值准备”科目中相关的期末余额后的金额填列。

（40）按照《企业会计准则第 14 号——收入》（财会〔2017〕22 号）的相关规定确认为资产的合同履约成本，应当根据“合同履约成本”科目的明细科目初始确认时摊销期限是否超过一年或一个正常营业周期，在“存货”或“其他非流动资产”项目中填列，已计提减值准备的，以减去“合同履约成本减值准备”科目中相关的期末余额后的金额填列。

（41）按照《企业会计准则第 14 号——收入》（财会〔2017〕22 号）的相关规定确认为资产的应收退货成本，应当根据“应收退货成本”科目是否在一年或一个正常营业周期内出售，在“其他流动资产”或“其他非流动资产”项目中填列。

（42）按照《企业会计准则第 14 号——收入》（财会〔2017〕22 号）的相关规定确认为预计负债的应付退货款，应当根据“预计负债”科目下的“应付退货款”明细科目是否在一年或一个正常营业周期内清偿，在“其他流动负债”或“预计负债”项目中填列。

（43）企业按照《企业会计准则第 22 号——金融工具确认和计量》（财

会〔2017〕7 号）的相关规定对贷款承诺、财务担保合同等项目计提的损失准备，应当在“预计负债”项目中填列。

（44）“实收资本（或股本）”项目，反映企业各投资者实际投入的资本（或股本）总额。本项目应根据“实收资本（或股本）”科目的期末余额填列。

（45）“其他权益工具”项目，反映资产负债表日企业发行在外的除普通股以外分类为权益工具的金融工具的期末账面价值。对于资产负债表日企业发行的金融工具，分类为金融负债的，应在“应付债券”项目中填列，对于优先股和永续债，还应在“应付债券”项目下的“优先股”项目和“永续债”项目分别填列；分类为权益工具的，应在“其他权益工具”项目填列，对于优先股和永续债，还应在“其他权益工具”项目下的“优先股”项目和“永续债”项目分别填列。

（46）“资本公积”项目，反映企业资本公积的期末余额。本项目应根据“资本公积”科目的期末余额填列。

（47）“专项储备”项目，反映高危行业企业按国家规定提取的安全生产费的期末账面价值。该项目应根据“专项储备”科目的期末余额填列。

（48）“盈余公积”项目，反映企业盈余公积的期末余额。本项目应根据“盈余公积”科目的期末余额填列。

（49）“未分配利润”项目，反映企业尚未分配的利润。本项目应根据“本年利润”科目和“利润分配”科目的余额计算填列。未弥补的亏损在本项目内以“-”号填列。

（50）商誉是与企业整体价值联系在一起的，无形资产的定义要求无形资产是可辨认的，以便与商誉清楚地区分开来。企业合并中取得的商誉代表了购买方为从不能单独辨认并独立确认的资产中获得预期未来经济利益而付出的代价。这些未来经济利益可能产生于取得的可辨认资产之间的协同作用，也可能产生于购买者在企业合并中准备支付的，但不符合在财务报表上确认条件的资产。从计量上来讲，商誉是企业合并成本大于合并中取得的各项可辨认资产、负债公允价值份额的差额，代表的是企业未来现金流量大于每一单项资产产生未来现金流量的合计金额，其存在无法与企业自身区分开来，由于不具有可辨认性，虽然商誉也是没有实物形态的非货币性资产，但不构成无形资产。

（51）其他综合收益，是指企业根据其他会计准则规定未在当期损益中确认的各项利得和损失。其他综合收益项目分为下列两类：①不能重分类进损益的其他综合收益，主要包括：重新计量设定受益计划变动额、权益法不能转损益的其他综合收益、其他权益工具投资公允价值变动、企业自身信用风险公允价值变动等。②将重分类进损益的其他综合收益，主要包括：按照权益法下可转损益的其他综合收益、其他债权投资公允价值变动、金融资产重分类计入其他综合收益的金额、其他债权投资信用减值准备、现金流量套期储备、外币财务报表折算差额、自用房地产或作为存货的房地产转换为以公允价值模式计量的投资性房地产在转换日公允价值大于账面价值部分等。

12.2.4 资产负债表编制举例

【例 12-1】文正股份有限公司 2×19 年 12 月 31 日的资产负债表（上年年末余额略）及 2×20 年 12 月 31 日的科目余额表分别见表 12-4 和表 12-5。假设该公司 2×20 年度除计提固定资产减值准备导致固定资产账面价值与其计税基础存在可抵扣暂时性差异外，其他资产和负债项目的账面价值均等于其计税基础。

假定该公司未来很可能获得足够的应纳税所得额用来抵扣可抵扣暂时性差异，适用的所得税税率为 25%。根据上述资料编制该公司 2×20 年 12 月 31 日的资产负债表，结果填入表 12-6 中。

表 12-4 资产负债表

会企 01 表

编制单位：文正股份有限公司　　2×19 年 12 月 31 日　　单位：元

资产	期末余额	上年年末余额（略）	负债和所有者权益（或股东权益）	期末余额	上年年末余额（略）
流动资产：			流动负债：		
货币资金	1 406 300		短期借款	300 000	
交易性金融资产	15 000		交易性金融负债	0	
衍生金融资产	0		衍生金融负债	0	
应收票据	246 000		应付票据	200 000	
应收账款	299 100		应付账款	953 800	
应收款项融资	0		预收款项	500 000	
预付款项	100 000		合同负债	0	
其他应收款	5 000		应付职工薪酬	110 000	

续表

资产	期末余额	上年年末余额（略）	负债和所有者权益（或股东权益）	期末余额	上年年末余额（略）
存货	2 580 000		应交税费	36 600	
合同资产	0		其他应付款	500 000	
持有待售资产	0		持有待售负债	0	
一年内到期的非流动资产	0		一年内到期的非流动负债	51 000	
其他流动资产	100 000		其他流动负债	0	
流动资产合计	4 751 400		流动负债合计	2 651 400	
非流动资产：			非流动负债：		
债权投资	0		长期借款	600 000	
其他债权投资	0		应付债券	0	
长期应收款	0		其中：优先股	0	
长期股权投资	250 000		永续债	0	
其他权益工具投资	0		租赁负债	0	
其他非流动金融资产	0		长期应付款	0	
投资性房地产	0		预计负债	0	
固定资产	1 100 000		递延收益	0	
在建工程	1 500 000		递延所得税负债	0	
生产性生物资产	0		其他非流动负债	0	
油气资产	0		非流动负债合计	600 000	
使用权资产	0		负债合计	3 251 400	
无形资产	600 000		所有者权益（或股东权益）：		
开发支出	0		实收资本（或股本）	5 000 000	
商誉	0		其他权益工具	0	
长期待摊费用	0		其中：优先股	0	
递延所得税资产	0		永续债	0	

续表

资产	期末余额	上年年末余额（略）	负债和所有者权益（或股东权益）	期末余额	上年年末余额（略）
其他非流动资产	200 000		资本公积	0	
非流动资产合计	3 650 000		减：库存股	0	
			其他综合收益	0	
			专项储备	0	
			盈余公积	100 000	
			未分配利润	50 000	
			所有者权益（或股东权益）合计	5 150 000	
资产总计	8 401 400		负债和所有者权益（或股东权益）总计	8 401 400	

表 12-5　科目余额表

单位：元

科目名称	借方余额	科目名称	贷方余额
库存现金	126 566.75	短期借款	50 000
银行存款	344 943.25	应付票据	100 000
其他货币资金	240 690	应付账款	603 800
交易性金融资产	0	应付股利	100 000
应收票据	46 000	预收账款	350 000
应收账款	600 100	其他应付款	50 000
坏账准备	1 600	应付职工薪酬	180 000
预付账款	100 000	应交税费	100 000
其他应收款	5 000	应付利息	0
材料采购	305 000	一年内到期的长期负债	0
原材料	732 000	长期借款	1 160 000
周转材料	230 000	股本	5 000 000

续表

科目名称	借方余额	科目名称	贷方余额
库存商品	1 287 700	盈余公积	166 621.10
材料成本差异	20 000	利润分配（未分配利润）	108 037.15
其他流动资产	7 125		
长期股权投资	250 000		
固定资产	2 401 000		
累计折旧	−140 000		
固定资产减值准备	−30 000		
工程物资	100 000		
在建工程	603 933.25		
无形资产	600 000		
累计摊销	–30 000		
递延所得税资产	7 500		
其他长期资产	162 500		
合计	7 968 458.25	合计	7 968 458.25

表 12–6　资产负债表

会企 01 表

编制单位：文正股份有限公司　　　　2×20 年 12 月 31 日　　　　单位：元

资产	期末余额	上年年末余额	负债和所有者权益（或股东权益）	期末余额	上年年末余额
流动资产：			流动负债：		
货币资金	712 200	1 406 300	短期借款	50 000	300 000
交易性金融资产	0	15 000	交易性金融负债	0	0
衍生金融资产	0	0	衍生金融负债	0	0
应收票据	46 000	246 000	应付票据	100 000	200 000
应收账款	598 500	299 100	应付账款	603 800	953 800
应收款项融资	0	0	预收款项	350 000	500 000

续表

资产	期末余额	上年年末余额	负债和所有者权益（或股东权益）	期末余额	上年年末余额
预付款项	100 000	100 000	合同负债	0	0
其他应收款	5 000	5 000	应付职工薪酬	180 000	110 000
存货	2 574 700	2 580 000	应交税费	100 000	36 600
合同资产	0	0	其他应付款	150 000	500 000
持有待售资产	0	0	持有待售负债	0	0
一年内到期的非流动资产	0	0	一年内到期的非流动负债	0	51 000
其他流动资产	7 125	100 000	其他流动负债	0	0
流动资产合计	4 043 525	4 751 400	流动负债合计	1 533 800	2 651 400
非流动资产：			非流动负债：		
债权投资	0	0	长期借款	1 160 000	600 000
其他债权投资	0	0	应付债券	0	0
长期应收款	0	0	其中：优先股	0	0
长期股权投资	250 000	250 000	永续债	0	0
其他权益工具投资	0	0	租赁负债	0	0
其他非流动金融资产	0	0	长期应付款	0	0
投资性房地产	0	0	预计负债	0	0
固定资产	2 231 000	1 100 000	递延收益	0	0
在建工程	703 933.25	1 500 000	递延所得税负债	0	0
生产性生物资产	0	0	其他非流动负债	0	0
油气资产	0	0	非流动负债合计	1 160 000	600 000
使用权资产	0	0	负债合计	2 693 800	3 251 400
无形资产	570 000	600 000	所有者权益（或股东权益）：		
开发支出	0	0	实收资本（或股本）	5 000 000	5 000 000
商誉	0	0	其他权益工具	0	0

续表

资产	期末余额	上年年末余额	负债和所有者权益（或股东权益）	期末余额	上年年末余额
长期待摊费用	0	0	其中：优先股	0	0
递延所得税资产	7 500	0	永续债	0	0
其他非流动资产	162 500	200 000	资本公积	0	0
非流动资产合计	3 924 933.25	3 650 000	减：库存股	0	0
			其他综合收益	0	0
			专项储备	0	0
			盈余公积	166 621.10	100 000
			未分配利润	108 037.15	50 000
			所有者权益（或股东权益）合计	5 274 658.25	5 150 000
资产总计	7 968 458.25	8 401 400	负债和所有者权益（或股东权益）总计	7 968 458.25	8 401 400

12.3　利润表

12.3.1　利润表的内容

利润表是反映企业在一定会计期间的经营成果的会计报表。利润表的列报必须充分反映企业经营业绩的主要来源和构成。利润表所反映的是企业某一期间的收入、费用以及利润的实现和构成的情况，因此，利润表是一张动态报表，是企业会计报表中的重要报表之一。

利润表，可以反映企业一定会计期间的收入实现情况，如实现的营业收入有多少、投资收益有多少以及营业外收入有多少等；也可以反映一定会计期间的费用耗费情况，如耗费的营业成本有多少，税费有多少，销售费用、管理费用、财务费用各有多少，营业外支出有多少等；还可以反映企业生产经营活动的成果，即净利润的实现情况，据以判断资本保值、增值情况。利润表中的信息与资产负债表中的信息相结合，还可以提供进行财务分析的基本资料，如将赊销收入净额与应收账款平均余额进行比较，可以计算出应收账款周转率；将销货成本与存货平均余额进行比较，可以计算出存货周转率；将净利润与资产总额进行比较，可以计算出资产收益率。报表使用者借助财务分析，可以了解企业资金周转情况以及企业的盈利能力和水平，便于判断企业未来的发展趋势，做出经济决策。利润表的具体格式如表 12-7 所示。

表 12-7　利润表

会企 02 表

编制单位：　　　　　　　　　　年　　月　　　　　　　　　　单位：元

项目	本期金额	上期金额
一、营业收入		
减：营业成本		
税金及附加		
销售费用		
管理费用		
研发费用		
财务费用		
其中：利息费用		
利息收入		
加：其他收益		
投资收益（损失以“-”号填列）		
其中：对联营企业和合营企业的投资收益		
以摊余成本计量的金融资产终止确认收益（损失以“-”号填列）		
净敞口套期收益（损失以“-”号填列）		
公允价值变动收益（损失以“-”号填列）		
信用减值损失（损失以“-”号填列）		
资产减值损失（损失以“-”号填列）		
资产处置收益（损失以“-”号填列）		
二、营业利润（亏损以“-”号填列）		

续表

项目	本期金额	上期金额
加：营业外收入		
减：营业外支出		
三、利润总额（亏损总额以“－”号填列）		
减：所得税费用		
四、净利润（净亏损以“－”号填列）		
（一）持续经营净利润（净亏损以“－”号填列）		
（二）终止经营净利润（净亏损以“－”号填列）		
五、其他综合收益的税后净额		
（一）不能重分类进损益的其他综合收益		
1.重新计量设定受益计划变动额		
2.权益法下不能转损益的其他综合收益		
3.其他权益工具投资公允价值变动		
4.企业自身信用风险公允价值变动		
……		
（二）将重分类进损益的其他综合收益		
1.权益法下可转损益的其他综合收益		
2.其他债权投资公允价值变动		
3.金融资产重分类计入其他综合收益的金额		
4.其他债权投资信用减值准备		
5.现金流量套期储备		
6.外币财务报表折算差额		
……		
六、综合收益总额		
七、每股收益：		
（一）基本每股收益		
（二）稀释每股收益		

12.3.2 利润表的作用

企业编制利润表的作用主要有以下几个方面。

（1）用于反映企业一定时期内利润（或亏损）的实现情况，有助于报表使用者了解企业的盈利能力。

（2）用于分析企业利润增减变化的原因，评价企业的经营业绩，有助于投资者、债权人做出正确的决策。

（3）用于考核企业利润计划的执行结果，挖掘潜力，改善经营，以便企业不断提高经济效益。

12.3.3 利润表的结构

利润表常见的结构有单步式和多步式两种。在我国，企业利润表几乎采用的是多步式结构，即通过对当期的收入、费用、支出项目按性质加以归类，按利润形成的主要环节列示一些中间性利润指标，分步计算当期损益。

利润表主要反映以下几方面的内容。

（1）营业收入 = 主营业务收入 + 其他业务收入。

（2）营业利润 = 营业收入 - 营业成本（主营业务成本和其他业务成本）- 税金及附加 - 销售费用 - 管理费用 - 研发费用 - 财务费用 - 信用减值损失 - 资产减值损失 + 其他收益 + 投资收益 + 净敞口套期收益 + 公允价值变动收益 + 资产处置收益。

（3）利润总额 = 营业利润 + 营业外收入 - 营业外支出。

（4）净利润 = 利润总额 - 所得税费用。

（5）每股收益，普通股或潜在普通股已公开交易的企业，以及正处于公开发行普通股或潜在普通股过程中的企业，还应当在利润表中列示每股收益信息，包括基本每股收益和稀释每股收益两项指标。

此外，为了便于报表使用者通过比较不同期间利润的实现情况，判断企业经营成果的未来发展趋势，企业需要提供比较利润表，利润表还需就各项目再分为“本期金额”和“上期金额”两栏填列。

12.3.4 利润表的填列方法

1. 反映内容

利润表反映企业在一定期间内利润（亏损）的实现情况。

2. “上期金额”栏的填列方法

利润表“上期金额”栏内各项数字，应根据上年度利润表“本期金额”栏内所列数字填列。如果上年度利润表规定的各个项目的名称和内容与本年度的不一致，应对上年度利润表各项目的名称和内容按本年度的规定进行调整，填入本年度利润表“上期金额”栏内。

3. “本期金额”栏的填列方法

利润表“本期金额”栏内各项数字一般应反映以下内容。

（1）“营业收入”项目，反映企业经营主要业务和其他业务所确认的收入总额，该项目根据“主营业务收入”和“其他业务收入”科目的发生额分析填列。

（2）“营业成本”项目，反映企业经营主要业务和其他业务所发生的成本总额，该项目根据“主营业务成本”和“其他业务成本”科目的发生额分析填列。

（3）“税金及附加”项目，反映企业经营业务应负担的消费税、城市维护建设税、资源税、土地增值税和教育费附加等，该项目根据“税金及附加”科目的发生额分析填列。

（4）“销售费用”项目，反映企业在销售商品过程中发生的包装费、广告费等费用和为销售本企业商品而专设的销售机构的职工薪酬、业务费等经营费用，该项目根据“销售费用”科目的发生额分析填列。

（5）“管理费用”项目，反映企业为组织和管理生产经营发生的费用，该项目根据“管理费用”科目的发生额分析填列。

（6）“研发费用”项目，反映企业进行研究与开发过程中发生的费用化支出，以及计入管理费用的自行开发无形资产的摊销，该项目根据“管理费用”科目下的“研究费用”和“无形资产摊销”明细科目的发生额分析填列。

（7）“财务费用”项目，反映企业为筹集生产经营所需资金等而发生的费用，该项目根据“财务费用”科目的发生额分析填列。

“利息费用”项目，反映企业为筹集生产经营所需资金等而发生的应予费用化的利息支出，该项目根据“财务费用”科目的相关明细科目的发生额分析填列。

“利息收入”项目，反映企业按照相关会计准则确认的应冲减财务费用的利息收入，该项目根据“财务费用”科目的相关明细科目的发生额分析填列。

（8）“其他收益”项目，反映计入其他收益的政府补助，以及其他与日常活动相关且计入其他收益的项目。该项目应根据“其他收益”科目的发生额分析填列。企业作为个人所得税的扣缴义务人，应将根据《中华人民共和国个人所得税法》收到的扣缴税款手续费，作为其他与日常活动相关的收益在该项目中填列。

（9）“投资收益”项目，反映企业以各种方式对外投资所取得的收益，该项目根据“投资收益”科目的发生额分析填列。如为投资损失，以“-”号填列。

“以摊余成本计量的金融资产终止确认收益”项目，反映企业因转让等情形终止确认以摊余成本计量的金融资产而产生的利得或损失，该项目根据“投资收益”科目的相关明细科目的发生额分析填列；如为损失，以“-”号填列。

（10）“净敞口套期收益”项目，反映净敞口套期下被套期项目累计公允价值变动转入当期损益的金额或现金流量套期储备转入当期损益的金额，该项目根据“净敞口套期损益”科目的发生额分析填列；如为套期损失，以“-”号填列。

（11）“公允价值变动收益”项目，反映企业应当计入当期损益的金融资产或金融负债公允价值变动收益，该项目根据“公允价值变动损益”科目的发生额分析填列；如为净损失，以“-”号填列。

（12）“信用减值损失”项目，反映企业按照《企业会计准则第22号——金融工具确认和计量》（财会〔2017〕7号）的要求计提的各项金融工具信用减值准备所确认的信用损失，该项目根据“信用减值损失”科目的发生额分析填列。

（13）“资产减值损失”项目，反映企业各项资产发生的减值损失，该项目根据“资产减值损失”科目的发生额分析填列。

（14）“资产处置收益”项目，反映企业出售划分为持有待售的非流动资产（金融工具、长期股权投资和投资性房地产除外）或处置组（子公司和业务除外）时确认的处置利得或损失，以及处置未划分为持有待售的固定资产、在建工程、生产性生物资产及无形资产而产生的处置利得或损失，该项目根据“资产处置损益”科目的发生额分析填列；如为处置损失，以“-”号填列。

（15）“营业利润”项目，反映企业实现的营业利润，如为亏损，以“-”号填列。本项目由以上项目计算得来。

（16）“营业外收入”项目，反映企业发生的除营业利润以外的收益，该项目根据“营业外收入”科目的发生额分析填列。

（17）“营业外支出”项目，反映企业发生的除营业利润以外的支出，该项目根据“营业外支出”科目的发生额分析填列。

（18）“利润总额”项目，反映企业实现的利润，如为亏损，以“-”号填列。本项目由以上项目计算得来。

（19）“所得税费用”项目，反映企业应从当期利润总额中扣除的所得税费用，该项目根据“所得税费用”科目的发生额分析填列。

（20）“净利润”项目，反映企业实现的净利润，如为亏损，以“-”号填列。本项目由以上项目计算得来。

（21）“持续经营净利润”项目，反映净利润中与持续经营相关的净利润，该项目按照《企业会计准则第 42 号——持有待售的非流动资产、处置组和终止经营》的相关规定列报。

（22）“终止经营净利润”项目，反映净利润中与终止经营相关的净利润，该项目按照《企业会计准则第 42 号——持有待售的非流动资产、处置组和终止经营》的相关规定列报。

（23）“其他权益工具投资公允价值变动”项目，反映企业指定为以公允价值计量且其变动计入其他综合收益的非交易性权益工具投资发生的公允价值变动，该项目根据“其他综合收益”科目的相关明细科目的发生额分析填列。

（24）“企业自身信用风险公允价值变动”项目，反映企业指定为以公允价值计量且其变动计入当期损益的金融负债，由企业自身信用风险变动引起的公允价值变动而计入其他综合收益的金额，该项目根据“其他综合收益”科目的相关明细科目的发生额分析填列。

（25）“其他债权投资公允价值变动”项目，反映企业分类为以公允价值计量且其变动计入其他综合收益的债权投资发生的公允价值变动，该项目根据“其他综合收益”科目下的相关明细科目的发生额分析填列。

（26）“金融资产重分类计入其他综合收益的金额”项目，反映企业将一项以摊余成本计量的金融资产重分类为以公允价值计量且其变动计入其他综合收益的金融资产时，计入其他综合收益的原账面价值与公允价值之间的差额，该项目根据“其他综合收益”科目下的相关明细科目的发生额分析填列。

（27）“其他债权投资信用减值准备”项目，反映企业按照《企业会计准则第22号——金融工具确认和计量》（财会〔2017〕7号）第十八条分类为以公允价值计量且其变动计入其他综合收益的金融资产的损失准备，该项目根据“其他综合收益”科目下的“信用减值准备”明细科目的发生额分析填列。

（28）“现金流量套期储备”项目，反映企业套期工具产生的利得或损失中属于有效套期的部分，该项目根据“其他综合收益”科目下的“套期储备”明细科目的发生额分析填列。

（29）“基本每股收益”和“稀释每股收益”项目，应由企业根据《企业会计准则第34号——每股收益》的规定计算的金额填列。

12.3.5 利润表编制举例

【例12-2】文正股份有限公司2×19年度有关损益类科目累计发生净额如表12-8所示。

表12-8 文正股份有限公司2×19年度有关损益类科目累计发生净额

单位：元

科目名称	借方发生额	贷方发生额
主营业务收入		202 000 000
主营业务成本	121 070 000	
税金及附加	18 420 000	
销售费用	7 600 000	
管理费用	3 200 000	
研发费用	1 000 000	
财务费用	20 000	
资产减值损失	−1 600 000	
营业外支出	50 000	
所得税费用	13 580 000	

根据上述资料，编制文正股份有限公司2×19年度利润表，如表12-9所示（上期金额略）。

表 12-9　利润表

会企 02 表

编制单位：文正股份有限公司　　　　2×19 年度　　　　单位：元

项 目	本期金额	上期金额（略）
一、营业收入	202 000 000	
减：营业成本	121 070 000	
税金及附加	18 420 000	
销售费用	7 600 000	
管理费用	3 200 000	
研发费用	1 000 000	
财务费用	20 000	
其中：利息费用	17 000	
利息收入	−3 000	
信用减值损失（损失以“−”号填列）	−1 600 000	
资产减值损失（损失以“−”号填列）		
加：其他收益		
投资收益（损失以“−”号填列）		
其中：对联营企业和合营企业的投资收益		
净敞口套期收益（损失以“−”号填列）		
公允价值变动收益（损失以“−”号填列）		
资产处置收益（损失以“−”号填列）		
二、营业利润（亏损以“−”号填列）	49 090 000	
加：营业外收入		
减：营业外支出	50 000	
三、利润总额（亏损总额以“−”号填列）	49 040 000	
减：所得税费用	13 580 000	
四、净利润（净亏损以“−”号填列）	35 460 000	
（一）持续经营净利润（净亏损以“−”号填列）	35 460 000	
（二）终止经营净利润（净亏损以“−”号填列）		
五、其他综合收益的税后净额		
（一）不能重分类进损益的其他综合收益		

续表

项目	本期金额	上期金额（略）
1.重新计量设定受益计划变动额		
2.权益法下不能转损益的其他综合收益		
3.其他权益工具投资公允价值变动		
4.企业自身信用风险公允价值变动		
……		
（二）将重分类进损益的其他综合收益		
1.权益法下可转损益的其他综合收益		
2.其他债权投资公允价值变动		
3.金融资产重分类计入其他综合收益的金额		
4.其他债权投资信用减值准备		
5.现金流量套期储备		
6.外币财务报表折算差额		
……		
六、综合收益总额		
七、每股收益：		
（一）基本每股收益		
（二）稀释每股收益		

12.4 现金流量表

12.4.1 现金流量表的内容

现金流量表，是指企业以现金和现金等价物流入和流出反映企业在一定会计期间内的经营、投资和筹资活动的会计报表，是以现金为基础编制的财务状况变动表。

从编制原则上看，现金流量表按照收付实现制原则编制，将权责发生制下的盈利信息调整为收付实现制下的现金流量信息，便于信息使用者了解企业净利润的质量。

从内容上看，现金流量表被划分为经营活动、投资活动和筹资活动三个部分，每类活动又分为各具体项目，这些项目从不同角度反映企业业务活动的现金流入与流出，弥补了资产负债表和利润表提供信息的不足。通过现金流量表，报表使用者能够了解现金流量的影响因素，评价企业的支付能力、偿债能力和周转能力，预测企业未来现金流量，为自身决策提供有力的依据。现金流量表的具体格式如表 12-10 所示。

表 12-10　现金流量表

会企 03 表

编制单位：　　　　年　月　　　　单位：元

项 目	本期金额	上期金额
一、经营活动产生的现金流量：		
销售商品、提供劳务收到的现金		
收到的税费返还		
收到其他与经营活动有关的现金		
经营活动现金流入小计		
购买商品、接受劳务支付的现金		
支付给职工以及为职工支付的现金		
支付的各项税费		
支付其他与经营活动有关的现金		
经营活动现金流出小计		
经营活动产生的现金流量净额		
二、投资活动产生的现金流量：		
收回投资收到的现金		
取得投资收益收到的现金		
处置固定资产、无形资产和其他长期资产收回的现金净额		
处置子公司及其他营业单位收到的现金净额		
收到其他与投资活动有关的现金		
投资活动现金流入小计		

续表

项 目	本期金额	上期金额
购建固定资产、无形资产和其他长期资产支付的现金		
投资支付的现金		
取得子公司及其他营业单位支付的现金净额		
支付其他与投资活动有关的现金		
投资活动现金流出小计		
投资活动产生的现金流量净额		
三、筹资活动产生的现金流量：		
吸收投资收到的现金		
取得借款收到的现金		
收到其他与筹资活动有关的现金		
筹资活动现金流入小计		
偿还债务支付的现金		
分配股利、利润或偿付利息支付的现金		
支付其他与筹资活动有关的现金		
筹资活动现金流出小计		
筹资活动产生的现金流量净额		
四、汇率变动对现金及现金等价物的影响		
五、现金及现金等价物净增加额		
加：期初现金及现金等价物余额		
六、期末现金及现金等价物余额		

12.4.2 现金流量表的作用

企业编制现金流量表，可以用于反映现金流入和流出的全貌，其作用主要如下。

（1）对企业整体财务状况做出客观评价，判断其经营周期是否顺畅。

（2）对企业的支付能力和偿债能力，及企业对外部资金的需求情况做出较可靠的判断。

（3）通过对现金流量的结构分析，预测企业未来的发展情况。

（4）通过比较当期净利润和当期净现金流量，评价企业产生现金流量的能力。

（5）有助于会计报表使用者判断非现金投资和财务活动的影响。

12.4.3　现金流量表的结构

在现金流量表中，现金及现金等价物被视为一个整体，企业现金形式的转换不会产生现金的流入和流出。例如，企业从银行提取现金，是企业现金存放形式的转换，现金并未流出企业，不构成现金流量。同样，现金与现金等价物之间的转换也不产生现金流量，如企业用现金购买 3 个月到期的国库券。根据企业业务活动的性质和现金流量的来源，现金流量表在结构上将企业一定期间产生的现金流量分为 3 类：经营活动产生的现金流量、投资活动产生的现金流量和筹资活动产生的现金流量。

12.4.4　现金流量表的填列方法

1. 经营活动产生的现金流量

经营活动是指企业除投资活动和筹资活动以外的所有交易和事项。各类企业由于行业特点不同，对经营活动的认定存在一定差异。对于企业而言，其经营活动主要包括销售商品、接受劳务、支付开发建设费和支付税费等。

列报经营活动产生的现金流量的方法有两种：直接法和间接法。在直接法下，一般是以利润表中的营业收入为起算点，调节与经营活动有关的项目的增减变动，然后计算出经营活动产生的现金流量。在间接法下，将净利润调节为经营活动产生的现金流量，实际上就是将按权责发生制原则确定的净利润调整为现金净流入，并剔除投资活动和筹资活动对现金流量的影响。

采用直接法编报的现金流量表，便于分析企业经营活动产生的现金流量的来源和用途，以预测企业现金流量的未来前景；采用间接法编报的现金流量表，便于将净利润与经营活动产生的现金流量净额进行比较，以了解净利润与经营活动产生的现金流量差异的原因，从现金流量的角度分析净利润的质量。所以，我国《企业会计准则》规定企业应当采用直接法编报现金流量表，同时要求在附注中提供以净利润为基础调节到经营活动现金流量的信息。在我国，现金流量表补充资料应采用间接法反映经营活动产生的现金流量情况，以对现金流量表中采用直接法反映的经营活动产生的现金流量进行核对和补充说明。下面会分开说明编制现金流量表的不同方法。

2. 投资活动产生的现金流量

投资活动是指企业长期资产的购建和不包括在现金等价物范围的投资及其处置活动。长期资产是指固定资产、无形资产、在建工程和其他资产等持有期限在一年或一个营业周期以上的资产。这里所讲的投资活动，既包括实物资产投资，也包括金融资产投资。这里之所以将“包括在现金等价物范围的投资”排除在外，是因为企业已经将包括在现金等价物范围内的投资视同现金。

3. 筹资活动产生的现金流量

筹资活动是指使企业资本及债务规模和构成发生变化的活动。这里所说的资本，既包括实收资本（股本），也包括资本溢价（股本溢价）；这里所说的债务，指对外举债，包括向银行借款、发行债券以及偿还债务等。通常情况下，应付账款、应付票据等商业应付款属于经营活动产生的现金流量，不属于筹资活动产生的现金流量。

此外，对于企业日常活动之外特殊的、不经常发生的项目，如自然灾害损失、保险赔款和捐赠等，应当根据其性质，分别列入相关类别中单独反映。例如，对于自然灾害损失和保险赔款，如果能够明确属于流动资产损失，应当将其列入经营活动产生的现金流量；如果属于固定资产损失，应当将其列入投资活动产生的现金流量。

4. 汇率变动对现金及现金等价物的影响

编制现金流量表时，应当将企业外币现金流量以及境外子公司的现金流量折算成记账本位币。外币现金流量以及境外子公司的现金流量，应当采用现金流量发生日的即期汇率或按照系统合理的方法确定的、与现金流量发生日即期汇率近似的汇率折算。汇率变动对现金的影响额应当作为调整项目，在现金流量表中单独列报。

汇率变动对现金的影响，指企业外币现金流量及境外子公司的现金流量折算成记账本位币时，所采用的是现金流量发生日的汇率或按照系统合理的方法确定的、与现金流量发生日即期汇率近似的汇率，而现金流量表“现金及现金等价物净增加额”项目中外币现金净增加额是按资产负债表日的即期汇率折算的。这两者的差额即为汇率变动对现金的影响。

在编制现金流量表时，对当期发生的外币业务，也可不必逐笔计算汇率变动对现金的影响，可以通过现金流量表补充资料中“现金及现金等价物净增加额”项目数额与现金流量表中“经营活动产生的现金流量净额”“投资活动产生的现金流量净额”“筹资活动产生的现金流量净额”项目之和比较，其差额即为“汇率变动对现金及现金等价物的影响”项目数额。

5. 现金流量表补充资料

除现金流量表反映的信息外，企业还应当在附注中披露将净利润调整为经营活动现金流量、不涉及现金收支的重大投资和筹资活动、现金及现金等价物净变动情况等信息。

（1）将净利润调整为经营活动现金流量。

现金流量表采用直接法反映经营活动产生的现金流量，同时企业还应采用间接法反映经营活动产生的现金流量。间接法，是指以本期净利润为起点，通过调整不涉及现金的收入、费用、营业外收支以及经营性应收应付等项目的增减变动，调整不属于经营活动的现金收支项目，据此计算并列报经营活动产生的现金流量的方法。在我国，现金流量表补充资料应采用间接法反映经营活动产生的现金流量情况，以对现金流量表中采用直接法反映的经营活动现金流量进行核对和补充说明。

采用间接法列报经营活动产生的现金流量时，需要对四大类项目进行调整：①实际没有支付现金的费用；②实际没有收到现金的收益；③不属于经营活动的损益；④经营性应收应付项目的增减变动。

（2）不涉及现金收支的重大投资和筹资活动。

不涉及现金收支的重大投资和筹资活动，反映企业一定期间内影响资产或负债但不形成该期现金收支的所有投资和筹资活动的信息。这些投资和筹资活动虽然不涉及当期现金收支，但影响企业财务状况或在未来可能影响企业现金流量，主要包括：①债务转为资本，反映企业本期转为资本的债务金额；②一年内到期的可转换公司债券，反映企业一年内到期的可转换公司债券的本息；③融资租入固定资产，反映企业本期融资租入的固定资产。

（3）现金及现金等价物净变动情况。

企业应当在附注中披露与现金及现金等价物有关的下列信息。①现金及现金等价物的构成及其在资产负债表中的相应金额。②企业持有但不能由母公司或集团内其他子公司使用的大额现金及现金等价物。企业持有现金及现金等价物但不能被集团使用的情形，如国外经营的子公司，由于受当地外汇管制或其他立法的限制，其持有的现金及现金等价物不能由母公司或其他子公司正常使用。

12.4.5 现金流量表的编制方法

在具体编制现金流量表时，可以采用工作底稿法或T型账户法，也可以根据有关科目记录分析填列。

1. 工作底稿法

采用工作底稿法编制现金流量表，是以工作底稿为手段，以资产负债表和利润表数据为基础，对每一项目进行分析并编制调整分录，从而编制现金流量表的方法。工作底稿法的程序如下。

第一步，将资产负债表的期初数和期末数过入工作底稿的期初数栏和期末数栏。

第二步，对当期业务进行分析并编制调整分录。编制调整分录时，要以利润表项目为基础，从“营业收入”项目开始，结合资产负债表项目逐一进行分析。在调整分录中，有关现金和现金等价物的事项，并不直接借记或贷记“库存现金”科目，而是分别记入“经营活动产生的现金流量”“投资活动产生的现金流量”“筹资活动产生的现金流量”有关项目，借记表示现金流入，贷记表示现金流出。

第三步，将调整分录过入工作底稿中的相应部分。

第四步，核对调整分录。确保借方、贷方合计数已经相等，资产负债表项目期初数加减调整分录中的借贷金额以后等于期末数。

第五步，根据工作底稿中的现金流量表的项目部分编制正式的现金流量表。

2. T型账户法

采用T型账户法编制现金流量表，是以T型账户为手段，以资产负债表和利润表数据为基础，对每一项目进行分析并编制调整分录，从而编制现金流量表的方法。T型账户法的程序如下。

第一步，为所有的非现金项目（包括资产负债表项目和利润表项目）分别开设T型账户，并将各自的期末、期初变动数过入各账户。如果项目的期末数大于期初数，则将差额过入和项目余额相同的方向；反之，则过入相反的方向。

第二步，开设一个大的“现金及现金等价物”T 型账户，每边分为经营活动、投资活动和筹资活动 3 个部分，左边记现金流入，右边记现金流出。与其他账户一样，过入期末、期初变动数。

第三步，以利润表项目为基础，结合资产负债表分析每一个非现金项目的增减变动，并据此编制调整分录。

第四步，将调整分录过入各 T 型账户，并进行核对，该账户借贷相抵后的余额与原先过入的期末、期初变动数应当一致。

第五步，根据大的“现金及现金等价物”T 型账户编制正式的现金流量表。

3. 分析填列法

分析填列法是直接根据资产负债表、利润表和有关会计科目明细账的记录，分析计算出现金流量表各项目的金额，并据以编制现金流量表的一种方法。

12.4.6　现金流量表编制举例

【例 12-3】文正股份有限公司 2×19 年有关资料如下（增值税税率为 13%）。

（1）本期主营业务收入为 2000 万元；收回应收账款 240 万元；预收甲公司货款 100 万元。

（2）本期现购材料成本为 1400 万元；支付去年应付账款 100 万元；预付材料供应商乙公司货款 220 万元。

（3）本期发放的职工工资总额为 200 万元，其中生产经营及管理人员的工资 140 万元，奖金 30 万元；在建工程人员的工资 24 万元，奖金 6 万元。

（4）本期所得税费用为 320 万元，未交所得税的年初数为 240 万元，年末数为 200 万元（无调整事项）。

（5）为建造厂房，本期以银行存款购入固定资产，支付价款 200 万元，支付增值税税额 26 万元。

（6）购入股票 200 万股，每股价格 5.2 元，其中包含的已宣告但尚未领取的现金股利每股 0.2 元，企业将该股票作为短期投资核算。

（7）到期收回长期债券投资，面值 200 万元，3 年期，年利率 3%，一次还本付息。

（8）对一台管理用设备进行清理，该设备账面原价为 240 万元，已提折旧 160 万元，以银行存款支付清理费用 4 万元，收到变价收入 26 万元，该设备已清理完毕。

（9）借入短期借款 480 万元，借入长期借款 920 万元，当年以银行存款支付利息

60 万元。

（10）向股东支付上年现金股利 100 万元。

（11）该企业期初现金及现金等价物为 1 200 万元。

各个现金流量表项目的计算过程如下。

（1）“销售商品、提供劳务收到的现金”项目 =2 000×（1+13%）+240+100=2 600（万元）

（2）“购买商品、接受劳务支付的现金”项目 =1 400×（1+13%）+100+220=1 902（万元）

（3）“支付给职工以及为职工支付的现金”项目 =140+30+24+6=200（万元）

（4）“支付的各项税费”项目 =320+（240−200）=360（万元）

（5）“收回投资收到的现金”项目 =200（万元）

（6）“取得投资收益收到的现金”项目 =200×3%×3=18（万元）

（7）“处置固定资产、无形资产和其他长期资产收回的现金净额”项目 =26−4=22（万元）

（8）“购建固定资产、无形资产和其他长期资产支付的现金”项目 =200+26=226（万元）

（9）“投资支付的现金”项目 =200×5.2=1 040（万元）

（10）“取得借款收到的现金”项目 =480+920=1 400（万元）

（11）“分配股利、利润或偿付利息支付的现金”项目 =60+100=160（万元）

据此，文正股份有限公司编制的现金流量表如表 12-11 所示。

表 12-11　现金流量表

会企 03 表

编制单位：文正股份有限公司　　　　2×19 年度　　　　单位：元

项目	本期金额	上期金额（略）
一、经营活动产生的现金流量：		
销售商品、提供劳务收到的现金	2 600	
收到的税费返还		
收到其他与经营活动有关的现金		
经营活动现金流入小计	2 600	
购买商品、接受劳务支付的现金	1 902	
支付给职工以及为职工支付的现金	200	

续表

项目	本期金额	上期金额（略）
支付的各项税费	360	
支付其他与经营活动有关的现金		
经营活动现金流出小计	2 462	
经营活动产生的现金流量净额	138	
二、投资活动产生的现金流量：		
收回投资收到的现金	200	
取得投资收益收到的现金	18	
处置固定资产、无形资产和其他长期资产收回的现金净额	22	
处置子公司及其他营业单位收到的现金净额		
收到其他与投资活动有关的现金		
投资活动现金流入小计	240	
购建固定资产、无形资产和其他长期资产支付的现金	226	
投资支付的现金	1 040	
取得子公司及其他营业单位支付的现金净额		
支付其他与投资活动有关的现金		
投资活动现金流出小计	1 266	
投资活动产生的现金流量净额	−1 026	
三、筹资活动产生的现金流量：		
吸收投资收到的现金		
取得借款收到的现金	1 400	
收到其他与筹资活动有关的现金		
筹资活动现金流入小计	1 400	
偿还债务支付的现金		
分配股利、利润或偿付利息支付的现金	160	
支付其他与筹资活动有关的现金		
筹资活动现金流出小计	160	
筹资活动产生的现金流量净额	1 240	
四、汇率变动对现金及现金等价物的影响		

续表

项目	本期金额	上期金额（略）
五、现金及现金等价物净增加额	352	
加：期初现金及现金等价物余额	1 200	
六、期末现金及现金等价物余额	1 552	

12.5 所有者权益变动表

所有者权益变动表是指反映构成所有者权益各组成部分当期增减变动情况的报表。

12.5.1 所有者权益变动表的内容与结构

1. 所有者权益变动表的内容

所有者权益变动表应当全面反映一定时期所有者权益变动的情况，不仅包括所有者权益总量的增减变动，还包括所有者权益增减变动的重要结构性信息，特别是要反映直接计入所有者权益的利得和损失，让报表使用者准确理解所有者权益增减变动的根源。

在所有者权益变动表中，综合收益和与所有者（或股东）的资本交易产生的所有者权益的变动，应当分别列示。企业至少应当单独列示反映下列信息的项目：（1）综合收益总额；（2）会计政策变更和差错更正的累积影响金额；（3）所有者投入资本和向所有者分配利润的金额等；（4）提取的盈余公积；（5）所有者权益各组成部分的期初和期末余额及其调节情况。所有者权益变动表的具体格式如表 12-12 所示。

表 12-12　所有者权益变动表

会企 04 表

编制单位：　　　　　　　　年度　　　　　　　　单位：元

项目	本年金额											上年金额										
	实收资本(或股本)	其他权益工具			资本公积	减：库存股	其他综合收益	专项储备	盈余公积	未分配利润	所有者权益合计	实收资本(或股本)	其他权益工具			资本公积	减：库存股	其他综合收益	专项储备	盈余公积	未分配利润	所有者权益合计
		优先股	永续债	其他									优先股	永续债	其他							
一、上年年末余额																						
加：会计政策变更																						
前期差错更正																						
其他																						
二、本年年初余额																						
三、本年增减变动金额（减少以“－”号填列）																						

续表

项目	本年金额											上年金额										
	实收资本(或股本)	其他权益工具			资本公积	减：库存股	其他综合收益	专项储备	盈余公积	未分配利润	所有者权益合计	实收资本(或股本)	其他权益工具			资本公积	减：库存股	其他综合收益	专项储备	盈余公积	未分配利润	所有者权益合计
		优先股	永续债	其他									优先股	永续债	其他							
（一）综合收益总额																						
（二）所有者投入和减少资本																						
1.所有者投入的普通股																						
2.其他权益工具持有者投入资本																						
3.股份支付计入所有者权益的金额																						
4.其他																						
（三）利润分配																						

续表

项目	本年金额										上年金额									
	实收资本(或股本)	其他权益工具			资本公积	减：库存股	其他综合收益	专项储备	盈余公积	未分配利润	所有者权益合计	实收资本(或股本)	其他权益工具			资本公积	减：库存股	其他综合收益	专项储备	盈余公积	未分配利润	所有者权益合计
		优先股	永续债	其他									优先股	永续债	其他							
1.提取盈余公积																						
2.对所有者（或股东）的分配																						
3.其他																						
（四）所有者权益内部结转																						
1.资本公积转增资本（或股本）																						
2.盈余公积转增资本（或股本）																						

续表

项目	本年金额											上年金额									
	实收资本(或股本)	其他权益工具			资本公积	减：库存股	其他综合收益	专项储备	盈余公积	未分配利润	所有者权益合计	实收资本(或股本)	其他权益工具			资本公积	减：库存股	其他综合收益	专项储备	盈余公积	未分配利润	所有者权益合计
		优先股	永续债	其他									优先股	永续债	其他							
3.盈余公积弥补亏损																						
4.设定受益计划变动额结转留存收益																						
5.其他综合收益结转留存收益																						
6.其他																						
四、本年年末余额																						

2. 所有者权益变动表的结构

为了清楚地表明构成所有者权益的各组成部分当期的增减变动情况，所有者权益变动表应当以矩阵的形式列示：一方面，列示使所有者权益变动的交易或事项，改变了以往仅仅按照所有者权益的各组成部分反映所有者权益变动情况，而是从所有者权益变动的来源对一定时期所有者权益变动情况进行全面反映；另一方面，按照所有者权益各组成部分（包括实收资本、资本溢价、其他综合收益、盈余公积、未分配利润和库存股等）及其总额列示交易或事项对所有者权益的影响。此外，企业还需要提供比较所有者权益变动表，所有者权益变动表还应就各项目再分为“本年金额”和“上年金额”两栏分别填列。

12.5.2　所有者权益变动表的填列方法

1. “上年金额”栏的填列方法

所有者权益变动表“上年金额”栏内各项数字，应根据上年度所有者权益变动表“本年金额”栏内所列数字填列。如果上年度所有者权益变动表规定的各个项目的名称和内容与本年度的不一致，应对上年度所有者权益变动表各项目的名称和内容按照本年度的规定进行调整，填入所有者权益变动表“上年金额”栏内。

2. “本年金额”栏的填列方法

所有者权益变动表“本年金额”栏内各项数字一般应根据“实收资本（或股本）”“资本公积”“盈余公积”“其他综合收益”“利润分配”“库存股”“以前年度损益调整”等科目及其明细科目的发生额分析填列。

12.5.3　所有者权益变动表的编制举例

【例 12-4】文正股份有限公司是一家从事房地产开发业务的上市公司，其 2×20 年度有关财务资料如下。

（1）2×19 年 12 月 31 日所有者权益总额为 5 150 000 元，其中各组成部分金额为：股本 5 000 000 元，盈余公积 100 000 元，未分配利润 50 000 元。

（2）2×20 年度实现净利润 225 000 元，因对外投资实现其他综合收益 12 000 元。

（3）2×20 年提取盈余公积 24 770.40 元，向投资者分配现金股利 32 215.85 元。

根据上述资料，编制文正股份有限公司 2×20 年度的所有者权益变动表，如表 12-13 所示（上年金额略）。

表 12–13 所有者权益变动表

会企 04 表

编制单位：文正股份有限公司　　2×20 年度　　单位：元

项目	本年金额								上年金额（略）							
	实收资本（或股本）	资本公积	减：库存股	其他综合收益	专项储备	盈余公积	未分配利润	所有者权益合计	实收资本（或股本）	资本公积	减：库存股	其他综合收益	专项储备	盈余公积	未分配利润	所有者权益合计
一、上年年末余额	5 000 000	0	0	0		100 000	50 000	5 150 000								
加：会计政策变更																
前期差错更正																
其他																
二、本年年初余额	5 000 000	0	0	0		100 000	50 000	5 150 000								
三、本年增减变动金额（减少以“–”号填列）																
（一）综合收益总额				12 000			225 000	237 000								
（二）所有者投入和减少资本																

续表

项目	本年金额								上年金额（略）							
	实收资本（或股本）	资本公积	减：库存股	其他综合收益	专项储备	盈余公积	未分配利润	所有者权益合计	实收资本（或股本）	资本公积	减：库存股	其他综合收益	专项储备	盈余公积	未分配利润	所有者权益合计
1.所有者投入的普通股																
2.其他权益具持有者投入资本																
3.股份支付计入所有者权益的金额																
4.其他																
（三）利润分配																
1.提取盈余公积						24 770. 40	−24 770. 40	0								
2.对所有者（或股东）的分配							−32 215. 85	−32 215. 85								
3.其他																
（四）所有者权益内部结转																

续表

项目	本年金额								上年金额（略）							
	实收资本（或股本）	资本公积	减：库存股	其他综合收益	专项储备	盈余公积	未分配利润	所有者权益合计	实收资本（或股本）	资本公积	减：库存股	其他综合收益	专项储备	盈余公积	未分配利润	所有者权益合计
1.资本公积转增资本（或股本）																
2.盈余公积转增资本（或股本）																
3.盈余公积弥补亏损																
4.设定受益计划变动额结转留存收益																
5.其他综合收益结转留存收益																
6.其他																
四、本年年末余额	5 000 000	0	0	12 000		124 770. 40	218 013. 75	5 354 784.15								

12.6　会计报表附注

会计报表附注是会计报表的重要组成部分，它是对资产负债表、利润表、现金流量表和所有者权益变动表等报表中列示项目所做的进一步说明和解释，以及对未能在这些报表中列示项目的说明等。会计报表中的数字是经过分类与汇总后的结果，是对企业发生的经济业务的高度简化和浓缩，如果没有这些数字所必需的披露，会计报表就不可能充分发挥效用。因此，会计报表附注与资产负债表、利润表、现金流量表和所有者权益变动表等报表具有同等的重要性，是财务报告的重要组成部分。报表使用者要了解企业的财务状况、经营成果和现金流量，应当仔细阅读会计报表附注。

12.6.1　会计报表附注包含的主要内容

1. 企业的基本情况

（1）企业注册地、组织形式和总部地址。

（2）企业的业务性质和主要经营活动。

（3）母公司以及集团最终母公司的名称。

（4）财务报告的批准报出者和财务报告批准报出日，或者以签字人及其签字日期为准。

（5）营业期限有限的企业，还应当披露有关其营业期限的信息。

2. 会计报表的编制基础

（1）会计年度。

（2）计量属性。

（3）记账本位币及列报货币。

若记账本位币为人民币以外的其他货币的，说明选定记账本位币的考虑因素及折算成人民币时的折算方法。

3. 遵循企业会计准则的声明

企业应当明确说明编制的会计报表符合企业会计准则的要求，真实、完整地反映了企业的财务状况、经营成果和现金流量等有关信息，以此明确企业编制会计报表所依据的制度基础。

如果企业编制的会计报表只是部分地遵循了企业会计准则，附注中则不得做出这种表述。

4. 重要会计政策和会计估计

（1）重要会计政策的说明

企业应当披露采用的重要会计政策，并结合企业的实际情况披露其重要会计政策的确定依据和会计报表项目的计量基础。其中，会计政策的确定依据主要是指企业在运用会计政策过程中所做的重要判断，这些判断对在报表中确认的项目金额具有重要影响。

（2）重要会计估计的说明

企业应当披露采用的重要会计估计，并结合企业的实际情况披露其重要会计估计所采用的关键假设和不确定因素。重要会计估计的说明，包括可能导致下一个会计期间内资产、负债账面价值重大调整的会计估计的确定依据等。

5. 会计政策和会计估计变更以及差错更正的说明

企业应当按照《企业会计准则第 28 号——会计政策、会计估计变更和差错更正》及其应用指南的规定，披露会计政策和会计估计变更以及差错更正的有关情况。

6. 报表重要项目的说明

企业应当以文字和数字描述相结合的形式，尽可能以列表形式披露重要报表项目的构成或当期增减变动情况，并且报表重要项目的明细金额合计，应当与报表项目金额相衔接。在披露顺序上，一般应当按照资产负债表、利润表、现金流量表、所有者权益变动表的顺序及其报表项目列示的顺序。

7. 其他需要说明的重要事项

其他需要说明的重要事项主要包括或有和承诺事项、资产负债表日后非调整事项、关联方关系及其交易等。

8. 其他有助于会计报表使用者评价企业管理资本的目标、政策及程序的信息

12.6.2 会计报表重要项目的说明

企业对报表重要项目的说明，应当按照资产负债表、利润表、现金流量表、所有者权益变动表的顺序及其报表项目列示的顺序，采用文字和数字描述相结

合的方式进行披露。报表重要项目的明细金额合计，应当与报表项目金额相衔接。具体的报表重要项目应按以下要求进行列示。

1. 货币资金

企业应当按库存现金、银行存款和其他货币资金分别列示货币资金情况。因抵押或冻结等对使用有限制、存放在境外、有潜在回收风险的款项应单独说明。

2. 应收款项

企业应当在附注中披露与应收款项相关的信息。应收款项包括应收票据、应收账款、预付账款、长期应收款、其他应收款等。在披露时，应当注意以下几点。

（1）列示应收票据的种类、金额。已用于质押的应收票据，应单独列示出票单位、出票日期、到期日及金额等重要事项。充分披露有追索权的票据背书、以票据为标的资产的资产证券化安排。因出票人无力履约而将票据转为应收账款的票据，以及期末企业已经背书给他方但尚未到期的票据，应按票据的出票单位、出票日期、到期日及金额等重要事项进行逐项披露，或者合并披露此类票据总额、到期日区间。

（2）分项列示 1 年以上应收未收的应收股利、应收利息金额，对其中金额较大的，应按被投资单位或投资项目分别说明每项应收股利未收回的原因和对相关款项是否发生减值的判断；按贷款单位说明每项应收利息未收回的原因和对相关款项是否发生减值所做的判断。

（3）按单项金额重大的应收款项、单项金额不重大但按信用风险特征组合后该组合的风险较大的应收款项、其他不重大应收款项分类，列示这 3 类应收款项金额、占应收款项总额的比例、坏账准备计提比例和金额。

对应收款项应说明如下事项。

（1）单项金额重大的应收款项，应单独说明其计提的比例及其理由；单项金额不重大但按信用风险特征组合后该组合的风险较大的应收款项，应说明确定该组合的依据。

（2）以前年度已全额计提坏账准备，或计提坏账准备的比例较大，但在本年度又全额或部分收回的，或通过重组等方式收回的应收款项，应说明其收回的原因，原估计坏账准备计提比例的理由，以及原估计坏账准备计提比例的合理性。

（3）本年度实际核销的应收款项性质、原因及其金额；若实际核销的款项是因关联交易产生的，应单独披露。

（4）应收款项中如有所持企业5%（含5%）以上表决权股份的股东单位欠款，应予以说明，并单独列示；如无此类欠款，也应予以说明。

（5）金额较大的其他应收款项，应说明其性质和内容。

（6）列示金额（按欠款方合并后的金额）位列前五名的应收账款和其他应收款项及其对应的欠款年限、占应收账款总额或其他应收款总额的比例。

（7）应收关联方款项占应收款项总额的比例。

（8）不符合终止确认条件的应收款项的转移，应在附注中单独列示其金额。

（9）以应收款项为标的资产进行资产证券化的，需简要说明相关交易安排。

应按不同账龄列示预付账款余额及各账龄余额占预付账款总额的比例。对账龄超过1年的重要预付账款，应逐项说明未及时结算的原因。

预付账款中如有所持企业5%（含5%）以上表决权股份的股东单位的款项，应单独列示。金额较大的预付账款（占期末预付账款总额的30%及以上），应说明其性质和内容。

若各会计期间的期末预付账款余额比上期期末预付账款余额增加或减少超过30%或预付账款期末余额超过资产总额的10%的，应说明其变动原因。

其中，应收账款按账龄结构披露的格式如表12-14所示。

表12-14　应收账款按账龄结构披露格式

账龄结构	期末账面余额	期初账面余额
1年以内（含1年）		
1年至2年（含2年）		
2年至3年（含3年）		
3年以上		
合计		

应收账款按客户类别披露的格式如表12-15所示。

表 12–15　应收账款按客户类别披露明细

客户类别	期末账面余额	期初账面余额
客户1		
……		
其他客户		
合计		

有应收票据、预付账款、长期应收款及其他应收款的企业，比照应收账款格式进行披露。

3. 存货

企业应分项列示各类存货的期初、期末金额及对应的跌价准备，披露计提存货跌价准备的依据、本期转回存货跌价准备的原因及本期转回金额占该项存货期末余额的比例。存货期末余额中含有借款费用资本化金额的和含有用于担保的存货账面价值的，应予披露。

（1）按性质（如开发成本、开发产品、分期收款开发产品、出租开发产品和周转房等）分类列示存货余额。

（2）分项目披露开发成本，如表 12–16 所示。

表 12–16　开发成本明细

项目名称	开工时间	预计竣工时间	预计总投资	期初金额	期末金额
项目1					
项目2					
……					
合计					

注：对尚未开发的土地，应披露预计开工时间。

（3）分项目披露开发产品，如表 12–17 所示。

表 12–17　开发产品明细

项目名称	竣工时间	期初金额	本期增加	本期减少	期末金额
项目1					
项目2					
……					
合计					

（4）分项目披露分期收款开发产品、出租开发产品、周转房，如表12–18所示。

表12–18　分期收款开发产品、出租开发产品、周转房明细

项目名称	期初金额	本期增加	本期减少	期末金额
项目1				
项目2				
……				
合计				

（5）披露存货跌价准备计提情况，如表12–19所示。对于开发中项目，可以合并列示。对房地产开发企业的停工、烂尾、空置项目，如果不计提跌价准备或计提跌价准备比例较低，应详细说明理由。

表12–19　存货跌价准备明细

项目名称	期初金额	本期增加	本期减少	期末金额	备注
合计					

4. 其他流动资产

企业应当在附注中披露金额较大的其他流动资产，列示其内容、性质，其他流动资产的披露格式如表12–20所示。

表12–20　其他流动资产明细

项目	期末账面价值	期初账面价值
1.		
……		
合计		

注：有长期待摊费用、其他非流动资产的，比照其他流动资产格式进行披露。

5. 合同资产、合同负债

根据本企业履行履约义务与客户付款之间的关系在资产负债表中列示合同资产或合同负债。“合同资产”项目、“合同负债”项目，应分别根据“合同资产”科目、“合同负债”科目的相关明细科目期末余额分析填列。同一合同下的合同资产和合同负债应当以净额列示，其中净额为借方余额的，应当根据

其流动性在“合同资产”或“其他非流动资产”项目中填列，已计提减值准备的，以减去“合同资产减值准备”科目中相关的期末余额后的金额填列；其中净额为贷方余额的，应当根据其流动性在“合同负债”或“其他非流动负债”项目中填列。

具体披露格式分别如表 12–21 和表 12–22 所示。

表 12–21　合同资产明细

项目	期末账面价值	期初账面价值
合同资产		
合同资产减值准备		
合同资产净值		

表 12–22　合同负债明细

项目	期末账面价值	期初账面价值
合同负债		
合同负债减值准备		
合同负债净值		

6. 持有待售资产

持有待售资产反映资产负债表日划分为持有待售类别的非流动资产及划分为持有待售类别的处置组中的流动资产和非流动资产的期末账面价值。该项目应根据“持有待售资产”科目的期末余额，减去“持有待售资产减值准备”科目的期末余额后的金额填列。

具体披露格式如表 12–23 所示。

表 12–23　持有待售资产明细

项目	期末账面价值	期初账面价值
持有待售资产		
持有待售资产减值准备		
持有待售资产净值		

7. 债权投资

债权投资反映资产负债表日企业以摊余成本计量的长期债权投资的期末账面价值。该项目应根据“债权投资”科目的相关明细科目期末余额，减去“债权投资减值准备”科目中相关减值准备的期末余额后的金额分析填列。自资产负债表日起一年内到期的长期债权投资的期末账面价值，在“一年内到期的非流动资产”项目中反映。企业购入的以摊余成本计量的一年内到期的债权投资的期末账面价值，在“其他流动资产”项目中反映。

具体披露格式如表 12-24 所示。

表 12-24 债权投资明细

项目	期末账面价值	期初账面价值
债权投资		
债权投资减值准备		
债权投资净值		

8. 其他债权投资

其他债权投资反映资产负债表日企业分类为以公允价值计量且其变动计入其他综合收益的长期债权投资的期末账面价值。该项目应根据“其他债权投资”科目的相关明细科目期末余额分析填列。自资产负债表日起一年内到期的长期债权投资的期末账面价值，在“一年内到期的非流动资产”项目中反映。企业购入的以公允价值计量且其变动计入其他综合收益的一年内到期的债权投资的期末账面价值，在“其他流动资产”项目中反映。

具体披露格式如表 12-25 所示。

表 12-25 其他债权投资明细

项目	期末账面价值	期初账面价值
其他债权投资		
其他债权投资减值准备		
其他债权投资净值		

9. 其他权益工具投资

其他权益工具投资反映资产负债表日企业指定为以公允价值计量且其变动计入其他综合收益的非交易性权益工具投资的期末账面价值。该项目应根据“其他权益工具投资”科目的期末余额填列。

具体披露格式如表 12-26 所示。

表 12-26　其他权益工具投资明细

项目	期末账面价值	期初账面价值
1.可供出售权益工具		
2.其他		
合计		

10. 长期股权投资

企业应当在附注中披露与长期股权投资相关的下列信息。

（1）分别披露按成本法核算和按权益法核算的长期股权投资，并按被投资单位披露长期股权投资的初始金额、期初账面余额、期末账面余额及增减变动情况等。若长期股权投资采用权益法核算的，还应列示从被投资单位分得的现金红利。具体的披露格式如表 12-27 所示。

表 12-27　长期股权投资明细

被投资单位	初始金额	期末账面余额	增减变动	期初账面余额
1.				
……				
合计				

（2）分别披露子公司、合营企业、联营企业清单及主要财务信息。合营企业、联营企业当期主要财务信息，按合营企业、联营企业的报表数列示。合营企业、联营企业的重要会计政策、会计估计与企业的会计政策、会计估计存在重大差异的，应予以披露。具体的披露格式如表 12-28 所示。

表 12-28　子公司、合营企业、联营企业主要财务信息明细

被投资单位	注册地	业务性质	本企业持股比例	本企业在被投资单位表决权比例	期末净资产总额	本期营业收入总额	本期净利润
一、子公司							
1.							
……							
二、合营企业							
1.							
……							

续表

被投资单位	注册地	业务性质	本企业持股比例	本企业在被投资单位表决权比例	期末净资产总额	本期营业收入总额	本期净利润
三、联营企业							
1.							
……							

（3）企业对被投资单位持股比例与其在被投资单位表决权比例不一致的，应说明原因。

（4）被投资单位由于所在国家或地区及其他方面的影响，向投资企业转移资金的能力受到限制的，应当披露受限制的具体情况。

（5）当期及累计未确认的投资损失金额。

（6）与对子公司、合营企业及联营企业投资相关的或有负债。

（7）企业应按被投资单位披露长期股权投资的减值情况。

11. 投资性房地产

企业应当在附注中披露与投资性房地产相关的下列信息。

（1）投资性房地产的种类、金额和计量模式。

（2）采用成本模式计量的投资性房地产，分项列示其原值、累计折旧、减值准备累计金额，以及账面价值的期初账面余额、本期增加额、本期减少额及期末账面余额。具体披露格式如表 12–29 所示。

表 12–29 投资性房地产明细

项目	期初账面余额	本期增加额	本期减少额	期末账面余额
一、原值合计				
1.房屋、建筑物				
2.土地使用权				
二、累计折旧和累计摊销合计				
1.房屋、建筑物				
2.土地使用权				
三、投资性房地产减值准备累计金额合计				

续表

项目	期初账面余额	本期增加额	本期减少额	期末账面余额
1.房屋、建筑物				
2.土地使用权				
四、投资性房地产账面价值合计				
1.房屋、建筑物				
2.土地使用权				

（3）采用公允价值模式计量的投资性房地产，应当披露投资性房地产公允价值的确定依据和方法以及公允价值变动对损益的影响。

（4）如有自用房地产与投资性房地产转换的，应当说明房地产转换情况、原因及其对损益或所有者权益的影响。

（5）当期处置的投资性房地产及其对损益的影响。

12. 固定资产

企业应当在附注中披露与固定资产相关的下列信息。

（1）分项列示固定资产的原值、累计折旧、减值准备累计金额，以及账面价值的期初账面余额、本期增加额、本期减少额和期末账面余额。具体披露格式如表 12-30 所示。

表 12-30　固定资产明细

项目	期初账面余额	本期增加额	本期减少额	期末账面余额
一、原值合计				
其中：房屋、建筑物				
机器设备				
运输工具				
……				
二、累计折旧合计				
其中：房屋、建筑物				
机器设备				
运输工具				
……				

续表

项目	期初账面余额	本期增加额	本期减少额	期末账面余额
三、固定资产减值准备累计金额合计				
其中：房屋、建筑物				
机器设备				
运输工具				
……				
四、固定资产账面价值合计				
其中：房屋、建筑物				
机器设备				
运输工具				
……				

（2）对固定资产所有权的限制及其金额和用于担保的固定资产账面价值。

（3）企业确有准备处置固定资产的，应当说明准备处置的固定资产名称、账面价值、公允价值、预计处置费用和预计处置时间等。

13. 无形资产

企业应当按照无形资产类别在附注中披露与无形资产相关的下列信息。

（1）分项披露无形资产的期初和期末账面余额、本期增加额、本期减少额、累计摊销额及累计减值准备金额。各类无形资产的披露格式如表 12-31 所示。

表 12-31　无形资产明细

项目	期初账面余额	本期增加额	本期减少额	期末账面余额
一、原值合计				
1.				
……				
二、累计摊销额合计				
1.				
……				
三、无形资产减值准备累计金额合计				

续表

项目	期初账面余额	本期增加额	本期减少额	期末账面余额
1.				
……				
四、无形资产账面价值合计				
1.				
……				

（2）计入当期损益和确认为无形资产的研究开发支出金额。同时，披露本期发生的内部研究开发项目支出总额以及计入研究阶段的金额和计入开发阶段的金额。

（3）在报告期内发生的单项价值在 100 万元以上的无形资产，若该资产原始价值是以评估值作为入账依据的，还应披露评估机构名称、评估方法。

（4）用于担保的无形资产账面价值、当期摊销额等情况。

14. 商誉

企业应当披露商誉的形成来源及账面价值的增减变动情况。对于通过非同一控制下企业合并形成的商誉，应列示商誉的计算过程。

15. 递延所得税资产及递延所得税负债

企业应当分别披露引起暂时性差异的资产或负债项目，列示对应的暂时性差异金额。已确认递延所得税资产和递延所得税负债的披露格式如表 12–32 所示。

表 12–32　递延所得税资产、递延所得税负债明细

项目	期末账面余额	期初账面余额
一、递延所得税资产		
1.		
……		
合计		
二、递延所得税负债		
1.		
……		
合计		

未确认递延所得税资产的可抵扣暂时性差异、可抵扣亏损等的金额也应进行披露（存在到期日的，还应披露到期日）。

16. 资产减值准备

企业应当按《应用指南第 8 号——资产减值》的规定披露资产减值准备明细。具体披露格式如表 12-33 所示。

表 12-33　资产减值准备明细

项目	期初账面余额	本期计提额	本期减少额		期末账面余额
			转回	转销	
一、坏账准备					
二、存货跌价准备					
三、长期股权投资减值准备					
四、投资性房地产减值准备					
五、固定资产减值准备					
六、在建工程减值准备					
七、无形资产减值准备					
八、商誉减值准备					
九、其他					
合计					

17. 所有权受到限制的资产

对所有权受到限制的资产，企业应当披露资产所有权受到限制的原因。具体披露格式如表 12-34 所示。

表 12-34　所有权受限资产明细

所有权受到限制的资产类别	期初账面价值	本期增加额	本期减少额	期末账面价值
一、用于担保的资产				
1.				
……				
二、其他原因造成所有权受到限制的资产				
1.				

续表

所有权受到限制的资产类别	期初账面价值	本期增加额	本期减少额	期末账面价值
……				
合计				

企业还应当分项列示除以上长期资产项目外的其他长期资产的金额。对于金额较大的其他长期资产，还应列示其内容。

18. 交易性金融负债

企业应当分别披露发行的交易性债券、指定为以公允价值计量且其变动计入当期损益的金融负债、衍生金融负债及其他金融负债，列示其期初公允价值、期末公允价值。具体披露格式如表 12-35 所示。

表 12-35　交易性金融负债明细

项目	期末公允价值	期初公允价值
1.发行的交易性债券		
2.指定为以公允价值计量且其变动计入当期损益的金融负债		
3.衍生金融负债		
4.其他金融负债		
合计		

19. 应付款项

企业应当按照应付账款、预收账款和其他应付款等在附注中披露与应付款项相关的下列信息。

（1）有无欠持有本企业 5%（含 5%）以上表决权股份的股东单位或关联方的款项；如无此类欠款，也应说明。

（2）账龄超过 1 年的大额应付账款、预收账款及其他应付款，应说明未偿还或未结转的原因，并在资产负债表日后事项中说明其是否偿还。金额较大的其他应付款，也应说明其性质或内容。

在预收账款项目注释中，除按账龄列示余额外，对预售房产收款，应分项目披露，如表 12-36 所示。

表 12–36　预收账款明细

项目名称	期初金额	期末金额	预计竣工时间	预售比例
……				
……				
合计				

20. 应付职工薪酬

企业应当按照《企业会计准则第 9 号——职工薪酬》在附注中披露与职工薪酬相关的下列信息。

（1）按工资、奖金、津贴和补贴，职工福利费，社会保险费，住房公积金等项目，披露期初账面余额、本期增加额、本期支付额及期末账面余额。应付职工薪酬的披露格式如表 12–37 所示。

表 12–37　应付职工薪酬明细

项目	期初账面余额	本期增加额	本期支付额	期末账面余额
一、工资、奖金、津贴和补贴				
二、职工福利费				
三、社会保险费				
其中：1.医疗保险				
2.基本养老保险				
3.失业保险				
4.工伤保险				
5.生育保险				
四、住房公积金				
五、工会经费和职工教育经费				
六、非货币性福利				
七、因解除劳动关系给予的补偿				
八、其他				
其中：以现金结算的股份支付				
合计				

（2）企业本期为职工提供的各项非货币性福利的形式、金额及其计算依据。

（3）应付职工薪酬中属于拖欠性质或与工效挂钩的部分。

（4）应当支付的因解除劳动关系给予的补偿及其期末应付未付金额。

（5）其他应付职工薪酬。

21. 应交税费

企业应当分别披露增值税、土地增值税和企业所得税等税种，披露其期初账面余额、期末账面余额。所在地税务机关同意各分公司之间应纳税所得额相互调剂的，应说明税款计算过程。具体披露格式如表12-38所示。

表12-38 应交税费明细

税费项目	期末账面余额	期初账面余额
1.增值税		
2.城市维护建设税		
3.教育费附加		
4.土地增值税		
5.企业所得税		
……		
合计		

22. 预计负债

企业应当披露预计负债的种类、形成原因以及各类预计负债的期初、期末余额和本期变动额。具体披露格式如表12-39所示。

表12-39 预计负债明细

项目	期末账面余额	期初账面余额
1.		
……		
合计		

23. 一年内到期的非流动负债

企业应当分项列示一年内到期的长期借款、应付债券、长期应付款，其附注要求同长期借款、应付债券、长期应付款。对于逾期借款，应按贷款单位、借款金额、逾期时间、年利率进行披露；同时，还应说明逾期未偿还的原因和预计还款期，并在资产负债表日后事项中反映是否已偿还。逾期借款获得展期的，应说明展期条件、新的到期日。

24. 其他流动负债

企业还应当分项列示除以上流动负债以外的其他流动负债的金额。具体的披露格式如表 12-40 所示。

表 12-40 其他流动负债明细

项目	期末账面余额	期初账面余额
1.		
……		
合计		

注：有预计负债、其他非流动负债的，比照其他流动负债格式进行披露。

25. 短期借款和长期借款

企业应当按照短期借款、长期借款在附注中披露与借款相关的下列信息。

（1）按借款条件（信用借款、抵押借款、保证借款及质押借款等）分项列示短期借款金额。对已到期未偿还的短期借款，应单独列示贷款单位、贷款金额、贷款利率、贷款资金用途、未按期偿还的原因及预计还款期，并在资产负债表日后事项中反映是否已偿还。若已到期的短期借款获得展期的，应说明展期条件、新的到期日。

按币种、借款条件（信用借款、抵押借款、保证借款及质押借款等）、贷款单位分项列示长期借款金额。

借款的具体披露格式如表 12-41 所示。

表 12-41 短期借款、长期借款明细

项目	短期借款		长期借款	
	期末账面余额	期初账面余额	期末账面余额	期初账面余额
信用借款				
抵押借款				
保证借款				
质押借款				
合计				

（2）对于期末逾期借款，应按贷款单位、借款金额、逾期时间、年利率、

逾期未偿还原因和预计还款期等进行披露。

26. 应付债券

企业应当分项列示应付债券的种类、期限、发行日期、面值总额、溢价（折价）额、应计利息总额和期末余额，说明可转换公司债券的转股条件、转股时间。具体披露格式如表 12–42 所示。

表 12–42　应付债券明细

项目	期初账面余额	本期增加额	本期减少额	期末账面余额
1.				
……				
合计				

27. 长期应付款

企业应当分项列示各项长期应付款的金额及其期限，具体的披露格式如表 12–43 所示。

表 12–43　长期应付款明细

项目	期末账面余额	期初账面余额
1.		
……		
合计		

28. 实收资本

企业应当在附注中说明报告期实收资本（或股本）的变动情况。如果报告期内有增资行为，应披露执行验资的会计师事务所名称和验资报告文号。

上市公司应披露与库存股相关的如下信息。

（1）回购本公司股份的原因及对应的库存股成本确定方法。

（2）因库存股注销而减少的股本。

（3）注销的库存股成本高于对应股本成本的，披露依次冲减的资本公积、盈余公积和未分配利润的金额；注销的库存股成本低于对应股本成本的，披露增加的资本公积的金额。

（4）库存股转让时，转让收入高于库存股成本的，披露增加的资本公积的金额；转让收入低于库存股成本的，披露依次冲减的资本公积、盈余公积和未分配利润的金额。

（5）因实行股权激励回购本公司股份的，应披露本期回购股份占本公司已发行股份的比例和累计库存股占已发行股份的比例。

29. 资本公积

企业应当分项列示报告期资本公积的变动情况及其原因、依据。若用资本公积转增资本，应说明其履行的法律程序及有关决议。

30. 盈余公积

企业应当分项列示报告期盈余公积的变动情况。用盈余公积转增资本、弥补亏损、分派股利的，应说明有关决议。

31. 未分配利润

企业应当列示报告期利润分配比例以及未分配利润的增减变动情况。若以前年度损益调整致使期初未分配利润变动，应对变动内容、变动原因、依据和影响做出说明。

32. 营业收入

企业应当按主营业务收入和其他业务收入列示其本期发生额、上期发生额。同时，按产品或业务类别列示主营业务收入、主营业务成本及营业利润情况。应披露公司前 5 名客户的销售收入总额以及占公司全部销售收入的比例。具体披露格式如表 12-44 所示。

表 12-44　营业收入明细

项目	本期发生额	上期发生额
1.主营业务收入		
2.其他业务收入		
合计		

33. 税金及附加

企业应当分项列示税费的计缴标准及金额。具体披露格式如表 12-45 所示。

表 12-45　税金及附加明细

项目	本期发生额	上期发生额	计缴标准
1.土地增值税			

续表

项目	本期发生额	上期发生额	计缴标准
2.城市维护建设税			
3.教育费附加			
……			
合计			

34. 销售费用

企业应当分项列示销售费用的项目和金额。具体披露格式如表 12-46 所示。

表 12-46　销售费用明细

项目	本期发生额	上期发生额
1.品牌宣传推广费用		
2.销售代理费用及佣金		
……		
合计		

35. 管理费用

企业应当分项列示管理费用的项目和金额。具体披露格式如表 12-47 所示。

表 12-47　管理费用明细

项目	本期发生额	上期发生额
1.工资		
……		
合计		

36. 研发费用

研发费用反映企业进行研究与开发过程中发生的费用化支出。该项目应根据“管理费用”科目下的“研究费用”明细科目的发生额分析填列。

37. 财务费用

企业应当分项列示财务费用的项目和金额。具体披露格式如表 12-48 所示。

表 12-48　财务费用明细

项目	本期发生额	上期发生额
利息费用		
减：利息收入		
汇兑损失		
减：汇兑收益		
……		
合计		

38. 公允价值变动收益

企业应当分项列示公允价值变动收益的内容和金额。具体披露格式如表 12-49 所示。

表 12-49　公允价值变动收益明细

项目	本期发生额	上期发生额
1.交易性金融资产		
2.交易性金融负债		
……		
合计		

39. 投资收益

企业应当按投资单位分项列示投资收益的有关情况，包括投资收益的增减变动及其原因。同时，应说明投资收益收回的重大限制。若不存在重大限制，也应做出说明。投资收益的披露格式如表 12-50 所示。

表 12-50　投资收益明细

投资收益的来源	本期发生额	上期发生额
1.		
……		
合计		

按照权益法核算的长期股权投资，还应披露直接以被投资单位的账面净损益计算确认投资损益的事实及原因。

40. 营业外收支

企业应当分项列示营业外收入和营业外支出的内容和金额，具体的披露格式如表 12–51 所示。

表 12–51　营业外收支明细

项目	本期发生额	上期发生额
营业外收入		
1.盘盈利得		
2.披露利得		
……		
合计		
营业外支出		
1.固定资产盘亏		
2.罚款支出		
3.捐赠支出		
……		
合计		

41. 所得税费用

企业应当披露与所得税费用有关的以下信息。

（1）所得税费用（收益）的组成，包括当期所得税、递延所得税。

（2）所得税费用（收益）与会计利润的关系。

（3）未确认递延所得税资产的可抵扣暂时性差异、可抵扣亏损的金额（如果存在到期日，还应披露到期日）。

（4）对每一类暂时性差异和可抵扣亏损，在列报期间确认的递延所得税资产或递延所得税负债的金额；确认递延所得税资产或递延所得税负债的依据。

（5）未确认递延所得税负债的，应披露与对子公司、联营企业及合营企业投资相关的暂时性差异金额。

42. 每股收益

企业应当列示与每股收益有关的以下信息。

（1）基本每股收益和稀释每股收益分子、分母的计算过程。

（2）列报期间不具有稀释性但以后期间很可能具有稀释性的潜在普通股。

（3）在资产负债表日至财务报告批准报出日之间，企业发行在外的普通股或潜在普通股股数发生重大变化的情况，如发行股份、回购股份、发行潜在普通股、潜在普通股转换或行权等。

43. 现金流量表补充资料

企业应当采用间接法在现金流量表附注中披露将净利润调节为经营活动现金流量的信息。现金流量表补充资料如表 12–52 所示。

表 12–52 现金流量表补充资料

补充资料	本期金额	上期金额
1.将净利润调节为经营活动现金流量：		
净利润		
加：资产减值准备		
信用损失准备		
固定资产折旧、油气资产折耗、生产性生物资产折旧		
无形资产摊销		
长期待摊费用摊销		
处置固定资产、无形资产和其他长期资产的损失（收益以“–”号填列）		
固定资产报废损失（收益以“–”号填列）		
公允价值变动损失（收益以“–”号填列）		
财务费用（收益以“–”号填列）		
投资损失（收益以“–”号填列）		
递延所得税资产减少（增加以“–”号填列）		
递延所得税负债增加（减少以“–”号填列）		
存货的减少（增加以“–”号填列）		
经营性应收项目的减少（增加以“–”号填列）		
经营性应付项目的增加（减少以“–”号填列）		
其他		
经营活动产生的现金流量净额		

续表

补充资料	本期金额	上期金额
2.不涉及现金收支的重大投资和筹资活动：		
债务转为资本		
一年内到期的可转换公司债券		
融资租入固定资产		
3.现金及现金等价物净变动情况：		
现金的期末余额		
减：现金的期初余额		
加：现金等价物的期末余额		
减：现金等价物的期初余额		
现金及现金等价物净增加额		

44. 取得或处置子公司及其他营业单位

企业应当按下列格式披露当期取得或处置子公司及其他营业单位的有关信息，如表 12-53 所示。

表 12-53　取得或处置子公司及其他营业单位信息

项目	金额
一、取得子公司及其他营业单位的有关信息：	
1.取得子公司及其他营业单位的价格	
2.取得子公司及其他营业单位支付的现金和现金等价物	
减：子公司及其他营业单位持有的现金和现金等价物	
3.取得子公司及其他营业单位支付的现金净额	
4.取得子公司的净资产	
流动资产	
非流动资产	
流动负债	
非流动负债	
二、处置子公司及其他营业单位的有关信息：	

续表

项目	金额
1.处置子公司及其他营业单位的价格	
2.处置子公司及其他营业单位收到的现金和现金等价物	
减：子公司及其他营业单位持有的现金和现金等价物	
3.处置子公司及其他营业单位收到的现金净额	
4.处置子公司的净资产	
流动资产	
非流动资产	
流动负债	
非流动负债	

45. 现金和现金等价物

企业应当披露现金和现金等价物的有关信息，如表 12-54 所示。

表 12-54 现金和现金等价物明细

项目	本期金额	上期金额
一、现金		
其中：库存现金		
可随时用于支付的银行存款		
可随时用于支付的其他货币资金		
可用于支付的存放中央银行款项		
存放同业款项		
拆放同业款项		
二、现金等价物		
其中：三个月内到期的债券投资		
三、期末现金及现金等价物余额		
其中：母公司或集团内子公司使用受限制的现金和现金等价物		

46. 分部报告

企业的经营业务涉及不同行业和地区时，应按行业和地区披露收入、营业利润及资产的分部资料。行业可以按照房地产、施工、物业管理及商业等分类；地区可以按境内、境外披露。对经营环境存在差异的省、直辖市，也应分别披露。主要报告形式是业务分部的披露格式，如表12-55所示。

表12-55 分部报告

项目	××业务		××业务		……	其他		抵销		合计	
	本期	上期	本期	上期		本期	上期	本期	上期	本期	上期
一、营业收入											
其中：对外交易收入											
分部间交易收入											
二、营业费用											
三、营业利润（亏损）											
四、资产总额											
五、负债总额											
六、补充信息											
1.折旧和摊销费用											
2.资本性支出											
3.折旧和摊销以外的非现金费用											

注：主要报告形式是地区分部的，比照业务分部格式进行披露。

在主要报告形式的基础上，对于次要报告形式，企业还应披露对外交易收入、分部资产总额。

47. 其他需要说明的重要事项

其他需要说明的重要事项主要包括或有事项、资产负债表日后非调整事项、关联方关系及其交易等事项，具体的披露要求须遵循相关准则的规定。企业为商品房承购人向银行提供抵押贷款担保的，应披露尚未结清的担保金额，并说明风险程度。

（1）或有事项。

企业应当按照《企业会计准则第13号——或有事项》第十四条和第十五条的相关规定进行披露。

（2）资产负债表日后非调整事项。

企业应当按照《企业会计准则第29号——资产负债表日后事项》第九条和第十条的相关规定进行披露。

①披露每项重要的资产负债表日后非调整事项的性质、内容及其对财务状况和经营成果的影响。无法做出估计的，应当说明原因。

②资产负债表日后，披露企业利润分配方案中拟分配的以及经审议批准宣告发放的股利或利润。

（3）关联方关系及其交易。

企业应当按照关联方关系及其交易的相关规定在附注中披露与关联方关系及其交易信息。

①本企业的母公司有关信息披露格式如表12-56所示。

表12-56　母公司信息

母公司名称	注册地	业务性质	注册资本

应披露的本企业的母公司有关信息如下。

母公司不是本企业最终控制方的，说明最终控制方名称。

母公司和最终控制方均不对外提供会计报表的，说明母公司之上与其最相近的对外提供会计报表的母公司名称。

母公司对本企业的持股比例和表决权比例。

②本企业的子公司有关信息披露格式如表12-57所示。

表12-57　子公司信息

子公司名称	注册地	业务性质	注册资本	本企业合计持股比例	本企业合计享有的表决权比例
1.					
……					

③本企业的合营企业有关信息披露格式如表12-58所示。

表 12-58　合营企业信息

被投资单位名称	注册地	业务性质	注册资本	本企业持股比例	本企业在被投资单位享有的表决权比例	期末资产总额	期末负债总额	本期营业收入总额	本期净利润
1.									
……									

注：有联营企业的，比照合营企业进行披露。

④本企业与关联方发生交易的，分别说明各关联方关系的性质、交易类型及交易要素。交易要素至少应当包括以下内容。

a. 交易的金额。

b. 未结算项目的金额、条款和条件，以及有关提供或取得担保的信息。

c. 未结算应收项目的坏账准备金额。

d. 定价政策。

（4）非货币性资产交换。

企业应当按照《企业会计准则第 7 号——非货币性资产交换》第十四条的相关规定进行披露。

（5）股份支付。

企业应当按照《企业会计准则第 11 号——股份支付》第十四条和第十五条的相关规定进行披露。

（6）债务重组。

企业应当按照《企业会计准则第 12 号——债务重组》第十四条或第十五条的相关规定进行披露。

（7）借款费用。

企业应当按照《企业会计准则第 17 号——借款费用》第十五条的相关规定进行披露。

（8）企业合并。

在企业合并发生当期的期末，合并方或购买方应当按照《企业会计准则第 20 号——企业合并》第十八条或第十九条的相关规定进行披露。

（9）外币折算。

企业应当按照《企业会计准则第 19 号——外币折算》第十六条的相关规

定进行披露。

（10）终止经营。

企业发生终止经营的，应当在附注中披露与终止经营相关的信息，具体的披露格式如表 12-59 所示。

表 12-59　终止经营明细

项目	本期发生额	上期发生额
一、终止经营收入		
减：终止经营费用		
二、终止经营利润总额		
减：终止经营所得税费用		
三、终止经营净利润		